献给每一位在自我超越中
砥砺前行的孤勇者

大变局 大转型

CHANGE AND TRANSFORM

郑芬 著

天津出版传媒集团
天津人民出版社

图书在版编目（CIP）数据

大变局　大转型 ：人工智能、数字经济与产业升级的协同创新 / 郑芬著. -- 天津 ：天津人民出版社，2025. 4. -- ISBN 978-7-201-20966-1

Ⅰ. F124

中国国家版本馆 CIP 数据核字第 20256L9R67 号

大变局　大转型：人工智能、数字经济与产业升级的协同创新

DA BIANJU DA ZHUANXING: RENGONG ZHINENG、SHUZI JINGJI YU CHANYE SHENGJI DE XIETONG CHUANGXIN

出　　版　天津人民出版社
出 版 人　刘锦泉
地　　址　天津市和平区西康路35号康岳大厦
邮政编码　300051
邮购电话　(022)23332469
电子信箱　reader@tjrmcbs.com

责任编辑　佐　拉
装帧设计　李　一

印　　刷　天津新华印务有限公司
经　　销　新华书店
开　　本　710毫米×1000毫米　1/16
印　　张　24.5
插　　页　2
字　　数　320千字
版次印次　2025年4月第1版　2025年4月第1次印刷
定　　价　89.00元

序

尊敬的读者：

在这个波澜壮阔的时代，我有幸以笔为犁，耕耘于《大变局 大转型：人工智能、数字经济与产业升级的协同创新》这部作品之中，这不仅是对中国经济转型的一次深刻剖析，更是对国家命运与世界经济格局交织影响的一次宏观审视。

中国，这个拥有五千年文明的古国，正站在新的历史起点上，经历着从“制造大国”到“创造大国”的华丽转身，这一转变，是时代赋予我们的使命，是国家战略的抉择，更是对全球经济格局的一次重大影响，在这本书中，我以宏观的视角，审视了中国经济转型的全貌，从改革开放的辉煌历程到西方发达国家的经济启示，从百年未有之大变局的新机遇到人工智能时代的新挑战。

上篇以丰富的资料性内容，回溯了中国经济的发展脉络，对比分析了西方发达国家的经济特点，为理解中国经济的过去提供了坚实的基础，下篇则以前瞻性的思维，探讨了中国经济发展的新机遇与新挑战，为未来的发展提供了清晰的蓝图。

在撰写这本书的过程中，我深感责任重大，我努力确保每一个论点都建立在充分的论据之上，每一条分析都基于深入的研究，我希望通过这本书，能够为读者提供一个全面而深刻的中国经济转型的视角，激发更多的讨论和思考，为我们共同面对的挑战提供一些思路和解决方案。

我坚信,中国经济的转型不仅是国家内部的自我革新,更是对全球经济格局的一次重大影响,在经济新常态下,中国的转型之路充满了不确定性,但也孕育着无限的可能,通过不懈的努力和智慧的探索,我们能够实现从速度型向质量型的转变,推动中国经济迈向更加成熟和稳健的发展阶段,在这个世界经济的棋盘上,中国正以前所未有的决心和智慧布局自己的未来。这不仅是一场国家的战略布局,更是一次对全人类文明进步的贡献。

近年来,我像一只永不停歇的候鸟,穿梭于主要经济体国家和中国的南北方之间,游走于世界高等学府和企业家群体中,追求知识与商业的升华,带着对未来的憧憬和对中国发展的期盼,我在不确定性中寻找笃定,我汲取学者们对世界经济、科技创新和社会变革的洞察,激发思想的碰撞,在走访众多企业时,我见证了企业家如何将创新转化为行动,抓住市场机遇,展现企业家精神,推动社会进步。

在攻读博士学位期间的研究工作中,我体验到人生的多重意义,积极面对事业与个人成长,坚持目标和思辨精神使我能在时代中留下印记,成为引领者,独立思考、敢于质疑、勇于创新是宝贵的品质,真正的知识是对生活和世界的深刻理解,学会在复杂世界中保持智慧,提炼有价值的洞见。

我游走多国,深入研究产业,结识优秀企业家和学者,肩负使命,贡献经验,为时代留下深刻思辨。真正的自我认知是勇于面对不确定,挑战自我,重塑进化,培养批判性思维,通过分析、推理作出判断;阅读写作,重视健康,洞察时代关键问题;坚持底线思维,面对挑战时做好准备;培养科学思维,认识复杂性背后的秩序,用事实证实假设,保持多元化思维。在动荡年代,智慧度过一生,心系天下,核心在于正确理解时代。

改革开放为中国经济注入活力,改变了全球经济格局,中国企业家们凭借创新精神,推动产业升级,助力中国成为世界第二大经济体,当下,经济周期和全球化挑战要求企业家重新审视市场,调整策略,增强风险意识,确保企业可持续进化。

在全球化、数字化、智能化浪潮中,产业发展面临挑战与机遇,经济学理论需创新，适应新时代，探索交叉融合，构建全面理论体系，深化对新发展理念的理解，制定精准政策，追求经济增长质量，实现经济、社会、环境和谐共生。高质量发展要求创新驱动、结构优化、绿色发展和开放合作，在新的发展阶段，全面理解世界产业发展历史与趋势，为高质量发展提供理论支撑。

我在研究中加强社会经济指标阐释，突出新兴理论，分析发展中国家现状，洞察人口老龄化、环境污染，还包括政策实施路径，转变经济增长方式，深化改革，确保经济持续健康发展等问题。

谨以此书，献给所有关心中国未来的国内外友人。

“追上未来，抓住它的本质，把未来转变成现在。”

——车尔尼雪夫斯基

是为序！

郑　芬

2024年2月于北京

目　录

CONTENTS

下篇 中国经济复兴与未来经济要素的融合创新之路

前言　全球展望与中国经济现代化进程

第一节　中国改革开放四十余年奇迹与未来之路

1978年，中国迎来改革开放的历史性转折点，这一重大决策引领中国经济腾飞四十余年，也为国家的社会结构和未来发展轨迹描绘了崭新的蓝图，随着改革开放政策的落地生根，中国经济步入快速增长的轨道，当前阶段的社会变革为后续的繁荣奠定了坚实的基础。

在中国改革开放的伟大征程初期，具有里程碑意义的政策被果断实施。家庭联产承包责任制的推行，赋予农民土地的使用权，使他们能够自主决策种植结构和处理剩余农产品，这一变革极大地唤醒农村的生产活力，显著地提升了农业生产的效率；在企业改革方面，国有企业的经营自主权得到扩大，利润留成制度的实施激发了企业提升效率和增强市场竞争力的动力；政策的宽松为非国有经济，包括集体经济和个体经济的发展提供饱满的基础，丰富了经济结构；经济特区的设立，如深圳、珠海、汕头和厦门，成为改革开放的窗口，这些区域享有特殊的经济政策成为吸引外资的磁石，促进了对外贸易的蓬勃发展和经济的快速增长。对外贸易的限制放宽，行政审批程序简化，出口受到鼓励，外国的技术和管理办法被引进，进一步提升经济的开放性和国际竞争力；价格体制的改革，逐步放开了价格管制，使得市场在资源配置中的作用日益增强；金融体系的改革也同步促进，股份制商业银行的设立和资本市场的多层次发展包括股票和债券市场，极大地提高了金融资源的配置效率；外资企业法的制定为外商投资提供了坚实的法律保障，吸引外资涌入中国，促进了技术的转移和产业的升级；农业产出的大幅增长，工业生产能力的快速扩张，外贸额的显著提升，以及外资和技术的引入，共同加速了中国经济现代化的步伐。这些改革开放的初期举措，为中国经济的持续繁荣打下稳固的根基，也为后续国际市场化的深入发展铺平了道路。这些政策的综合效应直接推动中国经济的迅猛增长，使中国迅速崛起为世界上增长最快的主要经济体之一。

1986年，《中华人民共和国义务教育法》的出台为国民教育的提升和人才的培养提供了坚实的法律支撑，这一举措对中国未来的经济增长和社会进步产生了不可磨灭的影响。在1981年至1987年间出生的一代人，被时代赋予"80"后的标签，他们的成长与中国经济的蓬勃发展同步，当这一代人步入18至20岁的青春年华，他们纷纷投身于各大产业，正值中国经济的黄金增长期，他们的参与为1998年至2007年间产业的兴盛注入新动能，随着年龄的增长，当他们步入25至28岁的成熟期，他们成为房地产市场的主要购买力，推动2005年至2015年间中国房地产行业的繁荣，进入35至38岁的他们，追求更高品质生活的渴望又催生了2015年至2025年间消费和产业的升级换代。展望2025年及未来，这一代人将迈入知天命之年，中国也将面临人口红利的逐渐消退，与此同时，人工智能技术的蓬勃发展预示着一个新时代的到来，中国正站在从人口红利向技术红利转型的十字路口，当前时代，中国高精尖人才的集聚将为国家带来前所未有的机遇。这一代人正处于个人经验和知识积累的巅峰时期，他们需要发挥创新精神和创造力，以应对未来的挑战，并推动社会向更加繁荣和高质量的发展阶段迈进。在2025年至2050年间，人工智能技术的广泛应用和激烈竞争将为这一代人带来新的机遇，他们有望形成一股强大的工程师红利。他们能够引领技术创新的潮流，还能助力年轻一代更快地掌握先进的知识和技能。

当下的中国，人口负增长和老龄化作为社会发展的自然趋势不应被简单视为负面现象，实际上是社会发展和人口结构演变的必然结果，要求我们从更宏观的角度关注人口动态的变化，而非仅仅聚焦于人口数量的增减，面对劳动力市场的紧缩，提升人才素质和技能，以及利用技术进步，特别是人工智能和自动化，来补充劳动力的不足，成为关键的应对策略。实现这一转型并非易事，它需要我们在体制和机制上进行创新，通过深化改革来释放新的发展潜力和社会红利。尽管传统的“人口红利”正逐渐减弱，但新的“人才红利”正在形成之中，这种转变要求我们在教育体系、户籍制度以及生产率提升等方面进行积极的改革和投入，教育是人才培养的基石，通过延长义务教育年限、提高教育质量，我们可以为未来的劳动力市场培养更多高素质的人才，户籍制度改革则有助于劳动力的合理流动和城市化进程，进一步激发经济活力。提高生产效率是推动经济增长的关键，需要通过改善营商环境、扩大市场准入、优化资源配置等措施，促进经济效率的提升。驱动中国式福利国家建设对于应对人口负增长具有重要意义。这意味着政府需要在保障民生、提供基本公共服务方面发挥更大作用，构建一个全民共享型的社会福利体系，我预测，随着科技的不断进步，到2050年左右，人类可能会逐步迈向永生的时代。这一设想颠覆我们对未来的传统想象，也提醒我们必须为即将到来的深刻变革做好充分的准备。

在现代制造业的转型过程中，自动化和智能化的趋势正在改变着产业面貌，这一变革虽然提高了生产效率，但同时也可能导致就业人数的减少，进而引发产品过剩和贫富差距的扩大，科技创新和产业升级是平衡就业与经济增长的关键，对于构建一个更加公平和包容的经济体系至关重要。在全球经济环境的变动中，尤其是面对美国加息的外部压力，中国选择了降息和实施宽松货币政策的道路，这一政策选择保持市场流动性，稳定资本市场，并防范资本外流的风险，理解决策背后的经济逻辑和可能的市场影响也为理解中国在全球经济中的角色提供了宝贵的视角。

剖析中国经济减速的多重挑战，通过对历史政策的反思和对未来趋势的预见，全面而深入地理解中国经济，中国经济的放缓引发了背后深层次挑战的广泛关注，其中，资本积累率的下降被认为是导致经济增长减速的关键因素之一，在此背景下，部分学者提出通过刺激有效需求来促进经济增长的策略，强调提升资本积累率和优化投资结构对于中国经济可持续稳健的至关重要性，关注于短期的经济提振，更着眼于长期的经济健康和稳定。回顾2008年，中国政府推出规模庞大的4万亿经济刺激计划，在当时对于促进就业和加速基础设施建设起到突出的积极作用，深入可能带来的长期问题，包括资源的浪费和对土地财产的过度依赖等，这些问题对经济持续健康发展也构成了潜在威胁。

2023年，中国继续深化对外开放和国际合作的策略，取得突出成绩，第三届“一带一路”国际合作高峰论坛的成功举办，吸引151个国家的参与，标志着“六廊六路多国多港”的合作架构已基本成型。

亚洲基础设施投资银行（AIIB）的成员国（地区）数量增至109个，批准的项目总金额高达近450亿美元，有效撬动约1500亿美元的总投资，此外，中国对外非金融类直接投资达到1301亿美元，同比增长11.4%。在数字经济领域，“出海四小龙”迅速崛起，成为全球下载量增速最快的购物应用，而传音手机更是以在非洲市场的卓越表现，成为全球第五大手机品牌，同比增长30.8%。

尽管中国上市公司在总营收、净利润和人均产值等关键指标上已达到美国公司的70%，但在总研发投入方面仍不足美国公司的三分之一，特别是在医疗保健、信息技术、可选消费等关键领域，与美国存在显著差距，而在日常消费、工业、能源、金融等方面也有一定的差距，美国在医疗健康领域的上市公司数量、员工数、总市值、净利润、营收和研发费用等方面均远超中国，这些数据表明，中国企业在追求高质量发展的道路上，仍需不断加大研发投入，提升创新能力和国际竞争力。

2023年，中国在多个领域展现出强劲的发展势头，曾经懵懂起步的中国游戏产业步入而立之年，迈向成熟与稳健的新阶段，在国际上也异军突起，有了重要的一席之地，在半导体领域，中国推出采用5nm制程工艺的芯片，这是中国在全球半导体竞争中迈出的重要一步，新能源发电的累计装机规模预计将首次超过煤电，新能源车销量也有望超过传统汽油车，体现中国在新能源领域的快速发展和转型，同时，北斗卫星网络的全球覆盖、嫦娥六号的月球背面探索任务以及中国版“星链”的实施，都预示着中国在航天科技领域的雄心和实力。

展望未来，发展中国家为主体构成的组织拥有巨大的发展潜力，过去三十来年，中国企业的“出海”战略主要是融入以欧美为主导的全球产业链，在未来三十年，中国企业将构建以产业链为基础的，推动全球伙伴合作方的现代化进程，发挥示范作用，这一探索性事业需要一代人的热血和智慧，融合指标、共生性、协同效应的全球贡献成为衡量中国特色估值的一个重要维度。

我们必须清醒地认识到，在与美国的竞争中，中国在各个领域都存在一定的差距，需要英雄般的企业家和科研人员，继续迎难而上，不断挑战和创新，在信息技术领域，我们需要集中力量攻克算力难题，同时鼓励多样化的应用场景发展，在医疗健康领域，我们应该在中西医结合的基础上，推动中医的现代化和科技化，重塑医疗健康领域的话语权，在可选消费领域，应当发挥规模优势，提升全社会的审美能力，让中华文化的情感价值引领潮流。

虽然前路充满挑战，但这些挑战同时也是重大的机遇，我们应当保持坚定的信念和清晰的战略眼光，秉持“难事方显勇者志”的精神，我们不应该追求速成，而应该追求长期价值，坚持做正确而困难的事情，专注于长期目标的实现和复杂问题的解决，这种坚持可能会让我们走上一条**人迹罕至的道路**，但它正是引领变革和突破的关键。

像**创维**、TCL、**福耀玻璃**等这样的企业在全球市场的深耕细作，以及字节跳动在全球范围内推广短视频平台TikTok的成功，都是通过**长期的努力和战略布局**实现的，这些企业的故事告诉我们，即使在经济增长放缓和市场混乱的时期，仍有无数的机会等待着那些敢于梦想、勇于尝试的“孤勇者”。他们可能现在还不为大众所熟知，但他们正默默地在自己的领域内，为实现那些看似遥不可及的梦想而努力奋斗。他们可能现在并不站在聚光灯下，但他们正以最微小的梦想去战斗，以最孤高的梦想去挑战，我们坚信，我们正处于这样一个时代，**一批真正让国人自豪的公司正在路上**。

第二节　中国双循环战略与全球经济互动：挑战、机遇与前景

中国的双循环战略是中国政府为应对全球经济不确定性和促进长期稳定发展而提出的一种新的经济发展模式，这一战略的核心在于构建以国内大循环为主体、国内国际双循环相互促进的新发展格局，一方面，构建一个以内循环为

主体、内外循环相互促进的新发展格局,在于扩大内需特别是消费需求,以此作为经济增长的主要驱动力,鼓励提高居民收入,优化收入分配,增强消费能力,从而激发国内市场的活力,通过技术创新和产业升级,提高产业链的自主可控能力,减少对外部供应链的依赖,激发国内市场的活力与韧性,同时坚定不移地推动对外开放,以实现国内外市场的良性互动和互利共赢;另一方面,双循环战略并不意味着中国将关闭对外开放的大门,而是要在保持和扩大对外开放的基础上,更好地利用国内国际两个市场、两种资源,继续推动贸易和投资自由化便利化,积极参与国际经济合作,推动构建开放型世界经济,通过参与国际合作和竞争,提升中国企业自身的国际竞争力,同时促进国内经济高质量发展。

这也揭示了中国在全球经济环境变化的背景下,对经济发展模式的主动调整,通过强化国内市场的经济循环,中国提高经济的自我维持能力和抵御外部风险的能力,同时继续推动经济全球化。

城市化进程中,大城市是经济增长的引擎,也是创新的高地和区域一体化的纽带,它们在加速技术创新和促进区域协同发展方面发挥着至关重要的作用,为促进区域经济的均衡发展,政策制定者需通过精准的政策调节,优化资源配置,缩小地区发展差距。

城市群作为新型城镇化的重要载体,发展潜力和未来趋势备受关注,城市群通过高效的资源配置和紧密的经济联系,促进区域经济的集群效应,还加速了区域一体化的进程,需要通过前瞻性的规划和政策引导,建立城市群内部的协同发展机制,推动城市间的互补与合作。

中国经济的发展趋势显示出产业结构的不断升级、创新驱动发展战略的深入实施以及绿色转型的坚定步伐。改革发挥着至关重要的作用,特别是在供给侧结构性改革、国有企业改革、金融市场改革等领域,通过深化改革,中国经济正稳步迈向高质量发展的新阶段,为实现全面建设社会主义现代化国家的目标奠定坚实基础。

第三节　中美关系演变:美国对华政策的历史与现实

当下,美国主导的国际秩序仍然在维持着一种脆弱的平衡,这种状况可能会在不久的将来发生变化,特别是在近两年,可能会有一系列风险事件集中爆发,对于企业而言,这既是机遇也是挑战,市场和产业竞争将进入关键的淘汰阶段,只有适应变化、坚持到最后的企业才能成为市场的领导者。

随着美元政策的调整,中国资产全面升值的时代已经结束,未来,我们需要依靠科技创新来推动人民币的世界标准化和经济的持续发展,正如中国文化产业的逆转和科技产业的崛起所示,我们有理由相信,中国能够走出一条具有自身特色的科技创新之路,通过科技创新,我们向世界讲述中国的故事,创造新质生产力,重塑科技创新的话语权,并增强人民币的国际地位。

与此同时,中国应当采取更加开放的姿态,与世界各国建立更加紧密的合作关系。从金砖国家到“一带一路”建设,中国可以构建一个新的经济合作框架,类似于新的“WTO”。此外,中国也应该通过提供便利的居留政策来增强国际竞争力。中国需要主动思考如何在与美国有序脱钩的同时,建立起新的经济循环体系,这不仅是对当前挑战的应对,也是实现长远发展的关键策略。

在过去的几十年里,美国尝试通过各种手段来影响中国的发展轨迹,无论是公开的政策还是隐秘的策略,但这些努力并未达到预期的效果。事实上,中国经济的快速增长在一定程度上得益于与美国的互动与合作。当前我们所面临的挑战,也在很大程度上受到美国政策的影响,尤其是在经济领域,美国在货币政策上的调整通常不会主动进行,而是在面临突发事件或危机时才会作出反应。

当前中美关系的现状是多维度的,涵盖贸易、科技、地缘政治等多个领域,在这些领域中,竞争与合作并存,两国在寻求共同利益的同时,也不得不面对分歧和冲突,展望未来,中美关系的发展可能性充满变数,中国在应对美国政策变化时,需要采取灵活而坚定的策略,以保护自身利益,同时促进两国关系的稳定发展，这要求中国在国际舞台上展现出既有原则性又有灵活性的外交姿态，以期在全球化的大背景下，与美国共同构建一个更加和谐、互利的国际关系新秩序。

关注美国联邦储备系统（美联储）的加息决策对全球金融市场的影响，中国也不例外，加息可能导致资本从新兴市场，包括中国，流向美国，引起汇率波动和金融市场的不稳定，这对中国的货币政策和经济稳定构成了挑战，考验中国政府如何制定应对策略。

探讨美国两大主要政党——民主党和共和党对中国的态度和政策，我们看到一幅跨越不同历史时期的复杂图景。民主党通常被视为**更加支持自由贸易和国际合**作，在对华政策上，民主党政府倾向于通过对话和谈判来解决分歧，强调人权和民主价值观的重要性，在奥巴马政府期间，美国推行了“重返亚洲”战略，加强与亚洲盟友的关系，这被视为对中国崛起的平衡，此外，民主党政府也更可能在气候变化等全球性问题上与中国合作，寻求共同的解决方案。共和党则往往被视为更加**强调国家安全和经济利益**，对华政策可能更倾向于强硬立场，共和党政府可能会对中国的贸易行为和军事扩张表现出更多的警惕，并采取更激烈的措施来保护美国的工业和技术优势。在特朗普执政期间，美国对中国发起贸易战，对中国商品加征关税，并在科技领域对中国企业实施限制，共和党也更可能强调美国在国际事务中的领导地位，对中国的地区重要性扩张持批评态度。

从中美建交初期的外交政策到现代的国际关系，两党在对华关系上的立场虽有差异，但也存在共同点，这些立场反映各自的政治理念，也受到了美国政治教育体系的影响，这种体系在塑造政治家和公众对中国的认知方面发挥关键作用，通过灌输特定的价值观和世界观，影响了美国对华政策的形成。美国的政治文化和价值观，尤其是对自由贸易和人权的强调，都在塑造着美国政治家和公众对中国的看法，这些看法在政策制定中占据重要位置，影响着美国与中国的互动。

第四节　全球政治洗牌与科技革新的交汇

2024年，**全球政治版图将面临重大变动，超过70个国家举行大选**，这些国家和地区的经济产出占全球GDP的60%，人口超过全球总数的一半，这些选举会对全球政治经济格局带来巨大影响。

逆全球化的趋势表现为对宪法规定的无视、对选举结果的否认、对人道主义原则的背弃，以及对平民的无差别伤害，2024年，我们不得不面对严峻的风险和挑战，包括极端气候变化、人工智能造假技术的滥用、社会对立的加剧、全球经济的衰退、金融市场的剧烈波动、战争的蔓延等，在这样的大环境下，安全需求成为人们的基本需求之一，与之相关的安防产业将持续增长，以应对日益复杂的安全挑战。

与此同时，地缘政治紧张局势依旧，俄乌战争持续进行，中东地区的巴以冲突有向周边扩散的趋势，朝鲜半岛的紧张局势也在加剧，全球军费开支激增，创下历史新高，反映出各国对军事安全的重视程度。

在科技领域，2023年见证了人工智能技术的飞速发展，特别是以ChatGPT为代表的AI大模型的崛起，技术的进步推动美股“科技七巨头”的股价飙升，总市值突破了12万亿美元，占标普500指数总权重的30%。这些公司的股价组合涨幅达到68.8%，为标普500指数的涨幅贡献82%。在投资领域，沃伦·巴菲特的投资组合中，苹果公司作为第一大持仓，占比高达51%。在欧洲，欧股“八巨头”的市值约占欧洲斯托克600指数市值的四分之一，它们贡献了欧股过去一年全部涨幅的60%。

在文化和语言方面，2023年的年度词汇反映社会的关注点和趋势。韦氏、剑桥、柯林斯全球三大词典分别选择了Authentic/Deepfake（真实/深度伪造）、hallucinate（产生幻觉）、AI作为年度词汇，这些词汇揭示人们对于真实性、心理健康和人工智能技术的深刻关注。

人工智能的发展已经引领我们进入一个技术奇点的时代，科技的进步速度和势力已经超出传统的预测范畴。这种爆炸式的技术变革带来巨大的经济潜力，也对现有的资产估值体系和商业模式提出挑战，资本市场对于“科技七巨头”的持续追捧，是否预示着对未来的透支或是对颠覆性未来的预期，2024年将成为关键的检验时刻，无论结果如何，这都将对资本市场带来不小的波动和混乱。

在数字媒体和流行文化的交汇点上，网络文学和娱乐产业正成为探讨现实与虚构界限的重要方式，现实世界与奇幻空间，挑战了传统的真实性认知，何为真实，何为虚构，当代社会中人们对于身份、记忆和现实感知的深刻困惑，在信息爆炸和媒体多元的时代，在数字技术日益发达的今天，虚拟现实、增强现实和深度伪造等现象不断涌现，使得人们对于所见所闻的真实性产生了质疑。

技术进步并不总是伴随着人类福祉的提升，信息过载、社交比较、社交疏离以及数字媒体成瘾等现象，正在对现代人的心理健康造成影响，在快节奏的现代生活中，人们越来越渴望心灵的宁静和情感的慰藉，情绪价值逐渐成为人们追求的一种“刚需消费”，自然解压、热血激情、精神松弛和真实体验，成为新兴的商业机会和社会需求，人们开始寻求远离数字屏幕的生活方式，渴望与真实世界建立更紧密的联系。

第五节　国际资本流向与全球金融体系变迁

随着中国经济的稳健增长和对外开放的持续扩大，人民币在国际贸易和金融交易中的使用正迅速增加。为加快人民币国际标准化的进程，中国政府采取了多项富有创新性的策略，这些策略包括逐步放宽资本账户管制、积极推广跨境人民币结算，以及在全球关键金融中心建设稳健的人民币离岸市场，共同助力人民币在国际货币体系中的地位稳步提升。

在国际金融市场的波动中，我们见证了具有里程碑意义的事件，例如全球金融危机期间的货币价值剧烈波动和主要央行的货币政策转向，这些事件考验全球经济的弹性，也激发了对现行国际货币体系和货币政策框架的深刻反思和讨论。

在美元作为国际储备货币的主导地位下,中国和其他新兴经济体面临着如何应对美元霸权的挑战。中国在这方面采取多元化的战略,在优化外汇储备结构上做出了努力,还在推动双边和多边货币互换协议方面发挥了积极作用,同时,中国通过参与国际货币基金组织(IMF)和亚洲基础设施投资银行(AIIB)等国际金融机构,为国际货币体系的改革和完善贡献了中国智慧。

从历史和全球视角出发理解人民币世界竞争化的复杂性和多维度挑战,理解人民币国际化的趋势和意义和比较人民币与美元、欧元等主要国际货币的发展历程,人民币在不断演变的国际货币体系中可能扮演的角色以及这一进程对全球经济治理和国际金融稳定可能带来的长远影响。

2024年中国股市面临挑战,面对美国的制裁加强、资本撤离以及人工智能技术的快速发展,市场经历了一段艰难时期,美国,作为一个在全球具有广泛威望的国家,对中国采取极限施压的措施,试图遏制中国的发展,不过,美国自身也面临着诸多挑战,包括国内的政治分歧、工业结构的转型以及日益增长的债务问题。**全球经济的竞争已经演变为一场耐力和韧性的较量。**

尽管面临外部压力,我坚信中国有能力转变被动局面,主动开辟新的发展道路,通过结合科技创新、中华文化的传承与创新以及对健康幸福的追求,中国有望迎来新的繁荣时期,我们既要展望未来,也要脚踏实地地面对当前的挑战。世界的风云变幻和科技的快速变革,正在推动着历史的车轮滚滚向前发展。

正如古代诗人李白所言:**“天生我材必有用,千金散尽还复来”**,中国经济和企业的发展需要在强化硬科技实力的同时,塑造新的文明形态,面对现实,认识到与发达国家之间的差距,但这并不意味着应该放弃自主发展的道路。选择**依附还是自主**,选择容易的道路还是勇敢面对挑战,这需要我们做出明智的决策。

长安之所以辉煌,是因为有无数像李白、白居易、杜甫、高适这样的文人墨客,他们用才华和情感描绘了这座城市的辉煌,今天,我们同样需要这样的一群人,让更多的企业像华为、比亚迪、安踏、传音等行业领头羊一样,成为照亮时代的光芒。

中国经济的发展之道在于，在逆境中保持坚韧不拔，积极开放国门，吸引外资和先进技术，同时，要加强科技创新，稳定社会情绪，以市场导向为新的增长点，开拓新的商业版图，对于未来的商业和投资，我们需要审时度势，把握时机，**回归商业的本质**，同时勇于挑战新的高度。

我想一句话总结：无论风雨变幻，我们都将保持坚定和从容。

第六节　人工智能助推经济变革与重塑产业升级迭代革命

在探讨高阶推理AI能力在商业现实主义背景下的生存与发展时，我们必须认识到，尽管理想主义的思考为AI技术的未来描绘了一幅宏伟的蓝图，但在中国的土壤中，AI的发展与应用落地须紧密结合国家的实际情况和市场需求。

在过去的两年，AI领域经历翻天覆地的变化，特别是大型AI模型公司之间的竞争，这不仅仅是一场科技竞赛，更是一场激烈的资本较量，在市场经济的严格监管下，企业迫切在有限的资源中寻找突破，通过筹集资金、购买硬件资源、吸引顶尖人才等方式，确保在竞争中保持领先。

过去的一年里，国产大型AI模型公司似乎面临着前所未有的挑战。尽管他们手握重金，但科研投入的巨大成本和不断更新的技术水平使得追赶变得异常艰难，从追赶GPT-3.5到应对GPT-4，再到Sora的崛起，**每一步都要求公司不断投入和技术进步以保持与国际先进水平的同步。**

除了科研上的挑战，市场还需要在实际**应用场景**中寻找突破，证明企业不仅仅是一个消耗资本的研究机构，而是一个能够创造实际价值的实体，同时，项目的最终出路无论是上市还是并购都充满了不确定性。

2023年中期，中国科技界对大型AI模型的热情从狂热转向冷静，开始更加注重技术的实用性和落地，这种转变使得大型AI模型公司的CEO们不得不在理想与现实之间寻找平衡点。

在这样的背景下，中国的AI生态系统开始强调产品与市场的**契合度**，商业化成为行业发展的关键词，站在产业的起点，我们可以看到巨大的发展空间和潜力。ChatGPT的出现，进一步激发市场的活力，为AI技术的生产要素提供了全面的补充。

一、AI时代：人类与技术的共生与挑战

在AI技术日益成熟的当下，我们站在一个历史性的十字路口，思考着一个关键的问题：在AI主导的未来，人类是否会经历某种形式的**退化**？随着AI在日常生活中的广泛应用，许多我们曾经亲力亲为的任务和决策现在都交由智能系统来完成，这种转变提高生活和工作的效率，同时也引发对人类技能可能衰退的担忧，我们对AI的依赖性不断增加，这可能导致我们在某些认知和操作技能上的退化，似乎我们越来越少地依赖自身的记忆和解决问题的能力。

AI技术的普及也正在逐步改变我们获取知识、处理信息和**学习新事物的方式**，在信息触手可及的时代，我们可能会逐渐失去深入理解和长期记忆复杂概念的动力和习惯，这种变化影响我们的认知能力和知识体系。

在**劳动力市场**方面，AI的发展预示着一场革命，一些传统的职业可能会因为自动化而被淘汰，同时，新的职业机会将随着技术的进步而涌现，这种转变可能会加剧社会的分层和不平等，但同时也为那些愿意适应新技能需求的个人提供了前所未有的发展机遇。尽管AI可能减少某些传统岗位的需求，但它同时也在创造新的就业机会，尤其是在AI技术的开发、维护和监管等方面。

而**教育体系**应当重视培养学生的创新思维和适应能力，以应对不断演变的就业环境。

培养创新的思维模式提升对AI技术的认知和应用能力，这涉及技术层面，也包括对AI伦理、社会影响的理解，社会层面的准备需要建立和完善伦理和法律框架，以确保AI技术的发展能够符合人类的长远利益，同时有效地规避可能带来的风险和负面影响。

随着AI逐渐融入我们的日常生活，我们的文化观念和价值观也可能随之演变，**隐私**、**安全和个人责任**等概念可能会因为AI的介入而需要重新定义，我

们需要在享受AI带来的便利的同时,保持对这些基本价值的深刻理解和适当调整。

社会亟须建立全面的**伦理和法律规范**,以确保AI的健康发展,这包括采取措施防止AI应用加剧社会不平等,保护个人隐私和数据安全,以及提高AI决策的透明度和可解释性。

我们在充满变革的时代中蓬勃发展,**终身学习**这点尤为重要,不断地更新自己的知识和技能,以保持与时代同步,同时,创新和创造力的培养也成为关键,因为这些是人类独有的、AI难以模拟的能力,此外,我们还需要学会与AI建立协作关系,将人类的直觉、情感智慧与AI的逻辑分析能力结合起来。

我们期待未来的讨论能够更加深入地探索**人类如何与AI和谐共存**,以及如何利用AI的力量来提升我们的生活质量和整个社会的福祉,这是一个既充满挑战又充满希望的时代,我们需要共同努力,确保每个人都能在AI驱动的世界中找到自己的位置并发挥自己的最大潜能。

随着AI技术的迅猛发展,全球经济版图正在经历一场前所未有的转型。AI重塑了**财富的创造和分配方式**,而且在深刻地影响着富豪榜的构成以及社会结构的演变,我们正目睹着一大批新兴企业和创新项目借助AI的力量迅速崭露头角,它们在短时间内便能创造出巨大的经济价值和社会影响。

AI技术的广泛应用正在**颠覆传统的商业模式和产业结构**。在多个领域,AI以卓越的效率和低成本优势,助力企业实现快速扩张并开辟新的市场,这场由AI引领的变革,为投资者带来可观的经济利益,也为社会带来了新的就业机遇和经济增长动力。

这场快速的技术变革也伴随着挑战,在AI的浪潮中,那些未能及时适应新趋势的传统行业领袖可能会面临在财富排行榜上地位下滑的风险,此外,AI技术的普及有可能使得财富过度集中在少数掌握核心技术的企业和个人手中,这可能进一步**加剧社会的不平等现象**。

政策制定者需深思熟虑,通过税收政策和社会福利措施来缓解贫富差距,维护社会的公正与和谐,建立和完善AI技术的伦理规范至关重要,以确保技术进步惠及全人类，避免成为少数**利益集团的专属工具**。

探索中国在AI领域的蓬勃发展，我们目睹着一系列令人瞩目的**科技成就**，在算法创新的前沿，中国的研究人员和企业正推动着边界的不断扩展，开发出更加精准、高效的AI模型，在**数据处理能力**方面，中国正在建设强大的计算基础设施，以支持大规模的数据分析和机器学习任务，应用场景的开发也呈现出多样化的趋势，从智慧城市到医疗健康，AI技术正被融入社会的各个角落。

AI以卓越的效率、可靠性和持续运作的能力，在众多行业中崭露头角，因而被冠以**“最完美职员”**的美誉，AI在处理庞大数据集、执行重复任务以及在要求迅速响应的环境中表现出色，这些优势在某些领域已经超越了人类的能力范畴。

AI的潜力并非无限，它缺乏人类独有的创造力、情感理解和道德判断力，这些对于许多工作至关重要的特质，使得AI无法完全替代人类的工作角色。AI更应被视为人类工作的**有效补充和协作伙伴**。

全球**各国演绎着激烈的AI竞争与合作**，美国和中国作为两大科技强国，正在引领全球AI技术的发展潮流，AI的核心技术之一——大模型，是基于开源技术构建的，这为全球技术交流和创新提供了肥沃的土壤。美国在深度研究和理论探索方面占据领先地位，在AI技术从0到1的创新阶段拥有重要的优势，并取得一系列突破性成果，而中国正迅速将研究成果转化为实际应用，推动AI技术的商业化和产业化。中国拥有庞大的产业数据资源和强大的商业执行力，这为在AI领域的发展提供了独特的优势，在技术从概念到实际应用的转化过程中，中国展现出了无与伦比的效率和速度。在AI技术应用和商业落地中，中国极具勤奋和竞争力的创业者们和企业家们凭借丰富的数据资源、政府的政策支持以及市场的巨大潜力，正**推动中国往AI强国迈进**。

二、从科研探索到产业融合的创新之旅

ChatGPT的普及和应用是一个逐步展开的过程，在这一进程中，不同的人以不同的速度和方式接触到这项技术，有些人可能很早就了解到ChatGPT的存

在，而有些人则可能较晚才发现它，人们对这项技术的态度也可能经历从最初的怀疑，到震惊，再到最终的接受和信任的转变。

最初，语言模型在技术领域内扮演的角色相对有限，它主要被用于语音识别中对不同识别结果进行排序，在语音识别完成后，系统会产生多种可能的结果，而语言模型则通过计算各种结果的概率，输出最有可能的那一个，尽管这项应用在当时看来非常有限，但它实际上触及了人工智能领域的一个根本性问题——**对世界的建模和概率推断**。

语言模型，尽管受限于语言的表达，实际上是对现实世界的一种映射和反映，理论上，如果我们能够构建一个足够庞大的token space，即所有可能的标记组合成的空间，我们就能够创建一个通用的世界模型，在这个模型中，世界上任何事物的产生和发展都可以被赋予一个概率值，从而将所有问题归结为对这些概率的估计和推断。

ChatGPT及背后的语言模型技术，不仅仅是一项单纯的科研成就和聊天机器人，更是一个**推动产业界和学术界深度融合**、共同探索和解决现实世界问题的**强大工具**，这是发展必然规律，从探索性研究开始，逐渐转移到更成熟的工业化过程。

产业界和学术界的结合日益紧密，这种趋势正在推动技术发展的步伐，现在，越来越多有价值和突破性的研究成果正在工业界产生，这符合技术发展的必然规律，从探索性研究起步，逐渐过渡到更为成熟的工业化应用，这并不意味着工业化过程中不需要研究，而是表明在工业化的背景下，纯粹的研究往往难以产生具有实际价值的突破。

研究型组织始终扮演着至关重要的角色，它们的主要任务是探索和孵化创新性的想法，推动科技的前沿发展，这些组织通常拥有自由的研究环境和充足的资源，使得研究人员能够专注于基础科学和理论研究，从而催生出具有革命性的技术和概念，如Transformer这样的模型就是在这样的环境中诞生的，尽管如此，将这些基础研究转化为实际应用，构建成像ChatGPT这样的复杂系统，往往需要不同层面的专业知识和资源，这包括对原始想法的深入开发，还涉及产品化、用户界面设计、市场推广等多个方面的工作，这些任务通常超出了纯研究型组织的职责范围和专长领域，因此，虽然研究型组织在大公司中能够孕育出突破性的科研成果，但要将这些成果转化为成熟的产品或服务，还需要公司内部其他部门的紧密合作和支持。这种跨部门的协同工作是实现从理论到实践的关键，也是**推动科技成果转化**成为社会价值的重要途径。

人工智能企业的核心在于**科学探索、工程设计和商业智慧的有机融合**，这样的组织是商业实体，更是创新的孵化器，它不同于传统的研究院，因为它的目标是从无到有，构建起全新的业务模式和产品体系，在人工智能领域，特别是在通用人工智能（AGI）的发展过程中，我们需要一种全新的组织结构。

理想的状态是，在公司的最高决策层面，能够融入对未来技术发展的深刻洞察和愿景，可是，这样的公司是从基础做起，逐步构建的，因为AGI**的发展**需要不同于互联网时代的生产方式和组织结构，它不仅仅是纯粹的科学研究，而是研究、工程、产品开发和商业运营的紧密结合。

在这样的组织中，虽然存在自顶向下的战略规划，但规划的过程中也留有创新的空间。并非所有技术路线都是预先设定好的，而是在执行中不断探索和调整，这种组织结构虽然以顶层设计为框架，但同时也鼓励自下而上的**创新和实践**。

目前尚不存在完全适应AGI发展的组织模式，但这并不意味着我们不能去创造，随着技术的进步，生产方式的变化，组织结构也必须随之调整，只有当组织结构与技术发展相匹配时，才能有效推动产出和创新。

我们坚信，为了实现**真正的**AGI，需要重新设计和构建组织结构，AGI的发展必然是全球化的，不会局限于某个特定的区域市场，长期来看，市场保护机制不会阻碍AGI的全球化发展。一个伟大的AGI公司，必然拥有广泛的用户基础，这是实现AGI发展的三个基本条件之一。

一个真正伟大的公司，将能够将技术理想主义与现实主义相结合，通过一个卓越的产品与用户共同创造和协作，实现AGI的最终目标，因此，除了技术创新，我们还需要关注实际效益和社会价值，技术和商业的完美结合，将推动人工智能企业走向更加辉煌的未来。

AI对经济的影响是一个多维度的话题，引发广泛的讨论和深入的思考，一方面，AI作为先进的机器和工具，在执行特定任务时展现出的高效率和精确性无疑正在改变我们的工作方式，人类的创造力和思考能力是无限的，这是AI难以匹敌的，这种独特的人类特质意味着，在某些需要深度思考和创新的领域，AI可能永远无法完全取代人类的智慧和工作。

尽管如此，像ChatGPT这样的大型语言模型在理论上拥有令人印象深刻的能力，但它们的实际应用效果和在现实世界中的落地仍然至关重要，目前**AI技术在转化为实际生产力和社会效益方面仍然面临着挑战**。

对AI的快速发展，我们也应保持审慎的乐观，如果AI的进步速度持续超越人类智能的发展，会引发关于AI伦理和如何有效控制AI的严肃讨论。

我对AI的未来发展持乐观态度，AI被视为下一轮工业革命的催化剂，而且被寄予厚望，将成为推动未来经济增长和创新的关键力量，期待AI能够在提高生产效率、解决复杂问题以及开辟新的商业模式等方面发挥重要作用，同时也相信社会能够制定出相应的规范和指导原则，确保AI技术的健康发展和人类利益的最大化。

不必过虑奇点的到来，AGI带来的真正风险不是他们的恶意，而是它们的能力，关键是确保它们的目标和我们相一致，**生命系统的标志之一，通过提升周围环境的熵来保持或降低自己的熵。**

我坚信AGI有潜力推动人类文明迈向一个新的发展阶段，为我们带来前所未有的机遇和可能性。我作为一名丰富产业背景的信息技术领域从业者，有幸能够参与到这场科技革命的浪潮之中，我清楚地认识到，成功并非必然。每一分努力、每一次尝试都是宝贵的经历。我理解并接受在探索未知领域的过程中，可能遇到的挑战和结果的不确定性，而这种探索本身就充满了价值。

AGI的发展不仅仅是技术上的突破，它还深刻地**影响了我的生活和思考方式**，我对此感到无比的感激，它让我有机会见证和参与到一个可能改变的世界，这是一笔难得的财富，这个事情正在**完全改变着我的生命**。

上篇

全球产业链的演进
与中国经济的未来脉络

第一章　构建未来经济的基石:全球产业新纪元

第一节　世界产业格局转变动向

在充满变革的新时代,全球主要国家都在积极策划和推动未来科技产业的发展,力图在激烈的国际竞争中夺取未来产业的领导权。这场竞争的实质是科技实力的较量,它关乎国家的国际地位,更是国家货币和信誉的重要支撑,对中国而言,科技产业的蓬勃发展提升了国家的全球威力,更是人民币国际化的坚强后盾和背书。在追求强国梦想的道路上,中国牢牢掌握了对未来产业的主导权。

科技产业成为衡量国家竞争力的核心指标,全球各大经济体积极布局通过科技创新引领未来产业的发展,力求在新一波全球竞争中稳占潮头,这场竞争是对技术领先地位的争夺,更是对经济模式、产业结构和国际吸引力的全方位重塑。

中国卡脖子科技产业的蓬勃发展已经成为国家战略的内核,中国正处在由"制造大国"向"创造大国"转型的关键时期,这需要在5G、人工智能、量子计算、生物科技等关键科技领域取得重大突破,对传统产业进行数字化、智能化改造也是推动产业升级的重要一环。

中国正在大幅增加研发投资,优化创新环境,培育科技人才,并通过政策引导与市场激励机制,加速科技成果的产业化,同时中国也积极参与国际科技合作,以开放包容的姿态和共赢的策略,与全球各国共同分享科技发展的成果。

在这场全球科技竞争中,中国正展现出坚定的决心和强大的行动力逐步构建起具有全球竞争力的科技产业体系,为中国的持续发展注入新动力,在未来的国际舞台上,中国科技产业的崛起必将成为重塑世界经济格局的重要力量。

未来产业是推动国家经济转型升级的关键力量,涉及最前沿的科技领域,例如**人工智能**、**生物科技**、**新能源**、**新材料**等,中国在发展未来产业方面,尽管已经取得一定的成就,但与一些发达国家相比,仍存在一定的差距。这种差距体现在技术创新能力上,更在于政策支持的力度、战略规划的清晰度以及执行力的强度。中国需要从国家战略层面,加强对未来产业的顶层设计和系统布局,确保政策的连续性和稳定性,避免出现政策的短期性和盲目性。

在地方层面,虽然各地政府积极响应国家号召,纷纷提出发展未来产业的规划,但往往缺乏明确的发展目标、实施路线图以及可量化的绩效指标,这种状况可能导致资源配置的低效,甚至出现重复建设和产能过剩的问题,例如,芯片产业的发展就曾面临过这样的困境,各地在缺乏充分规划和协调的情况下,仓促上马项目,导致部分资源浪费和局部产业泡沫。

为避免类似情况的发生,建议在发展未来产业时加强顶层设计,明确产业发展的方向和重点,制定切实可行的发展规划,建立完善的评估和监督机制,确保政策的有效实施和资源的高效利用,还应鼓励地方政府根据自身优势,发展特色鲜明的未来产业,形成互补的区域产业布局,避免同质化竞争。

中国应该通过政策引导、资金支持、人才培养等多管齐下的方式加快未来产业发展的前进步伐,推动产业创新和升级,确保在新一轮全球科技革命和产业变革中占据有利地位,也是实现中华民族伟大复兴的中国梦的必由之路。

中国在未来产业研究和预测方面仍落后于世界的发达国家,特别是美国、加拿大等,国家智库除了要加强对未来产业的趋势和动力机制、发展模式等基础理论研究,也需为未来产业发展方向和战略提供全方位的智力支撑,近年来,美国利用关键核心技术对中兴、华为等一大批企业展开制裁,对中国相关产业造成了重大损失,在未来产业的发展中,要加大关键核心技术的攻关和布局,确保关键核心技术供应。

在当前的学术界和产业界,对未来产业的定义尚未达成共识,通俗而言,未来产业指的是那些由前沿技术推动、正处于探索阶段的新兴产业,这些产业满足了社会经济发展的不断升级需求,代表着**科技与产业的长远发展方向**,它们预期将在未来发展成熟,实现产业转型,并对国民经济形成重要支撑和巨大推动力,未来产业的发展轨迹预计将从战略性新兴产业逐步演变为主导产业,最终成为支柱产业。

美国政府和科技界的领袖们普遍认同,未来产业的发展对于确保国家的长期繁荣和维持全球领导地位至关重要,这些产业成为推动经济增长、提升生活质量和应对全球性挑战的关键力量。

AI作为未来产业的核心,正在彻底改变我们处理数据、制定决策和优化流程的方式,AI的应用正迅速扩展至医疗诊断、个性化教育、智能制造和智能交通系统等多个领域,逐渐渗透到社会生活的方方面面。

量子信息科学(QIS)是另一项具有颠覆性潜力的技术,它预示着在计算能力、通信安全和精密测量等方面将取得重大突破,量子计算的潜力能够解决传统计算机难以攻克的复杂问题,尤其是对药物研发、材料科学等领域的深度问题。

5G/6G网络的部署作为先进的通信技术,正为物联网(IoT)的飞速发展打下坚实基础,5G/6G技术提供更快的数据传输速度,还能支持更多设备的连接,为智慧城市、远程医疗和自动驾驶汽车等领域提供技术支持。

先进制造技术,如3D打印、机器人技术和自动化生产线,正在彻底改变制造业的面貌,不仅提升生产效率和产品质量,还使得定制化生产成为现实,满足消费者对个性化产品的需求。

生物技术的进步在医疗健康领域引发了一场革命,基因编辑、再生医学和个性化医疗等技术的发展,为治疗遗传性疾病、癌症和其他复杂疾病提供了新的希望和解决方案。

美国正在加大研发投资,优化政策环境,吸引全球人才,并与私营部门紧密合作,推动科技成果的商业化,目标是通过产业的发展保持竞争力,而且在提升社会福祉和解决全球问题上发挥领导作用,确保国家在未来的全球竞争环境中能够持续繁荣和成功。

未来产业的蓬勃发展是科技创新的结晶,更是国家战略布局和经济转型的核心动力,这些产业以鲜明的特点,引领着时代的步伐,塑造着未来的经济和社会格局。

第一,科技与产业的深度融合。未来产业的诞生,往往根植于前沿科技的重大突破,突破性技术拓展科学的边界,也为新兴行业的崛起奠定了牢固的基础,尽管在起步阶段可能规模有限,但随着技术的不断成熟和市场的逐步扩张,它们有着成为经济增长新动力的巨大潜力,并对全球产业结构产生根本性的变革。

第二,早期发展阶段的挑战与机遇。处于生命周期初期的未来产业,面临着从技术验证到市场接受度,再到产业链完善的多重挑战,这个关键时期的产业发展亟须政府的政策扶持、资金的持续投入以及研发环境的不断优化,这也是投资者和企业进行战略布局、抢占市场先机的黄金时期。

第三,社会经济的广泛影响。未来产业的崛起预计将在多个层面引发变革,在产业层面,它们将驱动传统产业的升级转型,催生全新的产业链条,在经济层面,它们将开辟新的增长领域,创造丰富的就业机会,重塑全球经济的竞争版图,在科技层面,它们将激发科技创新动力,加速技术革新的步伐,而在生活层面,未来产业将极大地提升人们的生活品质,带来更加便捷、智能、环保的生活方式。

为充分挖掘未来产业的无限潜力,国家和企业踊跃采取具有远见的策略,加大研发投入,培育专业人才,优化产业生态系统,以及制定和实施相应的政策与法规,以促进这些产业的健康与快速成长,与此同时,我们也需要密切关注这些产业可能引发的社会伦理、就业安全等挑战,确保科技的进步与社会的和谐发展同步前行。

在全球化的浪潮中,各国力图在布局未来产业中赢得全球竞争新一轮先机。

第一,全球领导权的争夺。未来产业成为国家实力的体现,是全球领导权竞争的焦点,美国通过《无尽前沿法案》等重要立法,明确展示通过投资研发和创新来维持科技领域全球领先地位的决心,尤其是面对中国等新兴经济体的迅猛发展。

第二,社会发展困境的解决。在全球人口老龄化和资源环境压力日益加剧的背景下,未来产业被赋予解决社会问题的厚望,生物技术在应对老龄化挑战、提升医疗保健水平方面展现出巨大潜力,而清洁能源和环保技术则为解决环境问题提供新的思路。

第三,经济困境的突破。面对经济增长乏力的挑战,发达国家如美国和日本等国家将未来产业视为振兴经济的关键,通过发展高科技产业提升生产率,实现经济的复苏和持续增长。

第四,高质量就业的提供。未来产业的发展能够促进经济增长,还创造大量高质量的就业机会,拜登政府的《美国就业计划》就通过投资基础设施、清洁能源和先进制造业等领域,创造数百万个就业岗位,提升工人的收入水平,改善民生。

第五,科技创新的推动。未来产业的发展为科技创新提供了广阔的应用场景和市场需求,产业的需求推动新技术的研发,也为科技创新指明了方向,人工智能和量子计算等领域需要强大的计算能力,并在各行各业中寻找实际应用,形成良性的创新循环。

未来产业的发展对于国家的长远战略、社会问题的解决、经济的繁荣以及科技创新的带动都具有不可估量的影响,全球各国都努力把握这一历史性的机遇,以期在未来的世界舞台上占据重要位置。

对美国、日本、英国、法国、德国、韩国、俄罗斯等国家的深入观察和研究,我发现一些显著性的趋势:

产业创新的聚焦与集中化:全球未来产业的发展正聚焦于三个核心方向,**智能化、低碳化和健康化**。智能化的浪潮正在人工智能、机器人技术、自动驾驶等领域迅猛发展,这些技术正在重塑我们的生产方式和日常生活,低碳化的趋势反映全球对环境保护的共同承诺,新能源、清洁能源技术、碳捕捉和存储技术等成为研发的热点,健康化则涵盖了生物技术、医疗健康、老龄化应对等领域。

产业转型的融合与创新:全球未来产业的发展着眼于新兴产业的培育,更强调与传统产业的深度融合和创新,这种融合创新在数字化转型、智能制造、绿色制造等方面表现得尤为明显,通过新技术、新工艺、新模式的引入,传统产业得以焕发新生,实现升级和转型,例如,制造业通过整合物联网、大数据、云计算等前沿技术,实现生产过程的智能化和自动化,极大提升了效率和全球竞争力等。

产业组织模式的全链创新:全球未来产业的发展正在形成一种全新的全产业链创新模式,这种模式涵盖了从技术研发、生产制造、产品创新到商业模式的每一个环节,全链创新强调了创新的系统性和协同性,要求企业在技术研发上取得突破的同时,也要在生产、营销、服务等环节实现创新,这种模式鼓励企业构建开放的创新生态系统,与高校、研究机构、供应商、客户等多方主体进行紧密合作,共同推动产业创新发展。

这些趋势清晰地表明,全球未来产业的发展推动产业的深度融合和全链创新,各国政府和企业都在积极适应这些趋势。

第二节　全球视野下的未来产业战略与投资:塑造科技创新新浪潮

全球范围已经形成一个共识:构建一个全面创新的产业生态系统是推动未来产业发展的关键,这些趋势不局限于技术创新的层面,而是涵盖研发模式、生产方式、业务模式和组织结构的全方位革新。

为确保产业的持续繁荣,关键在于打造一个能够不断激发创新活力、并适应市场需求变化的生态系统,这个生态系统需要包含以下几个核心要素:首先,敏捷的研发流程能够快速响应市场变化和技术进步;其次,高效的生产体系确保产品质量与速度的双重优势;再者,灵活的商业模式能够适应不同市场和消费者需求;最后,组织架构必须具备快速适应市场和技术变革的能力。

美国通过实施《美国就业计划》和《无尽前沿法案》等政策,不仅聚焦于推动技术进步,更注重于创新生态系统的整体构建,通过成立新的机构和研究所,美国正在为未来产业的全面繁荣奠定坚实的起点,推动产业之间的跨界融合,提升整体的创新能力,从而在全球竞争中保持领先地位。

未来产业的发展是多维度、多层次的复杂进程,它涉及技术创新,还包括制度变革、政策制定和国际合作等多个方面,各国需要具备全球视野和战略思维,以确保能够有效地利用技术创新来推动产业前进。

首先,技术创新是推动产业发展的核心动力,各国需要不断投资于研发,鼓励科技创新,以促进新技术的产生和应用,同时,制度创新也至关重要,它能够为技术创新提供适宜的法律和组织环境,确保技术成果能够有效转化为实际生产力。

政策支持是构建有利产业生态的关键因素,政府需要制定具有前瞻性的政策,为企业提供必要的财政和税收优惠,同时建立公平竞争的市场环境,鼓励企业加大研发投入,培养创新能力,确保产业发展与环境保护相协调。

国际合作在推动未来产业发展中扮演着重要角色,通过国际合作,各国共享知识、技术和资源,共同应对全球性挑战,如气候变化和资源短缺,国际合作还有助于打开市场,促进产品和服务的全球流通,提高产业的国际竞争力。

在贯穿该举措的过程中,政府的角色尤为关键,政府需要通过制定和执行有效的政策,为产业发展提供稳定的宏观环境,同时为企业提供必要的支持和服务。企业作为创新的主体,需要不断探索新的商业模式,加强科研投入,培养创新人才,以确保在全球竞争中保持优势。

一、未来行业生态预测

随着全球经济的演变和技术的飞速发展,行业生态的未来走向正成为企业战略规划的重中之重。

1. 抗干扰生态系统

2024年中期,那些与生态系统伙伴携手建立合资企业并实现数据共享的企业组织,比同期的同行多获得8%的利润增长,这一预测强调了在数字时代,企业要想保持竞争力,就必须拥抱开放创新,构建一个灵活、跨界的生态系统。

成为数字优先型组织的核心原则在于探索和吸纳新的创新源泉,这通常意味着企业需要打破传统的边界,通过建立开放的数据共享模式,与不同行业的合作伙伴共同开发新的市场机会,这种跨界合作带来新的思维方式,还能够促进资源共享,加速创新进程。

合资企业的建立,使得生态系统内的合作更加正式和规模化,为企业提供了除日常运营之外的额外创新资源、收入来源以及研发能力,这种模式有助于企业在变化的市场环境中保持领先地位,同时确保盈利能力的持续增长。

在中国,企业正积极探索和实践数据要素的跨行业、跨系统、跨组织共享与流通,探索有助于释放数据的潜在价值,促进不同领域之间的协同效应,推动整个行业生态的健康发展,随着这一趋势的深入发展,预计中国企业在与生态系统合作伙伴共建合资企业方面取得更多突破,实现更广泛资源的共享与优化配置。

2. 去中心化自治组织

随着区块链技术的成熟和应用领域的扩展,联盟型去中心化自治组织正逐渐成为行业生态系统中的新宠,预测指出,到2028年底,联盟型去中心化自治组织在复杂的行业生态系统中扮演着核心角色,成为企业运营的标配。

它的核心优势在于能够促进生态系统内流程、应用程序和数据的共享,从而推动收入的增长,这种新型的企业组织形式利用区块链技术实现了高度的透明度和效率,使得参与各方能够在一个去中心化的环境中协作和共享资源,这种模式特别适用于那些涉及多个利益相关者、复杂的数据模型和跨系统应用程序共享的行业生态系统。

3. Web3 生态

到2026年,预计有60%的内部关联企业采用基于区块链的共享应用程序,这为行业生态系统中的商业活动打下坚实的Web3基础。

在这一生态系统中,共享和共同开发应用程序成为企业加强创新、数据分析和协作的关键路径。行业合作伙伴,甚至在某些情况下的竞争对手,通过联合开发应用程序来满足共同的市场需求,以便快速响应和抓住市场机会。跨界合作不仅促进资源共享,还能够加速创新成果的转化和应用。

区块链技术,作为Web3生态系统的基石,越来越成为推动行业创新和组织协作的关键支持技术,它通过提供去中心化、不可篡改和透明的特性,为数据共享、应用程序开发和联合创新提供了一个安全和高效的平台,随着Web3概念的逐渐成熟,我们迎来一个更加分散、开放和互联的商业环境。

在中国,Web3、加密货币区块链以及NFT等领域仍处于起步阶段,尽管这些技术在中国拥有巨大的潜力和市场前景,但它们的发展仍需经历深入的研究、探索和应用过程,中国企业和政府机构需要加强对这些新兴技术的理解,制定相应的政策和监管框架,以促进Web3生态系统的健康。

4. 供应链

到2025年,60%的全球性企业将通过按需分配利用行业生态系统中的资源来提升供应链统筹能力,取得盈利的企业组织约占30%。

有利的邻近性战略有助于优化采购成本、优化采购交付周期和优化供需平衡,并有助于实现最符合成本和业务目标的全球分布式供应关系,建立或参与行业生态有助于使企业供应链变得更加敏捷已成为共识,但目前的现实是,许多企业供应链的数字化成熟度仍然较低,导致有超过一半的公司仍无法实现所期待的盈利结果。

5. 数据空间

数据空间的概念预示着数据治理和全球数据经济的新纪元,到2027年,预计有40%的G20(二十国集团)国家政府通过构建先进的技术基础设施、确立可信的治理机制、制定明确的法律规定,以及推动基于数据空间的积极参与来促进和加强全球数据经济的发展。

数据空间作为一种创新的治理模型,它实现了数据需求与供给之间的动态匹配。在这一模型中,政府扮演着至关重要的角色,负责监管数据空间,确保数据保护、知识产权保护、数字主权和数据的规范使用得到妥善管理,政府的参与不仅限于监管,还包括对数字主权类基础设施和平台的直接投资与建设,特别是那些能够带来直接社会效益的项目,例如数字身份认证系统和面向公民的数字钱包，这些系统能够确保公民在与行政部门互动时只需提供一次数据。

随着全球数据经济的发展，无论是在国家还是区域层面，政府被推动制定更具建设性的政策和规定，这些政策为企业提供一个安全、合规的数据共享环境，使它们能够在保护自身利益的同时，通过数据共享提升企业价值，促进创新和增长。

此外，国际数据空间的发展还促进跨境数据流动，加强国际合作，推动全球经济一体化，通过建立共同的数据标准和相互操作性框架，不同国家和地区的企业能够更容易地进行数据交换和协作，从而在全球范围内释放数据的潜在价值。

6. ESG团队

随着全球对可持续发展的关注日益增强，ESG（环境、社会和治理）的实践已成为组织机构战略规划中不可或缺的一部分，预计到2026年初，G2000组织中的75%通过跨生态系统的合作，建立起专门的ESG团队，以推动可持续生态实践的实施和发展。

这些跨生态系统的ESG团队成为促进可持续性和绿色项目实践的关键力量，它们通过共享数据与洞察、应用程序、专业技能，能够快速响应新的业务需求，适应变化的行业环境，还能够在生态系统参与者之间建立起信任和协作的桥梁，这种动态的、可重构的团队结构，为组织机构提供一个灵活的平台，以支持它们在可持续发展领域的持续进步和创新。

全球组织正越来越多地认识到构建跨行业生态ESG团队的重要性，这些团队有助于组织内部的可持续实践，在整个生态系统中推广绿色项目，从而实现更广泛的社会和环境效益。

技术的进步为这些ESG团队的工作提供了强大的支持，新的工具和平台，如ESG风险管理软件、行业云服务、数字孪生工具和供应链决策建模工具等，都在为团队提供所需的虚拟协作空间。这些共享应用程序使得ESG的推行计划能够更容易地在供应链或价值链中以场景化操作的方式实施，从而提高效率和效果。

7. 人才战

人才战问题正在成为全球组织面临的一个严峻挑战,随着人才短缺问题的日益严重,预计到2026年,有25%的组织因未能有效参与行业生态系统的共享运营和专业技能交流,而面临歇业或被迫被收购的命运。

根据相关调查报告,全球范围内超过一半的组织已经感受到员工流失所带来的直接负面影响,这种流失导致剩余员工的工作负担加重,还可能造成关键知识和技能的流失,进而增加企业的运营风险和存续威胁。组织如何应对人才短缺的问题变得尤为关键。

行业生态系统的合作是解决人才短缺问题的有效途径,通过组织间的紧密合作,可以改进和优化企业业务流程,提高运营效率,还能够创新收益结构,为企业带来新的增长点,此外,基于经验和专业技能的分享机制促进员工更快地掌握新技术和业务知识,提升整体的人才素质和竞争力。

在这样的合作框架下,组织可以共享培训资源、知识库和最佳实践,从而减少对单一人才的依赖,增强团队的整体能力,这种跨组织的学习和知识传递有助于缓解人才短缺的压力,促进创新思维的交流和碰撞,激发新的业务机会。

8. 数字主权

随着全球数字化转型的深入,到2027年,预计有40%的行业生态系统在共同认可的数据治理、知识产权(IP)保护以及云服务管理法规和标准的基础上运行,这些共同的规范和标准有助于确保数字主权得到尊重,同时降低跨境运营的风险。

数字主权定义为国家、公司或个人在数字化选择上的自主能力,这一概念强调了在数字化时代,掌握数据控制权和自主决策的重要性,行业生态系统内部的合作,通过共享数据和洞察、应用程序、运营操作和专业技能,能够有效提升企业的竞争力,并在虚拟合资企业中实现盈利,这种合作模式增强了参与成员的价值,提升政府在公共数据和服务领域标准化和互操作性的努力。

此外,建立在共享基础上的生态系统极大地推动可信交易的社会治理结构的广泛接受和采用。这种结构为数字交易提供一个安全、透明且高效的环境,从而增强消费者和企业的信心，促进数字经济的健康发展。

在这一背景下，行业生态系统的参与者更加重视数据的合规性、知识产权的保护以及云服务的安全性，通过制定和遵循统一的管理法规和标准，组织确保了自身的数字主权，在全球市场中更有效地管理跨境风险，实现可持续的增长和发展。

未来行业生态的发展正以前瞻性和颠覆性成为推动新一轮工业化浪潮的关键力量，这些新兴生态不仅描绘出科技和产业未来发展的蓝图，更是塑造未来全球发展格局的主导力量，它们代表了一种颠覆性的变革，对于挖掘新的发展潜力、提升战略价值具有不可估量的重要性，并且在推动产业转型升级方面发挥着核心作用。

在国家层面，中国在“十四五”规划和2035年远景目标纲要中已经对未来产业的发展进行明确的规划和布局，特别强调**在类脑智能、量子信息、基因技术、未来网络、深海空天开发、氢能与储能**等前沿科技和产业变革领域的发展，通过组织实施未来产业孵化与加速计划，正在积极地进行未来产业的布局，为长远发展指明方向。

未来产业的关注点集中在那些具有颠覆性和源头性的技术上，这些技术面向新的领域和方向，开辟出众多的产业新赛道，它们为经济社会提供重要的推动力，也为未来的繁荣和进步提供了强大的动力和支持，这些产业的发展，将有助于构建一个更加多元、高效和可持续的经济体系。

美国政府为了在全球科技竞争中保持领先地位，展现出前瞻性和坚定决心，正积极塑造未来产业的发展趋势，政府特别强调新兴技术群体的重要性，并将视为推动未来经济增长和产业变革的核心力量。

在《美国将主导未来产业》的报告中，美国科技政策办公室（OSTP）明确指出，未来产业的发展对于美国科技创新和经济增长至关重要，在随后的财政年度中，通过研发预算备忘录，持续强调对未来产业的投资优先级。

拜登政府的战略选择着重于加强政府与私营部门之间的合作，以加速新兴技术的研发和商业化进程，从而推动美国经济的稳健增长，政府还推出系列激励措施,包括税收优惠、研发资金支持、人才培养和国际合作等,打造一个有利于创新和企业成长的环境。

这些措施激励企业在新兴技术领域进行投资,并吸引全球顶尖人才赴美工作和研究,拜登政府的这些战略举措为美国未来产业的发展奠定牢固的基石,也为全球未来产业的竞争格局设定了新的标准。

美国力图在新兴技术领域取得重大突破,并确保在全球经济中继续保持领导地位,美国的目标是引领科技革命和产业变革的新浪潮,在全球范围内推动经济增长和社会发展,这些努力体现美国政府对于未来产业重要性的认识,以及在全球科技竞争中保持领先地位的决心。

二、美国未来产业部署

大信息:新型存储器、半导体、量子信息、大数据、5G/6G、元宇宙、云计算、区块链、人工智能、隐私增强计算、国防技术

大健康:合成生物技术、组学技术、数字医疗、生物创新药、医疗影像(设备及处理系统)、医疗机器人、生物制药设备、脑科学与脑机接口

大智造:新材料、工业互联网、高端装备、新型传感器、智能网联汽车、智能机器人

大环保:节能环保、CCUS、光伏、氢能、电化学储能、新能源汽车产业

其他:深空深地深海和极地探测、先进核能技术、物联网、食品科技

拜登政府在继承并发展前任政府关于未来产业的战略基础上,还进一步强化对未来技术的投入,《美国就业计划》中提出的1800亿美元投资彰显政府对推动未来技术发展的坚定承诺,美国众议院科学委员会提出的《NSF未来法案》进一步细化了对未来产业的投资蓝图,计划投入726亿美元用于关键技术领域的研究与开发。法案通过国家科学基金会(NSF)这一平台加强基础研究和技术创新,为美国的未来产业打造了坚实的科学基础。

拜登政府向国会提交的2023财年预算方案要求将美国国家科学基金会(NSF)、国立卫生研究院(NIH)、能源部(DOE)科学办公室、国家航天局(NASA)

的预算分别增加19%、9.6%、4.5%和5%。

《无尽前沿法案》则明确指出十大关键技术领域，包括**人工智能、量子信息科学、生物技术、先进通信网络**等，这些领域被视为未来产业的基石，1000亿美元的投资计划推动相关领域的深度研究发展，加速相关产业的成熟和商业化。

在实施层面，NSF启动的24项未来制造业资助项目，展示政府在支持基础研究和教育方面的具体行动，这些项目的目标是推动制造业的创新，实现新的制造能力，为美国制造业的转型升级提供支持，未来制造业的3个重点支持领域，以及种子补助金和研究补助金的设立进一步明确了政府在资助未来制造业发展方面的具体措施，资助的25个项目将有助于推动相关技术的研究和应用。

美国政府在未来产业的发展上采取全面而深入的战略布局从政策制定到资金投入，从技术研发到产业应用，都在为美国在未来全球经济中保持领导地位奠定基础，通过新兴技术群的突破来引领全球产业变革，体现美国政府对未来产业重要性的认识，也展示在推动科技创新和产业升级方面的战略决心，通过加大对新兴技术群的投入，统筹协调政府各部门力量，设立新型研发机构，美国政府正在打造一个支持未来产业发展的全面生态系统。

三、日本产业特色

日本作为制造强国，工业企业数量极多，区别于欧美企业的专业化经营，日本企业更多的是综合性企业，大都从事多元化经营，少则几个，多则横跨十几个行业。

日立制作所：总部设在日本的首都东京，是富士财团的一部分。在业务覆盖方面，日立无疑是日本最具规模的综合性企业之一，它的业务版图横跨电力、能源、工业、基础设施、金融服务以及医疗保健等多个行业，即便不将软件和解决方案部门计算在内，日立在日本的业务范围也极为广泛，被誉为“无所不造”的企业。

日立集团旗下部分产业的概览：

在建筑机械领域，日立建机在全球工程机械企业中名列前十，也是日本国内第二大的工程机械制造商。

在半导体设备和测量仪器方面，日立高科提供的蚀刻机、分析和测量设备稳居世界前十大半导体设备供应商之列，在汽车零部件领域，日立汽车系统生产的起动机、发电机、发动机管理系统和行驶控制系统等关键部件享有盛誉。

日立金属作为日立集团的三大支柱之一，也是全球材料领域的巨头之一。日立产机系统在电机、变频器和压缩机领域占有一席之地，日立电梯在全球主要电梯制造商中占有一席之地，在医疗健康领域，日立医疗器械能够生产核磁共振、超声波诊断装置、加速器等大型医疗设备，并是重离子质子治疗设备的主要制造商之一，日立铁路系统公司是日本两大主要的高铁车辆设备制造商之一，日立化成在化学工业领域也是日立集团的三大支柱之一。

松下集团：总部位于大阪，隶属于住友财团，虽然松下起初以电器产品而闻名，但业务范围远不止于此，除了各类电器产品，松下集团还深入到办公用品（如投影仪、扫描仪、摄像机等）、电子元器件（如电容、电阻、芯片、传感器等）、车载设备（如马达、动力电池等）和产业机械（如工业机器人、SMT贴片机）等多个领域。

松下的贴片机在全球市场中处于领先地位，作为电子产品自动化生产的关键设备，松下在这一领域积累了丰富的技术经验，松下的动力电池技术在全球处于领先地位，是全球三大动力电池企业之一，松下的微型电机在同领域中也展现出强大的竞争力。

三菱电机：业务范围之广与日立不相上下，覆盖工业自动化、电梯、空调、轨道交通、家电、影像设备和电力等多个领域，作为工业自动化的领军企业，三菱电机的PLC（控制器）、减速机、运动及伺服系统、工业机器人和激光加工机等在全球市场上都处于领先地位，在电力设备领域，三菱电机具备火电、水电、核电以及输变电设备的制造能力，空调和电梯产品在全球市场上广受欢迎。

在尖端的航空航天产品方面，三菱电机是远程激光雷达系统的领导者，生产的多普勒激光雷达被广泛应用于各大国际机场。日本主要的军工企业之一，在导弹、雷达和卫星领域拥有引人注目的实力。

东芝:隶属于三井财团,主要业务领域包括电力(如火电、水电设备等)、楼宇设备(如电梯)、医疗设备(如CT、超声波设备等)、半导体(如存储产品、MCU等)、办公用品(如复印机、打印机等)和家电等。东芝是日本最大的半导体企业,旗下的东芝半导体(铠侠)是全球第二大NAND闪存供应商,仅次于三星电子。此外,东芝曾是世界核电巨头之一,旗下拥有著名的美国西屋电气(后出售)。

三菱重工:日本顶尖的航空航天制造商和军工生产商,产品主要集中在重工领域,在电力设备领域,三菱重工是世界三大重型燃气轮机制造商之一,与通用电气和西门子齐名。

三菱重工还生产垃圾焚烧设备、地热发电设备和核电设备等,在船舶制造领域,三菱重工拥有四家造船厂,能够生产驱逐舰、潜艇以及船用发动机、液压操舵装置等设备,在精密机床领域,三菱重工拥有大型龙门五轴加工中心、大型卧式镗铣加工中心以及各种精密加工机械。

在航空航天工业方面,三菱重工是日本主要的战机、直升机生产企业,具备航空发动机的生产能力,并参与了美国波音787飞机的研制与生产,三菱重工还是日本主力运载火箭及火箭发动机的制造商。此外,三菱重工还涉足激光半导体设备、叉车、空调和印刷设备的制造。

川崎重工:属于第一劝银财团,是日本又一大型重工企业,川崎摩托是该公司的标志性产品,川崎重工的业务领域主要包括成套设备、工业机器人、舰船、航空产品和高铁设备等,川崎重工的交通运输产业覆盖了飞机、海上和陆上交通,飞机工业主要包括直升机、运输机、航空发动机以及波音787飞机的零部件生产,在陆上交通方面,川崎是日本两大高铁设备生产企业之一,在海上,川崎的业务包括LNG船舶、油轮以及散货轮等,在工业设备领域,川崎重工提供的产品包括盾构机、燃气轮机、油气工厂等大型设备。

旭化成:总部位于东京,也是第一劝银财团的一部分,旭化成以化学工业起家,成为日本最主要的化学工业企业之一,产品覆盖了基础材料(如化肥、聚合物等)、服装原料(如纤维制品、针织物)、合成橡胶及树脂、建筑材料、电子零部件(如传感器、模拟芯片、电子罗盘等)和医疗产品(如透析器、过滤器等医疗设备,除颤仪、心肺复苏系统等医疗器械),以及LED产品等。旭化成在丙烯腈、己二酸、离子膜交换法氯碱等领域处于世界领先水平。

日本政府通过提出独特的"社会5.0"愿景,展示了对未来产业发展的深刻洞察和长远规划,这一愿景不仅追求经济增长,更加强调将技术创新与社会问题相结合,提升国民的生活质量,体现对全面社会发展的不懈追求。

"社会5.0"的概念最早在2016年的《科学技术基本计划》中提出,主张通过深度融合虚拟与现实空间,利用先进的通信技术和数据驱动的创新来解决经济社会问题,构建一个超级智能的社会。这一概念的提出为日本未来产业的发展提供明确的方向。

在《未来投资战略2017》中,日本政府进一步聚焦于八大战略领域,包括人工智能、机器人技术、生物技术、物联网、大数据等,这些领域被视为实现"社会5.0"目标的关键技术支撑。为支持愿景的实现,日本政府在《科学技术创新综合战略》中提出建设16个系统和数据库的宏伟计划,目的是通过新兴技术的应用推动跨界互联产业的发展。

日本发布的《新产业结构蓝图》面向"社会5.0",描绘未来的新产业和服务,展示了通过技术创新推动产业结构升级和转型的宏伟蓝图。到2023年,《科学技术创新综合战略》进一步明确面向创造未来产业及挑战社会变革的研发目标,表明日本政府在未来产业的研发投入上,不仅关注技术本身,更重视技术如何服务于社会变革。

四、日本未来产业部署

生命健康领域、交通出行领域、世界领先的智能供应链领域、基础设施和城市建设领域、金融技术创新及应用领域、能源与环境领域、机器人革命与生物材料革命领域、新型居住生活服务市场等领域。**16个系统和数据库**(能源价值链最佳化系统、地球环境信息平台系统、基础设施高效维护更新管理系统、抗灾社会强固系统、智能道路交通系统、新型制造系统、材料整合开发系统、实现健康立国的地区保健护理生活系统、个性化游客接待系统、智能食品供给系统、智能生产系统、三维地图信息数据库、跨行业数据流通数据库、地球环境信息数据库、人流物流车流信息数据库、图像信息数据库),以及新兴技术(物联网、人工智能、机器和超分散信息处理)等。

自动驾驶汽车、保险与评级智能化,原创新药、功能食品、尖端材料制造、生物能源,个性化医疗药品、护理关怀计划、维护保养服务、智能化授信、理财咨询服务等。

公共卫生、人工智能、超算、大数据分析、卫星、智能实验室、远程商业、低能耗技术、清洁能源、生物技术等。

日本政府在推动未来产业发展的过程中,展现了对创新驱动发展战略的深刻洞察和全面性考察,致力通过综合性政策引领经济社会的全面升级和转型。

1.知识产权战略与国际标准化

充分认识到知识产权和国际标准在保护创新成果、推动技术全球化中的关键作用,日本政府积极鼓励企业和研究机构参与国际标准的制定,在国内外获得官方标准认证确保技术在全球市场中的竞争力和感染力。

2.超智能社会服务平台与基础技术研究

为实现"社会5.0"的愿景,日本政府大力投资于超智能社会服务平台的建设,以及人工智能、物联网、大数据分析等基础技术的研究。这些技术的发展为构建高度数字化和智能化的社会提供坚实的技术支撑。

3.开放包容的创新环境

打造支持创新的政策环境,包括在国家战略特区实施先行先试的政策,简化行政程序,降低创新活动的门槛,激发企业和个人的创新潜力,加速新技术的商业化进程。

4.跨领域科技人才培育

为满足"社会5.0"发展的需求,推出跨领域科技人才培育计划,包括在高等教育机构和研究机构中开设相关课程,提供专业培训和职业发展机会,培养能够适应未来产业需求的高素质人才。

5.加强官民合作

日本政府与产业界建立紧密的合作关系，共同激发面向“社会 5.0”的行动计划，有助于整合政府、企业和研究机构的资源和能力，共同应对技术发展和产业升级中的挑战。

五、英国产业布局与挑战

面对脱欧后的新局面，英国政府展现出对挑战的深刻理解和对未来的明确规划，通过实施系列前瞻性措施，在全球经济中重新定位自己，确保能够充分利用未来产业变革带来的机遇。

在人工智能领域，英国政府认识到AI将深刻重塑未来的工作和生活方式，因此，将AI作为国家未来产业战略的核心，通过支持AI技术的研发和推动在各行各业的应用，保持英国在全球AI领域的领先地位，也确保英国民众能够充分享受AI带来的红利。

在气候变化方面，英国政府坚定地于减少碳排放并推动绿色增长，大力投资清洁能源技术、电动汽车和其他低碳解决方案，并在全球环境保护领域发挥领导作用。

针对人口老龄化的趋势，英国政府将健康和生物技术产业提升为战略重点，支持医疗保健创新，特别是在靶向医疗和生物医药研究方面，以提升医疗服务的质量和效率，有效应对这一社会挑战。

在交通领域，英国政府将重塑交通系统作为战略重点大力投资于智能交通系统、自动驾驶汽车和公共交通创新，提高交通效率，减少拥堵和污染，为民众创造更便捷的出行体验。

英国政府发布的《产业战略：建立适应未来的英国》白皮书，明确提出这四大挑战，并提出相应的产业战略，政府还设立产业战略挑战基金，专注于投资未来产业，加速技术创新和商业化进程。

此外，英国工程和物理科学研究委员会（EPSRC）成立了13个未来制造业研究中心，专注于靶向医疗、化合物半导体等领域的研究，这些研究中心推动早期研究成果向商业化转化，加速了未来制造业的技术进步和商业模式创新。

英国政府不仅为国内产业的未来发展提供清晰的方向和坚实的支持，也为全球其他国家在面对类似挑战时提供了宝贵的经验和参考，英国的做法展示如何通过全面的战略部署和系统引导，实现技术进步与社会发展的和谐统一。

六、英国未来产业布局

1.部署领域

人工智能与数据经济、量子技术商业化、创意产业集群、数字安全、下一代服务。

2.未来交通

电力革命、未来飞行、法拉第电池、国家卫星测试设施、机器人技术、无人驾驶汽车。

3.老龄化社会

加快发现疾病、健康的老龄化、早期诊断和精确医学、先进医疗保健。

4.清洁增长

低碳工业、低成本核能、敏捷制造、能源复兴、智能可持续塑料包装、建筑改造和施工、革新粮食生产、改变基础工业。

英国政府投入8400万英镑以提升计算机教学水平，确保下一代能够掌握数字化时代的核心技能，此外，还投资了5亿英镑建立15条全新的技术教育路线，这些路线覆盖工程、生物科学等多个关键领域，提供实践技能和行业经验，培养未来的工程师和科学家。

在基础设施建设方面，英国政府承诺投资310亿英镑用于住房、交通和数字基础设施的升级，以营造有利于未来产业发展的环境，特别是在数字基础设施方面，政府投资超过10亿英镑，确保英国拥有高速、可靠的网络连接，这对于支持数字化创新和产业发展至关重要。

在产业界合作方面，英国政府积极与私营部门建立合作伙伴关系，共同投资于研究与开发，共建研究机构和基础设施，并携手培养人才，这种公私合作模式(PPP)整合了各方资源,加速技术的商业化进程,通过与企业的紧密合作,政府能够更准确地把握市场需求,制定切实有效的政策,而企业也能获得政府的支持,共同推动未来产业的创新和发展。

七、法国以未来投资计划牵引未来产业发展

法国政府早在应对2008年全球金融危机后的经济发展挑战中,通过启动"未来投资计划"(Investments for the Future),展现对未来产业的深远洞察和坚定承诺。

"未来投资计划"的实施与演进:自2010年起,法国政府分阶段推出四期"未来投资计划",每一期都聚焦于推动法国经济现代化和提升国家竞争力的关键领域。这些领域涵盖未来工业、未来工厂、未来交通等方面。

投资规模的持续增长:对"未来投资计划"的投资规模从第一期的350亿欧元增长到第四期的200亿欧元,体现了对未来产业发展的信心和决心,促进就业创造,还加速了技术创新和产业升级的步伐。

"加速战略"的推出:作为第四期"未来投资计划"的重要组成部分,提出"加速战略"应对未来经济和技术的主要挑战,这一战略将在五年内获得125亿欧元的投资,专注于生态转型、数字转型和健康产业这三个关键领域,它们被视为法国未来经济增长的核心驱动力。

投资重点的精准定位:在"加速战略"中,法国政府明确了三个投资重点领域,包括生态转型(如可再生能源、循环经济)、数字转型(如人工智能、云计算、物联网)和健康产业(如生物技术、医疗健康创新),助力法国在全球经济中保持领先地位,同时有效应对气候变化、数字化转型和公共卫生等全球性挑战。

法国未来产业布局部署领域:新能源、智慧城市、绿色交通、未来运输、未来医学、数字经济、智能设备、数字安全、健康的食物

健康:数字健康、创新疗法、生物疗法、生物制造

生态和能源转型:工业脱碳、促进生态转型的可持续发展的农业设备、可持续的生物燃料、无碳氢技术、能源系统先进技术、脱碳和数字化的移动出行

数字技术:云、5G通信和未来的电信网络技术、网络安全、量子技术

法国政府推出的"未来工业"计划,以数字技术的深度融合为核心,促进法国工业的全面转型升级。

1. 国家层面的统筹协调

法国政府对"未来工业"计划的实施给予最高级别的重视,由总理府直接领导,确保投资总署在各部门间的协调一致行动,这种顶层设计和统筹协调机制,形成政策的合力,保证了资源的有效配置和项目的顺利实施。

2. 创新基础设施的加强

法国政府在尖端设备、实验室和未来工业技术平台等方面进行大规模投资,基础设施的建设为企业提供了强大的技术支持平台,促进新技术的研发和应用,加速工业生产的现代化。

3. 成果转化的推动

为加速科研成果向生产力的转化,法国政府设立技术转移公司、成果转化基金,并推出了创新示范项目,降低企业创新的风险,提高创新活动的成功率,并促进新技术在市场上的快速应用。

4. 创新环境与生态的建设

法国政府通过发布未来工业标准战略、实施灵活多元的资助模式、建立公私合作机制等措施,打造有利于创新的环境,有助于激发企业的创新活力,吸引更多的投资,促进产业链的协同发展。

"未来工业"计划的部署领域广泛,包括智能制造、绿色制造、网络安全、数据经济等多个前沿领域,将直接推动法国工业结构的优化和经济增长模式的转变,法国政府期望在全球工业竞争中保持领先地位,为国内企业提供更多的发展机遇,为法国乃至全球的未来发展描绘出一幅光明的蓝图。

八、德国应对经济危机与未来产业战略部署

应对全球金融危机及随后的债务危机,德国政府展现对经济转型和创新能力提升的深刻认识,推出《高技术战略 2020》,并提出具有划时代意义的"工业

4.0”概念。引领德国工业通过数字化、网络化和智能化技术的融合实现转型升级。

德国经济特别是传统支柱产业如汽车工业近年来遭遇巨大冲击,德国政府调整经济战略,把对新兴和未来产业的投资作为经济恢复与增长的关键驱动力。

在制定经济刺激计划时,德国政府宣布一项重大财政决策,投入500亿欧元,专注于支持未来产业的研发和投资,体现德国政府对经济恢复的紧迫关注,同时也展示对未来发展产业的持久承诺和前瞻性思维。

德国政府战略规划的深度与广度,通过精准的政策支持和投资,确保德国在全球经济中持续保持领先地位,为经济的短期恢复提供动力,也为德国的长期增长和工业现代化打下坚如磐石的根基。通过战略性部署和系统性带动,实现技术进步与社会发展的协同。

德国未来产业的研发重点在如下领域:

数字化和信息技术:继续拓展“工业4.0”,加强智能制造、云计算、大数据分析等领域的研发,提升生产效率和灵活性。

绿色技术和可持续发展:投资于清洁能源、环保材料、循环经济等领域,推动德国的绿色转型和应对气候变化。

生物技术和健康产业:加强生物医药、医疗设备、健康信息技术等领域的研发,应对公共卫生挑战,提升国民健康水平。

新材料和先进制造技术:发展高性能材料、纳米技术、3D打印等先进制造技术,支持德国工业的创新和竞争力。

交通和物流:推动电动汽车、智能交通系统、物流自动化等领域的发展,实现更高效、环保的交通和物流体系。

九、德国未来产业布局

部署领域:改善医护条件、数字基础设施、重要药物和医疗设备的生产、疫苗研发、药品创新机构,电动汽车,充电基础设施,商用汽车、公共汽车和卡车的电动化，氢能技术、燃料电池的供热系统、氢气运输等，电子政务系统、5G通信、6G通信，超级计算机、量子计算机、量子密码。

德国政府在塑造未来产业的蓝图中，通过基础设施的现代化、财政激励的多元化以及对前沿科技的重点投资，推动国家的长期增长和提升全球竞争力。

1.加强基础设施建设

实施“医院未来计划”等项目，提升应急响应能力和构建先进的数字基础设施，同时，德国在电动汽车充电站和5G通信网络等关键技术领域也重点支持新技术的广泛应用，并加速产业的数字化转型。

2.多元化财政激励

为减轻企业的研发负担和风险，德国政府推出财政激励措施，包括提高研发税收减免额度、降低企业投资门槛、提供能源费用补贴等，政府还通过股权投资支持铁路公司等关键行业，提供电动汽车购买补贴和税收优惠，以促进应用和产品的普及。

3.加大前沿科技投资

德国政府在量子计算、6G通信、低碳建筑等前沿科技领域进行大规模投资，推动建立研究中心和实验室等，以促进基础研究和应用开发，这些技术在未来经济增长中扮演关键角色。

精心设计的战略措施可以为德国政府的未来产业发展营造有利的环境，为经济的稳定增长和结构转型提供强有力的支持，将助力德国有效应对当前的经济挑战。

十、韩国产业转型与未来经济战略

韩国，经历存储芯片产业的辉煌时期后，正面临着产业升级和转型的紧迫任务，在全球经济环境的快速变化和国内人口结构挑战的双重影响下，韩国政府意识到需要寻找新的增长动力。

《制造业复兴发展战略蓝图》的发布：2019年，韩国政府推出战略蓝图，通过技术创新和产业布局优化，重振制造业的活力，该战略突出了未来产业的关键作用,并提出系列措施,如支持关键技术的研发、促进产业集群的形成、加强与中小企业的合作等,以确保韩国在全球制造业中的领先地位。

新兴产业的投资:韩国将在未来十年内向系统芯片、未来移动交通和生物技术等新兴产业投资8.4万亿韩元,这一雄心勃勃的投资计划彰显了韩国政府对未来产业发展的高度重视,对新兴产业作为经济增长新引擎的期待。

《政府中长期研发投入战略》的发布:韩国科学技术信息通信部发布这一战略,将未来产业和新产业作为研发投入的重点,覆盖人工智能、大数据、信息安全、食品、计算机和生物医疗等多个领域。

韩国政府期望引导国家经济向高附加值、高技术含量的产业转型,同时应对人口老龄化和全球经济低迷带来的挑战。

1.创新和多元化的措施

采取系列创新和多元化的措施创造有利于创新和投资的环境,加强基础设施建设,支持新兴产业成长。

2.政府和社会资本合作模式

通过PPP模式,韩国政府鼓励和引导民间资本投资未来产业,利用私营部门的效率和创新能力,加速产业发展。

3.创新监管方式

引入负面清单制度和"监管沙盒"制度,为新兴产业提供更加灵活和友好的监管环境,促进新技术和新业务模式的发展。

4.制定标准化战略

在电动汽车、氢能源汽车等未来产业领域积极主导或参与国际标准的制定,提升国内企业的国际竞争力。

5.加强基础设施建设

集中资源建设大数据平台、人工智能中心、5G通信网络等关键基础设施,推动经济数字化转型。

十一、俄罗斯国家技术计划:迈向科技创新

俄罗斯政府在普京总统的引领下,于2014年推出雄心勃勃的“国家技术计划”,战略规划的核心目标是俄罗斯在未来几十年内在关键技术领域保持领先地位,加速新兴产业的成长。

1.国家战略的融合

“国家技术计划”很快被纳入2016年的《俄罗斯联邦科学技术发展战略》,通过政府的引导和支持,激发私营部门的创新活力,共同推动技术进步和产业发展。

2.公私合作模式的实施

俄罗斯联邦教育与科学部主导该计划,战略倡议署和俄罗斯风险投资公司(JSC RVC)负责具体实施工作,PPP模式要求公共资金和私人资本的出资比例为70%和30%,降低政府的财政负担同时吸引更多的私人投资者进入科技创新领域。

3.市场与技术的双重战略

通过市场和技术两方面的战略部署,确保“国家技术计划”的有效实施,政府根据选定的优先市场方向来确定优先技术方向,通过制定详细的路线图,推动技术和市场的交叉协同发展,实现产业的快速成长和市场的扩大。

4.技术和市场的交叉协同发展

通过路线图的制定和实施,促进技术成果的商业化和市场化,同时利用市场需求的反馈来指导技术研发的方向,这种交叉协同的发展模式有助于提高研发的效率和成功率,确保技术成果能够快速转化为经济增长的动力。

十二、俄罗斯国家技术计划的研发领域

部署领域:能源网络、食品网络、安全网络、健康网络、航空网络、海洋网络、汽车网络、金融网络、神经网络

技术维度、技术网络:数字化设计和建模、超级计算机、新材料(复合材料、

超材料、金属粉末)、增材制造技术、柔性生产技术、机器人技术、传感器、工业互联网、大数据、虚拟和增强现实技术、专家系统和人工智能、未来工厂(数字工厂、智能工厂、虚拟工厂)

十三、俄罗斯的国家技术计划全面构成国家战略

1.创新基础设施的加强

为给新技术的研发和推广提供坚实的支持,俄罗斯政府建设未来工厂试验台、测试平台和数字生态系统等,予以企业提供实验和验证新技术的空间,有效缩短了产品从概念到市场的时间。

2.新型人才的培养

多项人才培育计划致力于发掘和培养具有创新潜力的青年人才,计划涵盖提供奖学金、实习机会、创业支持等,大力吸引和留住科技领域的杰出人才。

3.创新环境的建设加强

为企业提供包括建立技术园区、风险融资支持、技术转让促进、公共采购政策实施、知识产权注册服务以及加速器建立等创新支持,降低企业的创新门槛,提升创新效率,促进科技成果的商业化进程。

第三节　构建未来产业的全球协同发展:创新环境、基础设施与合作机制

各国在部署未来产业和发展措施方面虽各有侧重点,但普遍遵循共同的原则和经验。

创新环境与生态的强化:各国政府普遍认识到,构建支持创新的环境和生态系统是未来产业发展的根基,包括提供充足的研发资金支持、建立高效的知识产权保护体系、鼓励跨学科和跨领域的合作,以及营造鼓励创新的社会文化氛围,能够激发企业和研究机构的创新潜力,加速新技术的研发和市场化进程。

创新基础设施的投资:创新基础设施如先进的实验室、研究中心、测试平台

等，为科研人员提供进行创新活动的必要条件，是推动未来产业技术创新的关键，为科研人员创造了优良的研究环境。

监管政策的灵活化：为激励创新和支持新兴产业的发展，许多国家实施更为灵活的监管政策，包括简化行政审批流程、引入监管沙盒等创新监管模式，以适应新兴产业的特性和需求，通过减少过度监管带来的负担，降低企业的运营成本，提高市场的反应速度和灵活性。

产业界的紧密合作：政府与产业界的紧密合作是推动未来产业发展的重要途径，通过建立产业联盟等形式，政府更深入地理解产业的实际需求，提供更为精准的支持，而企业则可以利用政府提供的资源，共同助力技术革新和商业拓展。

未来产业孵化机制的建立：对于尚处于萌芽阶段的未来产业，政府通过建立孵化器、加速器、创新示范区等机构，为初创企业和创新项目提供必要的支持，孵化机制提供资金、技术、市场资源，还提供专业的指导和咨询服务，帮助初创企业降低创新过程中的风险。

这些共同的经验揭示的真理：未来产业的发展需要政府、企业和研究机构的协同努力，以及支持创新、灵活监管、合作共赢的生态系统，各国需更有效地把握未来产业的发展趋势，同时，打造坚实的人才储备和技能基础培育以吸引足够的人才支持未来产业的发展，实现社会全面进步：

基础教育：基础教育是培养未来科技创新人才的摇篮，加大对STEM（科学、技术、工程和数学）教育的投入，通过课程体系的革新、教学质量的提升、实践机会的增加等，激发学生对科学和技术的热情，培养创新思维和解决问题的能力，推出编程教育、创客教育等新兴教育项目，匹配满足数字化时代的需求，确保教育与时俱进。

人才引进和培养政策：提供有吸引力的薪酬待遇、简化签证程序、建立国际人才交流平台等，吸引全球顶尖的科技人才，快速积累关键核心技术，加速未来产业的发展步伐，随着未来产业的快速发展，许多现有工作岗位将经历变革，新的职业角色将不断涌现，政府主导提供技能升级课程、职业转型、终身学习机制等,确保社会人员胜任新的工作要求,减少技术变革可能带来的失业风险。

多元化资金来源:未来产业的发展通常需要巨额的前期投资,并且伴随着较高的不确定性和长周期,政府研发投入、政府补助、企业自筹资金、风险投资、银行信贷和社会捐赠等多元化的资金结构有助于分散风险,吸引更多投资者参与到未来产业的发展中来,共同分享成果和风险。

多主体共同投入资源:在美国等国家,推动未来产业发展的模式是多主体共同投入资源。例如,州和地方政府提供土地和税收优惠,国家实验室提供先进的科研基础设施,大学提供科研人员和技术支持,政府部门则提供种子基金等启动资金,这种模式充分利用各方的优势资源形成强大的合力,加速未来产业的技术研发和产业化进程,通过多主体合作模式汇聚各领域的优势资源。

通过灵活多元的投入机制,有效地动员和整合社会资源,为未来产业的发展提供坚实的支持。这种机制有助于降低单一主体的投资风险,还能够促进不同领域和机构之间的合作,加速技术创新和产业升级。有助于国家在产业竞争中取得优势,为全球经济注入新能量。

第四节　全球经济转型与产业链重构:中国的机遇与挑战

全球经济格局正在经历重大的变革,从过去几十年的"超级全球化"阶段转向步伐缓慢的全球化进程,全球经济一体化速度的减缓,也映射出国际政治经济环境的复杂性日益增加。

各国债务高企不下,给未来经济发展蒙上阴影,许多新兴市场和发展中国家将面临多方面的挑战,世界经济、贸易脱钩的风险可能进一步加剧,政权更迭动荡引发较高风险,美国经济"软着陆"是大概率,但不是板上钉钉,2024年的出口前景比2023年可能有所改善,世界经济将缓慢增长,且不均衡,经济学家们对欧洲前景最为悲观,近80%的受访经济学家预计该地区2025年的经济增长将进一步减弱。最近世界银行的分析表明,40%的低收入国家的人均收入仍然低于新冠病毒感染前2019年的水平,此外,IMF(国际货币基金组织)也认为不同收入水平的经济体之间的趋同速度也在放缓,也就是说,发展中国家追赶发达经济体收入水平的速度在放慢。

"超级全球化"时期的繁荣:从1986年到2008年,全球贸易额的快速增长标志着全球化的加速发展,被称为"超级全球化"。在这时期,国际贸易自由化、资本流动的增加、跨国公司的扩张以及信息技术的进步共同推动全球经济的紧密联动。

"慢全球化"的兴起:近年来,全球化进程进入新阶段——"慢全球化",这阶段的特点包括全球贸易增长速度的放缓、保护主义和民族主义的兴起现象,以及全球供应链的重新调整等,这些变化部分是由于全球经济力量的重新分配,以及对全球化带来的社会和环境影响的反思。

全球经济的新挑战:在"慢全球化"的背景下,全球经济面临着包括全球供应链的脆弱性、国际贸易紧张局势的加剧、地缘政治,以及全球经济治理结构的调整,这些挑战要求国家和国际组织调整策略和政策适应全球化的新趋势,重新审视战略和国策,应对全球化速度放缓带来的影响,这可能包括加强国内经济的韧性、促进区域经济一体化,以及在国际舞台寻求新的合作机制,建立新的朋友圈。

"超级全球化"的原因分析:超级全球化的出现主要归因于信息和通信技术(ICT)革命以及贸易自由化的增进,20世纪80年代和90年代,ICT革命促使世界经济发生深刻变革,在"超级全球化"时期,技术的发展促使远距离处理和传输信息的成本大幅下降,因此,ICT革命允许工业化国家的公司将生产过程的某些部分转移到其他地方,同时仍然保持全球价值链中不同生产单位之间的通信流动,促进了高效供应链管理实践的设计和实施,此外,全球贸易壁垒大幅下降,贸易自由化处于黄金时期,各国签署了多项重要区域贸易协定,如北美自由贸易区(NAFTA)和东盟自由贸易区(AFTA),以及2001年中国加入世界贸易组织(WTO),这些都为经济全球化提供了广阔的市场和低成本劳动力,在这一贸易协定的影响下,世界贸易制成品的平均关税水平显著下降,从1989年的13.76%降至2008年的7.49%。同时,1989年的东欧剧变、1991年印度开启经济自由化进程等事件为世界经济提供了规模庞大的低成本劳动力,使得跨国公司能全球配置资源,推动全球价值链深度发展。

“超级全球化”的出现是多种因素共同作用的结果。

ICT革命的推动作用:20世纪80年代和90年代,信息和通信技术(ICT)革命极大地降低了信息处理和传输的成本,使得全球范围内的实时通信成为可能,技术进步促进全球信息的自由流动,还使得企业能够在全球范围内优化生产和供应链管理,跨国公司在全球范围内分散生产环节,利用不同地区的比较优势,实现成本最小化和效率最大化。

贸易自由化的黄金年代:在这时期,全球贸易壁垒显著降低,各国政府通过区域贸易协定和参与多边贸易体系推动贸易自由化,为全球贸易的扩张创造了有利条件。

从1986年至2008年:“超级全球化”期间贸易的爆炸式增长持续时间超过20年,显然,这种快速的经济全球化不可能永远持续下去,也就是说,“全球化放缓”(slowbalisation)时期是不可避免的。

从技术发展看,以新一代信息技术、新能源、新材料、生物医药、绿色低碳等交叉融合为特征的新一轮科技革命和产业变革蓬勃发展,引领科技产业发展方向,开辟产业发展新的巨大增长空间,互联网、大数据、区块链、人工智能等新一代信息技术加速突破,推动制造业生产方式、发展模式和企业形态发生根本性变革。半导体技术进步的步伐并未放缓,光纤电缆信息传输速度不断提升。

一方面,技术进步促使全球价值链分工深入发展,但是技术革命带来的边际效益是递减的,如数字技术减少企业在试图加入全球价值链时面临的许多障碍,数字平台促进买家和卖家的匹配,从而降低了企业参与全球价值链的初始固定成本。

另一方面,自动化、人工智能技术的进步可以替代部分低技术劳动力,这可能会影响跨国公司寻找低成本劳动优势的全球产业布局,转向本地化和替代离岸外包,加速发达国家的制造业回流,加速全球价值链重构,减缓经济全球化速度,同时,全球供应链的复杂性和脆弱性在全球性危机中暴露无遗,促使各国重新考虑供应链的地理分布和多元化,以增强抵御风险的能力,这些因素共同作用,导致全球化进程进入一个更为审慎和稳健的发展阶段。

其次,全球产业链的巨大沉没成本和黏性迟缓全球价值链的快速重组,阻滞了逆全球化的快速演变,由于企业在制定全球采购策略时产生巨大的沉没成本,它们在短期内重新选址和产业迁移的难度较大,实际上,2008年国际金融危机中贸易下滑后快速恢复的V型变化,这种贸易集约边际下降而非广延边际大幅变化表明,全球价值链受到持续的冲击才会发生重大变化,经济全球化一体化进程中形成特定关系的有形资产是不容易出售或重新部署的,若完全放弃特定关系资产或“脱钩”,关系资本和搜索成本自然会被沉没,此外,全球产业链的复杂性和相互依赖性也增加了企业调整全球布局的复杂度,因为它们需要考虑到供应链的稳定性、合作伙伴的可靠性以及市场准入条件等因素。

经济结构的服务化趋势在一定程度上阻滞快速的经济全球化,全球产业结构从制造业向服务业转移,世界各国经济服务化,服务业占比提高,由于服务业的无形性、消费的面对面性,服务产品的可贸易性较差,导致世界贸易与世界GDP的比率面临下行压力,全球贸易增长将放缓,服务业的增长往往与国内市场需求紧密相关,不像制造业那样容易通过国际贸易实现规模扩张,此外,服务业中的许多领域,如教育、医疗和金融服务,需要高度的本地化和个性化服务,限制了全球扩张的速度和范围,因此,服务业的兴起减缓全球经济一体化的步伐,使得全球化的进程更加注重质量和效益,而非仅仅是速度和规模。

贸易保护主义浪潮、意识形态方面的对立推动经济全球化的政策和制度因素发生逆转,世贸组织框架下的多边贸易自由化议程一度陷入僵局,区域贸易自由化进程也在很大程度上停滞不前,更令人担忧的是,它显示出倒退的迹象,贸易不平等导致保护主义复兴趋势和孤立主义政策的出现,这些都是“去经济全球化”的因素,例如,美国对中国商品加征关税、英国脱欧以及一些国家对外国投资实施更严格的审查,都是保护主义和逆全球化趋势的体现,这些政策影响全球贸易的自由流动,也对全球供应链的稳定性和效率产生了负面影响。

过去的“超级全球化”不可持续,但经济全球化趋势不会改变,“慢全球化”

成为必然,技术发展、全球价值链的运行模式和本质特征没有改变经济全球化趋势,一些政治和制度因素阻碍了经济全球化的深入发展,这值得担忧,尽管如此,全球化的基本动力在于技术进步、资本流动、劳动力迁移和文化交流仍然存在。

全球化正在进入一个新的秩序,这一阶段更加注重平衡、包容和可持续性,国家之间的合作将更加重要,以确保全球化的收益能够更加公平地分配,减少全球化可能带来的负面影响。

一、经济发展与产业结构演变:从第一产业到第三产业的劳动力转移趋势

从发达国家产业结构演变的历史经验来看,我观察到明显的模式:随着经济社会的持续发展,劳动力的分布从第一产业向第二产业转移,最终流向第三产业,这一过渡揭示经济发展的不同阶段和产业结构演进的普遍规律。

第一产业,主要包括农业、林业、渔业等,在国民收入中的占比持续下降,这一趋势主要归因于这些产业的生产效率相对较低,且受自然资源的限制较大,难以与工业化进程中效率更高的产业相竞争。

第二产业,涵盖制造业和建筑业等,在国民收入中的比重呈现出波动式下降的趋势,这一现象与工业化进程中生产效率的提升和产业结构的优化紧密相关,随着技术的进步和自动化的应用,第二产业的生产效率得到显著提高,在整体经济中所占的比重有所下降。

第三产业,包括金融、教育、医疗、信息技术服务等,在国民收入中的占比呈现出鲜明对比的上升趋势,这一趋势反映随着经济的发展,社会对服务业的需求不断增长,服务业逐渐成为经济增长的主要动力。

产业结构的升级也体现在**智能化**、**绿色化**、**服务化**水平的提高,信息技术的发展推动传统制造业向智能化转型,显著提升了生产效率和产品质量,绿色化则体现在对环境保护和可持续发展的重视,促进了清洁能源和循环经济等领域的发展,服务化则意味着服务业在经济中的比重不断增加,成为推动经济增长的重要力量。

通过对人均GDP在0.5万到6万美元之间的典型国家的三次产业平均占比的分析，我发现：总体上，三次产业占比的变化特征与“配第一克拉克定理”相符，即资本、技术等生产要素会从收入水平较低的产业部门向收入水平较高的部门转移，随着人均收入的增长，第三产业的比重上升，第二产业缓慢下降，第一产业占比迅速下降并保持在较低水平。这一规律在不同国家和地区的发展过程中得到广泛验证，成为理解产业结构演变和经济发展阶段的重要理论基础。

具体到不同人均GDP水平下的产业占比，总结数据如下：

• 当人均GDP达到1万美元时，第一、第二、第三产业的占比分别为7.16%、31.64%、52.19%。

• 当人均GDP达到2万美元时，第一、第二、第三产业的占比分别为4.86%、31.96%、53.04%。

• 当人均GDP达到3万美元时，第一、第二、第三产业的占比分别为1.86%、29.58%、61.61%。

• 当人均GDP达到4万美元时，第一、第二、第三产业的占比分别为1.12%、25.79%、64.15%。

第一产业的占比随着人均GDP的提高而逐步递减，第二产业的占比随着人均GDP的提高呈现波动式缓慢下降趋势，而第三产业的占比则随着人均GDP的提高而逐步提高，这些变化趋势为我们提供一个清晰的视角，以理解不同经济发展阶段下产业结构的演变路径。

这些数据清晰地揭示了趋势：随着经济的发展和人均GDP的增长，第一产业的就业占比显著下降，第二产业的就业占比逐渐减少，而第三产业的就业占比则稳步上升，产业结构的演变也体现了经济发展过程中劳动力配置的优化和社会需求的变化，随着第三产业的比重不断增加，服务业成为推动经济增长的主要动力，这一现象在全球范围内得到了广泛体现和验证。

在当前全球经济环境下，贸易摩擦、局部冲突等全球性问题的加剧促使世界主要经济体重新评估制造业对国家经济安全和发展的重要性，在这一背景下,各国政府重新积极推动制造业的发展,以期进一步巩固全球制造业产出占比的回升势头。

根据世界银行发展指标数据库的数据,2020年至2023年全球以及主要经济体的三次产业结构呈现出两个显著特征:

服务业与制造业产出占比的变化:从全球视角来看,尽管服务业产出占总产出的比重依然较大,但近两年来占比开始呈现下降趋势。与此同时,制造业产出占总产出的比重则开始稳步上升,具体数据显示,服务业产出占比从2020年的62.0%下降至2021年的60.1%,下降了1.9个百分点;而制造业产出占比则从2019年的31.9%上升至2021年的33.0%,上升了1.1个百分点。

主要经济体制造业产出占比的上升:自2020年以来,世界主要经济体的制造业产出占比普遍有所上升,以中国和美国为例,中国的制造业产出占比从2020年的45.1%上升至2021年的46.6%,上升了1.5个百分点;美国的制造业产出占比也从18.0%微升至18.5%,上升了0.5个百分点。

自工业革命以来,发达国家的三次产业结构演变普遍遵循着第一产业比重逐步下降,第二产业比重先升后降,第三产业最终占据主导地位的一般规律,近年来,美国、日本、德国等主要发达国家开始更加重视**本国产业"空心化"的问题,提出"再工业化"和"制造业回归"**的国家战略,与此同时,发展中国家也在积极承接国际产业转移项目,大力发展本国的制造业。

世界经济复苏的乏力使得许多国家开始重新审视制造业在稳定经济中扮演的"压舱石"角色,因此,各国政府大力推动实体经济的发展,加快制造业与服务业的融合,全球制造业比重回升的有利因素正在不断积累,趋势预示着制造业在全球经济中的重要性将得到重新确认和加强。

二、全球产业技术结构日益高级化,各国积极布局高技术制造业

从产业技术结构的角度来看,各国积极布局高技术制造业,力求掌握产业链的核心环节,并在全球价值链的国际竞争中占据制高点,高技术制造业通常涵盖高端装备制造、信息技术、生物医药、新材料等前沿领域,这些产业的发展

水平被视为衡量一个国家综合国力和科技实力的重要标志。

在全球层面，2023年，高技术制造业、装备制造业占规模以上工业增加值比重分别升至15.7%、33.6%，显示出高技术制造业正逐渐成为推动制造业发展的重要引擎，全球制造业向高端化、智能化转型的普遍趋势也凸显了对创新驱动发展的高度重视。

在主要发达国家中，美国的高技术制造业增加值占制造业总增加值的比重已超过三分之一，而日本、德国和韩国等国家更是达到40%以上，这些国家通过持续的研发投入、技术创新和人才培养，保持了在高技术制造业领域的领先地位。

中国的高技术制造业起步较晚，且在一定程度上依赖国外的关键材料和零部件，因此增加值占比较低，接近30%，但中国政府高度重视高技术制造业的发展，政策支持、资金投入和市场引导等措施，积极推动产业升级和技术创新，努力缩小与发达国家的差距。

高技术制造业是产业高质量发展的代表，对于引领经济增长、维护产业和国家安全具有重要意义，已成为全球各国战略布局的焦点和大国博弈的主战场，美国、日本、德国和韩国等发达国家通过开发和实施先进制造技术、培育先进制造业劳动力、增强供应链韧性等措施，加速发展微电子和半导体、生物经济、新材料等前沿领域，凭借长期积累的创新、人才、技术优势，加快推动数字经济、人工智能等新一代信息技术与制造业的融合发展，巩固作为制造业强国的领先优势，并试图继续占据国际竞争的制高点。

2023年，全球及主要经济体的高技术制造业增加值占比显示出增长趋势，跨国公司在这一领域的布局优化中扮演着至关重要的角色，自2005年以来，外资企业在高技术制造业的产出占比始终保持在26%以上，稳定的比例对全球高技术制造业的发展起到推动作用，全球生产网络的深化体现了国际分工的细化，外资企业通过全球运营网络，将高技术制造能力扩展到世界各地，加速技术、资本的全球流动和全球经济一体化的进程。

在中国，2005年至2016年间，外资企业在高技术制造业的产出占中国高技术制造业总产出的比重始终保持在16%左右，对中国高技术制造业的发展起到不可或缺的推动作用，外资企业的加入引入了资金和技术，还带来先进的管理经验和市场开拓能力，这些都有助于提升中国高技术制造业的整体竞争力和国际地位。

在德国和美国，外资企业在高技术制造业的产出占比接近30%，这一比例的显著性进一步凸显外资在全球高技术制造业中的关键作用，这些国家的开放市场和创新环境吸引了大量外资企业投资，形成强大的产业集群效应，推动当地经济的增长和技术创新，同时也为全球高技术制造业的发展贡献了重要力量。

随着高技术制造业发展进程的深入，各行业产品生产过程中的复杂性不断提升，对技术的要求也越来越高，高技术制造业的研发需要投入大量的人力、物力和资本，以跨国公司为代表的大型企业积极发挥示范引领作用，这些企业利用全产业链优势以及在布局地多年积累的优势，根据成本、技术程度、市场规模等因素，对产业链各环节进行全球配置，这种全球布局优化了产业结构和布局，还提高了供应链的效率和韧性，降低了生产成本，增强了市场响应速度，从而在全球产业链供应链中发挥重要作用，外资企业的这些活动促进东道国的经济发展，也推动全球经济的一体化进程，展现跨国公司在全球经济中的重要效应。

三、全球产业链与供应链发展新趋势：区域化、智能化及核心国家号召力

从产业空间结构的角度看，全球产业链和供应链的发展特征正在经历显著变化，传统的依靠比较优势发展的模式正在减弱，取而代之的是向区域化、近岸化、本土化转变的趋势。

区域化特征的显著性：全球产业链布局展现出明显的区域性特征，主要划分为亚洲、北美和欧洲三个主要的“工厂”区域，在这些区域内的国家倾向于在邻近国家大量布局产业链，区域内的相互依赖程度远高于对区域外国家的依赖，例如，在亚洲“工厂”，中国、日本、韩国和印度等国家之间形成紧密的经济联系，彼此间的产业链布局比重显著，韩国在这些国家的产业链布局比重达到

26.5%，而对美国以外的其他国家的布局比重仅为11.1%，在北美“工厂”，加拿大和墨西哥对美国的产业链布局比重分别高达40.3%和40.8%，远超其他国家，欧洲“工厂”则显示出相对均衡的区域化程度，欧洲国家在区域内其他国家的产业链布局比重高，同时在中国和美国的布局比重也不容忽视，体现了欧洲国家在全球产业链中寻求多元化布局的战略意图。

全球经济一体化的深化表明各国在面对全球经济不确定性时，更倾向于寻求稳定、可控的供应链管理策略，区域化产业链有助于降低跨国运输成本，提高市场变化的响应速度，并能更好地应对全球贸易紧张局势和地缘政治风险，这趋势也可能带来新的挑战，如区域保护主义的情绪增长，以及对全球经济平衡发展的影响，因此，如何在区域化和全球化之间找到平衡，成为各国制定产业政策时需要深思的问题。

“中心—外围”辐射模式的清晰性：在每个区域内部，都存在一个清晰的“中心-外围”辐射模式，中国、美国和德国分别作为三大区域的中心，这种模式从区域性“工厂”内产业链布局的不对称性中可见一斑，例如，韩国产业链中有17.8%布局在中国，而中国产业链布局在韩国的比重仅为4.9%，这种不对称性反映了区域内部产业分布和经济联系的不均衡性，中心国家通常拥有更强的经济实力和产业集聚效应，对周边国家产生较大的经济辐射，在北美“工厂”，墨西哥产业链布局在美国的比重高达40.8%，而美国产业链布局在墨西哥的比重仅为4.8%，凸显美国作为区域中心的吸引力，在欧洲“工厂”，德国同样显示出在欧洲经济中的中心地位。

中国和美国的核心地位：中国和美国在全球产业链布局中占据举足轻重的地位，2022年，世界各国将产业链大量布局到这两个国家，其他国家在中国的产业链布局比重达到6.9%以上，在美国的产业链布局比重达到8.6%以上，这一数据反映出中国和美国在全球经济中的重要角色，以及它们在全球供应链中的核心地位。

数字化、智能化的发展趋势：全球产业链布局正趋向数字化、智能化，数字经济正在重塑全球经济格局，随着全球制造业加快迈向智能化时代，人工智能对制造业竞争力的影响日益增大,推动制造业发生深刻变革,制造业智能化主要表现为数字化、自动化、网络化、集成化和信息化过程,其中信息化和数字化是关键,制造业的设计、生产、管理、服务等整个产业链环节都趋向于数字化、网络化、智能化,使得智能制造成为新工业革命的主要方向,世界主要经济体的生产方式正向数字化、智能化方向发展,这趋势预示着未来制造业发展的新方向和全球经济的新格局。

四、数字经济的全球影响:产业渗透、收入分配与贸易格局的演变

在2022年,全球数字经济的发展达到一个新的里程碑,总量达到了31万亿美元,占GDP比重为58%,较2016年提升了约11个百分点,且数字经济规模同比增长7.6%,高于GDP增速5.4个百分点,这一数据显示,数字技术在推动经济增长和产业转型中发挥着越来越重要的作用。

在产业渗透方面,全球三、二、一产业数字经济持续渗透,受行业属性等因素影响,从全球范围来看,数字技术在传统产业的应用率先在第三产业爆发,数字化效果最显著,在第二产业的应用效果有待持续释放,在第一产业的应用受到自然条件、土地资源等因素限制,仍需探索更加适合的数字化解决方案,2022年,全球51个主要经济体第三、二、一产业数字经济增加值占行业增加值比重分别为45.7%、24.7%和9.1%,分别较上年提升0.7、0.5和0.2个百分点。

整体来看,中、美、欧基于市场、技术、规则等方面优势,持续加大数字经济发展力度,数字经济规模持续扩大,全球数字经济三极格局持续巩固,其中,中国数字经济规模仅次于美国,拥有全球最大的数字市场,数字经济顶层设计日益完善,数据资源领先全球,数字产业创新活跃,数字中国建设成效显著,美国数字经济稳居世界第一,产业规模、产业链完整度、数字技术研发实力和数字企业全球竞争力等位居世界前列,欧盟具有优秀的科技和创新资源,凭借其在数字治理上的领先优势,形成与中美两强优势互补的第三极。

数字技术产业稳步发展释放巨大发展潜力,5G融合应用生态加快形成,技术水平持续提升,远程控制、视频回传、机器视觉、设备定位等5G技术在行业中

的典型应用满足行业共性刚需,已在矿山、港口、制造等领域得到规模化应用。人工智能迎来快速发展,全球人工智能产业规模快速增长,2023年全球人工智能产业规模高速增长,预计未来增速逐渐放缓。2023年全球人工智能市场收入达5132亿美元,同比增长20.7%,到2026年市场规模将达8941亿美元,从企业发展看,全球人工智能企业国别分布呈现“中美主导”格局。截至2023年第三季度,全球人工智能企业有29542家,中美人工智能企业数占全球总数的近一半。

总体而言,数字经济对收入分配的影响是复杂的,具体作用机制受到区域经济发展水平、就业机会以及个体知识技能等因素的影响,数字经济同样在深刻地影响着需求结构和国际贸易格局,研究指出,数字经济通过提升消费层次、优化消费结构、塑造消费方式、提高消费水平等途径促进了消费升级。

呼吁协力强化数字技术创新性前瞻性战略性布局,各国应大力推动数字技术创新突破,搭建适于数字技术创新发展的生态体系,更好地利用数字技术推动经济社会持续快速发展,要强化提升新型基础设施建设水平和服务能级,各国应继续顺应地区和全球合作潮流,通过新型基础设施共建共享加快全球互联网渗透,提高国家间沟通往来效率,促进各国信息互联互通,缩小全球数字鸿沟,要大力推动数字经济和实体经济深度融合发展,利用互联网新技术对传统产业进行全方位、全链条改造,提高全要素生产率,发挥数字技术对经济发展的放大、叠加、倍增作用。

五、中国制造业面临产业链重构与绿色低碳转型

中国制造业以31个大类、179个中类和609个小类的全面覆盖,构成了全球最为齐全的产业门类和最完整的产业体系,产业链的配套能力在全球范围内处于领先地位,部分产业已在国际市场中的市场份额、质量和品牌等方面展现出竞争优势,近年来,受贸易摩擦、乌克兰危机等多重事件的冲击,加之国际经贸投资规则的变动和新一轮科技革命与产业变革的深入发展,全球产业链供应链正在经历一场加速重构,呈现出本土化、多元化、区域化等发展趋势,中国产业

安全问题逐渐显现。

首先,劳动密集型产业的外迁虽然带来挑战,但也为中国产业转型升级提供了机遇,在全球价值链重构的背景下,一些发达国家通过优惠政策促使本国跨国企业将生产环节回流,这对中国产业发展特别是产业链供应链安全形成了压力,但这也倒逼中国制造业加快从“中国制造”向“中国智造”的转型步伐,关键在于提升中国的创新能力,强化企业在技术创新中的主体地位,激发中小企业的创新活力,推进发展应用型技术研发机构的市场化、企业化改革,完善国家创新体系。

其次,中国产业关键技术面临“卡脖子”的风险,但同时也存在“弯道超车”的机遇,作为全球第一制造业大国,中国制造业在国际分工体系中面临资源和成本的双重约束。在激烈的全球制造业竞争中,传统的成本优势和规模扩张模式已难以为继,中国制造业的发展方式亟须转变,尽管中国尚未形成一批具有国际竞争力的供应商体系,但在高新技术产品方面,中国出口的产品多为标准化生产的计算机与通信技术领域产品,而进口的则多为新兴领域的高附加值产品,尽管存在高精尖产品和关键零部件短缺,中国产业体量大、产业链完备的优势,使得中国具备了其他国家无法比拟的配套能力,保证了中国经济的强大韧性和维护产业链供应链稳定的能力。

从国内市场环境来看,中国拥有超大规模的内需市场、良好的消费环境、巨大的消费潜力和强烈的品牌意识等发展优势。超大规模市场优势是中国经济发展中形成的比较优势,是保持经济稳中向好和改善民生的重要支撑,也是中国维护产业链供应链稳定的重要保障。当前,中国发展空间广阔、应用场景丰富、创新应用强劲的优势日益凸显,国内市场的深度和层次化及消费者需求的多元化,为企业提供了更广阔的生存发展空间和更具包容性的环境。新一代信息基础设施的建设使得数据生成、存储和传输的成本显著下降,数据成为经济系统中的关键要素。在产业数字化模式下,数据的可复制性、可共享性、无限增长性和供给的禀赋克服了传统生产要素的资源总量限制,形成了规模报酬递增的经济发展新模式、新产业,为中国传统产业转型升级和新兴产业的“弯道超车”提供了机遇。

尽管粮食安全、能源安全和资源环境约束问题较为突出，但绿色低碳转型为中国经济发展提供了新的机遇。全球制造业回流和产业链本土化导致国际供应链成本和贸易成本不断上升，乌克兰危机、美联储连续大幅加息、国际能源等大宗商品价格攀升等因素，使得全球粮食、能源、资源价格和供给稳定的风险不断累积。中国面临的挑战是如何在减污和控碳的同时实现发展，这也是实现后发优势的重大机遇。降碳可以减少污染物排放、推动产业配置重组，减污可以提高生态系统的质量和稳定性，降碳与减污之间具有协同效应，有利于改变传统高碳低效的生产和消费模式，激发经济增长的绿色动能，实现更高质量、更有效率、更加公平、更可持续、更为安全的发展。绿色低碳是中国经济结构转型升级的新方向，孕育着经济增长的新空间。中国传统产业的绿色升级改造需求、绿色低碳产业发展需求和消费需求意味着巨大的市场潜力和多样化的发展机会。

六、中国在全球产业结构升级中的策略与发展方向

中国在全球产业结构和布局调整中采取的策略是全面而深入的，紧跟全球经济的发展趋势，优化国内产业结构，并提升国际竞争力。产业结构和布局的调整是一个长期的、动态演变的过程，它蕴含着深层次的经济和产业规律，而且要求我们既要关注当前的全球产业动态，也要预见未来的发展变化，从而制定出适应性强、可持续的产业发展战略。

在全球产业相互联系、相互依赖的大背景下，中国产业的发展不再是孤立的，而是在全球分工体系中与其他国家和地区相互影响、相互促进。面对全球产业结构的深度调整，中国采取积极主动的策略，加速推进计划新型工业化进程，包括推动传统产业的转型升级，发展战略性新兴产业，以及加强科技创新能力，提升产业链的整体水平。

中国特色社会主义市场经济体制的优势在于能够充分发挥市场在资源配置中的决定性作用，同时政府在宏观调控、产业政策制定、市场监管等方面发挥

了关键作用。中国拥有全球最完整的产业体系供给优势,这意味着在产业链的各个环节都具有强大的生产能力和配套能力,为中国在全球产业链中的地位提供了坚不可摧的底子,同时,超大规模的市场优势为中国产业带来了广阔的内需市场,有助于缓解外部市场波动的影响。

统筹国内国际两个市场、两种资源,中国需在保持国内市场稳定增长的同时,积极参与国际经济合作和竞争,利用国际资源和市场,拓展国际发展空间,加快构建新发展格局,形成全球竞争新优势,要求在开放中谋求发展,在竞争中寻求合作,通过优化产业结构、提升产业链水平、增强创新能力,构建起更加开放、创新、协同、绿色的产业体系,以适应全球经济的新变化。

七、加快关键核心技术研发,实施全球供应链战略

为充分发挥中国新型举国体制的独特优势,组织和动员各方力量,开展深入的集成研究和协同攻关,根据短期与长期的需求,分阶段、有重点地实施技术攻关计划,以确保科技在产业发展中发挥最大的支撑作用,这一战略的实施,要求在国家层面进行精准的顶层设计,整合各类资源,构建一个能够集中力量解决重大科研问题的体系,通过跨部门、跨领域的紧密合作,集中力量攻克关键核心技术,提升中国在全球产业链中的地位。

大力弘扬“两弹一星”的伟大精神,营造充满正能量的科研环境和创新文化氛围,推动形成优良的创新生态系统,这种精神的传承和创新文化的培育,对于激发科研人员的创新热情、提高科研效率具有不可估量的重要意义,通过建立公平竞争、鼓励创新的科研环境,吸引更多的优秀人才投身于科研事业,为国家的科技进步和产业发展贡献力量。

以国家战略发展为核心,瞄准科研攻关的方向,实现科研布局的动态优化,加大对数字基础设施关键核心技术的攻关力度,要求在国家战略层面上对科研方向精确定位,确保科研资源得到有效配置,在数字经济时代,数字基础设施的关键核心技术攻关显得尤为重要,它直接关系到国家安全、经济发展和社会进步。

提倡通过财税金融政策鼓励企业和社会资金资助基础研究,采取多种途径加大基础研究的投入,基础研究是科技创新的源泉,加大投入有助于提升国家的原始创新能力,通过政策引导和资金支持,激励企业和社会各界积极参与到基础研究中来,形成多元化的科研投入体系。

抢抓新一轮科技革命和产业变革带来的机遇,推动中国产业链向"微笑曲线"的两端延伸,促使中国产业进入研发设计、供应链管理、营销服务等高附加值环节,要求在生产制造环节提升效率,还要在产业链的上游和下游环节加强能力建设,从而提升中国产业的整体竞争力。

在国家宏观层面,强化国家战略科技力量,加强基础研究,注重基础创新,优化学科布局和研发布局,推进交叉学科交流融合,完善共性基础技术供给体系,这有助于构建起支撑国家长远发展的科技基础,为产业升级和经济转型提供强有力的科技支撑。

在企业微观层面,提升企业的技术创新能力,强化企业作为创新主体的地位,促进创新要素向企业集聚。企业是创新的主体,提升企业的技术创新能力对于推动产业升级和经济结构优化至关重要,通过政策支持和市场激励,促进企业加大研发投入,加强与高校和研究机构的合作,形成产学研用紧密结合的创新体系。

在制度设计层面,完善科技创新体制机制,深入科技体制改革,健全国家科技治理体系,优化国家科技计划体系和运行机制,推动重点领域项目、基地、人才、资金的一体化配置,激发人才的创新活力。优化科技创新的制度环境,建立健全的科技管理体系,确保科技创新活动能够高效有序地进行。

把产业链供应链安全上升到国家战略的高度,推动构建一个富有韧性的全球产业链供应链体系。形成中国供应链的主要框架结构和区域布局,保持中国产业链的完备性,在全球化的背景下,既要积极参与国际分工,又要确保关键产业链的安全可控,通过多元化布局和战略储备,提高应对国际市场波动的能力。

八、积极培育国内产业链,加快发展区域价值链

全面提升中国供应链的核心竞争力必须采取多元化的策略,努力在全球价值链中实现向上游的跃迁。培育本土企业成为价值链的领导者,是国内产业转移的组织者,更是治理者。中国企业在生产制造环节要提升效率和质量,还要在研发设计、品牌建设、市场营销等高附加值环节加强自身能力,以提升在国际分工中的地位,通过强化品牌建设、提升产品质量和服务水平,增强在国际市场的竞争力。

应充分利用大国区域间的资源禀赋差异和比较优势,打造东部地区专注于研发和销售的产业群,中西部内陆地区则从事劳动密集型行业的供应链梯度,通过纵横整合的产业链集群参与全球竞争,这种区域间的产业梯度布局将有助于优化资源配置,发挥各地区的比较优势,形成互补的产业链结构。东部地区可以依托技术、资本和市场优势,发展高新技术产业和现代服务业;而中西部地区则可以利用劳动力和资源优势,发展劳动密集型产业,形成产业转移和升级的有效路径。

顺应全球价值链缩短、区域价值链加强的国际趋势,通过"一带一路"建设、《区域全面经济伙伴关系协定》(RCEP)等机制,推动区域内生产成本的最小化和贸易效率的最优化,持续加强区域内产业链供应链的合作,形成区域高水平价值链,这些国际合作机制为中国企业提供广阔的市场空间和合作平台,有助于中国企业更好地融入全球经济。

加快建设全国统一大市场,将有利于更好地发挥中国超大规模市场的优势。通过拓展市场的广度和深度,培育国际经济合作和竞争的新优势,有助于从多方面优化市场环境,使企业能够在更大范围调配资源和生产要素,强化对创新的要素支撑,提高创新效率,全国统一大市场的建设,将促进国内市场的一体化,降低交易成本,提高资源配置效率,为企业提供更加公平、透明的市场环境。

因此,应当对标国际先进规则和最佳实践,优化市场环境,促进不同地区和

行业之间的标准、规则、政策的协调统一，构建国内产业转移的顶层推动机制，推动产业向中西部地区转移，提升各地区各行业的内在统一性、互补性、关联性和协调性。有效破除地方保护、行业垄断和市场分割，促进经济循环和产业关联畅通，稳扎稳打为构建新发展格局打下基座。在政策制定和实施过程中，充分考虑国内市场的统一性和国际市场的开放性，确保政策的连续性和稳定性，为企业提供长期稳定的市场预期，激发市场活力和社会创造力。

九、加快推动产业链供应链数字化、智能化、绿色化转型

新技术的广泛应用和大规模商业化，正深刻地重塑着经济发展的格局。随着新一代信息技术的飞速发展，我们见证了数据处理速度和准确性的显著提升，同时也催生了智能制造、智慧城市、远程医疗等领域的创新浪潮。这些技术的高速、高效和智能化趋势，推动行业变革，为社会带来前所未有的便利。

能源技术的转型同样不容忽视，低碳化、分布式和智能化的发展路径，为我们提供减少温室气体排放、提高能源利用效率的有效途径。这一演进促进可再生能源的广泛应用和智能电网的快速发展，也为实现绿色、可持续的能源未来奠定了坚实基础。

交通技术的革新也正以超高速化、智能化、绿色化和共享化为方向，不断推进进程。变革极大地提升了运输效率，催生了自动驾驶、智能交通管理系统等前沿技术，为构建可持续的交通体系提供了技术支撑和实现可能。

数字化转型正深入制造与服务价值链的每一个环节。我们正面临着推进制造业数字化转型的紧迫任务，要求我们以数字化为核心，以智能化为方向，以绿色化为引领，以融合化为趋势。工业互联网平台的全要素、全产业链、全价值链的连接优势应当得到充分发挥，以推动人工智能、5G、工业互联网等新兴数字技术在制造领域的广泛应用。新技术的运用，将有效提升生产效率，降低成本，提高产品质量，并最终增强企业的市场竞争力。

围绕智能、绿色等产业升级方向，需要完善新技术、新工艺、新材料、新设备、新业态、新模式的应用推广机制，提升传统产业的创新发展水平。包括鼓励

企业采用先进的生产技术和管理方法,推动产业向高技术含量、高附加值方向发展,同时注重环境保护和资源节约,实现产业的绿色可持续。

科技成果转化的投入也需加大。信息技术、交通技术和能源技术的全方位融合性变革,正在打破以往独立创新的局限,展现出技术创新相互融合、相互促进的新局面。这种跨界融合的创新模式,加速技术进步,促进新产业、新业态的形成。

通过加强跨领域的合作,可以促进不同技术领域的相互学习,激发新的创新思维,推动产业转型升级,实现经济的高质量发展。

十、实施自由贸易试验区提升战略,加强国际交流合作,提升中国产业链国际竞争力

积极促进自由贸易试验区提升战略,加强国际交流与合作,以此提升中国产业链在全球市场的竞争力。在全球价值链重构的大背景下,区域化发展成为主要趋势,自由贸易试验区正逐渐成为推动区域价值链发展的关键平台。这一趋势映射出全球经济一体化的新动向,在全球化的大潮中,区域经济合作与一体化正成为经济增长的新引擎。自由贸易试验区的建立,促进区域内贸易和投资的自由化与便利化,也推动产业升级与经济结构的优化。

通过实施自由贸易试验区提升战略,能够依托区域价值链的构建,打破传统的全球价值链分工体系,该体系历来由发达国家主导。自由贸易试验区为我们提供探索更开放、更灵活的贸易和投资规则的机会,为区域内企业开辟更广阔的市场前景和创造更便利的营商环境。这一战略的实施,将助力中国在全球经济新格局中占据有利位置,增强中国在全球价值链中的竞争力。

自由贸易协定的签署,降低成员方之间的关税和非关税壁垒,增强自由贸易协定的贸易创造效应,还有助于吸引全球对外直接投资向区内流动。这些投资的涌入,为区域经济发展提供资金支持,还带来先进的技术和管理经验,促进区域内的产业升级和技术创新。

自由贸易试验区提升战略的实施,优化区域内的整体营商环境,还推动了

制度型开放。通过自由贸易试验区的实践,可以探索更高效、更透明的市场监管机制,推动政府职能的转变,提升行政效率,为企业营造一个更加公平的竞争环境。

在分工合作方面,产业链分工模式正逐步取代传统的以最终产品为界限的分工模式,成为国际分工的主导力量。这种模式更加注重产业链上下游的协同与整合,有效提高生产效率,降低了成本。因此,进一步扩大高水平对外开放,促进区域内要素和产品的自由流动,加强区域内成员方之间的分工合作,推动区域内市场规模的扩容和升级,是推动区域内产业链供应链发展的关键。

中国在全球价值链中已经具备体量、规模、产业、资金、技术等方面的显著优势,完全有能力和条件推动区域价值链朝着更加包容和互利共赢的方向发展。通过积极参与和推动区域经济合作,中国可以与区域内其他国家共享发展机遇,实现共同繁荣。这也有助于中国企业更好地融入全球市场。

第二章　全球经济的脉络:国家战略与产业发展

第一节　全球产业规律与世界主要国家的发展战略

世界产业的发展和演变既有普遍规律,也呈现出独特的地域特色,理解这些规律对于中国在制定产业政策和促进产业发展方面具有至关重要的作用。

在众多发展中国家,传统产业依然扮演着核心角色,只是,新兴产业正如同初升的朝阳,逐渐崭露头角并茁壮成长。在中国,制造业作为国民经济的坚实支柱,正与日新月异的人工智能、大数据等新兴产业齐头并进。中国政府通过推行"中国制造2025"等战略,推动制造业向高端化、智能化、绿色化转型,同时也在不遗余力地支持新兴产业的发展,力图实现产业结构的优化与升级。

各国正顺应产业演进的自然规律,制定并实施促进产业升级的政策。发达国家在高科技产业的研发上投入更多资源,而发展中国家则需加速传统产业的转型升级步伐。在转型过程中,政策制定者们寻求在短期经济增长与长期可维持性增长之间找到平衡点,确保产业政策既能推动当前的经济发展,又能为未来的产业变革奠定可靠的基础。

积极拥抱技术创新,提升自身的竞争力,是立于不败之地的关键。技术创新能提升生产效率、降低成本,还能创造新的市场需求,推动经济结构的优化。在全球化的大背景下,技术创新已成为国家间竞争的核心要素,各国都在努力提升自身的创新能力,以期在全球经济舞台上占据有利地位。

产业的演进遵循一定的规律:从萌芽到成长、成熟、衰退,最终被新兴产业所取代,这是产业演进的普遍规律,而技术创新则是这一演进的根本动力。技术创新推动生产力的进步，催生新产业的诞生，并最终实现对旧产业的替代。在这个过程中，政府、企业和研究机构的角色至关重要。政府需营造良好的创新环境，企业需增加研发投入，研究机构需不断探索科技的新前沿。只有通过各方的共同努力，产业才能实现持续健康地发展。

市场需求是产业演进的最终导向由产业的发展方向和形态最终由市场需求决定。市场需求的变化直接影响产业的供给结构，促使产业不断创新和调整。随着消费者偏好的日益多样化和个性化，产业必须灵活适应市场的变化，提供更加贴合消费者需求的产品和服务。例如，环保意识的提升使得绿色、可持续的产品越来越受到市场的青睐，这促使相关产业加快了绿色转型的步伐。

不同产业的演进路径存在差异：由于产业特性的不同，演进路径也呈现出多样性。高科技产业如信息技术、生物技术等领域，由于技术创新的快速迭代，产业生命周期短，更新换代速度快。这些产业需要大量的研发投入和高技能人才以维持竞争优势，而传统产业如钢铁、纺织等，技术成熟，市场需求稳定，演进速度相对较慢，但仍需通过技术改造和产业升级来提升效率和竞争力。

不同国家和地区的产业演进阶段存在差异：由于经济发展水平、资源禀赋、政策导向等因素的不同，不同国家和地区的产业演进阶段也呈现出多样性。例如，发达国家的产业结构已经从制造业向服务业转型，服务业在经济中的比重日益增加，而制造业则趋向于高技术化、自动化。发达国家在金融、咨询、教育、医疗等领域的服务能力全球领先。相比之下，发展中国家仍处于工业化阶段，制造业在经济中占据较大比重，但随着经济的发展，服务业的比重也在逐渐增加。这些国家在追求经济增长的同时，也在努力实现产业结构的优化和升级。

一、美国在全球科技与工业领域的领导地位与创新成就

美国作为全球科技、军事和经济的领头羊，以其在科学和技术研究以及技术产品创新方面的卓越成就而闻名于世。在人类工业史上，许多具有里程碑意义的发明，如改变世界的轧棉机、通用零件、生产线等，均源自美国的创新精神。特别是工业生产线的诞生，将大规模工业生产的梦想转化为现实，在科学研究

领域,美国学者屡获诺贝尔奖殊荣,尤其是在生物和医学领域,成就尤为突出。

1.在全球飞机制造产业领域,美国无疑是领导者

拥有波音公司和洛克希德·马丁公司等航空器制造巨头,生产的民用和军用飞机在全球市场上占据无可匹敌的主导地位。

2.飞机发动机和零部件制造领域,被誉为"工业之花"的航空发动机,技术门槛极高

美国以先进的航空发动机技术,在全球范围内占据领先地位,通用电气和普惠公司等企业在这一领域处于领航者的位置。

3.在氧化铝精炼和初级铝产品生产方面,美铝公司作为全球最大的第三方氧化铝生产商,年产能曾达到1700万吨,2020年产量约为1348万吨

美国铝业生产冶金级氧化铝,还生产非冶金级氧化铝,广泛应用于水净化和制造耐火材料等工业领域。

4.滚动轴承制造领域

美国拥有TURNUP公司、TIMKEN公司等十大世界知名滚动轴承制造商,它们在全球市场上享有盛誉,为各种精密机械和设备提供关键支持。

5.计算机存储设备制造业

美国拥有微软、戴尔、英特尔、惠普等全球知名企业,这些公司在个人电脑、服务器、存储解决方案等领域拥有巨大的市场支配力和竞争力。

6.在电子计算机制造领域

美国拥有世界上最快的超级计算机,由美国能源部与IBM和英伟达合作开发,在超级计算机的总算力上,美国以37.1%的占比领先,中国以32.3%紧随后。

7.巡航和空间设备制造方面

美国一直是航空科技领域的先锋,在航空航天科技上,美国领先全球,例如B-2(幽灵)隐形战略轰炸机,至今仍无他国家能够复制技术。

8.在巡航和空间设备增进的单元零部件制造领域

美国同样拥有领先全球的技术,洛克达因公司和普拉特·惠特尼公司等企业在这一领域的成就尤为突出。

9.军用装甲车辆、坦克和坦克零部件制造领域

美国以M1艾布拉姆斯主战坦克等先进装备，展现了在这一领域的领先地位和强大实力。

10.核能发电方面

美国是全球核能发电最多的国家，核能发电技术成熟，拥有众多核电站，为国家提供了稳定的能源供应，并在世界核工业中保持着领先优势。

二、日本科技产业的全球领先地位与创新成就概览

日本以卓越的科学研发能力在全球科技舞台上占据领先地位，特别是在应用科学、机械工程和医学等领域，成就尤为显著。日本政府明确将电子技术、生物技术和新材料技术定位为国家的三大支柱产业，并进一步将这三大支柱产业的关键技术细分为16项重点领域，在这一战略指导下，日本孕育众多享誉世界的大集团和大公司，如东芝、三菱等，它们凭借强大的科研实力，在全球科技产业中占据举足轻重的地位。日本在科技产业中的一些顶尖成就有：

1.半导体产业

日本在半导体领域的成就尤为突出，企业在全球半导体产业链的关键环节中占据着举足轻重的地位，在全球前十大半导体企业中，日本企业占据6席，包括NEC、东芝、日立、富士通、三菱和松下等。

2.数控机床

日本与德国并列为全球精密数控机床领域的领军者。日本拥有众多世界著名的精密机床品牌，如马扎克（Yamazaki Mazak）、天田（Amada）、大隈（Okuma）、森精机（Mori Seiki）、捷太科特（Jtekt）、牧野（Makino）、小松（Komatsu NTC）等。

3.军工产业

日本拥有悠久的军工发展历史，自明治维新以来，日本就开始了工业化进程，成为亚洲首个工业化国家。全球知名的日本军工企业包括石川岛重工（Ishikawajima-Harima Heavy Industries）、新日铁重工（Nippon Steel Engineering)、富士重工(Subaru Corporation)、川崎重工(Kawasaki Heavy Industries)、三菱重工(Mitsubishi Heavy Industries)、三井重工(Mitsui Engineering & Shipbuilding)、住友重工(Sumitomo Heavy Industries)、日立重工(Hitachi Plant Technologies)等。

4. 工业机器人

日本自21世纪初便成为全球工业机器人生产和出口的领头羊。日本拥有多个世界级的工业机器人品牌,如发那科(Fanuc)、三菱(Mitsubishi Electric)、电装(Denso)、爱普生(Seiko Epson)、安川(Yaskawa Electric)、川崎(Kawasaki Robotics)等。

5. 新材料

日本在新材料产业中长期保持领先地位,优势材料产业涵盖碳纤维、半导体材料、显示材料、精细陶瓷、有机EL材料、非晶合金、环境材料、工程塑料等多个领域。

6. 精密光电业

日本在光电产业中扮演着重要角色,尼康(Nikon)是全球著名的光学产品设计和制造商,日立(Hitachi)开发了全球唯一一台原子纳米级全息电镜,日本电子株式会社(JEOL)则是全球高端电子显微镜的知名品牌。

7. 汽车工业

日本汽车以经济实用、性价比高、省油环保等特点受到全球消费者的喜爱。日本汽车品牌如丰田(TOYOTA)、日产(NISSAN)、本田(HONDA)、斯巴鲁(SUBARU)、马自达(MAZDA)、三菱(MITSUBISHI)、雷克萨斯(LEXUS)、五十铃(ISUZU)、铃木(SUZUKI)、大发(DAIHATSU)等在全球市场占有重要地位。

8. 生物制药

日本是全球第二大医药消费市场,尽管日本制药企业在国际上名气不如欧美企业,但实力仍不容小觑,制药业是日本的支柱产业之一,拥有武田制药(Takeda Pharmaceutical)、安斯泰来制药(Astellas Pharma)、第一三共(Daiichi Sankyo)等知名制药公司。

9. 人工智能

在《2019年世界知识产权组织技术趋势：人工智能》报告中，日本公司在提交人工智能发明专利申请最多的全球机构中占据显著位置，在专利申请最多的20家机构中，有12家是日本公司，包括夏普（Sharp）、三菱（Mitsubishi）、日本电报电话公司（NTT）、丰田汽车公司（Toyota）、索尼（Sony）、佳能（Canon）、松下（Panasonic）、日立（Hitachi）等，这些公司在人工智能领域的研究和应用上取得显著进步，推动了日本在全球人工智能技术发展中的地位。

三、德国的科技成就与制造业全球领导力概述

德国以在科学领域的卓越成就而闻名于世，拥有一百多位诺贝尔奖得主，在物理、化学、生理学或医学等科学领域的贡献尤为突出。德国人的严谨态度使制造业享誉全球，阿尔伯特·爱因斯坦和马克斯·普朗克等科学家更是近代物理学的重要奠基者。德国在环境科技的开发和应用上也表现得十分成熟，企业在该领域的投入超过2000亿欧元，重点包括发电、永续能源交通工具、原料效率、能源效率、废弃物管理、资源回收及永续水管理等。

1. 汽车和汽车配件工业

德国是全球汽车制造的强国，高档汽车在全球市场占有率高达70%。奔驰、宝马、大众、奥迪、保时捷等品牌享有盛誉，而迈巴赫、宾利更是身份的象征。德国汽车以安全、舒适、节能、环保、美观和耐用著称，汽车工业的研发人员占德国工业领域的28%，显示了汽车工业在德国经济中的重要地位。

2. 电子电气工业

德国的电子电气工业在全球技术领先，每年的革新开支达150亿欧元，占行业营业额的10%，研发投入约120亿欧元，约占德国工业总研发投入的五分之一。德国制造的电子元件半数以上用于出口，主要进入西欧市场。

3. 机械设备制造工业

德国机械出口额占全球机械总出口额的20%左右，在31个产品领域中，德国产品在21个领域是世界出口第一，其余领域也几乎全部位列世界三甲之内。

德国的机械设备制造业以高质量和创新能力在全球享有盛誉，在机床、工业自动化和机器人技术等领域。

4. 化工工业

德国化工工业的三大优势领域是基础有机化学品、初级塑料产品及药品，这三个产品领域占德国化工生产总量的15%~20%，德国的化工企业如巴斯夫、拜耳等在全球化工行业中占据领先地位。

5. 可再生能源产业

德国在太阳能、风能、生物质能、地热能、水力发电等领域的开发利用居世界领先水平，到2020年，德国可再生能源发电可满足全国约一半的电力需求。德国政府积极推动能源转型，实现能源供应的长期可持续性，减少对化石燃料的依赖，并减少温室气体排放。

四、意大利的科研成就与高技术产业发展概览

意大利在全球科学领域同样拥有良好的传统，20世纪有9位科学家获得诺贝尔奖，意大利的科研机构分为公共科研机构、高等院校和企业研究开发中心，意大利的高技术产业主要集中在信息通信、航空航天、生物制药、可再生能源、先进技术材料、机器人与自动化及精密仪器等领域。

1. 航空航天产业

意大利能够自行研发制造运输机、直升飞机、无人机、卫星等，在全球市场上占有一定份额。

2. 高速铁路及城市轨道交通技术

意大利是欧洲第一个将欧洲铁路管理系统应用于商业化高速铁路运行的国家，技术在全球领先。

3. 机器人和机床及专用机械设备

意大利柯马工业机器人在汽车制造领域处于世界领先水平。

4. 机械设备产业

意大利的机械设备产业位居全球前列，特别是在机械工程领域。

5. 医药产业

意大利医药产业在竞争力、劳动生产率等方面领先于其他制造业。

6. 汽车制造产业

意大利拥有完整的汽车产业体系，以菲亚特为代表的意大利汽车制造工业在多个领域处于世界先进水平。

7. 超级跑车

意大利的兰博基尼和玛莎拉蒂等品牌在全球顶级跑车市场中占据重要地位。

8. 汽车设计

意大利汽车设计行业在全球享有盛誉，许多全球主要汽车生产企业的设计车型带有意大利设计师的独特印记。

9. 农业产业

意大利的农业生产模式和就业水平在欧洲处于领先水平，是世界上第二大葡萄酒生产国。

10. 皮革工业

意大利皮革以精致工艺与时尚设计相结合的特色而享誉全球。

11. 奢侈品及成衣业

意大利的面料质地在全球首屈一指，成为世界奢侈品中心。

12. 游艇制造业

意大利的游艇制造处于世界一流水平。

13. 文化及体育产业

意大利的文化控制力深远，足球产业在全球享有盛誉。

五、英国在全球科研与高附加值产业中的领导地位与贡献

英国是全球高科技、高附加值产业的重要研发基地之一，科研涉及多个科学领域，英国曾经以世界1%的人口，从事世界5%的科研工作，学术论文占9%，引用量曾达12%，仅次于美国，英国有78位诺贝尔科学奖得主，居世界第二。在

生物技术、航空和国防领域实力非常强。

1.金融服务业

英国的金融服务业占GDP的比例为79%,伦敦是全球金融市场的重要枢纽。

2.旅游业

英国的旅游业对经济发展作用显著,丰富的历史遗迹和文化遗产吸引了世界各地的游客。

3.汽车制造业

英国汽车制造业以高品质和创新设计闻名于世,拥有宾利、阿斯顿·马丁、捷豹等世界知名汽车品牌。

4.航空发动机

英国在航空发动机技术方面处于全球领先地位,为全球航空业提供关键技术和产品。

5.生物制药业

英国的生物制药业在全球具有重要地位,拥有世界级的制药公司和研究机构。

六、法国的科技与产业优势:全球领先与文化魅力的融合

法国保持科技优势是通过国家的高投入来实现,拥有五十多名诺贝尔奖获得者,十多名菲尔兹奖获得者,在20个关键科研领域,法国都居于世界前列,法国在航天、能源、材料科学、空间技术等方面的优势均比较明显。

1.旅游业

法国是全球第一大旅游目的地,以丰富的历史遗产、艺术氛围和美食文化吸引着世界各地的游客。

2.葡萄酒

法国葡萄酒享誉全球,酒类出口占世界出口的一半。

3.医药产业

法国的医药产业在世界上占有重要位置,赛诺菲—安万特集团是世界第三大制药公司。

4.制造业

法国的制造业以高质量和创新能力在全球市场上享有盛誉,特别是在航空、汽车、高速铁路等领域。

七、芬兰的科技与产业优势:创新驱动的经济支柱

芬兰以科技立国,以科技强国。教育水平,科技水平始终居于世界前列,芬兰在20项关键科技领域,有17项排名前十。芬兰木材加工、造纸和林业机械等行业为芬兰重要经济支柱,具有世界领先水平。

软件、生物技术、清洁技术、森林及木材加工:芬兰在这些领域拥有世界领先的技术和企业。

金属工业:芬兰发明的闪烁炼铜炼镍技术全球领先。

机械工业:芬兰的机械工业在全球市场上享有盛誉。

互联网和信息通信产业:芬兰经济支柱产业,拥有全球约9亿人使用诺基亚手机。

能源环保产业:芬兰在能源效率、洁净工艺、水资源保护等方面全球领先。

化学工业:芬兰的化学工业在多个领域居世界领先地位。

食品工业:芬兰食品工业以高品质和创新能力,为消费者提供健康、安全的食品选择。

八、加拿大的经济实力:自然资源与科技创新的双重驱动

加拿大是一个高度发达的资本主义国家,得益于丰富的自然资源和高度发达的科技,使其成为世界上拥有最高生活水准、社会最富裕、经济最发达的国家之一。

软件强国:加拿大拥有全球著名的软件公司,如OpenText、Corel等。

航空工业:加拿大是全球第三大飞机生产国,航空工业是加拿大研发力度最大的产业之一。

汽车行业:加拿大的麦格纳斯太尔为Magna是国际最大的全资子公司。

无人机产业:加拿大在无人机技术在世界上是领先的,特别在商用和科研领域。

九、以色列:创新之国的科技与产业成就

以色列被誉为“创新之国”,在全球科学和科技的发展中扮演着重要角色,以色列的科学家在遗传学、计算机科学、光学、工程学,以及其他技术产业上的贡献都相当杰出。

高科技产业:以色列在半导体、网络安全、人工智能、医疗设备等领域拥有众多创新企业。

军工产业:以色列的军工产业在全球享有盛誉。

信息通信:以色列在信息通信技术领域有着深厚的研发基础。

化工产业:以色列的化工产业在特种化学品、生物技术、制药等领域有着领先世界的成就。

农业技术:以色列的农业技术以高效节水和精准农业而闻名。

可再生能源:以色列在太阳能、风能等可再生能源领域有着积极的探索和应用。

生物技术产业:以色列的生物技术产业在基因编辑、药物开发、医疗器械等领域有着显著特征的研究成果。

钻石加工:以色列是世界著名的钻石加工和交易中心之一。

旅游业:以色列的旅游业以丰富的历史遗迹、宗教圣地和自然风光吸引着世界各地的游客。

水技术:以色列在水资源管理和水处理技术方面有着世界领先的技术。

第二节 美国促进经济的全面影响及产业变迁启示

自1947年至2017年,美国产业结构经历了翻天覆地的变化,在这时期,私人服务业的产值在GDP中的比重从47%飙升至68%,而商品制造业的产值占比则从39%骤降至18%,这一变迁映射出美国经济从制造业主导向服务业主导的显著转型,服务业的蓬勃发展得益于信息技术的飞速进步、全球化的深入带动以及消费者需求的多样化,这些因素共同催化了金融、教育、医疗、娱乐等服务业领域的繁荣兴盛,美国的经济结构已逐渐演变为以服务业为核心,服务业成为吸纳就业、驱动经济增长的主要力量。

在美国农业中,种植业是关键产业,从1947年到2017年,种植业在GDP中的比重从8%急剧下降至不足1%,下降趋势体现了美国农业的现代化进程和生产效率的显著提升,尽管在GDP中的比重大幅减少,但美国农业依旧保持强劲的国际竞争力,稳居世界主要农产品出口国之列,2013年,美国种植业产值达到顶峰后,开始出现连续负增长,这可能与全球市场波动、气候变化以及农业政策调整等因素有关。

美国的工业结构包括采矿业、公共设施、基础设施和制造业,制造业作为工业的心脏,在GDP中的占比从1953年的28%降至2017年的不足11.2%,尽管有所下降,美国制造业在技术创新、产品质量和全球供应链管理方面依然保持着全球领先地位,制造业增长速度的放缓,导致商品制造在GDP中的比重逐渐减少,体现美国经济结构的优化和产业升级。

美国制造业分为耐用品制造业和非耐用品制造业两大类,耐用品制造业的整体规模略高于非耐用品制造业,从1947年到2017年,两者在GDP中的占比均呈下降趋势,这与全球制造业竞争加剧、生产成本上升和消费者需求变化有关,耐用品制造业的增长波动性高于非耐用品制造业,这可能与对经济周期的敏感性较高有关,尽管如此,美国制造业,特别是在航空航天、汽车、医疗设备等高科技领域,仍然是国家经济的重要支柱。

在美国耐用品制造业中,计算机、汽车、金属制造、机器制造、其他交通工具、电气设备元器件、矿产原材料、非金属矿产、木制品、家具等行业占据重要地位,这些行业在经济增长和GDP中所占比重随时间推移而变化,2000年后,美国耐用品制造业的增长速度普遍低于GDP增速,产值在GDP中的占比持续下降,透露了经济结构调整、全球市场竞争和技术变革的影响。

计算机产品作为美国高科技产业的象征,产值在GDP中的比重自1997年起开始下降,到2017年,计算机产品占GDP的比例仅为1.5%,下降趋势可能与全球供应链重组、生产成本变化和技术创新加速有关,美国作为汽车生产和消费大国,汽车制造业在GDP中的占比从3%降至不足1%,变化部分原因是全球竞争加剧、生产自动化和消费者偏好转变。

金属制造和机器制造业在GDP中的比重自1976年左右开始下降,到2017年均不足GDP比重的1%,随着这两个行业的增长放缓,矿产原材料的增长速度也出现较大幅度下降,2017年在GDP中的比重已不足0.5%,这可能与资源开采效率提升、环保政策加强和全球市场需求变化有关。

除汽车外的其他交通工具制造业虽呈现波动态势,但产值在GDP中的占比也已低于1%,电气设备及元器件生产作为美国高科技产业的另一代表,产值在GDP中的比重自1967年起逐渐下降,这可能与全球竞争、生产成本上升和技术创新加速有关。

美国的木制品、家具等行业产值在GDP中的比重较低,且持续下降,这可能与全球化生产、成本压力和消费者偏好变化有关。

食品、纺织品、珠宝皮革、纸业、印刷、化工产品、化学药品、塑料橡胶制品是非耐用品制造业的主要产业。从1947年到2017年,美国化学产品在GDP中的比重基本保持稳定,化工产品占比略有上升,显示出化学工业在满足日常需求和支持其他产业发展方面的稳定性。

食品加工在GDP中的比重从4%以上降至不足2%,这一下降可能与生产效率提升、成本控制和全球供应链优化有关,纸业、印刷、橡胶皮革等行业自1990年起基本停止增长,纺织品、珠宝皮革等行业已呈现负增长。这些变化与技术进步、消费者偏好转变和全球市场竞争加剧有关。

在商业服务业中，社会服务业和基础服务业的人均工资与人均产出比率较高，劳动者从劳动产出中获得的收入比例较高，这说明行业的劳动密集型特点和对人力资本的依赖。社会服务业，如教育、医疗保健和社会保障等，通常提供必要的社会服务，这些服务需要大量人力资源，且劳动生产率提升相对较慢，因此劳动者的工资与产出之间的比率较高。

制造业曾是美国产出规模最大的行业，也是从业人员规模最大的行业，但受增长速度放缓的影响、制造业自动化和全球化的影响，美国制造业从业人口呈现下降趋势，直到2010年左右，随着经济复苏和制造业调整，这一趋势才有所改变，制造业的人均工资水平总体保持在美国人均工资水平之上，这得益于制造业工人通常需要较高的技能水平和专业知识。作为美国中产阶层的支柱行业，制造业的人均工资水平总体略高于美国人均工资水平。

随着制造业从业人口的下降和社会服务业及基础服务业就业人口的相对快速增长，美国社会收入阶层的构成也在逐渐变化。中、低收入行业就业人口的增长，以及商业服务业等中高收入行业人均工资的相对快速增长，这种变化加剧了美国收入分化，收入分化的加剧可能导致社会不平等的增加，引发社会内部的各种矛盾和分裂，例如，高收入行业与低收入行业之间的工资差距扩大，可能导致消费模式、生活方式和价值观的差异，进而影响社会凝聚力。此外，收入分化还可能影响政策制定，使得不同收入阶层的利益难以平衡，从而影响社会稳定和经济发展。

美国的金融业由银行业、信托业、保险业、基金业等组成，这些领域在美国经济中为个人和企业提供资金管理、投资、风险保障等服务，美国的金融业以深度和广度在全球金融市场中发挥着关键作用，尤其是在纽约这样的金融中心，2023年，美国金融业占GDP的比例约为7.3%。

美国的房地产业由住宅、其他地产和房屋租赁等行业组成，房地产业是美国经济的重要组成部分，它关系到居民的生活质量，也是投资和财富积累的重要渠道，2017年，美国房地产业占GDP的比例约为13%，其中住宅业的增长速度相对较快。

从1996年到2023年,在美国的金融和房地产领域,住宅业保持相对较快的增长速度,2023年,住宅业占美国GDP的比例已接近10%,这一增长揭示美国人口增长、城市化进程以及住房需求的上升,即便如此,银行业的增长速度在下降,银行业产值与GDP的比例呈下降趋势,这与金融科技的发展、监管政策的变化以及金融市场的竞争加剧有关。

美国的专业服务业由法律服务、计算机系统服务、科技及其他相关服务、公司管理、服务设施及废物处理等行业组成,这些服务行业为美国经济提供专业化的支持,促进了其他行业的高效运作,科技及其他相关服务、服务设施、公司管理等领域服务产值占GDP的比例较高,显示出这些领域的专业化和高附加值特性,科技服务占GDP的比例已突破4%,服务设施占GDP的比例也接近3%,公司管理服务占GDP的比例突破1%,说明美国服务业的成熟和专业化水平。

在美国的教育医疗服务业领域,救护和医院服务产值规模较高,救护服务占GDP的比例已接近4%,医院服务占GDP的比例也超过2%,这些服务对于保障公民健康和提高生活质量至关重要,教育服务占GDP的比例在2000年后基本保持在1%左右,教育作为国家发展的基石,稳定的产值占比体现美国对教育的持续投入和重视。

美国政府及政府企业创造的产值在15%上下波动,从1947年到2017年,美国联邦政府消费创造的产值占GDP的比例从8%下降到4%,与政府支出的优化和财政紧缩政策有关,州政府消费创造的产值占GDP的比例从4%上升到8%以上,这显现出州级政府在公共服务和基础设施建设方面的投入增加,政府消费的变化影响着公共部门的运作,也对整体经济的稳定和发展产生重要影响。

与商品生产行业相比,金融保险业、专业科技服务业、批发、信息服务业、企业管理等商业服务业的中间投入占比较低,净利润水平较高,也成为二战后美国行业产出增长规模较快的行业。这些行业通常涉及较少的物理生产过程,而是提供知识密集型和信息密集型的服务,因此它们的运营成本相对较低,利润率较高,行业的快速发展表明美国经济结构的转型,从以制造业为主转向以服务业为主。

一、美国历次经济大衰退

美国经济的发展历程中，衰退始终是商业周期不可避免的一部分，经济衰退通常被定义为经济活动显著下降，持续时间超过数月，这通常伴随着GDP的减少和失业率的上升。

美国历史上经历了19次经济衰退，每一次都有独特的背景和特点，从1929年的大萧条、2008年的全球金融危机，每一次衰退都深刻地塑造了美国的经济轨迹。

国家经济研究局（NBER）作为美国权威的经济衰退判定机构，通过综合分析经济指标来确定衰退的起始和结束时间，NBER的判定标准涵盖了实际GDP、收入、就业、工业生产和零售销售等多个维度的变化。

经济分析局（BEA）负责核算GDP，这一指标是衡量一个国家经济规模和增长速度的核心，GDP的下降通常被视为经济衰退的明显标志，直接突显了经济产出的减少，在经济衰退期间，GDP的下降伴随着消费者和企业信心的下降，以及投资和消费的减少。

劳工统计局（BLS）负责报告失业率，这是衡量劳动力市场健康状况的关键指标，失业率的上升通常在经济衰退期间发生，因为企业为了降低成本而裁员或冻结招聘，值得注意的是，失业率是一个滞后指标，它通常在经济开始复苏后才达到峰值，大多数雇主会等到确信经济已经稳定恢复后，才开始重新招聘正式员工。

深入理解历次衰退的原因、持续时间、GDP和失业率的变化，对于政策制定者、企业和个人投资者至关重要。这些信息有助于制定有效的应对策略，减轻经济衰退的负面影响，并为未来的经济复苏做好准备。通过研究历史数据，我们可以更好地理解经济周期的动态，以及在不同经济环境下的应对措施。

在美国历史上，19次值得关注的衰退对当时的经济和社会产生深远影响，也为后来的经济政策和理论研究提供了宝贵的经验。

早期的重大衰退:这四次早期衰退的特点是联邦政府几乎无法阻止经济的下滑,衰退的严重性和不可预测性促使政府开始重视中央银行的建设,这些衰退揭示了当时金融体系的脆弱性和对经济危机应对措施的迫切需求。

1893年:雷丁铁路公司倒闭引发连锁反应,导致其他铁路公司倒闭和股市崩盘,银行暂停现金支付,导致现金囤积和银行倒闭,这次衰退凸显金融体系的相互依赖性和系统性风险。

1873年:国家铁路系统的建设引发投机,导致美国最大的银行倒闭,此次衰退一直持续到1879年,这次长期衰退映照了当时经济对铁路建设的过度依赖和投机活动的盛行。

1857年:俄亥俄人寿保险信托公司纽约分公司挪用公款事件引发恐慌,一艘载有黄金前往纽约的船沉没,投资者对纸币失去信心,企业无法支付工资,商业陷入停顿。事件表明金融信任的重要性以及金融监管的必要性。

1797年:1797年恐慌源于土地投机,美国第一银行和美国财政部部长亚历山大·汉密尔顿增加货币供应量,导致了繁荣和萧条,早期美国金融政策的不确定性影响了经济稳定。

20世纪见证12次经济衰退,大萧条实际上是两次严重衰退的连续发生。

1907年:“1907年恐慌”从1907年5月持续到1908年6月,它是由投机者的损失蔓延到信托公司造成的,这次恐慌促使国会创建联邦储备系统,以增强金融体系的稳定性。

1929—1938年(大萧条):美国历史上最大的经济危机是两次密切相关的衰退,大萧条的原因是多方面的,包括美联储的政策、股市崩盘、自然灾害和全球经济环境的变化,这次衰退改革了美国社会和经济结构,催生了经济和社会等新政。

了解这些衰退的历史背景和经济影响,对于我们理解经济周期、制定应对策略以及准备未来的经济复苏具有重要的启示作用,分析历史事件,更好地把握经济发展趋势,才能为可能出现的经济挑战做好准备。

二、21世纪的经济衰退

21世纪的首个十年见证三次经济衰退，每一次的严重程度都超过了前一次，且各有各的独特原因。

2001年的经济衰退持续了8个月（3月至11月），这次衰退的直接诱因是互联网泡沫的破裂，许多在互联网繁荣时期过度投资的公司遭遇了财务困境，此外，"9·11"的恐怖袭击对美国经济造成沉重打击，尤其是航空和旅游业，这些事件导致消费者信心下降，企业投资减少，经济活动减缓，经济在两个季度内出现收缩：第一季度收缩1.3%，第三季度收缩1.6%，失业率持续攀升，至2003年6月达到6.3%的峰值。

2008至2009年的大衰退（The Great Recession）从2007年12月延续至2009年6月，是自大萧条以来持续时间最长的经济收缩，这场衰退的根源在于房地产市场的崩溃，尤其是次级抵押贷款市场的崩溃，金融机构的高风险投资和信贷市场的冻结引发了全球范围内的金融危机，2008年，GDP连续三个季度萎缩，第四季度下降了8.5%，失业率在2009年10月攀升至10%，滞后于经济衰退，得益于美国复苏和再投资法案，经济衰退于2009年第三季度结束（GDP转为正增长）。

2020年的经济衰退是自大萧条以来最为严重的一次，这场衰退由新冠病毒感染（COVID-19）引发，导致全球范围内的经济活动几乎停滞，美国经济在上一季度下降5.1%后，第二季度创纪录地收缩了31.2%，2020年4月，美国经济失去了2050万个工作岗位，失业率飙升至14.7%，并在随后数月内持续保持在两位数，疫情的不确定性还导致了2020年股市的崩盘，美联储将联邦基金利率降至0，并承诺至少维持到2023年，国会发放了数十亿美元的援助，尽管经济在第三季度增长了33.8%，但这仍不足以弥补之前的损失。

美国经济衰退的发生频率如何？2007年之前，衰退的平均持续时间约为11个月，大衰退持续了18个月，而2020年的经济衰退仅持续了2个月，是有记录以来最短的一次。

经济衰退(recession)和萧条(depression)有何区别? 经济萧条比衰退持续时间更长,对经济造成的损害更为严重,大萧条持续了数年,而衰退通常以月为单位,萧条通常指的是经济活动的长期、深度衰退,伴随着高失业率和生产能力的大幅下降,相比之下,衰退是经济周期中的一个阶段,通常持续时间较短,经济活动下降幅度较小。

三、产业结构和社会经济发展关系

美国,作为全球经济的领导者,产业结构和社会经济发展展现出独特的风貌,2020年,美国经济以第三产业为主导,该部分产值占GDP的81.5%,凸显服务业在美国经济中的核心作用,第三产业包括金融业、信息通信业、房地产和租赁业等多个领域,金融业作为美国经济的心脏,拥有华尔街等全球金融中心,对全球金融市场产生深远影响,信息通信业得益于硅谷等创新高地的推动,不断引领全球科技潮流,房地产和租赁业则表露了美国房地产市场的活跃和成熟的相关信息。

与此同时,美国的第二产业——制造业,在GDP中的比重虽相对较低,仅为17.7%,但在全球制造业中仍保持强大竞争力,美国制造业以高技术含量、创新能力和生产效率著称,在航空航天、汽车制造、生物技术和医疗器械等领域均领先于其他国家,可是,美国制造业也面临来自中国等新兴经济体的激烈竞争,这些国家凭借成本优势和快速增长的市场份额,对美国制造业构成挑战。

至于第一产业——农业,在美国GDP中的比重仅为0.8%,但这并不意味着农业在美国经济中的地位可以忽视,美国农业以高度机械化和规模化生产而闻名,是世界上最大的粮食出口国之一,尽管农业人口占总人口的比例非常低,但美国的农业生产效率极高,能够以较少的劳动力产出大量农产品,满足国内外市场的需求。

美国的经济结构呈现以服务业为主导、制造业为支撑、农业为基础的多元化特征,美国经济的成熟度也体现在全球经济中的重要地位,随着全球化的深入发展,美国的经济结构也在调整,以适应新的国际竞争环境和国内社会需求的变化。

美国的社会经济发展水平在全球范围内处于领先地位，这得益于强大的经济实力和多元化的产业结构，2020年，美国的人均GDP达到63544美元，美国经济的总体规模体现居民的高生活水平，不过，高人均GDP的背后，也隐藏着美国社会的一个显著问题——收入差距。

美国的收入分配不均问题十分突出，数据显示，截至2021年底，美国最富有的1%人群资产占全国32.2%，创历史新高，这一比例在全球范围内都是较高的，财富集中现象导致社会阶层分化，贫富差距扩大可能对社会稳定和经济增长产生负面影响，尽管如此，美国的中产阶级依然庞大，他们构成消费市场的主力军，对经济的持续增长起到关键作用。

在社会福利方面，美国建立了一套相对完善的社会保障体系，包括社会保障金、医疗保险、失业保险等，这些制度为老年人、残疾人和失业者提供经济支持，减轻他们的生活压力，只是，随着人口老龄化和医疗费用的上升，这些社会福利制度面临财政压力，需要调整和改革以确保可持续性。

科技创新是美国社会经济发展的另一个重要支柱，美国拥有硅谷等全球知名的科技创新中心，以及麻省理工学院、斯坦福大学等世界顶尖的研究机构，这些机构和人才的集聚，使得美国在信息技术、生物科学、航空航天、新能源等多个科技领域保持领先地位，政府和商界对研发的大量投资，以及对知识产权的保护，为创新提供了良好的环境。

美国的社会经济发展呈现出高人均GDP、收入差距小、完善的社会福利制度以及强大的科技创新能力等特点，这些特点共同塑造了美国作为一个经济强国的形象。

四、在未来的发展轨迹中，预计美国的经济结构和社会发展将呈现以下趋势

第三产业的主导地位将进一步巩固，随着数字化和全球化的深入，服务业特别是金融、教育、健康保健和信息技术服务等领域将继续扩张，这些行业的发

展能够创造大量就业机会,还将推动经济增长和提高生产效率。

第二产业的转型将继续进行,制造业将朝着更加高端化、智能化的方向发展,自动化、机器人技术、人工智能和物联网的应用将使美国制造业保持竞争力,同时提高产品质量和生产效率,这一转换可能会对就业结构产生影响,要求劳动力市场进行相应的技能升级和转型。

科技创新将继续作为美国经济增长的关键驱动力,美国在科研和技术创新方面的投资将继续增加,以保持在全球科技竞争中的领先地位,同时,创新生态系统的完善,包括知识产权保护、创业环境的优化和风险投资的活跃,将进一步促进科技创新。

收入差距问题可能会面临更大的挑战,随着经济的数字化和自动化,低技能工作可能会被机器取代,而高技能工作的需求将增加,这可能导致收入分配的进一步不平等,美国需要在教育、税收政策和社会福利等方面进行改革。

五、对于中国而言,美国的经济发展趋势具有重要的影响

中美经贸关系的稳定性对两国乃至全球经济都至关重要,作为中国的最大贸易伙伴,美国市场的需求直接影响中国的出口和经济增长,同时,中国的制造业和出口导向型经济也与美国的消费市场紧密相连。

美国在科技创新领域的领先地位为中国提供宝贵的经验,中国可以通过与美国的科技合作、引进先进技术和管理经验,以及加强自身的研发投入,来提升自身的科技创新能力。

美国社会福利制度的经验教训对中国具有参考价值,随着中国经济的发展和社会结构的变化,如何建立既能保障基本民生又能适应人口老龄化挑战的社会福利体系,是中国面临的一个重要课题。

美国的未来发展趋势和对中国的影响表明,两国在经济、科技和社会政策方面的互动将对双方乃至全球经济的稳定和发展起到关键作用。

美国的产业结构和社会经济发展模式在全球范围内具有突出性,塑造美国自身的经济格局,也为其他国家提供重要的参考。美国经济的特点主要体现在

以下几个方面：

服务业的主导地位：美国经济高度依赖服务业，尤其是金融、教育、医疗和信息技术服务等高附加值领域，行业的发展为美国创造了大量的就业机会，也推动经济的持续增长和创新。

制造业的高端化和智能化：尽管制造业在美国GDP中的比重有所下降，但美国依然在航空航天、生物医药、半导体等高端制造业领域保持全球领先地位，通过技术创新和产业升级，美国制造业维持了竞争力。

科技创新的持续投入：美国在科技创新方面的投入巨大，拥有硅谷等全球知名的科技创新中心，这种创新文化和环境吸引全球的人才和资本，推动新技术的研发和应用，为经济增长提供了强大动力。

收入分配的挑战：美国面临的收入差距问题说明了社会经济结构的深层次矛盾，这一问题的存在可能会影响社会稳定和经济增长的可持续性，需要通过政策调整和制度改革来解决。

对于中国来说，借鉴美国的经验教训，可以从几个方面推动自身的经济转型升级和社会经济发展：

服务业的发展：进一步开放和优化服务业，特别是金融服务、教育和医疗等领域，以提高服务业的整体水平。

制造业的升级：中国正处于制造业转型升级的关键时期，可以借鉴美国在高端制造业的发展经验，通过技术创新和产业政策引导，提升制造业的技术水平和附加值。

科技创新的重视：应继续加大在科技创新领域的投入，优化创新环境，吸引和培养人才，以科技创新驱动经济发展。

社会福利体系的完善：面对人口老龄化和收入分配不均的挑战，中国可以学习美国在社会福利制度方面的经验和教训，建立更加公平、可持续的社会保障体系。

收入分配的调整：中国需要通过税收、教育和就业政策等手段，努力缩小收入差距，促进社会公平和谐，为经济的长期健康发展打下坚实基础。

在保持经济增长的同时,实现经济结构的优化和社会的全面进步,美国产业结构的演变是一个典型的经济发展轨迹,一个国家从传统农业社会向现代工业化和后工业化社会的过渡,见证美国经济实力的增长、科技进步和社会需求变化对经济结构的影响。

六、美国产业演变历程及对全球的影响

在农业经济时期,美国的经济基础主要依赖于广阔的土地和丰富的自然资源,18世纪末至19世纪末,农业在美国经济中占据主导地位,尤其是在棉花、烟草和粮食生产方面,当时的形势,美国经历西进运动,大量未开垦的土地被转化为农田,农业生产力得到显著提升,但是,随着人口的增长和城市化的发展,对工业产品的需求逐渐增加,这促使美国经济开始向工业化转型。

进入工业经济时期,19世纪末至20世纪末,美国经历了快速的工业化进程,美国成为世界工业生产的中心,尤其是在钢铁、汽车、石油和化工等行业方面,工业化带来大规模生产和消费的兴起,城市化进程加速,劳动力从农村向城市转移,制造业的繁荣助推美国经济的增长,也使得美国成为全球经济的领导者,可是,随着全球经济格局的变化和生产成本的上升,美国制造业开始面临国际竞争压力。

到了服务经济时期,20世纪末至今,美国经济结构发生了变化,随着信息技术的飞速发展和全球化的深入,服务业开始取代制造业成为经济增长的主要动力,金融服务、教育、医疗保健、信息技术服务和娱乐业等领域迅速扩张,创造大量的就业机会,并推动了经济的创新和多样化,当前状况,美国经济的特点是高效率、高附加值和高度依赖知识和技术。服务业的兴起也显现出美国社会消费模式的转变,人们越来越重视生活质量和个人发展。

美国产业演变过程为其他国家提供宝贵的经验和教训,特别是在如何平衡经济发展、社会进步和环境保护方面,对于中国等发展中国家而言,理解美国产业结构演变的历史和趋势,有助于制定符合自身国情的发展战略。

美国产业结构的特点体现作为世界最大经济体的复杂性和先进性,这些特

点塑造了美国的经济实力。

美国服务业的发达程度在全球范围内都是独一无二的。包括传统的金融、保险、房地产等领域，还涵盖了广泛的专业服务，如法律、咨询、广告、设计等，服务行业的繁荣，为美国创造了大量的就业机会，也吸引了全球的资本。金融业作为服务业的核心，对美国乃至全球经济的稳定和发展起到关键作用，华尔街的金融机构在全球金融市场中扮演着重要角色，而硅谷则代表美国在科技创新和创业精神方面的领先地位。

美国的科技创新能力是另一个显著特点，美国在科技创新方面的领先地位得益于强大的研发投入、高等教育体系，以及对知识产权的保护，这些因素共同促成充满活力的创新生态系统，使得美国能够在信息技术、生物技术、航空航天、可再生能源等领域推出革命性的产品和服务，美国的科技企业，如苹果、谷歌、亚马逊、微软等，推动国内经济的增长，也对全球科技趋势产生了主导作用。

美国拥有成熟且完善的市场经济体系，这一体系以自由竞争、法治和透明度为基石，市场机制在资源配置中发挥着决定性作用，政府则通过制定政策和法规来维护市场的公平竞争和消费者权益，这种市场导向的经济体系为企业提供广阔的发展空间，同时也为消费者提供了多样化的选择，美国的市场经济体系促进了经济效率的提升，也为全球经济一体化提供了范例。

七、美国产业结构与社会经济发展的关系

美国产业结构的演变是经济发展的重要推动力，而且深刻地塑造了美国社会经济的面貌：从农业经济的早期阶段，到工业经济的兴起，再到服务经济的主导地位，每一次产业结构的转型都为美国社会经济的发展注入新动力。服务经济的蓬勃发展为美国带来丰富的就业机会，提升整体的劳动生产率，推动了经济增长和社会进步，随着服务业的扩张，美国经济结构经历极具重大影响的调整，制造业的就业岗位逐渐减少，而服务业的就业岗位持续增加，这转变影响劳动力市场的动态，也引发了社会结构的变化，中产阶级的比例有所下降，贫富差距的扩大对社会和谐构成挑战。面对产业结构升级带来的新挑战，美国在技术

创新、人才竞争和国际贸易等方面加强科技创新能力,提升人才素质,增强国际竞争力,是美国保持全球经济领先地位的关键。展望未来,预计美国的产业结构将进一步向服务经济转型,科技创新将在经济发展中扮演更加核心的角色。

美国的产业结构和社会经济发展展现了作为全球经济强国的多维度特征:

产业结构的发展与转型:美国经济结构已经从传统的农业和制造业为主转变为以服务业为主导的模式。2023年的数据显示,第三产业在美国GDP中占据了压倒性的80.4%,凸显美国经济的成熟度和服务业的深度发展。美国的制造业并未衰退,而是通过技术创新和产业升级,在航空航天、电子信息、生物制药等高端领域保持全球领先地位,为美国经济贡献重要的增长点,也为全球供应链和技术创新提供了关键支撑。

社会经济的高水平发展与挑战:美国的经济社会发展水平在全球范围内处于领先地位,人均GDP的高水平体现美国居民的富裕程度。这一繁荣背后也面临着诸多挑战。随着全球一体化深入,美国制造业面临着来自低成本国家的竞争压力,导致部分产业的外迁和就业机会的流失。同时,美国的收入差距问题日益突出,贫富分化加剧社会矛盾,对社会稳定构成了潜在威胁。此外,人口老龄化的趋势对社会保障体系提出更高的要求,需要政府和社会共同努力,以确保经济和社会的长期稳定。

经济发展的趋势与优势:美国产业结构的发展趋势显示,服务业将继续扩张,而制造业则朝着更加高端化和智能化的方向迈进。这一趋势得益于美国在科技创新方面的强大能力,以及市场经济体制和法治环境的优越性。美国的科技创新在信息技术和生物技术等领域取得卓越表现,而且在航天、能源、材料科学等领域也保持着领先地位。这些成就的背后,是美国对科研的大量投资、高等教育体系的支持以及对知识产权的严格保护。

面临的挑战与应对:尽管美国在产业结构和社会经济发展方面取得显著效果,但全球化、收入差距和老龄化等问题仍然是面临的主要挑战。全球化带来的竞争压力要求美国在保持制造业竞争力的同时,加强服务业的创新和国际交流。收入差距的扩大需要政府通过税收政策、教育改革和社会福利措施来缓解。人口老龄化则要求美国在社会保障体系和医疗保健服务方面进行改革,以适应人口结构的变化。

美国产业结构和社会经济的发展轨迹,为自身的繁荣奠定坚实基础,也为全球经济发展提供宝贵的启示,产业结构的适应性、创新能力和经济体制的弹性,使其能够应对变化,保持作为全球经济强国的地位。

第三节 日本经济的转型与挑战:从战后重建到21世纪的社会发展

一、战后重建与高速增长(20世纪50年代至20世纪70年代)

在二战结束后的废墟上,日本面临刚刚结束的战争摧毁国家的基础设施,还造成巨大的人力和物质损失的困境,正是在这样的背景下,日本开始战后重建的艰难历程,这一情形也奠定了日本后来经济高速增长的基础。

1.战后重建的背景与挑战

1945年,日本投降后,国家面临着重建的艰巨任务,城市遭到严重破坏,工业生产能力大幅下降,日本还需要应对食品短缺和通货膨胀等问题,日本政府和人民展现出了极高的恢复力和决心,开始重建工作。在美国的援助下,日本接受了马歇尔计划的援助,这为日本的经济复苏提供了重要的资金支持。政府政策与经济复苏是为了重建经济,日本政府实施了多项产业政策,这些政策恢复和扩大工业生产,特别是重化工业,通过提供财政支持、税收优惠和低息贷款等措施,鼓励企业投资和技术创新,此外,还实施了对外贸易政策,包括降低关税壁垒和推动出口,这有助于日本产品进入国际市场。重化工业的发展与出口导向型经济的形成在政府政策的推动下,日本的重化工业迅速发展,钢铁、汽车和电子等行业成为经济增长的引擎,企业通过引进国外先进技术和管理经验,结合国内实际情况,发展出了一套高效的生产体系,日本经济逐渐形成了以出口为导向的特点,日本制造的产品因高质量和竞争力强而受到国际市场的青睐。20世纪50年代至20世纪70年代,“经济奇迹”与制造业的崛起使日本经济实现了惊人的增长,被称为“经济奇迹”,日本制造业通过精益生产方式,强调质量控制和持续改进,形成了强大的国际竞争力,日本汽车和电子产品在全球市场上占据了重要地位,成为日本经济的象征,那时期,日本在亚洲,甚至在全球范围内都成了一个工业强国,在政府的积极政策支持下,日本成功地从一个战败国转型为世界经济大国,完成战后重建与高速增长。

2.石油危机对日本经济的影响

在20世纪70年代,全球经济经历了深层次的变化,尤其是两次石油危机对世界各国经济产生了重大影响,日本,作为当时的世界第二大经济体,也未能幸免于这些冲击,正是在这一时期,日本展现出经济适应性和创新能力,通过产业结构的转型与升级,成功地应对了石油危机带来的挑战。1973年和1979年日本发生了两次石油危机,由于石油价格的飙升,对全球经济造成了巨大冲击,对于资源匮乏的日本来说,石油危机尤其具有破坏性,能源成本的上升直接影响了生产成本,导致了通货膨胀和经济增长的放缓,日本企业面临着成本上升和国际竞争力下降的双重压力,这迫使政府和企业必须采取措施来应对这一挑战。20世纪70年代至20世纪80年代的石油危机对日本经济构成了严峻挑战,也是日本产业结构转型和升级的催化剂。通过政府的积极政策和企业的创新努力,日本成功地调整产业结构,提高技术创新能力,并在节能和环保技术上取得突破。这些变化帮助日本渡过石油危机。

3.产业结构的转型与升级

面对石油危机带来的困境,日本政府迅速采取行动,推动产业结构的转型与升级,政府鼓励企业从资源密集型产业向技术密集型产业转移,减少对能源的依赖,这一转型期间,日本的服务业和高科技产业得到了快速发展,同时,日本企业加大了对研发的投资,以提高生产效率和产品质量,从而在国际市场上保持竞争力。

4.技术创新与研发投入的推动

为了实现产业结构的升级,日本政府和企业加大了对技术创新和研发的投入,当前环境,日本在半导体、精密机械、新材料等领域取得了显著进展,日本企业通过技术创新,成功开发了诸多高附加值的产品,如高性能电子设备和节能汽车。

5. 节能与环保技术的兴起

石油危机还催生了日本在节能和环保技术方面的创新,面对能源成本的上升,日本政府和企业开始重视能源效率的提升,日本在节能技术上的投入,使成为全球节能技术的领导者,例如,日本汽车制造商开发了一批节能高效的汽车,这些汽车在全球市场上广受欢迎,此外,日本还在工业生产过程中采用了环保技术,减少了对环境的影响。

在20世纪80年代末,日本经济经历了一场前所未有的繁荣,被称为“泡沫经济”。随着泡沫的破裂,日本进入“失去的十年”的长期停滞期,泡沫经济的破裂和随后的长期停滞的经验教训表明,经济政策需要更加注重可持续性,同时,产业结构的升级和企业的竞争力提升是应对经济挑战的关键。在发展中,日本需要继续激励结构性改革。

资产价格泡沫的形成与破裂:泡沫经济的形成始于20世纪80年代中期,当时日本经历快速的资产价格上涨,尤其是房地产和股票市场,投资者对未来经济持续增长的乐观预期推动资产价格的飙升,这种增长并不是建立在坚实经济基础之上的,随着利率的上升和市场情绪的变化,资产价格开始急剧下跌,泡沫最终在20世纪90年代初破裂。

“失去的十年”与经济停滞:泡沫经济的破裂导致日本经济的长期停滞。资产价格的暴跌摧毁了许多企业和个人的资产负债表,导致消费和投资的急剧下降,银行系统的不良贷款问题也浮出水面,金融机构的资本充足率受到严重影响,日本政府和央行采取系列措施试图刺激经济,但效果有限,经济增长缓慢,失业率上升,通货紧缩的压力持续恶化。

实体经济升级的放缓与挑战:在经济停滞的背景下,日本的产业结构升级也遭遇挑战。虽然日本在高科技产业如电子和汽车制造业方面保持了一定的竞争力,但在信息技术革命和全球化的浪潮中,日本企业在某些领域开始落后于国际竞争对手,此外,日本企业在应对快速变化的市场和技术进步方面显得不够灵活,这进一步加剧了产业结构升级的困难。

财政刺激与货币政策的效果分析:为应对经济停滞,日本政府实施了大规模的财政刺激计划,包括公共投资和减税等措施,日本央行也采取了宽松的货币政策,试图通过降低利率来刺激经济增长,这些政策在很大程度上未能达到预期的效果,一方面,由于企业和家庭的债务负担沉重,财政刺激的效果受到了限制。另一方面,长期的低利率环境导致银行信贷的低增长和金融市场的僵化。

二、21世纪的挑战与调整(2010—至今)

1. 21世纪的挑战与调整:日本在全球化浪潮中的产业转型与社会发展

进入21世纪,日本面临前所未有的社会经济挑战,人口老龄化加剧、全球竞争环境变化、技术创新迫切,经济体制的改革压力推动着整个国家进行产业链条调整,根据统计,2010年日本的人口达到顶峰,约1.28亿,而如今人口已经减少到不足1.25亿,预计在未来40年内还将继续缩减,与此同时,日本人的平均寿命延长,女性的平均寿命已达87.6岁,男性为81.5岁,这使得日本成为全球人口年龄最长的国家之一。老龄化社会的影响,从城市面貌到社会政策,从商业战略到劳动力市场,都在经历着巨变。年轻人口的减少和老年人口的增多,对社会保障体系、就业市场和消费模式都提出了新的挑战。与此同时,全球经济一体化的加速使得日本企业面临更加激烈的国际竞争。在全球化的大背景下,日本企业要升级以维持在全球市场中的地位,要求在产品质量和技术创新上突破,还需要在成本控制和市场开拓上展现出更高的效率。

面对人口老龄化和全球竞争加剧的双重压力,日本政府和企业开始着力推动产业结构向高技术、高附加值方向转型,这一转型体现在多个方面:在机器人技术、新能源、生物技术等领域加大了研发投入,力图在这些未来产业中占据先机,例如,日本被誉为“机器人王国”,在焊接、喷涂机器人领域,日本企业如安川电机、发那科、川崎重工等占据了全球市场的大部分份额。日本政府推动一连串结构性改革,改善经济体制,提高经济的活力和效率,包括劳动市场的灵活性增强、企业税制的优化，以及对外国投资的开放等，希望吸引更多的国际人才和资本，结构性改革的核心在于提高劳动力市场的灵活性和生产率，日本政府通过修改《高龄者雇佣安定法》，提出了企业应当允许雇佣劳动者工作到70岁的建议，以应对劳动力短缺的问题，还鼓励女性和老年人更多地参与劳动力市场，增加劳动力供给。

经济体制的改善还体现在金融体系的改革上，日本央行实施了前所未有的货币宽松政策，试图通过降低利率来刺激经济增长，同时，政府也在努力改善企业的营商环境，简化行政审批流程，降低企业的运营成本。**海外投资与市场多元化**，在国内市场增长潜力有限的背景下，日本企业加大海外投资的力度，以寻求新的增长点，日本企业在全球范围内进行广泛的布局，通过海外投资，日本企业能够扩大市场份额，还能够通过国际合作提升自身的技术实力和品牌影响力。

21世纪的日本在人口老龄化和全球竞争加剧的双重挑战下，正在经历着明显的产业结构和社会经济的转型，通过技术创新、结构性改革，以及海外市场的拓展，日本正在努力寻找新的经济增长点

2.社会经济发展规律与趋势：日本的经验与挑战

社会经济发展是一个复杂的过程，它涉及社会结构、收入分配、教育与人力资源开发以及社会保障体系等多方面，日本社会结构经历了变化，尤其是中产阶级的兴衰，在经济高速增长期，日本形成庞大的中产阶级群体，这一群体成为社会稳定和消费驱动经济增长的基础。随着经济增长放缓，特别是“失去的十年”期间，中产阶级的生活水平受到挑战，失业率上升、工作不稳定和收入增长停滞，导致中产阶级的规模有所下降，这种变化揭示了社会不平等的加剧。

日本在经济高速增长期实现较为平等的收入分配，但这趋势在近年来出现变化，随着经济结构的调整和全球化的影响，日本的贫富差距逐渐扩大，高收入群体通过资本收益和高薪职位获得更多的财富，而低收入群体则面临着就业不稳定和工资增长缓慢的问题，收入分配的不平等对社会和谐和经济构成了挑战。教育和人力资源开发是推动社会经济发展的关键因素，日本政府长期以来

对教育的投资为经济增长奠定了牢固的支撑点,日本的教育体系强调基础教育和职业技能培训,为社会提供了大量高素质的劳动力,也面临着更新教育体系以适应快速变化的经济需求的挑战,随着人口老龄化,如何有效利用和开发老年人的人力资源也成为重要议题。

日本的社会保障体系在战后经济重建和高速增长期间发挥重要作用,随着人口老龄化和财政压力的增加,养老金、医疗保险和长期护理保险等社会保障支出增加,而劳动力人口的减少和税收收入的停滞使得这一体系的可持续性受到质疑,为此,日本政府积极寻求改革社会保障体系,包括提高退休年龄、鼓励私人储蓄和投资,以及改善医疗服务效率等措施,日本的社会经济发展规律和趋势描述了一个成熟经济体在全球化和技术变革中的挑战与适应度,社会结构的变化、收入分配的不平等、教育与人力资源开发的更新,以及社会保障体系的改革,都是日本在21世纪需要面对和解决的重要问题。

日本经济的潜在增长动力在于强大的科技创新能力和产业基础,科技研发投入占GDP的比例一直保持在较高水平,这为未来产业技术创新提供了稳定支撑,特别是在氢能源、量子科技、生物技术和人工智能等领域,日本拥有明显的技术优势和市场潜力。科技创新是推动日本经济增长的关键,日本政府已经认识到这一点,在《科技创新白皮书2023》中明确了科技创新的重点领域和政策方案。

3.应对人口老龄化与劳动力市场变化的策略

人口老龄化是日本经济面临的一大挑战,政府通过多管齐下的策略来应对这一问题,提高生育率和鼓励家庭生育是长期解决的方案,这需要改善育儿和教育支持系统,提高女性就业率,积极吸引和整合外国劳动力,特别是高技能人才,可以有效缓解劳动力短缺,提高劳动生产率和推动灵活工作制度,也可以更好地利用现有劳动力资源,在全球化的大背景下,日本积极参与国际合作,把握新机遇,已经通过加入全面与进步跨太平洋伙伴关系协定(CPTPP)等多边贸易协定,扩大了全球市场准入,应继续推动自由贸易协定(FTA)和区域全面经济伙伴关系协定(RCEP)等区域合作框架,以促进贸易和投资自由化,拓展经济增长的新空间。

日本经济的发展历程充满起伏和挑战，从高速增长的奇迹时期到长期停滞的"失去的十年"，再到当前面临的人口老龄化和全球竞争加剧等问题，日本经济的每一次转折都深刻地影响着社会结构和国民生活，日本政府和企业展现出强大的适应能力和创新精神，调整产业结构，推动科技创新，以维持经济的稳定增长，展望未来，日本经济的发展潜力依然有空间，科技创新仍然是推动经济增长的核心动力，在氢能源、人工智能、生物技术等领域的技术积累和研发实力，为未来产业的发展奠定了牢固的根基。

人口老龄化问题是日本未来发展的重要障碍，随着生育率的持续低迷和平均寿命的延长，劳动力市场的紧缩将对经济增长构成压力，为此，需要采取更加积极的人口政策，包括提高生育率、吸引海外人才和优化移民制度，提升劳动生产率和推动灵活工作制度，也是缓解劳动力短缺的有效途径，全球化和区域合作为日本经济提供新的增长机遇，通过参与多边贸易协定和区域经济合作，日本可以进一步拓展国际市场，吸引外国投资，促进国内产业的升级和转型。在此过程中，日本需要平衡好国内利益和国际责任，确保经济开放的同时，保护国内产业和就业安全，日本的产业结构和社会经济发展轨迹表现在不同历史时期的适应性和韧性，面对种种挑战，日本保持了发达国家的经济地位，更在高科技、教育和研发等领域取得瞩目的成就。

第四节　德国经济模式与展望：产业结构、社会发展与全球挑战

德国是欧洲最大的经济体之一，产业结构和社会经济发展模式一直是全球关注的焦点，德国的经济模式特别是社会市场经济制度，为世界其他国家提供了重要的参考和启示。

一、德国产业结构特点

德国作为欧洲经济的引擎，以坚实的工业基础和创新能力在全球经济舞台

上占据重要位置,德国的产业结构以工业为主导,特别是制造业在国民经济中占据核心地位,是德国经济稳定增长的基石。**德国的工业结构和特点可以概括为以下方面:**

1.重工业为支柱

德国的汽车制造、机械制造、化工和电气工程等行业是工业的四大支柱,在国内市场上占据重要地位,也是德国对外贸易的主要产品,德国汽车工业以高品质和技术创新闻名于世,拥有诸如宝马、奔驰和奥迪等世界知名品牌,机械制造业同样在全球享有盛誉,德国制造的机械设备以精密和耐用性成为全球客户的首选,化工行业则涵盖从基础化学品到特种化学品的广泛领域,德国企业在这一领域的研发和生产能力均处于世界领先水平,电气工程行业则包括了能源管理、自动化技术和电子产品等多个子领域。

2.活力的中小企业

德国经济的另一个显著特点是中小企业(Mittel stand)的活跃,这些企业在专业化、技术创新和市场适应性方面表现出色,是德国经济的重要推动力,中小企业在德国经济中占据了半壁江山,是就业的主要来源和创新技术进步的关键,德国的中小企业通常专注于特定的市场细分领域,通过深耕细分市场,它们能够在全球范围内建立起强大的品牌和声誉,这些企业的灵活性和创新精神,使德国经济能够在快速变化的全球市场中保持竞争力。

3.高度外向型

德国的主要工业产品大量出口到国际市场,使得德国成为世界上最大的出口国之一,德国的贸易顺差长期保持在高位,展示了工业产品的国际竞争力,德国的出口导向型经济模式意味着经济增长在很大程度上依赖于外部市场的需求,德国产品以高质量、创新性和可靠性赢得了全球客户的信任,这使得德国能够在激烈的国际竞争中保持领先地位。

4.高科技产业的发展

德国在高科技产业,如信息技术、生物技术、新能源和环保技术等领域也取得了卓越表现,德国政府高度重视科技创新,通过各种政策和资金支持,推动科研机构和企业的研发活动,在可再生能源领域的投资和技术创新尤为突出,在风能和太阳能发电等领域的成就使其成为全球的典范,此外,德国在数字经济和工业4.0方面的积极探索,也为未来的经济发展开辟新的增长点。

二、德国社会经济发展现状

社会市场经济制度一直是全球经济治理的典范,这种独特的经济模式结合了自由市场经济的活力和社会保障体系的稳定性,平衡了市场力量和社会公正,确保经济增长与社会福祉的双重目标得以实现和塑造了德国经济的韧性和活力。

1.稳定的宏观经济政策

德国政府长期以来坚持稳健的财政政策和货币政策,核心是保持低通胀率和预算平衡,德国的财政纪律严格,政府债务水平相对较低,这为经济发展提供了稳定的宏观经济环境,德国的货币政策则由欧洲中央银行(ECB)制定,维护整个欧元区的价格稳定,德国政府通过参与欧元区的经济管理,确保经济政策与整个欧洲的宏观经济政策相协调。

2.高质量的社会福利体系

德国的社会福利体系是社会市场经济的底子,包括养老、医疗、失业和教育等方面,这一体系为公民提供全面的社会保障,减少了社会不平等和贫困,德国的养老保险制度确保了老年人的基本生活需求得到满足,医疗保险制度则为所有居民提供了广泛的医疗服务,失业保险和劳动市场政策则帮助失业者重新融入劳动力市场,减少失业对社会和个人的影响,此外,德国的教育体系以高质量和普及性而闻名,为所有公民提供了平等的教育机会。

3.劳动力市场的灵活性

德国的劳动力市场结构灵活,得益于劳动力市场改革措施,如"哈茨改革",这些改革提高了劳动力市场的适应性和企业的竞争力。劳动力市场政策强调工作机会的创造和劳动力的流动性,通过提供职业培训和再教育机会,帮助工人适应经济结构变化,此外,德国的集体工资谈判制度和劳动法规定,确保工人权益的保护,也为企业提供必要的灵活性,以应对市场变化。

三、创新驱动的发展策略

德国政府高度重视科技创新,视为经济增长的关键驱动力,研发投入占GDP的比例在全球范围内名列前茅,政府推动科研机构和企业的研发活动,德国的创新体系包括了大学、研究机构和企业之间的紧密合作,“三螺旋”模式促进了科研成果的商业化和技术转移,在“工业4.0”、可再生能源、生物技术和数字化等领域的创新成果。

1.人口老龄化

德国的人口老龄化问题日益严重,这对社会保障体系的可持续性构成挑战,增加公共养老金和医疗保健系统的负担,也影响劳动力市场的活力和企业的生产力,德国政府已经采取包括提高退休年龄、鼓励移民和难民的融入以及推动就业市场的灵活性在内的措施。

2.全球经济环境的不确定性

德国经济的另一个重要挑战来自全球经济环境的不确定性,作为出口导向型经济体,德国的经济增长在很大程度上依赖于全球贸易的稳定,近年来全球贸易保护主义的频发、地缘政治的紧张以及全球供应链的波动,都给德国的出口带来不确定性,此外,与主要贸易伙伴的关系变化,如美国贸易政策的调整和英国脱欧等事件,也对德国的出口市场产生了影响。

3.数字化转型的压力

德国在工业4.0方面取得显著进展,但在数字化转型方面仍需加快步伐,数字化转型是当今世界经济发展的重要趋势,关系到企业的生产效率和创新能力,也关系到国家的整体竞争力,德国的中小企业在数字化转型过程中面临诸多挑战,包括技术升级的成本、人才短缺以及对新兴技术的适应能力。

4.气候变化和环境保护

作为工业大国,德国在减少温室气体排放方面承担着重大责任,德国政府已经承诺实现碳中和目标,并在能源、交通和工业等领域推行众多措施,包括推动能源转型、发展可再生能源、提高能效和支持绿色技术的研发。在确保经济增长的同时，平衡环境保护的需求，是一个复杂而艰巨的任务，人口老龄化、全球经济环境的不确定性、数字化转型的压力以及气候变化和环境保护，这些问题都需要德国在政策制定和执行上展现出更高的智慧和勇气，德国的经验表明，面对挑战，只有创新和适应，才能保持经济的稳定增长和社会的和谐发展。

第五节　印度经济全景：从农业基础到工业崛起与服务业繁荣

一、农业

印度经济的基础长期以来一直是农业，在国家的历史和文化中占有核心地位。农业为印度提供粮食供应，还是数亿人口的生计来源，在GDP中，农业占比虽然随着工业化和服务业的发展而逐渐下降，但在印度经济中的重要性仍然不容忽视，印度的农业以小规模农户为主，印度的主要农作物包括稻米、小麦和玉米，棉花、甘蔗和茶叶等经济作物也为出口贡献了重要收入，畜牧业和渔业也是农业部门的重要组成部分，提供牛奶、肉类和海产品等，农业技术的进步，已经提高了产量和效率，但印度农业仍面临着诸如水资源短缺、土壤退化和气候变化等严峻挑战，在畜牧业方面，牛奶、肉类和蛋类产品的产量也在增长，满足了国民对动物蛋白的需求。

印度积极推广节水灌溉技术、提供农业贷款和保险服务，以及支持农业研究和推广活动，提高农业生产力和可持续性，政府还致力于改善农村基础设施，建设仓储设施和冷链物流，以减少农产品在运输和储存过程中的损失，农业作为印度经济的根基，承载着国家发展的重任与希望，农业及相关活动，如林业和渔业，共同构成印度经济的大约五分之一，为数亿人口提供了就业机会，农业技术的进步为印度农业带来革命性的变化，从种子的改良到灌溉技术的应用，再到农业机械化的推广，这些技术革新极大地提高了农作物的产量和质量生物技术的应用，如转基因作物的种植，也在提高农业抗病虫害能力和减少农药使用方面发挥了重要作用。信息技术的引入,如精准农业和智能农业解决方案,正在帮助农民更有效地管理土地和资源,提高农业生产的可持续性和环境友好性。

印度农业面临的挑战同样严峻,气候变化对农业生产构成了巨大威胁,极端天气事件的频发导致作物减产甚至绝收,水资源的短缺和分配不均,特别是在干旱和半干旱地区,限制了农业的发展潜力,土壤退化和土地盐碱化问题也日益严重,影响了农作物的生长,此外,印度农业的生产力受到落后的农业基础设施和市场准入不足的限制,农民对新技术的接受度不高,以及金融服务的不足,也是制约农业发展的因素,政府推动农业现代化,通过提供补贴和贷款支持农民采用新技术和改善灌溉设施。

二、工业

印度的工业部门在过去几十年中经历变革,制造业曾是印度政府推动经济增长的重点,但直到20世纪90年代初,印度的工业发展相对缓慢,受到严格的许可证制度和国有化政策的限制。随着1991年经济自由化的实施,开始逐步放宽对工业的控制,吸引外国直接投资,并鼓励民营企业的发展。印度政府推出的“印度制造”倡议将印度打造成为全球制造业中心,特别是在汽车、电子、化工和制药等资本和技术密集型领域,倡议通过提供税收优惠、简化审批流程和建立特殊经济区等措施,吸引了大量国内外投资,印度在手机制造、汽车组装和信息技术硬件等领域取得显著进展,成为全球第二大手机生产国。

印度的制造业发展仍面临基础设施的不足,如不可靠的电力供应和交通网络的瓶颈,限制了工业生产的效率,劳动力市场的僵化和技能短缺也影响了制造业的竞争力,尽管印度拥有庞大的人口红利,但教育水平和技能培训的不足使得大量劳动力无法满足现代制造业的需求。此外,复杂的劳动法和官僚主义也阻碍了企业的扩张和创新,制造业作为印度经济转型的关键驱动力,承载着国家工业化的梦想与实践,自印度独立以来,制造业经历了从初步探索到快速发展的历史进程,在早期,印度的制造业受限于计划经济的框架,发展缓慢,主要集中在重工业和基础工业，随着1991年经济自由化的浪潮，印度制造业迎来春天，开始向市场经济转型，逐步开放给外资，引入竞争机制，激发了制造业的活力，印度政府为加速制造业的发展，于2014年推出了“印度制造”倡议，将印度打造成为全球制造业的中心，这一倡议通过提供税收优惠、简化审批流程、改善基础设施和提高技能培训等措施，吸引了国内外投资者的目光，政府的目标是将制造业的GDP占比从15%提升至25%，创造大量就业机会，并推动经济增长。

在“印度制造”倡议的推动下，汽车、电子、化工和制药等重点制造业领域取得成就，汽车制造业成为印度制造业的骄傲，印度成为世界最大的摩托车生产国，而且在乘用车和商用车领域也取得长足的进步，电子制造业同样蓬勃发展，印度已经成为全球电子硬件生产的重要基地之一，尤其是在移动电话和计算机硬件的生产上，化工行业作为印度的传统优势产业，也在进行技术升级和产能扩张，制药行业则凭借强大的研发能力和成本优势，成为全球药品供应链中不可或缺的一环，基础设施的不足是制约制造业发展的主要瓶颈之一。不可靠的电力供应、不足的交通网络和落后的物流系统都增加了制造业的运营成本，此外，劳动力素质的提升也是印度制造业需要重点关注的问题，政策环境的不稳定性也给制造业带来了不确定性，政策的频繁变动和执行力度的不足，使得企业在长期规划和投资决策上面临困难。

服务业在印度经济中扮演着举足轻重的角色，快速增长为其带来经济增长，也为全球经济贡献巨大的价值，自20世纪90年代初以来，随着印度经济自由化的演进，服务业开始展现强劲的发展势头，印度政府采取包括放宽对外直接投资的限制、简化行政审批流程，以及推动贸易自由化在内的措施，为服务业的蓬勃发展奠定了牢靠的根基，信息技术（IT）和业务流程外包（BPO）行业是印度服务业中最为耀眼的明星，印度以其丰富的英语人才资源、相对较低的劳动力成本和强大的技术能力，迅速成为全球IT和BPO服务的重要提供者，印度的IT行业在软件开发、系统集成和咨询服务等领域取得了显著效果，而且在创新和研发方面也走在世界前列，BPO行业则通过提供客户支持、数据处理和财务服务等业务,为全球企业降低了运营成本,提高效率。为印度带来了巨额的外汇收入,成为印度经济的重要支柱之一。

金融服务业作为服务业的另一个关键领域,也在印度经济中占据了重要地位,印度的金融服务业包括银行、保险、证券市场和非银行金融公司等多个子行业,随着经济的持续增长和金融市场的深化,印度的金融服务业经历了快速的发展,银行业的改革,如利率市场化、金融产品的创新和金融服务的普及,为印度经济提供更加高效的资金分配机制,保险和证券市场的发展则为企业和个人提供了风险管理和财富增值的工具,印度的金融科技(Fintech)行业也在近年来迅速崛起,通过移动支付、在线借贷和区块链技术等创新,为金融服务业引入新能量。服务业的增长直接推动GDP的上升,还通过与其他经济部门的关联效应,促进整体经济的发展,服务业的发展提高了印度的就业吸纳能力,尤是为年轻人和女性提供了大量的工作机会,服务业的国际多元性也为印度带来先进的管理经验和技术知识,印度服务业的发展也面临着诸如基础设施不足的问题,尤其是在交通和通信领域,限制了服务业的进一步扩张,在印度经济的多元化发展中,**新兴产业**的崛起成为推动国家向前迈进的新引擎,产业代表技术进步和创新的前沿,也是印度在全球经济中寻求新定位的关键所在。

三、可再生能源和清洁技术的兴起

可再生能源和清洁技术在印度迎来了前所未有的发展机遇,印度政府积极响应全球气候变化的挑战,提出雄心勃勃的可再生能源目标,减少对化石燃料的依赖,并推动绿色能源的发展,太阳能和风能是印度可再生能源战略的两大支柱,政府通过提供财政补贴、税收优惠和土地使用权等激励措施,鼓励企业和个人投资建设太阳能光伏发电站和风力发电场,清洁技术的创新也在印度蓬勃发展,涵盖从空气净化和水处理到废物管理和能效提升的广泛领域,印度的清洁技术企业服务于国内市场,也在全球范围内提供解决方案,帮助其他国家应对环境问题,这些技术的发展有助于改善印度的环境质量。

四、生物技术和制药行业的创新

生物技术和制药行业是印度新兴产业中的明星，这一领域的发展得益于国家在科学研究和技术开发上的持续投入，印度的生物技术公司在基因工程、蛋白质组学和生物信息学等前沿科学领域取得显著进展，这些成果为医药、农业和环境管理等领域带来革命性的变化，制药行业则凭借强大的研发能力和成本优势，印度的制药企业在仿制药领域占据领先地位，也在创新药物的研发上展现出强大的竞争力，印度政府制定了一系列支持政策，包括提供研发资金、建立专门的技术园区和简化药品审批流程，创造有利于创新和商业化的环境，使印度能够在全球生物技术和制药行业中占据更加重要的位置。

五、数字经济和电子商务的扩张

数字经济的快速发展正在彻底改变印度的经济和社会结构，随着互联网和移动通信技术的普及，越来越多的印度人开始使用数字服务，从而推动电子商务、在线教育、数字支付和社交媒体等新兴产业的蓬勃发展，电子商务领域尤引人注目，从大型综合电商平台到专注于特定产品或服务的垂直网站，印度的电子商务市场呈现出多样化和高度竞争的特点。印度政府对数字经济的支持不遗余力，推出“数字印度”计划，提高全国的数字素养、改善电子政务的效率和推动创业创新，政府还通过建立电子支付基础设施和推动金融包容性，鼓励民众使用数字支付工具，减少对现金的依赖，尽管印度的新兴产业发展迅速，但仍面临如基础设施的不足、人才短缺和监管环境的不确定性等因素影响，为克服这些障碍，印度政府和私营部门需要加大对基础设施的投资，提高人才培养和技能发展的水平，建立稳定、透明的政策环境。外资在印度经济的发展中扮演着至关重要的角色，外国直接投资（FDI）是印度吸引外部资本、促进经济增长的重要途径，也是推动技术转移、提高生产效率和创造就业机会的关键因素，FDI的流入为印度提供了必要的资金支持，帮助国家减轻财政赤字，同时也带来了先进的管理经验和全球市场网络，印度政府为吸引更多的外资，实施包括放宽对

FDI的限制、提供税收优惠、简化投资审批流程和改善营商环境的政策。政府还推出"印度制造"等倡议,鼓励外国企业在印度设立生产基地,外资的流入对印度在制造业领域带来发展变化表现在,外资企业带来先进的生产技术和管理经验,推动印度制造业的现代化和世界兼容性。在服务业,尤其是IT和BPO行业,外资的参与加速了印度服务外包业务的全球扩张,使印度成为全球IT服务的重要中心。在零售、电信和金融服务等新兴领域,外资的进入促进市场竞争,提高服务质量,也推动了相关产业的发展和创新,一方面,外资的流入可能对本土企业造成竞争压力,引发对国内市场控制权的担忧,另一方面,外资企业在印度的运营有时也会受到政策变动和监管环境不确定性的影响,法律制度不完善和腐败问题也是外资企业在印度经营的潜在障碍。

六、殖民时期

英国殖民统治对印度经济的影响是复杂的,从18世纪中叶开始,随着东印度公司的商业活动和随后的英国直接统治,印度经历长达两个世纪的殖民时期,英国对印度的经济政策和结构进行了大规模的重组,在殖民时期,英国对印度的经济政策主要以满足宗主国的需求和利益为中心,印度被塑造成为英国工业产品的市场和原材料的供应地,为实现这一目标,英国殖民政府建立了一套促进原材料出口和成品进口的经济体系,这导致印度传统手工业的衰落,同时也限制了本土工业的发展,使印度经济在很大程度上依赖于农业和原材料出口,尽管如此,殖民时期也见证了印度基础设施和工业的初步建立,英国殖民政府为了更有效地控制和开发印度资源,投资建设了铁路、公路、港口和电报系统,基础设施的建设促进商品和人员的流动,也为后来印度工业化奠定基础,铁路网络的扩张尤显著,它连接印度的主要城市和港口,还促进内部市场的统一和农产品的商业化,在工业方面,殖民政府鼓励建立了一些轻工业,如纺织、制糖和造纸等,这些工业的发展满足国内市场的需求,并为印度提供初步的工业化经验,不料,这些工业的发展以牺牲印度本土工业的利益为代价,因为殖民政策倾向于保护英国工业免受印度本土竞争的威胁,殖民时期还引入现代教育体系和法律制度，这对印度后来的社会变革和经济发展产生重要影响，英国式的教育体系培养了一批受过西方教育的精英，他们在后来的独立运动和国家建设中发挥关键作用，同时，英国的法律体系和行政管理模式也被引入印度，英国殖民统治对印度经济的影响是多方面的，虽然殖民政策在很大程度上抑制印度本土工业的发展，但也带来基础设施的现代化和一定程度的工业化，这些遗产在印度独立后的经济重建和发展中发挥着复杂的作用，既提供发展助力，也带来需要克服的挑战，在独立后的发展过程中，在继承殖民时期经济遗产的基础上，印度继续寻找着适合自己的道路。

七、独立后的经济政策

印度在1947年获得独立，面临着重建国家的艰巨任务。经济政策受到社会主义思想的深刻影响，政府采取建立一个以国家干预为特征的计划经济体制的政策，在尼赫鲁领导下的印度，政府采纳社会主义倾向的经济政策，核心是实现经济增长、社会平等和自给自足。印度政府在独立后的几十年里实施了系列五年计划，通过国家对资源分配和生产活动的直接控制来引导经济发展。这种计划经济模式强调公共部门的作用，尤其是在基础设施、重工业和战略性行业中。国有化是印度经济政策的一个重要方面。政府将关键行业和资源纳入国有部门，包括能源、铁路、钢铁和矿业等。国有企业被赋予推动工业化和现代化的重任。国有化的政策指引减少私人资本的集中，防止经济权力的不平等分配，并确保国家对经济命脉的控制。许可证制度是印度计划经济的另一显著特征。为控制工业的无序扩张和保护国内市场，政府引入严格的许可证制度。根据这一制度，私营企业在建立新工厂、扩大生产能力和进口资本货物等方面都需要获得政府的许可。防止资源的浪费，确保工业发展与国家的宏观目标相一致。这些政策也带来一系列问题。国有化导致效率低下和腐败问题，国有企业缺乏竞争力和创新动力。许可证制度则限制了市场的自由竞争，导致官僚主义的膨胀和创业精神的压抑，也阻碍了外国直接投资的流入，限制印度经济的开放性和全球竞争力。尽管如此，印度的计划经济实现了阶段目标，特别是在基础设施建设和重工业发展方面。印度在这一时代建立一定的工业基础，为后来的经济改革和开放奠定基础。随着时间的推移，计划经济的局限性日益明显，这最终促使政府进行经济改革。在改革的过程中，逐渐放宽了对经济的控制，引入市场机制和自由化政策。标志着印度经济政策的重大转变，为印度的经济增长和社会发展开辟新的道路。

八、经济自由化

1991年，印度经济站在历史的十字路口，在经历多年的计划经济体制后，印度政府在这一年实施经济自由化政策，这些政策标志着印度经济转型的开始，经济自由化的核心在于减少国家对经济活动的直接干预，引入市场机制，开放国内市场，吸引外国企业直接投资，并与全球经济体系更紧密地融合，政策转变的直接触发因素是印度在1990年代初面临的严重财政危机，但自由化的实施也带来结构性的变化和新的增长动力，贸易自由化是经济自由化的重要组成部分，印度政府大幅削减关税，放宽进口限制，使得印度市场对外国商品和服务更加开放，使消费者能够享受到更多样和高质量的商品，也迫使本土企业提高竞争力，通过创新和效率提升来应对国际竞争，贸易自由化为印度带来大量的外国直接投资，为印度经济注入资本，带来技术和管理经验，促进了产业升级和结构调整，全球化的进程与贸易自由化紧密相连，随着印度经济的开放，印度企业开始更积极地参与国际分工，印度的服务业特别是信息技术服务业在全球市场上占据重要地位，软件外包业务迅速发展，成为全球IT服务的重要中心，全球化为印度带来经济增长的新机遇，也使印度经济更加紧密地与世界经济的波动相连，经济结构的变化是经济自由化的成果之一，在自由化之前，印度经济以农业和公共部门为主导，私营企业的发展受到限制，自由化政策的实施打破这一格局，私营企业在经济中扮演越来越重要的角色，制造业和服务业的增长速度超过农业，成为推动经济增长的新动力，特别是在服务业，印度在信息技术、金融服务、旅游和零售等领域取得进展，增长动力的转变也体现在印度经济的创新能力上，自由化政策鼓励了企业家精神和创新活动，印度的初创企业和中小企业成为推动经济增长的重要力量，科技园区和创新中心如雨后春笋般涌现，成为新经济发展的象征，印度的年轻一代通过教育和技术培训，为国家的创新驱动发展提供人才支持，经济自由化也带来系列挑战，自由化初期，印度经济经历一段调整期，一些传统产业和就业岗位受到冲击，社会不平等和地区发展不平衡的问题也日益突出，1991年的经济自由化为印度经济带来变革，通过贸易自由化和全球化的进程，印度成功地将自己转型为更加开放和充满活力的经济体。

九、全球化与信息技术革命

在21世纪初，全球化和信息技术革命成为推动世界经济发展的两大引擎，印度作为这一浪潮中的重要参与者，经济结构和增长轨迹受到影响，信息技术服务和业务流程外包（BPO）的兴起是印度经济全球化的显著产业，随着互联网的普及和通信技术的进步，迅速成为全球IT服务和BPO行业的重要基地，印度的软件和信息服务行业以高质量的交付能力、成本效益和创新潜力，赢得全球客户青睐，全球化对印度经济的深远影响体现在多方面，首先，全球化促进了印度与世界经济的融合，使得印度能够更好地利用比较优势，参与国际分工，印度的制造业和服务业通过与全球供应链的整合，提高生产效率和国际竞争力，全球化还带来外国直接投资的激增，为印度提供资本和技术，也带来先进的管理经验和市场知识，全球化加速印度经济的结构转型，传统的农业经济逐渐向服务业和制造业经济转变，信息技术、金融服务、旅游和零售等行业的快速发展，推动经济的现代化和多元化，全球市场的波动对印度经济产生影响，特别是2008年全球金融危机期间，印度的出口和外资流入受到严重打击，全球化也加剧印度内部的发展不平衡，一些地区和群体受益于经济增长，而其他地区和群体则被边缘化。

十、社会经济发展的挑战

印度在贫困、社会不平等、教育和卫生条件不佳以及城乡发展差距等方面的问题尤为突出,贫困和社会不平等是印度面临最为紧迫的挑战之一,尽管在过去几十年中成功地降低贫困率,但仍有大量人口生活在国际贫困线以下,这些贫困人口缺乏基本的生活保障和发展机会,他们的健康状况和受教育水平也远远落后于平均水平,社会不平等则体现在种姓、性别、地区和经济地位等,不平等现象限制个体的发展潜力,也阻碍社会的整体进步,教育和卫生条件的改善是印度政府和社会的另一项重要任务,教育是打破贫困循环、提升社会整体素质的关键,印度政府在提高教育普及率和改善教育质量方面投入大量资源,但仍然面临着师资力量不足、基础设施落后和教育不平等等问题的解决。卫生条件的改善同样至关重要,需要加强公共卫生系统的建设,提高医疗服务的可及性和质量,特别是在农村和偏远地区。城乡发展差距是面临的另一个挑战。城市地区由于经济发展较快,基础设施和公共服务相对完善,农村地区常常面临基础设施不足、教育资源短缺和医疗条件落后等问题,这种差距导致人口的大规模迁移,农村地区的劳动力涌向城市,寻求更好的就业和生活机会,城市的基础设施和公共服务难以承载迅速增长的人口压力,导致城市贫民窟的扩张和环境问题的加剧,基础设施建设是缩小城乡差距、促进经济发展的关键。印度政府在公路、铁路、电力和通信等领域的投资增加,提高连接性和效率,促进区域经济的均衡发展,基础设施建设的速度和质量仍需提高,尤其是在农村地区和欠发达地区,在扶贫方面,需要实施更加精准的扶贫项目,提供教育、技能培训和就业服务,帮助贫困人口获得可持续的生计,在教育和卫生领域,需要加大对农村和偏远地区的投入,提高服务质量和扩大覆盖范围,此外,政府还需要推动城乡一体化发展,通过改善农村基础设施和公共服务,提高农村地区的吸引力,减少人口无序流动。

第六节　英国经济的现代面貌:服务业的主导与协同发展

服务业在英国经济中占据无可争议的主导地位,在GDP中的占比高达约80%,凸显服务业对英国经济的重要贡献,反映英国经济结构的成熟度,也体现国家经济的现代化水平，服务业的蓬勃发展为英国推动创新和经济增长，在众多服务行业中，金融、教育、旅游、零售和医疗保健尤为突出，金融业是英国服务经济的核心，特别是在伦敦，这里汇集全球众多顶尖的金融机构和专业服务公司，伦敦金融城和金丝雀码头等地区是国际金融活动的枢纽，吸引大量的跨国公司和投资银行，金融服务业的全球深远影响为英国带来巨额的贸易盈余，也巩固伦敦作为全球金融中心的地位。教育服务业也是英国的一大亮点，英国拥有世界上最古老的高等学府，如牛津大学和剑桥大学，以及众多享誉国际的教育机构，这些学府为英国培养了众多高素质的人才，也吸引来自世界各地的留学生，教育出口成为英国经济的一个重要增长点。

一、旅游业、零售业与医疗保健的经济贡献与挑战

旅游业在英国经济中同样扮演着重要角色，英国丰富的历史遗迹、文化景点和自然风光吸引成千上万的游客，从伦敦的大本钟和塔桥，到爱丁堡古堡和温莎城堡，再到湖区和峰区的国家公园，英国的旅游业为国家经济贡献显著，零售业作为服务业的一个重要组成部分，在英国经济中也占有一席之地，随着电子商务的兴起，传统的实体零售业正在经历一场深刻的变革，在线购物的便利性和价格优势使得越来越多的消费者选择网上购物，这促使零售商创新和调整经营策略，以适应市场的变化。医疗保健服务业在英国经济中同样不可忽视，国民卫生服务体系(NHS)作为世界上最大的公立医疗系统之一，为英国居民提供了全面的医疗服务，除了NHS，私人医疗保健服务也在增长，为那些寻求更快速或更个性化医疗服务的消费者提供选择，尽管服务业在英国经济中占据主导地位，也面临着需要应对全球金融市场的波动和监管环境的变化；旅游业则受到国际政治局势和全球健康危机的影响；零售业需要适应数字化转型的趋势，此外，随着英国脱欧的不确定性，服务业的未来发展也面临着新的挑战和机遇，为保持服务业的竞争力和持续增长，英国政府持续投资教育和技能培训，提高劳动力的素质；同时，也制定有利于创新和企业成长的政策，促进服务业的多样化。

二、制造业的转型

制造业在英国经济的历史上尤其是在工业革命时期,使英国被誉为“世界工厂”,随着时间推移和全球经济格局的变化,英国制造业经历一系列的转型和挑战,在当前的经济环境中,制造业在英国GDP中的占比已大幅下降,但仍然是国家经济的重要组成部分,对经济增长和技术创新贡献显著,英国的制造业领域多样,包括汽车、航空、制药和食品加工等行业,汽车制造业在英国有着悠久的历史,知名品牌如劳斯莱斯、宾利和阿斯顿·马丁等都是英国制造业的象征。航空制造业同样在全球享有盛誉,罗尔斯·罗伊斯和BAE系统等公司在飞机引擎和防务技术方面处于领先地位。制药行业则以创新能力和高质量的产品在全球市场上占有一席之地。而食品加工行业则凭借传统和现代化的生产方式,为国内外消费者提供多样化的食品选择。技术创新是推动英国制造业转型的关键因素,随着数字化和自动化技术的发展,英国的制造业正在经历一场深刻的技术革新,智能制造、机器人技术和物联网的应用正在改变传统的生产方式,提高生产效率和产品质量。制造业的发展也伴随着对环境的影响,英国制造业在追求经济增长的同时,也面临着减少碳排放、提高能源效率的挑战,政府鼓励企业采用清洁能源、减少废物产生并提高资源的循环利用率,制造业的绿色转型是对全球气候变化挑战的回应,也是提升企业竞争力和社会责任的重要途径,面对未来,英国制造业的发展将更加依赖于技术创新和全球市场的适应能力,随着英国脱欧后的新贸易协定和全球供应链的重组,英国制造业需要更加灵活地应对市场变化,同时加大在研发和技能培训上的投入。

三、能源产业的角色

英国的能源产业角色体现在为社会提供必需的能源,还在于支撑工业发展和保障国家安全,英国的能源资源分布广泛,种类多样,包括煤炭、石油、天然气、核能以及日益增长的可再生能源,煤炭曾是英国工业革命的推动力,尽管如今在英国能源结构中的地位已大幅下降,但英国仍然拥有世界上最大的煤炭储备之一，石油和天然气资源主要分布在北海，这些海上油气田的开发对英国的能源安全和经济繁荣起到关键推动作用，核能作为另一种重要的能源形式，在英国的能源供应中占据重要分量，尽管公众对核安全的担忧一直存在，与此同时，可再生能源，包括风能、太阳能和水能，正逐渐成为英国能源结构的重要组成部分，这得益于技术迭代和政府政策的支持，能源产业对英国经济的贡献巨大，为国家带来税收收入和出口收益，能源产业的健康发展对维持英国经济的稳定增长至关重要，这一产业同样面临着包括能源价格波动、环境污染、气候变化以及公众对能源安全的担忧，英国政府在能源政策上执行系列措施，以应对这些挑战并推动向可持续能源的转型，制定减少温室气体排放的目标，并推出各种激励措施，鼓励企业和个人投资可再生能源项目，也在积极推动能源效率的提升，通过立法和财政手段，促进建筑物的节能改造和交通工具的电动化，英国的能源政策还包括对核能的重新评估，以及对北海油气田的进一步开发，政府认识到，尽管可再生能源的发展势头强劲，但在可预见的未来，核能和化石燃料仍将是英国能源供应的重要组成部分，在确保能源供应的同时，也在努力减少这些能源对环境的影响。

四、农业和渔业的现状

农业和渔业在整体GDP中的占比相对较小，但这两个行业对英国的食品安全、就业和地区经济发展仍然具有重要意义，农业在英国经济中的比例大约为0.5%，而渔业则更为微小，但它们在英国的自然环境和文化遗产中扮演着独特角色，英国的农业以畜牧业为主，包括牛、羊、猪和家禽的养殖，英国的谷物生产，如小麦和大麦，也是农业的重要组成部分，用于国内消费，还用于酿造啤酒和威士忌等传统产业，园艺作物，包括蔬菜和水果，也是英国农业的重要产出，尽管部分作物需要进口以满足全年需求，渔业在英国经济中的比例较小，但它影响着沿海社区的生计和文化，英国的海产品，如鱼类、贝类和其他海洋资源，在国内外市场享有盛誉，英国的渔业历史悠久，尽管现代化捕捞技术的应用提高了捕捞效率，但渔业资源的可持续性仍然是一个重要议题，英国农业和渔业面临包括气候变化对作物生产和海洋生态系统的影响、全球市场竞争压力以及环境保护的需求。气候变化导致的极端天气事件,如洪水和干旱,对农业生产造成不确定性的影响,同时,英国农业和渔业需要适应全球市场的变化,提高产品的质量和竞争力,以应对进口产品的挑战。

五、经济自由化和私有化

自20世纪80年代以来,英国经历了一场经济自由化和私有化运动,这场变革重塑英国的经济结构,在玛格丽特·撒切尔首相的领导下,英国政府采取减少国家干预、促进市场自由竞争的积极应对政策行动,经济自由化的实施标志着英国战后凯恩斯主义经济模式的转变,政府减少了对经济活动的直接干预,放松对金融市场的管制,降低企业和个人所得税率,以激励投资和创新,这些政策的实施促进了英国经济的活力,吸引大量外国直接投资,同时也激发企业的创业精神和市场竞争力,国有企业的私有化是经济自由化政策的重要组成部分,在20世纪80年代和90年代,英国政府对铁路、电信、能源、航空和金融服务等多个领域的国有企业进行私有化。这一进程通过引入私人资本和市场机制来提高效率和服务质量,私有化确实实现了这些目标,许多私有化企业在竞争中表现出更强的市场适应性和创新能力,然而私有化也带来了公共服务的可及性和价格问题,以及对工人权益的影响,经济自由化对英国社会和经济结构的长期影响是复杂多面的,一方面,自由化政策促进经济增长,提高生产效率,增强了英国经济的国际竞争力,英国成为吸引全球投资的热土,金融、法律和咨询服务等行业在全球范围内占据领先地位,另一方面,经济自由化也加剧社会不平等,贫富差距扩大,一些传统工业地区的经济衰退和社会问题凸显,自由化和私有化还改变着英国的劳动市场和社会福利体系,劳动力市场灵活性增加,但同时也导致工作不稳定和工会力量的减弱,社会福利方面,政府减少对某些福利项目的投入,转而强调个人责任和自助,经济自由化和私有化是英国经济史上的一个重要转折点,这些政策的实施带来经济增长和效率提升,但也引发对社会公正和平等的深刻反思。

六、全球化和国际贸易

英国一直是全球贸易的重要参与者,在全球贸易中的地位和作用历经数百年的变迁而依然显著,作为工业革命的发源地,英国在全球经济中扮演先驱者的角色,商品和服务历来享有盛誉。英国的金融服务、法律和咨询等专业服务在全球市场上占据领先地位,同时,英国也是许多跨国公司的总部所在地,这些公司通过英国与全球市场进行贸易和投资活动;英国的国际贸易格局在2016年公投决定脱欧后发生剧烈变化,脱欧影响英国与欧盟的贸易关系,也重新定义英国与全球其他国家的贸易关系,英国退出欧盟单一市场和关税同盟意味着英国需要重新协商与欧盟成员国的贸易协议,也为英国提供与全球其他国家建立新的贸易关系的机会,这一演化带来不确定性,对英国的出口商和进口商都提出新的挑战,包括关税变动、贸易规则的重新适应以及供应链的调整等,尽管面临挑战,英国与新兴市场的关系和贸易潜力仍然巨大,随着全球经济重心的东移,英国正积极寻求与亚洲、非洲和拉丁美洲等新兴市场的贸易和投资机会,这些新兴市场国家的经济增长为英国企业提供新的市场和资源,也为英国经济带来新的增长动力,英国政府已经启动贸易访问和谈判,建立新的自由贸易协定,减少贸易壁垒,增加出口,为充分利用这些贸易潜力,英国需要继续发挥在金融服务、创新和技术,以及教育和文化等领域的优势,同时,也需要加强国内产业的竞争力,提高产品和服务的质量,以适应全球市场的需求,此外,英国还需要加强国际贸易基础设施,包括物流和运输网络,以确保贸易的高效和顺畅,全球化和国际贸易为英国经济提供了广阔的发展空间,英国的脱欧之路虽然充满不确定性,但也为英国重新定位全球贸易战略提供了机会。

七、社会福利和不平等

社会福利政策在英国的历史中一直是政府工作的重点,为公民提供基本的生活保障和社会支持,自二战后福利国家的建立以来,英国的社会福利体系经历多次重大的演变和改革而逐渐完善,当前,英国的社会福利体系包括退休金、失业救济、疾病和残疾支持、低收入家庭补助等多个方面，这些福利项目减轻贫困、提供医疗保障、支持弱势群体，并确保所有公民都能达到基本的生活水平，在英国社会中收入和财富不平等问题仍然是突出的社会挑战，经济全球化、技术变革和劳动力市场的变化导致收入分配的不均，使得贫富差距日益扩大，高收入群体和低收入群体之间的差距体现在收入上，还体现在教育、健康和社会流动性等多方面，不平等对社会的凝聚力和公平性构成了威胁，影响着社会的长期稳定和发展，社会不平等的问题及社会影响引起政府和社会各界的广泛关注，政府采取包括提高最低工资标准、改革税收体系、提供教育和培训机会，以及增加对低收入家庭的财政支持在内的措施，通过提高低收入群体的收入水平，改善他们的生活质量，减少社会不平等。政府还通过社会投资和社区发展项目来增强社会的包容性和参与性，包括提供就业培训、改善社区基础设施、支持志愿服务和公民参与等，政府希望能够激发社区的活力，增强社会资本，促进不同社会群体之间的融合交流，资源的有限性、政策效果的不确定性以及政策执行中的困难都是政府需要克服的障碍，社会不平等的根源复杂，涉及经济、社会和文化等多个层面，需要政府、企业和民间社会共同努力采取综合性的策略来解决，社会福利和不平等问题是英国社会经济发展中的重要议题的政策创新和社会努力，为所有公民提供更好的生活机会，政府需要在保障基本福利的同时，寻求解决社会不平等的有效途径，促进社会的和谐与进步。

八、教育和卫生体系

教育和卫生体系是英国社会福利的两大支柱，对提升国民生活质量起着至关重要的作用，也是推动经济增长和社会进步的关键因素，教育体系在英国经历改革和发展，以适应全球化和技术变革的需要，英国的教育体系以高质量和严谨标准而闻名于世，尤其是高等教育领域，近年来，英国高等教育的国际普遍性进程加速，许多大学在海外设立分校，与国际伙伴开展合作项目，推动学术交流和知识传播的进程，此外，英国政府也在基础教育和职业教育领域进行改革，以提高教育质量和普及率。国民卫生服务体系（NHS）作为英国最大的公共卫生系统,自1948年成立以来一直是英国社会福利体系的核心,NHS为全体国民提供免费的医疗服务,包括基本医疗、紧急救治和长期护理等,即便如此,NHS面临如人口老龄化、慢性疾病增多、财政压力和人力资源短缺等问题,英国政府正在进行NHS的改革,包括提高医疗服务效率、引入新技术、改善员工工作环境和提高服务质量。通过预防性健康措施和健康促进活动,减少疾病负担,提高公众健康水平,教育和卫生体系对英国的经济增长和社会福祉做出重要贡献,教育提高人力资本,促进创新和技术进步,也为经济增长提供动力,一个受过良好教育的劳动力队伍能够更好地适应经济结构的变化,推动产业升级和经济转型,卫生体系则通过维护国民健康,提高劳动力的生产力和参与度,减少疾病和早逝带来的经济损失,健康的公民更有可能参与社会和经济活动,从而增进社会的整体福祉和发展。

九、科技创新和数字化

科技创新和数字化是推动21世纪经济发展的关键驱动力,英国在这方面的表现尤为突出,科技创新得到政府的大力支持和鼓励,英国政府通过各种政策和资金投入,如设立创新基金、提供税收优惠、建立科技园区等,积极促进科技创新和研发活动,培育有利于创新的环境,吸引全球科技人才和企业,加速科技成果的商业化和产业化。数字经济的发展是英国经济中的一个亮点,正在改变传统的产业结构和商业模式。电子商务、云计算、大数据分析和人工智能等数字技术的应用,为消费者带来便利,也为企业提供新的增长机会,数字经济的发展促使传统产业进行数字化转型,提高效率和竞争力,数字化也催生如金融科技、网络安全和数字媒体等产业,这些产业正在成为英国经济增长的新动力,英国在科技创新和数字化方面也面临着技术变革的速度和规模要求劳动力更新技能和知识,而技能短缺和教育体系的适应性成为亟待解决的问题。

十、环境政策和可持续发展

环境政策和可持续发展在英国的战略中随着全球对环境保护和气候变化

问题的日益发展得到更多关注,包括减少环境污染,促进资源的可持续利用,并推动经济向绿色低碳转型等,环境政策的演进反映英国对环境保护的承诺的追求,从最初的污染控制法规到现代的综合环境管理体系,英国的环境政策经历从单一的治理向综合预防和管理的转变,对工业排放和废物处理的严格规定,还涵盖了生物多样性保护、自然资源管理和环境教育等多方面,环境税、碳定价和排放交易等市场机制的引入,也为减少污染和鼓励绿色技术的发展提供经济激励,气候变化对英国的自然环境、经济活动和社会福祉构成了威胁,海平面上升、极端天气事件的增加以及生态系统的破坏,都对英国的海岸线、农业和城市基础设施产生影响,英国政府制定减排目标,并在国际舞台上积极参与气候变化的谈判和合作,英国也是《巴黎协定》的签署国之一,绿色经济和清洁技术的发展潜力为英国提供了新的经济增长点,可再生能源,如风能和太阳能,正在英国能源结构中占据越来越重要的位置,电动汽车、能源效率提升技术和循环经济的概念也越来越受到重视,英国的绿色金融正在快速发展,为环境项目提供资金支持,在碳捕捉和储存技术、海洋能源和生物燃料等领域的研究和开发也取得进展,实现可持续发展的道路并非一帆风顺,绿色经济的转型需要巨大的资金投入,也面临着技术、市场和政策的不确定性。

第七节　主要经济体产业体系重构与社会经济效应评估

在当前全球经济的多极化格局中,美国经济的稳健增长势头依然强劲,但全球经济领导者的地位正面临着前所未有的挑战。美国坚定地在多个关键领域进行深入的革新和引领,涉及科技创新的前沿领域,也关乎社会福利制度的完善,以及对人口老龄化和收入差距问题的积极应对。美国长期在信息技术、生物科学、航空航天等领域的突破性成就,为全球经济的发展树立了标杆,面对全球竞争的加剧,尤其是来自亚洲的新兴经济体的迅速崛起,需要进一步加大在人工智能、量子计算、生物技术等领域的研发投入和创新力度。美国的社会福利制度,尽管为民众提供了广泛的保障,但也面临着财政可持续性的问题,人口老龄化的加剧，养老金和医疗保险体系的改革变得迫在眉睫，此外，美国日益扩大的收入差距问题也不容忽视，影响社会的稳定和谐，也制约内需的增长和经济的均衡发展，美国需要通过税收政策、教育投资、就业培训等多种措施，促进财富的公平分配和社会的整体进步。美国作为中国的最大贸易伙伴，经济政策和出口结构的变化对中国的外贸模式产生直接影响，美国对中国的投资带来资金，还带来先进的管理经验和技术知识，对于中国企业的技术进步和产业升级具有重要的推动作用，美国的科技创新成就也为中国提供宝贵的经验和启示，中国可以借鉴美国在科技创新、产业政策和市场监管等方面的成功做法，以促进自身的经济发展和国际竞争力的提升。在全球经济不确定性的背景下，中国需要进一步扩大内需，减少对出口的依赖，通过产业升级和技术创新，提高产业链的整体水平，增强国际竞争力，通过深化改革，优化营商环境，吸引更多的外资和国际合作，以促进经济的高质量发展，美国在应对内部挑战的同时，经济政策和发展趋势对中国的经济结构调整和国际战略布局影响着中国，中国借鉴美国经验的基础上，结合自身国情，制定和实施符合实际的发展策略，包括推动科技创新，优化产业结构，提升教育和技能培训水平，加强社会保障体系建设，以及深化国际经济合作等，美国和中国作为全球两大经济体，经济政策和发展策略关乎自身的繁荣，也对全球经济的稳定和发展产生重要影响，在充满挑战和机遇的时代，两国都需要探索和创新，应对共同的挑战，实现互利共赢。

产业结构是一个国家或地区经济活动的核心组成部分，反映一个国家的经济特征，也预示经济发展的方向和潜力，产业结构的优化与升级是推动社会经济发展的关键动力，涉及产业之间的资源配置、技术进步、劳动生产率提升以及国际竞争力的增强等，社会经济发展是一个多维度的过程，包括经济增长、社会进步、人民生活水平提高以及环境可持续性等多方面，社会经济的发展水平直接影响到国家的综合实力和人民的福祉，产业结构与社会经济发展之间的关系是动态且复杂的，一方面，产业结构的优化可以促进经济增长，提高劳动生产率，创造更多就业机会，改善收入分配，从而推动社会经济的整体进步，另一方面，社会经济发展的需求，如消费者偏好的变化、环境保护意识的提升以及全球化趋势,也会促使产业结构进行相应的调整,例如,随着对清洁能源需求增加,新能源产业和环保产业的发展就成为推动产业结构升级的重要力量。

在**探究世界产业结构与社会经济发展的关系**时,可以观察到几个关键的历史转折点,工业革命时期,以机械化生产为标志的第一次产业革命极大地提高生产效率,推动工业化国家的经济增长,20世纪中期以来,随着信息技术的发展,第二次产业革命带来服务业的兴起,标志着经济结构从以制造业为主向以服务业为主的转变,进入21世纪,全球化和技术创新的加速发展,使得产业结构更加多元化,新兴产业如生物技术、人工智能、绿色能源等领域迅速崛起,成为推动社会经济发展的新引擎,产业结构变动对社会经济发展的影响是全方位的,经济增长方面,产业结构的升级伴随着新产业的兴起和传统产业的改造,提高整体经济的生产效率,也为经济增长提供新的动力,在就业方面,产业结构的调整可能导致某些行业的就业机会减少,同时在其他行业创造新的就业岗位,这要求劳动力市场具有足够的灵活性和适应性,收入分配方面,产业结构的变化可能会影响不同行业和群体的收入水平,产业结构的绿色转型也对实现可持续发展至关重要。

一、世界产业结构的演变是复杂的历史进程,它与技术革命、社会变革和全球化等因素紧密相连

在人类历史的早期阶段,农业是社会经济的基础,这一时期,人类依赖于土地和自然资源进行耕作和畜牧,农业生产方式相对原始,生产力水平较低,随着农业技术的进步,如灌溉、耕作工具的改进和作物品种的改良,农业生产效率逐渐提高,但农业仍然占据国民经济的主导地位,18世纪末至19世纪的工业革命标志着工业化阶段的开始,机械化生产方式的出现极大地提高工业生产效率,工业产品种类和数量迅速增加,工业化带来城市化进程的加速,大量农村人口迁移到城市从事工业生产,工业革命改变生产方式,也带来社会结构和经济模式的根本变革,工业化国家的经济实力迅速增强,工业产值在国民经济中所占比重上升。20世纪下半叶,随着信息技术的发展和全球化,服务业开始崛起,服

务业包括金融、教育、医疗、旅游、信息技术服务等领域，它们为消费者提供多样化的服务，满足日益增长的非物质需求，服务业的增长与消费者收入水平的提高、生活水平的提高以及对高质量生活的追求密切相关，在许多发达国家，服务业已经成为国民经济的最大部门，产值和就业人数均超过了工业。随着农业技术的进步，如生物技术和精准农业的应用，农业生产效率得到了显著提升，农业劳动力逐渐向工业和服务业转移，现代农业不仅提高了生产效率，也促进了农业与服务业的融合，如农业旅游和农业信息服务。尽管服务业在发达国家占据主导地位，工业依然是技术创新和国际贸易的重要基础，工业产值的增长速度虽然放缓，但其在经济中的作用不可替代，同时，服务业的增长也反映了社会经济的成熟和消费者需求的多样化，信息技术的发展为服务业的远程服务和数字化服务提供了新的可能性。

二、影响产业结构变动的因素

产业结构的变动是复杂的系统过程，需要综合考虑科技进步、经济增长、政策导向、国际化趋势以及社会文化和环境资源等多种因素，这些因素相互作用，共同塑造了国家或地区的产业结构和经济发展路径，产业结构的变动是多因素共同作用的结果，涉及经济、技术、政策和国际环境等多个层面。**科技进步是产业结构变革的核心驱动力**，它能够提高生产效率，降低成本，还能够创造全新的产品和服务，引领消费趋势，例如，互联网技术的发展催生了电子商务、云计算和大数据分析等新兴产业，同时也推动了制造业的数字化和智能化转型，科技进步还能够促进资源的更有效利用，如可再生能源技术的发展有助于减少对化石燃料的依赖，推动能源结构的优化。**经济增长为产业结构的调整提供了市场需求的基础**，随着国民收入的提高，消费者对高质量和多样化商品及服务的需求增加，这促使产业向更高附加值的方向发展，经济增长还能够吸引投资，为新兴产业的发展提供资金支持，同时也为传统产业的技术改造和创新提供动力。**政府政策在产业转型发展中扮演着关键角色**，通过制定和实施产业政策、税收优惠、研发补贴等措施，政府可以引导资源向优先发展的产业集中，此外，政府还可以通过教育政策和职业培训，提高劳动力的技能水平，以适应产业结构变动带来的就业市场变化，环境保护政策也会影响产业结构，推动产业向更加绿色和可持续的方向发展。**全球化相互依存框架下的国际贸易和投资流动对产业结构产生了深远影响**，国际分工使得各国可以专注于具有比较优势的产业，促进了全球资源的优化配置，同时，国际竞争也促使各国产业追求技术创新和效率提升，以维持在全球市场中的竞争力，跨国公司在全球范围内的布局和供应链管理也对产业结构产生了重要影响。**社会文化的变化**，如消费者偏好、生活方式和价值观念的转变，也会影响产业结构，例如，随着人们对健康和环保意识的提升，有机食品、绿色建筑和可再生能源等产业得到了快速发展，此外，人口结构的变化，如老龄化社会的到来，也对医疗保健、养老服务等产业提出了新的需求。**自然资源的分布和环境约束对产业结构有着直接的影响**，资源枯竭和环境污染问题迫使产业寻求更加可持续的生产方式，如循环经济和清洁生产技术的应用。同时，对资源的依赖程度也会影响产业的地理分布和国际竞争力。

产业结构的变动是经济发展过程中的关键因素，**产业结构的优化和升级是推动经济增长的重要途径**，随着经济的发展，资源和劳动力从低效率的农业和传统工业向高效率的服务业和高新技术产业转移，可以显著提高整体经济的生产率，新兴产业的发展，如信息技术、生物技术、新能源等领域，创造新的增长点，还带动相关产业链的发展。**产业结构的变动直接影响劳动市场的结构**，随着农业的现代化和工业的自动化，农业和工业部门的就业机会减少，而服务业和高新技术产业则提供了更多的就业机会，这种转变要求劳动力具备更高的技能和适应性，以适应新的就业环境，同时，服务业的多样化也为不同背景和技能水平的劳动者提供了广泛的就业选择。**产业结构的变化对收入分配格局有着显著影响**，服务业和高新技术产业通常提供更高的薪酬和更好的工作环境，这有助于提高劳动者的收入水平。

第三章 全球价值链重构背景下中国产业面临的挑战、机遇及政策导向分析

产业是发展的重要载体，创新是引领发展的第一动力，在全球化的今天，产业是经济增长的引擎，中国制造业的规模和产能已经位居世界前列，但面对全球经济的深刻变革和国内经济发展的新挑战，仅仅依靠规模扩张的发展模式已难以为继，科技与经济的深度融合、产品附加值的提升以及竞争力的增强，成为中国产业转型升级的迫切需求。习近平总书记多次强调，**"要围绕产业链部署创新链、围绕创新链布局产业链，推动经济高质量发展迈出更大步伐"**，科技创新与产业发展同向发力、协同联动、互促提高，要在产业链和创新链的融合发展方面下功夫，这意味着要打破传统的产业界限，促进跨行业、跨领域技术的合作，推动产业向智能化、绿色化、服务化方向发展，还要加快产业链供应链的现代化进程，通过数字化、网络化、智能化手段，提高产业链的响应速度和灵活性，增强对市场变化的适应能力。在理论研究方面，中国关于产业链的研究起步较晚，但随着经济的快速发展，这一领域已经展现出巨大的研究潜力和实践价值，需要构建完整、系统的产业链理论体系，包括对产业链基本概念的界定，和对产业链结构、功能、动态演化等方面的深入探讨，通过分行业的研究，可以更准确地把握不同产业的特点，设计更加符合实际的产业链构建和创新模式，为产业提供理论支撑和实践指导。产业链的研究还应关注全球价值链的重构，以及如何在国际分工中提升中国产业的全球竞争力，关注国内产业链的优化，积极参与国际产业链的合作与竞争，通过国际交流，吸收国际先进的管理经验和技术成果，提升中国产业的全球长久威望，产业链的研究与实践对于中国经济的跨越鸿沟的转型升级具有战略意义的理论创新和实践探索，有望推动

中国产业实现从大到强的跨越，为实现经济高质量发展奠定坚实基础，以政策、实践、技术与政经关系的综合视角，从价值链、企业链、供应链等产业链角度，包括政策聚焦、产业实践、技术趋势、政经关系、经营创新、资本市场、现场案例教学等全面覆盖产业链的各个关键环节。

世界百年未有之大变局动荡加剧，新一轮科技革命和产业变革深入发展，逆全球化思潮涌现，局部冲突和动荡频发，全球产业链重组、供应链重塑、价值链重构深化，全球产业结构和布局面临深度调整。全球主要经济体陆续加强对产业链供应链的"国家干预"，产业链、供应链分工格局、运行逻辑、规则体系、竞争范式正在发生深刻变革，受乌克兰危机导致全球能源格局变化、欧洲能源本地化、各国推动生产制造环节本土化区域化、跨国公司布局分散化多元化等因素影响，北美、欧洲、亚洲等区域内循环和经济联系增强，全球产业分工格局加速调整，北美供应链、欧盟供应链和亚洲供应链等区域供应链"三足鼎立"格局加速形成。全球产业结构和布局正在发生趋势性调整和转变。未来全球制造业和产业链供应链格局将朝着区域化、本土化、数字化、智能化等方向加速调整和重塑。

在过去几十年的时间里，产业链的全球化布局以效率提升和成本降低为基本逻辑，在全世界范围寻找最优生产方案，由于全球分布及高效运作，所有积极参与全球产业布局的国家都驶入经济发展快车道，国际经济政治格局演变给全球产业链、供应链带来产业安全，这一问题风险日益上升为重要议题，各国都开始谋求建立独立自主、安全可控的产业体系，全球分工和生产网络体系发生深刻变化，主要表现为：

国际经贸规则重构推动区域化布局：当前，经济全球化进入速度放缓、格局分化、规则重构的调整期，随着《区域全面经济伙伴关系协定》(RCEP)、《全面与进步跨太平洋伙伴关系协定》(CPTPP)、《美墨加协定》(USMCA)等大型区域自贸协定的签署和实施，不同区域内的经济贸易合作正在增强，各自的产业链供应链网络也变得更加紧密。

产业链供应链区域化、本土化趋势凸显：近年来，美国、欧盟、日本等发达经济体力图重振本国制造业，鼓励本国制造业企业回流，特别是新冠病毒感染更加凸显供应链安全的重要性，一些发达国家考虑到应急安全、基本保障、经济发展、社会稳定等因素，通过法律规定、经济补贴以及政治手段，促使本国企业加大对本国投资，使得全球产业链供应链呈现本土化或本国化趋势。

跨国公司战略调整推动多元化发展：短期来看，跨国公司全球布局不会出现大范围变化，但可能呈现收缩态势，长期看，跨国公司将主动进行供应链布局调整，实施多元化战略以达到安全和效率的平衡，包括在不同地区建立生产基地，优化供应链管理，以及加强与本地供应商的合作，以减少对单一市场的依赖，提高对市场波动的抵御能力。

在复杂背景下，中国产业发展面临着新的挑战：在构建新发展格局背景下，如何持续有效地推动全球产业布局调整，实现中国产业升级与稳步发展，成为目前亟待解决的重要问题，梳理全球产业结构和布局调整的主要特征，以及给中国产业发展带来的机遇，笔者在此基础上提出加强中国产业发展的见解。

第一节　结构优化与经济发展的互动关系

产业结构与社会经济发展的关系是复杂而微妙的互动过程，它们相互影响、相互促进，共同塑造了国家或地区的经济面貌和社会发展水平，产业结构是指一个国家或地区的各产业部门在国民经济中的构成比例和相互关系，是国民经济发展的重要基础和支撑，决定了经济的稳定性、增长潜力和国际竞争力，产业结构的合理化和优化是实现经济持续健康发展的关键，涉及产业间的资源配置、技术进步、劳动生产率提升以及环境可持续性等多方面。社会经济发展则是指国家或地区的社会和经济在一定时期内的发展变化，包括经济增长、社会结构变迁、人民生活水平提高以及文化、教育、卫生等社会事业的进步，社会经济的发展水平直接影响国家的综合实力和人民的福祉，是衡量国家现代化程度的重要指标，产业结构的变动会对社会经济影响通过促进新兴产业的发展体现，带动经济增长，创造就业机会，提高人民生活水平，同时，社会经济发展的需求，如消费者对高质量生活的追求，也会推动产业结构的调整和升级，促使产业向更高附加值的方向发展，研究产业结构与社会经济发展的关系具有重要的意义，首先，它可以帮助我们了解产业结构变动的规律，更好地制定产业政策，促进产业结构的合理化和升级化，例如，通过分析不同产业的发展阶段和趋势，政府可以制定相应的扶持政策，引导资源向有发展潜力的产业集中，研究产业结构与社会经济发展的关系帮助我们认识两者之间的相互作用，更好地协调社会经济发展与产业战略重塑。通过研究不同产业对就业、收入分配、环境保护的影响，制定更加均衡的社会发展策略。研究产业结构与社会经济发展的关系还可以帮助借鉴其他国家和地区的经验，更好地推动中国产业结构和社会经济发展。通过比较研究，发现其他国家在产业升级、技术创新、市场开拓等方面的成功经验，为中国的发展提供参考。

在当前全球化和技术变革的大背景下，产业结构的优化升级和社会经济的全面发展显得尤为重要，全球化带来国际分工的深化和国际竞争的加剧，技术变革则推动新产业的兴起和传统产业的改造。政府、企业和社会各界共同努力以实现产业结构的合理化和升级化，政府在推动产业结构优化升级和社会经济发展中扮演着关键角色，政府制定和实施包括但不限于加大科技创新力度、完善产业政策、加强人力资源开发、加强环境保护、促进区域协调发展、扩大内需市场以及加强国际合作等，这些政策步骤需要根据国内外经济环境的变化进行适时调整，在科技创新方面，政府应增加对基础研究和应用研究的财政支持，为科技创新提供充足的资金保障，建立和完善知识产权保护体系，鼓励企业进行原创性研发，提供税收优惠和财政补贴等激励措施，促进高校、研究机构与企业之间的合作，加快科研成果的转化应用，也是政府需要关注的重点，在完善产业政策方面，明确产业发展规划，通过政策引导和市场机制，支持关键领域和战略性新兴产业的发展，提供财政补贴、税收减免、低息贷款等政策，帮助企业降低创新成本，提高产业竞争力，放宽市场准入限制，鼓励民间投资和外资进入，增加产业活力，在加强人力资源开发方面，加强职业教育和终身教育体系，提高教育质量，培养与产业发展相适应的高技能人才，开展职业技能培训，帮助劳动者适应产业结构变化，提升就业竞争力，实施积极的人才引进政策，为产业发展提供智力支持，在加强环境保护方面，制定绿色产业标准和认证体系，鼓励企业采用环保技术和清洁生产方式，加强环境监管力度，严格执行环境法规，对污染企业进行处罚，推广资源循环利用和废弃物回收利用，减少资源消耗和环境污染，在促进区域协调发展方面，制定区域发展政策，促进资源在不同地区之间的合理配置，缩小地区发展差距，加强基础设施建设，提高区域间的互联互通程度，促进区域经济一体化，在扩大内需市场方面，政府可以通过税收优惠、消费补贴激励等措施，刺激居民消费，扩大内需市场，进一步开放市场，降低贸易壁垒，强化国内外商品和服务的自由流通，产业结构与社会经济发展之间的关系是动态互动的，产业结构的优化和升级能够为社会经济的发展提供新的动力和方向，而社会经济的进步又为产业结构的调整提供了条件和需求，在这过程中，政府、企业和社会各界都需要发挥各自的作用，共同推动产业结构的优化升级和社会经济的全面发展。

第二节　中国的产业升级变化

2023年对全球汽车产业而言，是充满挑战与变革的一年，在这一年中，中国汽车行业面对复杂的外部挑战，包括俄乌冲突带来的全球政治经济动荡、半导体芯片供应的持续紧张、锂电池关键原材料价格的剧烈波动，以及自动驾驶领域的资本市场冷却，尽管如此，中国汽车行业依然展现出了非凡的韧性和活力，产业生态的变革和升级步伐未曾停歇。在这一年里，新能源汽车的销量持续攀升，出口市场逐步扩大，本土智能技术的创新涌现，自动驾驶出租车和市场新商业模式的探索日益活跃，亮点凸显中国汽车产业的活力，而且自主市场市占率、新能源车渗透率和整车出口规模的三个新高峰，标志着中国汽车产业发展的重要里程碑。2024年，尽管全球经济面临着重大的变革，中国汽车产业正以坚实的基本面和演进的竞争力，开启一段全新的发展篇章，开放合作与共赢的理念成为2024年经济发展的新基调，为中国汽车产业注入强大的发展动力，新能源智能网联汽车产业，作为国家重点支持的战略性新兴产业，在推动高质量增长、创新驱动和低碳发展方面发挥更加关键的作用。我预计，中国汽车产业将加速推进智能电动化转型和商业模式的创新，在核心产业链技术创新上取得新的突破，更在全球化的供应链体系中进一步巩固和扩大中国的号召力。

一、工业产品与服务

2024年，中国制造业在全球地缘政治的波动和国际形势的不确定性中，经历了前所未有的挑战，波涛汹涌的市场环境中，众多中国制造企业不仅成功地巩固了自身的经营基础，克服了宏观环境中的不利因素，而且还积极探索新的发展机遇，深入思考并规划长期的发展道路，推动了中国制造业的升级和转型。展望2025年，中国制造业的转型升级无疑成为推动经济发展的主旋律，数字化和智能化的发展成为转型的关键驱动力，助力中国制造企业在产品创新、服务质量、市场营销和成本控制等多个领域实现竞争力的全面提升，从而重塑未来的竞争格局。随着数智化技术的深入应用，制造业的生产效率和创新能力得到显著增强，为企业带来更广阔的市场前景和更大的价值创造空间。到2024年，“中国质造”的价值链逐步完善，各大工业制造企业在融通发展的道路上迈出坚实步伐，共同构建起新的产业发展格局，中国制造业以更加成熟的姿态，成为中国经济持续增长的中坚力量，为全球市场提供更多高质量、高附加值的产品与服务，展现“中国质造”的全新形象。

二、化工与材料

2023年，中国化工行业在国家稳定经济增长的政策支持下，经历了一场积极的转型和复苏，随着这些政策的逐步实施，行业基本面得到巩固，为化工行业的触底反弹创造有利条件，自主创新能力的增强成为行业发展的关键驱动力，特别是在自主替代技术的研发和推广方面，取得了显著进展，随着全球化趋势的持续发展，中国化工企业“走出去”战略的步伐正在加快，出海扩张和国际合作有望成为行业的新热点，有助于企业拓展新的市场空间和促进技术和管理经验的国际交流,提升整体竞争力,传统化工企业在品牌建设和营销模式上的创新也日益成为行业发展的一大亮点,企业正逐渐认识到,除了在产品质量和技术创新上的"硬实力"竞争之外,品牌形象和营销策略的"软实力"同样至关重要,越来越多的企业开始重视品牌传播,运用数字化营销工具和大数据分析,优化客户体验,提升品牌价值。

三、能源

在当前全球能源格局的剧烈波动以及中国逐步推进的碳达峰碳中和战略的双重影响下,中国的能源产业正经历着一场前所未有的转型浪潮,众多能源企业正站在历史的十字路口,面临着前所未有的挑战与机遇,在党的二十大报告中,国家强调了自主掌控能源安全的重要性,并提出了基于中国能源资源特点的发展战略,倡导在确保能源供应稳定的前提下,有序推进"双碳"目标的实现和能源结构的优化,这一战略部署要求企业在转型过程中必须精准掌控节奏,以确保在激烈的市场竞争中占据有利地位。在交通运输与物流领域,面对全球地缘政治紧张、欧洲能源危机以及中美关系的竞争等复杂多变的外部环境,中国的交运物流行业正处于一个关键的转型期,企业需要围绕链条重构、网络优化、国企提质、物贸再定义、生态融合以及运营升级等六大核心趋势,制定和实施相应的战略规划,科技的创新应用、绿色低碳的发展理念、组织的敏捷性和灵活性,以及行业内的并购整合,成为交运物流企业构筑核心竞争力、赢得未来市场的关键要素。

四、消费品与零售

2021—2023年是中国消费品和零售行业不平静的三年,行业维度上,服装、餐饮在内的线下零售经历了前所未有的艰难时刻,线上零售则面临流量增长瓶颈和物流配送稳定性的双重挑战,细分行业方面,生鲜、食品和家电消费经历一波因囤货带来的结构性机会与挑战中有些企业准备相对充分抓住了转瞬即逝的短期机会,而更多的企业则在快速应对和跟进中,产品和供应链面对挑战,同时，地产行业调控、购房者收入预期调整和部分头部企业经营危机，导致整体家居建材消费需求下行，头部企业和腰尾部企业各自探索生存和发展新路，地理维度上，一方面是国内整体消费需求在短时期内被抑制，另一方面，新一轮电商平台出海为服装、日用品等领域的长尾制造型企业带来了发展新机遇。

五、数字化

在经济环境和市场格局快速发展变化的时代，数字化技术已成为塑造各个行业发展方向的关键因素之一，2023年，各行业的数字化应用继续向纵深发展，而“客户体验”和“经营效率”是核心关键词，客户体验投资是企业数字化的核心目标之一，线上线下一致化体验的塑造成为关键战略举措，虚拟现实技术和元宇宙从游戏走入商业，赋能更多销售和体验场景的创新，基于数据分析的定制化服务成为主流，为体验式服务注入更多动力。自动化技术渐入佳境，包括协作机器人、软件机器人等都迎来更广泛的推广，而支撑上述应用的基础包括物联网与数字孪生技术的发展，无代码人工智能的广泛应用，可持续技术助力的企业长期稳健发展以及与人工智能相关的信息安全保障等，在安全合规的大前提下，企业需要进一步挖掘数字化技术对客户体验和企业经营的贡献。

六、文化娱乐与体育

在国家政策的鼓励下，虚拟现实技术进入产业化发展阶段，“内容产品型”文娱企业需要加强数字科技属性建设，携手与虚拟现实产业链伙伴合作共建应用场景，三大长视频平台持续强化降本增效，改善盈亏平衡，爱奇艺与抖音的战略合作为视频行业健康有序的发展迈出关键一步，伴随着腾讯幻核数字藏品平台的调整，数字藏品市场热度减退，行业期待政策引领明确产业发展方向，头部企业尝试从游戏、影视、体育等娱乐产业细分赛道切入元宇宙，带动消费者尝试、感知并接纳元宇宙场景与内容形态，同时也积极牵头筹建各类相关产业联盟共同发展，游戏行业面临营收与用户规模的双下降，行业增长进入“缓冲期”，卡塔尔世界杯VAR（视觉助理裁判）系统的应用成为日后国际赛事乃至整个体育行业与大数据技术融合的标杆实践，与此同时，《中华人民共和国体育法》的修订标志着中国体育法治建设进入新阶段，泛文娱是中国未来最具发展潜力、市场最活跃的行业之一，罗兰贝格长期看好中国文娱产业发展，持续跟踪文娱产业最新动态。

七、信息技术、高科技与互联网

回望2022和2023年，对于中国科技行业而言是艰辛而破局的一年，受国际环境影响，技术受限愈演愈烈，全球消费市场持续低位运行，信心不足，但是，在寒冬中依然矗立的必定是强者，在黎明前依旧笃定前行的必定是勇者，在风雨中静心修炼内功的必定是智者，中国科技行业必秉持科技兴邦初心，砥砺前行，在科技行业的努力下，数字及衍生技术全面赋能千行百业，务实推动各行业进一步运营精益智慧、创新普惠利民。

八、医药与健康服务

俄乌冲突、地缘政治、能源及通胀隐患等多重不利因素，对医疗健康行业产生较大程度冲击，医疗企业创新转型、医疗机构运作、医药板块资本市场估值等均受到显著影响。

九、金融服务

回顾2023年，在俄乌冲突、美联储加息、疫情反复、房地产下行等多个超预期因素影响下，中国经济增长呈“V”字走势，2024年，在稳中求进的总基调下，后疫情时代积极的财政政策和稳健的货币政策、加上产业、科技和社会政策的协调配合，有望提振市场主体信心、改善预期，包括对民营企业、平台经济、房地产的预期，加大对科技和绿色投资，扭转投资消费弱势，推动经济较快恢复并驶入党的二十大后的高质量发展轨道。

十、房地产

中国房地产市场平稳健康发展事关金融市场稳定和经济社会发展全局，短期内，主要任务是扭转房地产市场下行风险，改善全行业“保交楼”问题，实现“保民生”的目的，修复市场平稳健康发展动力，稳定房地产行业预期，发挥房地产行业对宏观经济大盘的保障作用，中长期内，加快建立多主体供给、多渠道保障、租购并举的住房制度成为未来房地产转型发展的重要方向，持续发挥房地产行业对国民经济的支撑作用。

十一、政府与公共服务

当前，世界百年未有之大变局加速演进，新一轮科技革命和产业变革深入发展，逆全球化思潮涌动，而中国则迈上全面建设社会主义现代化国家新征程，以中国为代表的新兴经济体能否成为全球化的新动力，成为世界关注的焦点。在产业经济上，以双循环为牵引，全面提升现代产业体系在全球的竞争力和控制力，在城市发展上，以中心城市建设全球城市，塑造高质量发展方式和全球辐射新枢纽，在全球重大议题上，展示中国模式和中国声音，并提升治理话语权，以全球视野谋篇布局，是每一位区域执政者的关切要点。

十二、投资与并购

经历了强势复苏和高度活跃的2021年后，私募股权市场在2022年骤入寒冬，迎来了近年来最为纷繁复杂的市场环境，2022和2023年伊始的诸多“黑天鹅”事件致使全球经济动荡加剧，全球通胀远超预期，同时，地缘政治摩擦和全球供应链布局调整也进一步加深了全球性投资人的风险顾虑，在这充满不确定性的宏观环境下，资本寒潮不可避免，受困于募投双压、估值困境、退出受阻等，更多的投资人选择观望和调整，在投资和并购上也更为谨慎。基于Merger market数据显示，截至2022年第三季度全球交易金额相比2021年同期下降约45%。迈入新的一年，随着开放、共赢和复苏成为发展新基调，通胀、利率和经济环境或有一定优化。

十三、企业运营与绩效提升

2023年是全球政治和经济快速变化的一年，企业运营面临前所未有的挑战，2024年，终端消费需求、全球供应链格局的变化仍持续进行，企业适应变化、主动变革的能力，以及经营运营的韧性和进步速度，极大程度上决定企业发展和持续盈利的能力，仅仅靠"踩对赛道就能跟风起飞"的"风口"时代已过，战略选对方向和运营竞争胜出，已是企业穿越周期、快速增长不可或缺的"两翼"。

十四、新一代制造体系

作为企业运营中价值实现的关键一环，"制造"在被时代重塑的同时，也在推动着整个社会的前进，2023年，以半导体行业为代表的先进制造体系"逆全球化"趋势加剧，且在全球地缘政治考量的影响下，达到了一个新高度，当前，欧美领先国家正在迅速完善自身在产业链关键环节的布局，加速制造业"回流"，打破"制造业空心化"现状，颠覆了传统的全球制造体系分工布局，2024年，在以欧美为首"掏空"全球制造体系的持续"刺激"下，全球各主要经济体，特别是先进制造产业聚集的重点地区，均大幅加码本土制造产业链建设，推动智能制造和创新发展，提升本国制造企业的核心能力，以应对全球产业链分裂与混乱所带来的严重冲击和掣肘。未来，全球各国专业分工的底层逻辑被颠覆，中国制造企业在全球供应链格局重塑中，机遇与挑战并存。

十五、活力组织

伴随着全球通胀承压和地缘政治冲击，在过去一年里，中国商业界面对着超出预期的环境压力，中国企业既要应对宏观经济指标下行趋势下的消费端需求萎缩，又要适应来自物流频繁阻塞、供应模式变革下的供应链格局动荡，还要迎接绿色"双碳"、数字创新、渠道升级等新趋势下的转型要求，但在持续服务各行业企业的过程中，我们也同样欣喜地看到了中国企业面临严峻挑战主动求变的顽强韧性和非凡觉醒，在这一年里，我们与中国的企业家反复探讨企业转型问题，为什么我们过去一直习惯、取得长期成功的商业打法以及管理模式不再高效，短期来看应该进行哪些针对性调整？下一次行业颠覆性变革何时到来，我们应该如何做好长期性组织能力准备？

十六、可持续发展和气候行动

2023、2024年，中国应对气候变化进程维持稳中有进格局，欧洲减碳持续加码，倒逼全球供应链降碳，中国低碳标准与碳达峰工作深化推进，本土绿色技术逐步孕育突破，温室气体关注范畴渐趋扩大等因素，或成为未来中国绿色低碳稳步发展过程中的关键词。

十七、智慧出行

中国仍是新能源汽车产业的绝对引领者，在新能源车销量增速与补能生态体系扩张效率上均稳居全球首位，且企业车队的集中电动化转型也成为热门课题，与此同时，智慧城市物流体系也在多点尝试突破创新，但多方暂未形成合力，未来期待合作共赢。

十八、中国制造业的未来蓝图：重点产业与创新发展

中国政府近期推出的制造业规划，明确了十大重点产业，并设定创新、质量、数字化和绿色发展的阶段性目标，这一规划的发布，对于国内外从事相关产业的企业和个人来说，是值得密切关注的信号，规划的实施预示着一系列针对制造商和消费者的投资和激励政策即将出台，预计众多民营和国有企业根据这一规划调整战略，以便更好地与国家的重点发展方向对接，随着政策的落地，中国本土的生产能力和技术实力有望实现快速增长，尽管历史经验表明，并非所有产业都能轻易取得成功，但在那些竞争激烈的领域中，市场的优胜劣汰可以显著提升中国企业的整体实力，甚至有望在全球市场上占据领导地位。

十九、中国制造业的未来方向：十大重点领域的突破性发展

中国政府已经明确十大重点领域，推动这些行业的突破性发展，以加速国内制造业的转型升级，信息技术产业正迎来中国政府的高度重视，目标是减少对外部技术的依赖，并把中国塑造为信息技术领域的全球领导者，预计半导体行业将迎来投资的激增，中国企业也更加积极地参与国际技术型企业的并购活动，以加速技术实力的提升，在数控机床和机器人领域，中国已经牢固地确立在中低端市场的领导地位，进一步推动机器人产业的发展，通过技术创新提升生产效率和制造业的整体技术水平。不久的将来，我们有望见证大量中国制造的机器人产品走向国际市场，展示竞争力，航空航天装备领域，中国正全力以赴，力争成为卫星技术的全球领导者，通过国产客机项目，中国正努力减少对外国技术的依赖，以实现在航空航天装备领域的自主创新和突破，海洋工程装备及高技术船舶产业，与中国在南海的基础设施投资密切相关，中国期望在这一领域建立起强大的出口产业，推动国内产业的国际一体化和市场的多元化，轨道交通装备方面，中国的高速铁路产品已经成功打入多个国家的市场，政府进一步提升这一领域的国际竞争力，确保中国制造的轨道交通装备在全球市场上保持领先地位，节能与新能源汽车的发展，对改善城市空气质量具有重要意义，也是中国汽车产业获得国际认可的关键所在，推动中国汽车制造业的绿色转型和可持续发展，电力装备行业，智能电网和智能城市技术的发展是焦点，提升能效和优化能源管理是实现可持续发展的关键目标，新材料领域，中国政府视为科研创新的关键驱动力，期望在新材料的研发和商业化方面取得全球领先地位，为中国的高科技产业发展提供坚实的物质基础，医药及医疗器械产业，中国近年来取得快速的发展，产品已经开始走向国际市场，政府的持续支持和政策激励进一步加速行业的增长，推动中国在全球医药健康领域的地位提升，农机装备方面，中国正努力提升农业机械产业的效率和打造产品出口平台，虽然实现这一目标可能会面临诸多挑战，但通过技术创新和市场拓展，中国有望在农业机械化领域取得显著进步，规划还提出阶段性指标，包括研发经费比重的提升、

劳动生产率的年度增长目标，以及工业能耗和用水量的降低目标，规划内容广泛且意义深远，预计刺激内需扩张，促进本土制造业增长，并推动多个产业在2024，2025年实现出口的大幅增长。

第三节　中国全面布局未来产业

一、产业创新发展指导政策

中国正构建以创新为核心的开放包容、绿色可持续的产业生态系统，**未来产业，作为新兴科技的集大成者，具有颠覆性、创新性和高成长性的特点**，不仅在技术层面展现出革命性的突破，而且在商业模式、生产方式、消费模式等方面引领变革，代表未来经济发展的方向，是国家竞争力的重要体现，推动社会进步和人类文明发展的关键力量。**中国高度重视未来产业发展，将作为培育新增长动能、推动经济转型升级的重要抓手**，近年来，中国大力支持未来产业发展，包括提供财政补贴、税收优惠、金融支持、人才培养等，营造有利于未来产业发展的政策环境和市场环境，中国未来产业发展的重点领域涵盖多个前沿科技和战略性新兴产业，包括人工智能、量子信息、集成电路、生物技术、新能源、新材料、高端装备、航空航天、深海空天、氢能与储能等。**中国未来产业发展面临的机遇和挑战并存，发展态势复杂且充满变数**，中国拥有超大规模市场和完备的产业体系，为未来产业的发展提供广阔的市场空间和坚实的产业基础，巨大的内需市场为新技术的试验和应用带来丰富的场景，而成熟的产业链则为新技术的产业化具备便利条件，中国科技创新能力增强，近年来在人工智能、量子信息、生物技术等领域取得显著进展，国家对科研的持续投入，以及科研机构和企业的创新活力，为未来产业的技术突破和产业升级提供强有力的技术支撑，尽管如此，中国未来产业的发展也面临着包括技术壁垒、人才短缺、国际竞争压力等挑战，如何在把握机遇的同时，有效应对挑战，将是决定中国未来产业发展成败的关键，这要求中国在战略规划、政策制定、资源配置等方面做出明智的决策，并在实践中调整和优化。**未来产业将与传统产业深度融合，推动传统产业转型升级**，涉及技术层面的融合，如智能制造、工业互联网等，还包括商业模式、管理理念、市场策略等方面的创新，通过融合，传统产业能够焕发增添新气息，提高效率，降低成本，增强竞争力，未来产业将加速向纵深发展，形成产业链条和生态系统，未来产业不仅仅是单一的技术或产品，而是包括上下游企业、相关服务、平台支持等在内的完整产业链，这种生态系统的构建促进产业内部的协同发展，提高整体竞争力，也为创新提供了更加丰富的土壤，未来产业将更加注重国际合作，共享全球创新资源，在全球化的背景下，国际合作成为获取先进技术、拓展市场、吸引投资的重要途径，中国企业应积极参与国际交流与合作，通过建立国际研发中心、参与国际标准制定等方式，融入全球创新网络。**中国未来产业发展前景广阔**，随着中国科技创新能力的增强和政策支持力度的持续加大，中国未来产业必将迎来快速发展，为中国经济社会发展做出重要贡献，了解我们所处的时代背景，更精明地参与经济活动，更好地理解经济政策的潜力和局限性，对于中国民营企业家来说至关重要，他们向来以敏锐的商业洞察力和灵活的经营策略，捕抓时代赋予的机遇，推动产业创新和经济增长。新产业作为应用新技术发展壮大的新兴产业和未来产业，具有创新活跃、技术密集、发展前景广阔等特征，它们关系到国民经济的社会发展，也是产业结构优化升级的关键，为了持续完善新兴产业标准体系，前瞻布局未来产业标准研究，充分发挥标准的行业指导作用，推动新产业高质量发展，2023年8月，工业和信息化部联合科技部、国家能源局、国家标准委印发《新产业标准化领航工程实施方案（2023—2035年）》，方案聚焦新一代信息技术、新能源、新材料等8大新兴产业，以及元宇宙、脑机接口、量子信息、人形机器人等9大未来产业，统筹推进标准的研究、制定、实施和环球化。确保产业的健康发展，提升中国在全球产业标准制定中的话语权。

为贯彻党的二十大精神和《中华人民共和国国民经济和社会发展第十四个五年规划和2035年远景目标纲要》，把握科技革命和产业变革的新机遇，围绕制造业的核心地位，加速未来产业的发展，支持新型工业化进程，中国提出以下指导意见：以习近平新时代中国特色社会主义思想为指导，全面落实党的二十大精神，坚持新发展理念，加快构建新发展格局，平衡发展与安全，以传统产业的高端化升级和前沿技术的产业化为核心，以创新为动力，以企业为主体，以场景为牵引，以标志性产品为抓手，遵循科技创新和产业发展规律，加强战略规划和政策引导，积极培育未来产业，加速形成新生产力，为强国建设提供有力支撑，采取前瞻性部署和梯次培育的策略，顺应科技革命和产业变革的趋势，面向国家重大需求和战略必争领域，进行系统规划和超前布局，把握未来产业发展规律，分阶段培育，动态调整，创新驱动和应用牵引是核心，以前沿技术突破引领产业发展，加强原创性和颠覆性技术创新，场景牵引，连接研发与应用，加速产业化进程，生态协同和系统带动，汇聚政产学研用等资源，融合资本、人才、技术、数据等要素，打造深度融合的产业生态，同时，注重环境保护和环保型发展，确保产业发展与生态文明建设相协调。

二、技术突破与全球合作的融合发展战略

加强前沿技术研究与创新，支持关键核心技术攻关，推动基础研究、应用研究和产业化研究的深度融合，加速科技成果转化为实际生产力，培育未来产业集群，依托国家重大科技基础设施和创新平台，打造具有国际竞争力的产业集群，形成产业集聚效应，优化产业生态，完善产业链、创新链、资金链、人才链，构建全方位、多层次、宽领域的产业支持体系，为未来产业发展提供良好的外部环境，强化政策支持，出台支持政策，包括财政资金支持、税收优惠、金融支持、市场准入便利化等，为未来产业的发展提供政策保障，推动国际合作，积极参与国际科技合作与交流，引进国外先进技术和管理经验，拓展国际市场，开放合作、安全有序，主动参与全球未来产业分工和合作，深度融入全球创新网络，在开放合作中，注重保护知识产权，维护公平竞争，同时加强国际规则的制定和遵守，确保技术交流与合作的安全性和可持续性，通过建立国际合作平台，促进跨国界的技术交流、人才流动和资本合作。到2025年，未来产业技术创新、产业培育、安全治理等全面发展，部分领域达到国际先进水平，产业规模稳步提升，将

建设一批未来产业孵化器和先导区，突破百项前沿关键核心技术，形成百项标志性产品，打造百家领军企业，开拓百项典型应用场景，制定百项关键标准，培育百家专业服务机构，初步形成符合中国实际的未来产业发展模式，到2027年，未来产业综合实力显著提升，部分领域实现全球引领，关键核心技术取得重大突破，一批新技术、新产品、新业态、新模式得到普遍应用，重点产业实现规模化发展，培育一批生态主导型领军企业，构建未来产业和优势产业、新兴产业、传统产业协同联动的发展格局，形成持久性增长的长效机制，成为世界未来产业重要策源地。

加强前瞻谋划部署，把握全球科技创新和产业发展趋势，重点推进未来制造、未来信息、未来材料、未来能源、未来空间和未来健康六大方向产业发展，打造未来产业瞭望站，利用人工智能、先进计算等技术精准识别和培育高潜能未来产业，发挥新型举国体制优势，引导地方结合产业基础和资源禀赋，合理规划、精准培育和错位发展未来产业，发挥前沿技术增量器作用，瞄准高端、智能和绿色等方向，加快传统产业转型升级，为建设现代化产业体系提供新质动力。

三、前瞻新赛道

1.未来制造

- 发展方向包括智能制造、生物制造、纳米制造、激光制造和循环制造。
- 重点突破智能控制、智能传感、模拟仿真等关键核心技术。
- 推广新型制造、共享制造等新模式。
- 推动工业互联网、工业元宇宙等发展。

2.未来信息

- 推动下一代移动通信、卫星互联网、量子信息等技术的产业化应用。
- 加快量子计算、光子计算等技术创新突破。
- 加速类脑智能、群体智能、大模型等深度赋能。
- 加速培育智能产业。

3. 未来材料

• 推动有色金属、化工、无机非金属等先进基础材料的升级。

• 发展高性能碳纤维、先进导体等关键战略材料。

• 加快超导材料等前沿新材料的创新应用。

4. 未来能源

• 聚焦核能、核聚变、氢能、生物质能等重点领域。

• 打造全链条的未来能源装备体系,包括采集、存储、运输、应用。

• 研发新型晶硅太阳能电池、薄膜太阳能电池等高效太阳能电池及相关电子专用设备。

• 加快发展新型储能,推动能源电子产业融合升级。

5. 未来空间

• 聚焦空天、深海、深地等领域。

• 研制载人航天、探月探火、卫星导航、临空无人系统、先进高效航空器等高端装备。

• 加快深海潜水器、深海作业装备、深海搜救探测设备、深海智能无人平台等研制及创新应用。

• 推动深地资源探采、城市地下空间开发利用、极地探测与作业等领域装备研制。

6. 未来健康

• 加快细胞和基因技术、合成生物、生物育种等前沿技术的产业化。

• 推动5G/6G、元宇宙、人工智能等技术赋能新型医疗服务。

• 研发融合数学、脑机交互等先进技术的高端医疗装备和健康用品。

推动新技术革新与转型,加速创新步伐,着眼于未来产业的关键领域,积极启动国家级科技重大项目和关键技术攻关计划,在核心技术上取得突破,利用国家实验室、国家级重点实验室等创新平台,强化基础技术和共性技术的研发供给,同时,鼓励行业领军企业牵头成立创新联盟,整合产业、学术、研究和应用的资源,系统性地发展关键技术领域的攻关,支持跨学科的技术融合与创新,加速颠覆性技术的突破,努力打造成为原创技术的发源地,通过举办未来产业创新与创业大赛,激发社会各界的创新活力,同时加强知识产权的保护,确保创新成果的合法权益得到充分尊重和保障。**促进科技成果的转化应用,**发布前沿技术的应用推广目录,并建立未来产业成果的“线上发布大厅”,打造产品交易平台,举办成果对接展会,以促进供需双方的精准匹配,构建科技服务和技术市场的新模式,选择专业的科技成果评价和转移转化机构,开拓了应用场景和商业模式,实施重大技术装备和首批次材料的激励政策,加快新技术和新产品的应用推广,并建立技术成果转化激励机制和服务体系,提高成果转化的效率。

打造具有标志性的产品,推动下一代智能终端的发展,发展适应通用智能化趋势的工业终端产品,以支持工业生产的质量和效率提升,为新型工业化提供支持,推动广泛使用、智能便捷、沉浸式体验的消费级终端的发展,以满足数字生活、数字文化、公共服务等新兴需求,着力打造智能养老的医疗健康终端,以提升人民群众的生命健康质量,突破高级别智能网联汽车、元宇宙入口等具有巨大潜力的超级终端,构建产业竞争的新优势,同时注重产品的安全性、可靠性和用户体验,确保技术进步与社会责任的协调。**优化信息服务产品,**发展下一代操作系统,构建安全可靠的数字基础,推广开源技术,建立开源社区,构建开源生态系统,探索以区块链为核心、以数据为关键要素的下一代互联网创新应用和数字化生态系统,面向新一代移动信息网络、类脑智能等加速软件产品的研发,鼓励新产品的示范应用,激发信息服务的潜力,同时加强数据安全和隐私保护,确保技术发展与用户权益的平衡。**强化未来高端装备的制造,**面向国家重大战略需求和人民对美好生活的向往,加快重大技术装备攻关工程的实施,突破人形机器人、量子计算机、超高速列车、下一代大飞机、绿色智能船舶、无人船艇等高端装备产品,通过整机带动新技术的产业化落地,打造全球领先的高端装备体系,深入实施产业基础再造工程,补齐基础元器件、基础零部件、基础材料、基础工艺和基础软件等方面的短板,为未来产业发展打下了坚实的后盾,同时注重绿色制造和持久性增长,推动产业向更加环保、节能的方向发展。

四、标志性创新产品

1.人形机器人

•突破高转矩密度伺服电机、高动态运动规划与控制、仿生感知与认知等核心技术。

•推进智能制造、家庭服务、特殊环境作业等领域产品的研制及应用。

2.量子计算机

•加强可容错通用量子计算技术研发。

•提升物理硬件指标和算法纠错性能。

•推动量子软件、量子云平台协同布置,发挥量子计算的优越性。

•探索向垂直行业应用渗透。

3.新型显示

•加快量子点显示、全息显示等研究。

•突破Micro-LED、激光、印刷等显示技术并实现规模化应用。

•实现无障碍、全柔性、3D立体等显示效果。

•加快在智能终端、智能网联汽车、远程连接、文化内容呈现等场景中推广。

4.脑机接口

•突破脑机接口融合、类脑芯片、大脑计算神经模型等关键技术和核心器件。

•研制易用安全的脑机接口产品。

•鼓励探索在医疗康复、无人驾驶、虚拟现实等典型领域的应用。

5.6G网络设备

•开展先进无线通信、新型网络架构、跨域融合、天地一体化信息网络、网络与数据安全等技术研究。

•研制无线关键技术概念样机。

•形成以全息通信、数字生命等为代表的特色应用。

6.超大规模新型智算中心

•加快突破GPU芯片、集群低时延互联网络、异构资源管理等技术。

•建设超大规模智算中心。

•满足大模型迭代训练和应用推理需求。

7.第三代互联网

•推动第三代互联网在数据交易所应用试点。

•探索利用区块链技术打通重点行业及领域各主体平台数据。

•研究第三代互联网数字身份认证体系。

•建立数据治理和交易流通机制，形成可复制可推广的典型案例。

8.高端文旅装备

•研发支撑数字化娱乐创作的专用及配套软件。

•推进演艺与游乐先进装备、水陆空旅游高端装备、沉浸式体验设施、智慧旅游系统及检测监测平台的研制。

•发展智能化、高端化、成套化文旅设备。

9.先进高效航空装备

•围绕下一代大飞机发展，突破新型布局、智能驾驶、互联航电等核心技术。

•推进超声速、超高效亚声速、新能源客机等先进概念研究。

•围绕未来智慧空中交通需求，加快电动垂直起降航空器、智能高效航空物流装备等研制及应用。

10.深部资源勘探开发装备

•围绕深部作业需求，以超深层智能钻机工程样机、深海油气水下生产系统等为引导。

•推动一系列关键技术攻关。

新一代信息技术产业作为中国经济高质量发展的新引擎，涵盖电子信息制造业和软件与信息技术服务业等多个关键领域。2023年，中国电子信息制造业的营业收入达到令人瞩目的15.1万亿元，规模以上电子信息制造业增加值同比增长3.4%，增速比同期工业低1.2个百分点，但比高技术制造业高0.7个百分点，12月份，规模以上电子信息制造业增加值同比增长9.6%，在主要产品中，手机产量15.7亿台，同比增长6.9%，其中智能手机产量11.4亿台，同比增长1.9%；微型计算机设备产量3.31亿台，同比下降17.4%；集成电路产量3514亿块，同比增长6.9%，软件和信息技术服务业同样表现出色，规模以上企业数量超过3.5万家，累计完成软件业务收入高达108126亿元，同比增长了11.2%，利润总额达到12648亿元，同比增长5.7%，软件业务出口额为524.1亿美元，同比增长3.0%，凸显中国软件产业在全球市场的竞争力。在地理分布上，中国的新一代信息技术产业已经形成以珠三角、长三角、环渤海和中西部地区为代表的四大产业集聚区，各具特色，共同推动着中国信息技术产业的繁荣发展，珠三角地区，以得天独厚的地理优势和精心布局的产业链，成为全球电子信息产业的重要基地，深圳作为该区域的研发重镇，汇聚华为、腾讯等国际知名的高科技企业，它们在智能终端、信息通信、集成电路设计等领域的研发实力，为整个产业的技术革新和进步提供强大动力，东莞、惠州等城市则凭借完善的产业链和生产基地，成为珠三角地区的电子信息产业坚实的制造后盾，形成从研发到生产的完整产业生态链，长三角地区，依托雄厚的工业基础和人才资源，构建以电子器件、信息通信、集成电路、新型显示等为核心的产业体系，上海、杭州、南京等城市在集成电路设计、软件开发、云计算等领域展现出强大的竞争力，而无锡、苏州、合肥等地在新型显示技术和电子元器件制造方面也取得非凡成就，这些城市间的紧密合作和产业互补，共同推动长三角地区新一代信息技术产业的快速发展，环渤海地区，以北京、天津为龙头，形成集成电路、新型显示、电子元器件、软件、信息技术服务、云计算、大数据等领域的重点产业集群，北京作为国家科技创新中心，凭借丰富的科研资源和人才优势，为环渤海地区的信息技术产业提供坚实的技术支持，天津、石家庄、青岛、济南等地依托各自的产业基础和区位优势，发展特色鲜明的信息技术产业，形成环渤海地区信息技术产业的多点支撑格局，中西部地区，以重庆、成都、武汉、长沙、西安等城市为核心，重点发展半导体材料、新型显示、集成电路、电子元器件、智能终端、高端软件等领域，这些城市利用国家西部大开发战略的政策优势，积极吸引国内外投资，加快产业布局和技术创新，推动中西部地区信息技术产业的快速发展，同时，这些地区在人才培养和引进、产业环境建设等方面也取得成效，为新一代信息技术产业的发展提供良好的条件和环境。

五、新能源产业

2023年，中国新能源领域取得重要性的成果，特别是在风电和光伏发电方面，根据国家能源局发布的数据，截至2023年12月底，全国累计发电装机容量约为29.2亿千瓦，同比增长13.9%，其中，太阳能发电装机容量约为6.1亿千瓦，同比增长55.2%；风电装机容量约为4.4亿千瓦，同比增长20.7%，在风电方面，2023年中国风电装机规模达到4.4134亿千瓦，占全国电力总装机的15%，其中陆上风电4.434亿千瓦，海上风电3700万千瓦，全年风电发电量为8091亿千瓦时，同比增长12.26%，占当年发电总量的9.08%，在光伏发电方面，2023年中国光伏总装机继在8月突破5亿千瓦“大关”之后，到年底又迈上6亿千瓦的门槛，达到6.0949亿千瓦，占全国电力总装机的21%，全年光伏发电量为2940亿千瓦时，同比增长17.17%，占中国发电总量的3.3%，此外，2023年中国在新型储能领域也取得快速发展，新增装机规模约2260万千瓦/4870万千瓦时，全国电力市场交易电量达到5.7万亿千瓦时，同比增长7.9%，占全社会用电量的61.4%，中国在新能源领域的投资和建设继续保持快速增长，新能源装机和发电量在整体能源结构中的比重提升，为实现绿色低碳转型和“双碳”目标提供坚实的支撑。

六、新材料产业

新材料产业作为支撑国家安全和推动经济发展的关键领域，在中国经济结构的战略性转型中发挥着举足轻重的作用，中国已成功构建起全球最为全面、体系完整、规模领先的材料产业体系，在先进储能材料、光伏材料、超硬材料等关键领域，中国的生产能力和技术水平均处于世界领先位置，为新能源、航空航天、电子信息等战略性新兴产业的蓬勃发展提供了坚实的物质基础，截至2023

年,中国新材料产业的总产值已达到约6.8万亿元,相较于2012年实现了近六倍的增长,这一令人瞩目的增长速度凸显新材料产业的迅猛发展态势,也彰显在稳定经济增长中的核心支撑作用,新材料产业的蓬勃发展,巩固中国在全球新材料领域的竞争优势,而且为国内相关产业的技术革新和产业升级注入强大动力,在新材料技术的研发和应用领域,中国已建立6个国家制造业创新中心,这些中心专注于推动新材料技术的创新与应用,加速产业的转型升级,同时,中国还精心布局了32个国家新材料重点平台,覆盖从生产应用示范、测试评价到资源共享等多个关键环节,为新材料的研发、测试和产业化提供了全方位的支持和保障,在关键材料技术的攻关上,中国取得具有里程碑意义的突破,例如,铝合金薄板等关键材料在C919大飞机上的成功应用,展现中国在高端制造材料领域的强大技术实力,第二代高温超导材料的研发成功,为世界首条35千伏公里级高温超导电缆示范工程的顺利通电运行提供了坚实基础,这一成就标志着中国在超导材料领域已经走在世界前列。中国还培育了一批在新材料领域表现突出的"小巨人"企业和制造业单项冠军企业,如1972家"小巨人"企业和248家单项冠军企业,它们在碳纤维及复合材料、超导材料等重点领域取得显著贡献,大中小企业融通发展生态的加速形成,以及优势企业集聚发展形成的7个新材料类国家先进制造业集群,这些集群已成为区域经济增长的"加速器"。

七、高端装备产业

高端装备制造业,作为装备制造业的金字塔尖,凭借丰富的技术深度和在产业链条中的关键作用,推动整个产业集群的综合实力更上一层楼,2023年,中国高端装备制造行业迎来新的发展里程碑,产值规模进一步扩大至21.3万亿元,标志着行业规模的显著增长,更是中国在高端装备制造领域技术创新和市场竞争力显著提升的有力证明。在央企上市公司领域,2023年高端装备制造行业实现总利润的稳健增长,达到1267亿元,营业收入更是达到1.95万亿元,同比分别增长5.8%和2.2%,稳健的增长势头充分展现行业的盈利能力和市场表现的坚实基础。在机器人行业,营业收入突破1700亿元,保持两位数的高速增长,工业机器人销量占全球的一半以上,连续10年稳居世界首位,工程机械出口方面,2023年出口额达到443亿美元,同比增长30.2%,创下历史新高,展示中国工程机械产品的国际竞争力和全球市场对中国高端装备制造业的高度认可和旺盛需求。

目前,中国高端装备制造业已经形成环渤海、长三角、珠三角和中西部等多产业集聚区,这些产业集聚区依托各自的区位优势、产业基础和政策支持,形成特色鲜明的产业集群,环渤海地区以北京、天津为中心,重点发展航空航天、海洋工程等高端装备,长三角地区则以上海、江苏、浙江为核心,聚焦智能制造、新能源汽车等领域,珠三角地区以广东为代表,专注于电子信息装备、高端医疗器械等产业,中西部地区则依托丰富的资源和政策优势,发展重型机械、新能源装备等产业,产业集聚区的形成促进区域经济的均衡发展,也为中国高端装备制造业的整体竞争力提供有力支撑,展望未来,随着国家对高端装备制造业的持续投入和政策支持,预计这些产业将继续保持良好的发展态势,为中国经济的转型升级和创新发展提供强大驱动。同时,中国高端装备制造业的快速发展也为全球产业链的优化和国际合作提供新的机遇,为世界经济的繁荣贡献中国力量。

八、新能源汽车产业

2023年,中国新能源汽车产业以强劲的势头,书写着产业繁荣发展的新篇章,这一年,新能源汽车产销量再创新高,分别达到惊人的705.8万辆和688.7万辆,同比增幅高达96.9%和93.4%,进一步巩固中国在全球新能源汽车市场的领航地位,更是连续第八年稳居世界之巅,新能源汽车的市场占有率显著攀升至25.6%,较上一年增加12.1个百分点,全球销量占比更是突破了60%的大关,这无疑标志着中国在全球新能源汽车产业中正日益增强,随着新能源汽车市场的迅猛扩张,相关的配套环境也在持续优化升级,截至2023年底,全国累计建成的充电桩数量已达到521万个,换电站1973座,这些基础设施的完善为新能源汽车的普及和使用提供坚实的后盾，在2023年，新增充电桩数量达到259.3万个、换电站675座，充换电基础设施建设的快速发展为新能源汽车的推广提供了强有力的支撑，同时，动力电池回收服务网点也已超过1万个，实现了高效便捷的就近回收，对于推动新能源汽车产业的绿色发展具有深远的意义。在地域分布上，中国新能源汽车产业的版图日益扩展，主要集中在珠三角、长三角、京津冀等经济发达地区，珠三角地区，以广州、深圳、佛山为核心的新能源汽车产业集群，以及东莞、惠州、肇庆等地的关键零部件和新材料配套项目，共同构筑这一区域的产业高地，长三角地区则以上海为龙头，江苏、浙江、安徽等地的制造基地形成紧密的产业联动网络，京津冀地区中，北京、天津、河北等地的新能源汽车产业布局各具特色，北京经济技术开发区、顺义、昌平等地成为北京的产业亮点，天津的滨海新区、天津经济技术开发区等地则是天津的产业核心，而河北的保定、沧州等地则承担着河北的产业重任，这些地区的产业集聚为新能源汽车的研发、生产和销售提供优越的环境，随着技术的持续进步和市场的扩大，中国新能源汽车产业的未来发展前景无限广阔，有望在全球范围内继续引领绿色出行的潮流。

九、绿色环保产业

中国在环境保护产业的发展道路上取得令人瞩目的成就，构筑覆盖技术研发、装备制造、工程设计、施工实施以及运营维护等环节的完整环保产业链，产业链的建立，为国内的生态环境治理提供坚实的技术支持，也为全球的环境保护事业贡献中国的智慧和解决方案，在2023年，中国环保产业的营业总收入达到2.22万亿元，经济指标的增长凸显环保产业的迅猛发展，也凸显绿色经济在中国经济发展中占据的重要位置。环保产业的蓬勃发展同样体现在上市公司数量的稳步增长上，从2012年的86家增长至2023年的190家，上升趋势展现了资本市场对环保产业的高度认可和支持，特别是随着注册制改革的深入，环保企业上市的门槛进一步降低，超过60家新增的A股上市环保公司，为行业灌注新气息。在技术工艺和装备水平方面，中国的环保技术实现质的飞跃，在烟气治理领域，电除尘、袋式除尘、脱硫脱硝等技术已达到国际领先水平，有效减轻工业排放对大气环境的负面影响，在水处理方面，城镇污水和常规工业废水处理技术已形成成熟稳定的成套工艺和装备，显著提升了水资源的循环利用效率，同时，污水深度处理、挥发性有机物（VOCs）治理、固废处理与资源化以及土壤修复等领域的技术装备也在进步，为环境的全面治理提供技术保障，环境监测技术的进步同样值得关注，自动化、成套化、智能化、立体化的监测技术为环境监管部门提供精确的监管工具，使得环境监管工作更加高效、科学。

十、民用航空产业

近年来，中国民航业迎来翻天覆地的进步，特别是在机场和航线网络的建设方面，在国家战略的引领下，民航业在京津冀、长三角、粤港澳大湾区以及成渝等经济繁荣区域，积极推进四大世界级机场群的建设，同时加快各枢纽机场的建设步伐，这些战略举措极大地增强区域间的航空联系和经济整合水平，民航业还通过政策支持、资金投入等多元化手段，大力支持中西部地区及支线机场的发展，推动区域发展的均衡，使得机场网络结构更为均衡，服务范围更加广泛。2023年，京广大通道的全线贯通标志着重要的里程碑，这条连接南北的空中交通要道，全长2000多千米，紧密联结京津冀地区与粤港澳大湾区，航路通行能力提升35%，减少两地间的旅行时间，加强区域间的经济与文化交流，截至2023年3月，中国民航业的硬件设施和服务质量均攀升至新的高峰，运输飞机的数量已达到4165架，通用航空器数量为3177架，飞行器规模的扩大和质量的提升，为民航运输的持续发展奠定基础，同时，282条跑道、1800.6万平方米的航站楼面积、7328个停机位以及341万方的航油储备能力，共同构建庞大而高效的航空运输网络，此外，航信系统的服务保障率达到99.99%，接近完美的服务水平确保民航运输的安全与流畅，机场的总容量已达到15亿人次，展示民航运输能力的大幅提升，也凸显中国民航业在全球航空市场中的重要地位。

十一、船舶与海洋工程装备产业

海洋工程装备与高科技船舶构成海洋装备产业链的关键环节，它们是评估一个国家海洋科技水平和综合国力的重要尺度，2023年，中国在这一领域再创辉煌，造船业的关键指标持续领跑全球，在全球造船市场的激烈竞争中，中国以载重吨和修正总吨计的造船完工量、新接订单量和手持订单量均占据市场的半壁江山，彰显中国造船业的雄厚实力。在企业竞争层面，中国造船企业的表现尤为突出，共有6家企业稳居全球造船业的前十强之列，这标志着中国造船企业在国际舞台上的竞争力攀升，在高端船舶制造领域，中国同样取得令人瞩目的突破，国产第二艘大型邮轮的开工建造，以及自主设计建造的亚洲首座深水导管架平台"海基一号"的圆满完工，此外，全球首艘10万吨级智慧渔业大型养殖工船"国信1号"的顺利交付，以及中国首艘、全球最大的24000TEU超大型集装箱船的成功交付，成为中国高技术船舶制造领域的重要里程碑。在液化天然气（LNG）运输领域，中国的成就同样引人瞩目，全球最大的LNG运输加注船"海洋石油301"号的完工交付，增强中国在LNG运输领域的竞争力，为全球能源运输市场带来创新的解决方案，产业布局方面，中国已经形成以长三角、环渤海、珠三角为代表的三大造船基地，这些基地汇集一批具有强大国际竞争力的大型造船企业，还孕育了众多专业化的配套企业，这些基地的建设和发展，促进了中国造船业的持续繁荣。

十二、未来产业的发展战略

1.元宇宙

由虚拟现实、增强现实、区块链、人工智能等尖端技术共同塑造的新兴领域中，元宇宙正迅速崛起，成为科技创新的新焦点，为确保这一概念的健康成长，研究和制定一套全面的元宇宙标准化路线图显得尤为关键，首先，我们需要加速制定基础且通用的元宇宙标准，这将成为构建整个元宇宙生态系统的坚实基础，不仅涉及对元宇宙相关术语的标准化定义、对不同类别的明确划分，还包括建立一套完善的标识体系，确保元宇宙内部的信息交流无障碍，同时与外部世界保持顺畅的沟通，此外，制定关键技术标准，如建立统一的元宇宙身份体系、规范数字内容的生成、实现跨平台的互操作性以及技术的集成标准化，对于保障元宇宙的平稳运行和提升用户体验至关重要，在服务标准方面，制定涵盖虚拟数字人、数字资产流转、数字内容确权以及数据资产保护等方面的标准，将为元宇宙中的经济活动提供坚实的法律和技术支撑，从而促进数字经济的稳健发展，同时，针对不同行业领域的元宇宙应用标准研究，如工业、城市、商业和文娱等，将有助于推动元宇宙技术在各个领域的深度融合与创新应用，实现产业的转型升级，随着元宇宙的迅猛发展，隐私保护、内容监管和数据安全等挑战也日益凸显，因此，预先研究和制定相关标准，确保元宇宙环境的安全可靠，对于维护用户权益、保障个人隐私和维护社会秩序具有不可估量的重要意义，元宇宙标准化路线图的研究与制定，为构建元宇宙提供明确的指导和框架，还将推动技术创新，确保用户安全，促进元宇宙生态系统的全面健康发展，随着标准化工作的深入，我们有理由相信，一个更加成熟、多元且充满活力的元宇宙时代正在向我们招手。

2.脑机接口

技术这一生物医学工程的革命性突破，正引领我们进入一个全新的时代，使人脑与外部设备的直接通信成为可能，开启了人类与机器直接交流的大门，为保障这项技术能够稳健发展并得到广泛采纳，对脑机接口的标准化路线图进行深入研究显得至关重要，制定基础共性标准是搭建脑机接口技术体系的基石，这包括对相关术语的精确定义和参考架构的标准化，为脑机接口的设计、开发和应用提供一个统一的交流和协作平台，这些基础标准将促进不同研究机构和企业之间的技术互通，加速技术的迭代与实践应用，制定输入输出接口标准对于提升脑机接口的实用性至关重要，包括精确的脑信息读取与写入技术，确保信息的准确无误传输和高效处理，建立统一的数据格式、传输协议、存储方法、表示方式以及预处理流程，为脑机接口的数据管理提供一套标准化的操作流程，极大地提升数据处理的效率和精确度。脑信息编解码算法标准的研制则是脑机接口技术的核心所在，这些算法将复杂的脑电信号转换为机器能够理解的指令，同时也将机器的信号转化为人脑能够感知的信息，通过标准化的编解码算法，能够显著提升脑机接口的响应速度和交互精度，为用户提供更为流畅和自然的交互体验，针对脑机接口在制造、医疗健康、教育、娱乐等不同行业应用的标准预研，将推动技术在各个领域的创新应用，这些应用标准的制定将满足特定行业的独特需求，同时确保技术应用的安全性和有效性，在安全伦理方面，随着脑机接口技术的进步，可能会引发伦理和社会问题，如隐私保护、数据安全、技术滥用等，也需要我们给予足够的重视，通过制定全面的安全伦理标准，引导技术发展的正确方向，保护用户权益，确保脑机接口技术的伦理使用，脑机接口标准化路线图的研究为这一前沿技术的发展提供明确的方向和规范，而且促进技术创新，保障了用户安全，推动了脑机接口技术在各个领域的健康、有序发展的脚步。

3. 量子信息技术

作为21世纪科技革命的领头羊，正在引领我们进入全新的科技时代，这一领域的标准化研究对于实现量子科技的实用化和产业化至关重要，能够确保量子技术的稳健发展，更是推动广泛应用的关键一环，建立完善的基础共性标准是量子信息技术标准化的基石，这涵盖对量子信息术语的精确定义、功能模型的构建、参考架构的设计以及基准测评方法的制定，这些标准为量子信息技术的研究、开发和应用提供统一的框架和通用语言，促进不同研究团队和企业之间的交流与合作，从而加速量子技术的创新步伐和实际应用。在量子计算领域，制定量子计算处理器、量子编译器、量子计算机操作系统等关键技术标准，对于提升量子计算机的性能和可用性至关重要，量子云平台和量子人工智能的标准促进量子计算资源的共享，加速智能应用的发展，同时，量子优化和量子仿真等标准的制定，将为我们提供解决复杂问题的全新工具和方法。在量子通信领域，标准化工作同样不可或缺，量子通信器件、系统、网络的标准将确保量子通信的安全性和可靠性，协议、运维、服务和测试等标准的研制，将为量子通信的实施和维护提供明确的指导，确保量子通信网络的高效稳定运行。量子测量领域的标准化工作也将带来革命性的进展,量子超高精度定位、量子导航和授时、量子高灵敏度探测与目标识别等标准的研制,将极大地提升测量技术的精度和灵敏度。这些标准的建立影响精密科学实验、全球定位系统、安全监控等领域。量子信息技术标准化路线图的研究和实施,将为量子科技的发展提供清晰的指导和规范,通过标准的制定和推广,能够促进量子技术的国际合作,推动量子科技在全球范围内的广泛应用,为人类社会带来革命性的变革,随着标准化工作的深入,量子信息技术有望在未来成为推动科技创新和经济发展的重要力量,为人类社会的进步贡献巨大的潜力和价值。

4. 人形机器人

作为机器人技术领域中的璀璨明珠,发展触及精密的机械设计和先进的控制技术,更关联到人工智能、社会伦理和安全等多重维度,为促进这一领域的技术突破和广泛应用,制定和完善相关标准显得尤为关键,在基础标准的制定上,需要对人形机器人的术语进行明确定义,对通用本体设计、整机结构进行规范,并确立一套社会伦理准则,这些标准为研究人员和开发者提供共通的理解和沟通基础,而且确保了人形机器人的设计和应用与社会价值观保持一致,避免触碰伦理和道德的红线。在技术预研领域,研究人形机器人专用的结构零部件、驱动部件、机电系统零部件等基础标准,为机器人的制造和维护提供标准化的指导,同时,对控制器、高性能计算芯片及模组、能源供给组件等核心部件进行标准预研,推动人形机器人性能的飞跃和成本的有效控制,智能感知决策和控制标准的研制是人形机器人技术发展的核心,通过制定感知系统、定位导航、人机交互、自主决策、集群控制等智能功能的标准,我们赋予机器人更深层次的理解和适应环境的能力,从而在复杂多变的环境中展现出更高的自主性和效率,系统评测标准的预研则为人形机器人的运动能力、操作精度、交互效果和智能水平提供了科学的量化评价体系,有助于指导机器人的设计优化,而且确保在各种应用场景中的表现能够满足预期,达到最佳效果,安全标准的预研,涵盖了机电系统的安全、人机交互的安全性以及数据隐私保护等多个方面,它们是确保人形机器人安全可靠运行的坚固防线,这些标准将引导开发者识别和应对潜在的安全风险，保障用户和机器人本身的安全不受威胁，针对工业自动化、家庭服务、公共服务、特种作业等不同应用场景，开展人形机器人应用标准的预研，将为机器人技术在各个领域的具体应用提供强有力的支持，这些应用标准的制定，将有效解决特定场景下的需求，加速人形机器人技术的商业化进程，推动在更广泛领域的应用和普及，随着标准化工作的深入，人形机器人有望在未来成为人类社会中不可或缺的伙伴。

5. 生成式人工智能

作为人工智能技术领域中的创新前沿，其发展触及复杂的算法设计和先进的数据处理技术，更关联到机器学习、数据安全和知识产权等多重维度，为促进这一领域的技术进步和广泛应用，制定和完善相关标准显得尤为关键。在基础标准的制定上，需要对生成式人工智能的术语进行明确定义，对算法框架、数据处理流程进行规范，并确立一套数据伦理准则，这些标准为研究人员和开发者提供共通的理解和沟通基础，而且确保了生成式人工智能的设计和应用与社会价值观保持一致，避免触碰法律和道德的红线，在技术预研领域，研究生成式人工智能专用的算法模型、数据处理技术、机器学习框架等基础标准，为人工智能的实施和优化提供标准化的指导。同时，对高性能计算平台、数据存储与处理组件、安全防护模块等核心部件进行标准预研，推动生成式人工智能性能的提升和成本的有效控制。智能决策和控制标准的研制是生成式人工智能技术发展的核心，通过制定数据采集、特征提取、模式识别、预测分析、自主学习等智能功能的标准，我们赋予系统更深层次地理解和适应数据的能力，从而在复杂多变的数据环境中展现出更高的自主性和效率。系统评测标准的预研则为生成式人工智能的算法效能、数据处理能力、模型泛化性、交互效果和智能水平提供了科学的量化评价体系，有助于指导系统的设计与优化，而且确保在各种应用场景中的表现能够满足预期，达到最佳效果。安全标准的预研，涵盖了算法的透明度、数据的安全性以及用户隐私保护等多个方面，它们是确保生成式人工智能安全可靠运行的坚固防线，这些标准将引导开发者识别和应对潜在的安全风险，保障用户和系统本身的安全不受威胁。针对医疗健康、金融服务、教育培训、内容创作等不同应用场景，开展生成式人工智能应用标准的预研，将为人工智能技术在各个领域的具体应用提供强有力的支持。这些应用标准的制定，将有效解决特定场景下的需求，加速生成式人工智能技术的商业化进程，推动在更广泛领域的应用和普及。随着标准化工作的深入，生成式人工智能有望在未来成为人类社会中不可或缺的工具。

6. 生物制造

在生物制造领域，传感器和关键元器件的研发是提升生产精确度和效率的关键，这些传感器能够实时监测生物反应过程中的关键参数，如温度、pH值、氧气浓度等，从而确保生产环境的稳定性和生物反应的顺畅进行，制定这些关键元器件的标准化，有助于统一技术规格，还能提高产品的兼容性和互换性，降低生产成本，加速生物制造技术的商业化步伐。生物反应器作为生物制造生产设备的核心，设计和制造标准的制定对整个生产过程的效率和产物质量有着直接的影响，生物反应器必须在无菌、恒温、恒湿等严格控制的条件下运行，以维持生物细胞或酶的活性，通过制定生物反应器的工艺标准，我们可以促进设备性能的提升，确保生产过程的稳定性和产物的一致性。生产技术规范的制定是确保生物制造产品质量和安全性的根本，这些规范覆盖从原料筛选、生产过程的精细控制到最终产品的质量检验等所有关键环节，通过实施标准化的生产流程，我们可以减少生产过程中的变异性，提升产品的可靠性和市场竞争力。在生物制造食品、药品、精细化学品等应用领域，产品的检测和评价方法的标准化同样至关重要，包括对产品化学成分的精确分析、生物活性的全面测试，还涉及安全性评估和环境影响的评价，通过优化和完善这些标准，提高产品的市场准入标准，保护消费者健康，也为产品的国际贸易提供了统一的评价基准。研制传感器等关键元器件、生物反应器等生产设备，以及生产技术规范等工艺标准的制定，对于推动生物制造产业的发展具有举足轻重的作用，这些标准的建立和完善，将促进生物制造技术的创新，提升产品质量，保障生产安全，并为生物制造产业的持续健康发展奠定坚实的基石，随着这些标准化工作的升级，生物制造产业有望在未来成为推动全球经济发展和改善人类生活质量的重要力量。

7. 未来显示

在显示技术领域，创新与标准化如同行业的双翼，共同推动着这一领域的蓬勃发展，深入研究量子点显示、全息显示、视网膜显示等尖端技术的标准，是确保这些技术能够安全、高效地投入市场并服务于用户的重要举措，量子点显示技术以卓越的色彩饱和度和能效比引领行业，全息显示技术以引人入胜的三维成像能力吸引眼球，视网膜显示技术则以对眼睛的友好性赢得关注，它们共同描绘出未来显示技术的美好蓝图，通过预研这些技术的标准，能够指导产品设计、确保产品质量，更能为用户带来前所未有的丰富和震撼的视觉体验。Micro-LED显示、激光显示、印刷显示等关键技术标准的开发，是推动新一代显示技术发展的重要基石，Micro-LED显示技术以高亮度、高对比度和低功耗的特性成为行业的焦点，激光显示技术以在大屏幕和高色彩还原度方面的突出表现受到青睐，印刷显示技术则以低成本和可卷曲的特性开辟新的可能性，这些技术标准的制定，将促进相关产品的标准化生产流程，降低成本，提升产品的市场竞争力。新一代显示材料、专用设备、工艺器件等关键产品标准的研制，是保障显示技术持续创新和进步的坚实基础，这些标准将全面覆盖材料的物理化学性能、设备的精确度和稳定性、器件的兼容性和可靠性等关键方面，为显示技术的研发和产业化提供强有力的技术支持。面向智慧城市、智能家居、智能终端等多样化应用场景的显示技术标准，是连接显示技术创新与实际应用的桥梁，这些标准将充分考虑不同场景下用户的个性化需求，如显示设备的能耗管理、交互方式的便捷性、环境适应性的强化等，确保显示技术能够更加精准地满足人们的日常生活和工作效率的需求，为用户带来更加智能化和个性化的体验。标准化工作的持续推进进步，显示技术领域的未来将更加光明，能够为用户带来更加卓越的视觉享受，也将为整个行业的健康发展和创新突破提供坚实的支撑。

8. 未来网络

在全球通信技术的迅猛发展浪潮中，6G作为下一代移动通信技术的先锋，基础理论、愿景需求、典型应用和关键能力的标准化预研工作显得尤为关键，这些研究为6G技术的实现奠定坚实的理论基础,而且提供明确的应用方向,确保能够满足未来对于高速率、低延迟、广连接的迫切需求,并支持虚拟现实、增强现实、自动驾驶等前沿应用场景的蓬勃发展。在下一代互联网的升级演进中,构建"IPv6+"技术标准体系成了核心任务,这包括对分段路由(SRv6)、应用感知网络(APN6)、随路检测(iFit)等核心技术的标准研制,这些技术将极大地提升网络的灵活性、可编程性和服务质量,为5G、物联网、云计算等新兴技术提供更加稳固的网络支撑。产业数字化转型的紧迫需求催生确定性网络、数字孪生网络、算网融合/算力网络、自智网络、网络内生安全等关键网络技术标准的制定,这些技术标准的出台将为工业互联网、智能制造、智慧城市等领域提供更加可靠、安全、高效的网络服务,推动产业的数字化转型。面向海空天地一体化、高通量全息通信、海量人机物通信等全新应用场景,新型网络体系结构、路由协议、智能管控等标准预研工作正在紧锣密鼓地展开。这些研究将探索在多样化的网络环境中如何实现更高效、更可靠的通信,为未来网络的全球化和智能化奠定坚实的起点。Web3.0作为互联网发展的新阶段,相关标准的预研工作也在全力加码,这涵盖了术语、参考架构等基础类标准的研制,跨链技术要求、分布式数字身份分发等技术类标准的开发,以及面向数据资产交易、数字身份认证、数字藏品管理等应用场景的应用类标准的制定,这些标准的建立将为Web3.0时代的去中心化、用户主权、数据安全等核心特性提供坚实的技术支撑和规范指导,引领我们步入一个更加开放、互联、智能的数字世界。

9. 新型储能

在新能源和电动汽车行业的蓬勃发展中,电池作为核心储能技术,扮演着至关重要的角色,标准化工作对确保产品质量和提升安全性至关重要,而且对于推动电池的回收利用和环境可持续性也发挥着关键作用,通过研制电池碳足迹和溯源管理的基础通用标准,能够量化电池对环境的影响,确保电池产品的可追溯性和透明度,同时激励整个产业链向着更加绿色、可持续的方向发展,在电池回收利用的领域,制定电池回收和再利用的标准将极大地促进废旧电池的高效处理,减少对环境的污染,并实现资源的有效循环利用,包括电池拆解、材料回收、再制造等环节的技术规范和操作流程，确保每一步都符合环保和安全的要求，随着新能源技术的持续进步，钠离子电池、氢储能/氢燃料电池、固态电池等创新储能技术也逐渐走进公众视野，加快新型储能技术的基础通用标准研究，如术语定义、运输安全、环境适应性等，对于指导这些技术的商业化进程和规模化应用至关重要，针对不同应用场景，如便携式电子设备、小型动力工具、大规模储能系统等，制定相应的电池产品标准将确保电池产品能够满足特定应用的多样化需求，涵盖电池的能量密度、功率密度、循环寿命、快速充电能力等关键性能指标，以及产品的设计、测试、认证等环节，确保电池产品在安全性、性能和环保性方面达到最优标准。

第四节　新质生产力

新质生产力以劳动者、劳动资料、劳动对象及其优化组合的跃升为基本内涵，这一跃升的过程必然是新型生产关系形成的过程，发展新质生产力是社会主义现代化进入新发展阶段的必然要求，是摆脱传统发展方式与传统生产力发展路径、实现高质量发展的必由之路。新质生产力是指在现代科技，尤其是信息技术、生物技术、新材料技术以及新能源技术等前沿科技的推动下，形成的新型生产能力和生产方式，它具有智能化、绿色化、服务化和个性化等特点，能够极大地提高生产效率，创造新的经济增长点，加快发展新质生产力，是新时代新征程解放和发展生产力的客观要求，是推动生产力迭代升级、实现现代化的必然选择。高质量发展是新时代的硬道理，需要新的生产力理论来指导，新质生产力代表先进生产力的演进方向，是由技术革命性突破、生产要素创新性配置、产业深度转型升级而催生的先进生产力质态，具有强大发展动能，能够引领创造新的社会生产时代。习近平总书记在中共中央政治局第十一次集体学习时强调："发展新质生产力是推动高质量发展的内在要求和重要着力点""新质生产力已经在实践中形成并展示出对高质量发展的强劲推动力、支撑力"，在当代经济的演变历程中，新质生产力这一概念应运而生，它标志着生产力发展的新阶段,是由技术突破、要素创新配置及产业转型升级所孕育的先进生产力形态,新质生产力的核心在于引领社会生产进入一个全新时代。

一、新质生产力的内涵

新质生产力的首要要素是劳动者的素质提升,在这一新时代,人作为生产力中最活跃的因素,对知识和技能的要求日益提高,新质生产力的发展依赖于能够创造和引领科技前沿的战略人才,他们在科学认识和技术创造上的颠覆性突破,以及在基础研究和关键技术领域的一流科技领军人才和青年才俊,都是不可或缺的,同时,也需要能够熟练运用新型生产工具的应用型人才,如工程技术人才和大国工匠。劳动工具的技术含量提升,构成了新质生产力的动力基础,生产工具的科技化程度是区分新旧生产力的显著标志,新一代信息技术、先进制造技术、新材料技术的融合,催生了智能、高效、低碳、安全的新型生产工具,解放了劳动力,拓宽了生产空间,为新质生产力的形成提供了物质基础。特别是工业互联网、工业软件等非实体形态工具的广泛应用,促进了生产流程的智能化和制造模式的定制化,推动生产力向更高层次跃升。劳动对象的扩展成为新质生产力的物质基石,科技创新的广度和深度不断拓展,使得劳动对象的种类和形态得到极大丰富,人类对自然界物质和能量的获取手段更加先进,劳动创造的物质资料不断转化为新的劳动对象,提高了生产效率。数据作为新型生产要素,成为重要的劳动对象,通过与其他要素的结合,放大了价值创造效应。

二、新质生产力的特征

新质生产力与传统生产力形成鲜明对比,以创新为主导,具有高科技、高效能、高质量的特点,创新是新质生产力的第一动力,推动生产力向更高级形态演进,科技创新重塑生产力的基本要素,催生新产业新业态,近年来,我国在多个领域取得重大成果,为新质生产力的发展奠定了基础。战略性新兴产业和未来产业作为新质生产力的主要载体,展现出高效能的特点,这些产业具有创新活跃、技术密集、价值高端、前景广阔等特点，为新质生产力的发展提供了广阔的空间，新质生产力以新供给与新需求的高水平动态平衡为落脚点，形成高质量的生产力，供需有效匹配是社会大生产良性循环的重要标志，依托高水平的生产力实现高水平的供需动态平衡。

三、蓄势赋能新质生产力

培育壮大新质生产力是一项长期任务和系统工程，需要正确处理生产力发展中的一系列重大关系，包括生产力与生产关系、新质生产力各要素之间、自主创新与开放创新、新质生产力与传统生产力之间的关系。培育新型劳动者队伍，创造和应用更高技术含量的劳动资料，拓展更广范围的劳动对象，推动更高水平的生产力要素协同匹配，这些都是发展新质生产力的关键步骤。在推动经济向更高层次发展的进程中，全面深化改革是激活新质生产力、实现高质量发展的核心动力，围绕新质生产力发展，全面深化改革所展现的基本特点与思路。

1.质变先导性

全面深化改革的核心动力源自新质生产力的内在质变，生产力的演进是一个连续与阶段性相结合的进程，体现了量变与质变的辩证统一，量变体现在生产工具的逐步改进和劳动方式的渐进式演进，而质变则由生产工具的根本性变革所引发，从手工工具到大机器，再到自动化、智能化、数字化的生产工具，每一次变革都是生产力质的飞跃，新质生产力正是这种由量变积累引发的质变，要求改革在体制机制上实现质的飞跃。

2.系统集成性

构建与新质生产力相适应的新型生产关系是一项复杂的系统工程，它要求进行系统性、集成性的改革。这不仅包括产业组织和管理方式的变革，还涉及交换、分配、劳动等深层次的关系调整，以及经济、科技、行政、环保、用人等多领域的改革，需要整体规划和协调推进。

3.延续稳定性

新质生产力的发展需要政策的连续性和稳定性作为支撑，以我国科技投入体制的改革为例，这种连续性体现在对科技创新的持续重视和财政科技投入的不断增加，2023年，我国研究与试验发展（R&D）经费支出占GDP比重为2.64%，基础研究经费占比为6.65%，这为新质生产力的发展提供了坚实的基础。

4.构建现代治理体系

以构建适应新质生产力发展的现代国家治理体系为目标，形成促进其发展的中国特色社会主义制度体系，党的十九届五中全会提出的“十四五”规划和2035年远景目标，强调了关键核心技术的突破、现代化经济体系的建成、新型工业化和信息化的基本实现，这些都是发展新质生产力的具体体现。

5.提升治理效能

以提升新质生产力发展的效率与质量为目标，深化经济、科技、政府、环境治理改革，提高治理效能，优化生产组织效率和国家机构工作效率，提升公务员的工作绩效。

6.解决发展瓶颈

针对新质生产力发展中遇到的关键问题，如产能过剩、金融支持不足、科技创新能力不强等，进行全面系统的改革，构建有利于新质生产力发展的体制机制。

四、新质生产力核心要素

形成新质生产力的核心要素指标分析与研究，从新质生产力理论公式开始：

$$\text{新质生产力}=(\text{科学技术}^{\text{革命性突破}}+\text{生产要素}^{\text{创新性配置}}+\text{产业}^{\text{深度转型升级}})\times(\text{劳动力}+\text{劳动工具}+\text{劳动对象})^{\text{优化组合}}$$

新质生产力的形成与发展，离不开其核心要素的支撑与推动。这些核心要素不仅涵盖了科技创新、产业升级和人才培养等方面，更通过其独特的指标体系，量化和评估新质生产力的实际效果和潜在价值。

1.科技创新是新质生产力的核心驱动力

研发投入强度衡量企业在研发方面的投入力度，通常以研发经费占企业总收入的比例来表示，高研发投入强度意味着企业对科技创新的重视程度和投入力度，专利申请与授权数量反映企业在技术创新方面的活跃度和成果产出，专利数量不仅体现了企业的创新能力，还预示着其未来的市场竞争力，科技成果转化率衡量科技成果从实验室走向市场的效率，高转化率意味着科技创新能够迅速转化为实际生产力，推动产业升级和经济效益提升。高新技术企业占比反映一个地区或国家高新技术企业的数量和质量，高新技术企业是科技创新的重要载体，其占比越高，说明该地区或国家的科技创新能力越强。

2.产业升级是新质生产力的重要支撑

产业结构优化指数衡量产业结构的合理性和高级化程度，通过计算第一、二、三产业的比重及其变化趋势，评估产业结构的优化程度，制造业数字化转型指数反映制造业在数字化、智能化转型方面的进展。通过评估企业在工业互联网、智能制造等方面的应用情况，衡量制造业的数字化水平，战略性新兴产业增加值占比反映战略性新兴产业在国民经济中的地位和贡献，战略性新兴产业是新质生产力的重要组成部分，其增加值占比越高，说明新质生产力的贡献越大，绿色发展指数衡量产业在资源利用和环境保护方面的表现。通过评估企业在节能减排、资源循环利用等方面的成效，衡量产业的绿色发展水平。

3.人才培养是新质生产力的关键保障

高等教育毛入学率反映高等教育普及程度和人才培养的基础条件，高毛入学率意味着更多的人有机会接受高等教育，为新质生产力的发展提供人才储备，高技能人才占比衡量劳动力队伍中高技能人才的比例，高技能人才是新质生产力的重要支撑，其占比越高说明劳动力队伍的素质和能力越强，职业培训覆盖率反映职业培训的普及程度和效果，通过评估企业在职业培训方面的投入和成效，衡量劳动者的职业技能和就业能力，人才流动指数衡量人才在不同地区和行业间的流动情况，通过评估人才的流动频率和方向，衡量人才资源的配置效率和市场活力。

新质生产力的核心要素指标体系，不仅为量化和评估新质生产力提供了科学依据，也为政策制定和资源配置提供重要参考，通过加强科技创新、推动产业升级和优化人才培养,不断提升新质生产力的水平和质量,推动经济高质量发展,实现中华民族伟大复兴的中国梦。新质生产力是指在现代科技革命和产业变革的背景下,通过创新驱动、技术进步和产业升级,形成的一种具有高附加值、高技术含量和高效率的生产力形态,不仅涵盖传统生产力的范畴,更强调知识经济、数字经济和绿色经济等新兴领域的生产力提升,新质生产力的提出,源于全球经济格局的深刻变化和中国经济转型升级的迫切需求。在全球范围内,科技革命和产业变革正在加速推进,人工智能、大数据、云计算、物联网等新兴技术不断涌现,推动了生产方式、商业模式和消费行为的深刻变革,这些变革不仅改变了传统产业的运作模式,也催生了大量新兴产业和新的经济增长点,中国作为世界第二大经济体,正面临着从高速增长向高质量发展转型的关键时期,新质生产力的提出,正是为了应对这一转型过程中的挑战和机遇。中国政府高度重视新质生产力的发展,将其视为推动经济高质量发展的重要引擎,近年来,中国在科技创新、产业升级和人才培养等方面采取了一系列重大举措,如“中国制造2025”、“互联网+”行动计划、“双创”战略等,旨在通过政策引导和资源配置,加速新质生产力的形成和发展,这些政策措施不仅为新质生产力的发展提供了良好的制度环境和资源保障,也为中国经济的未来发展奠定了坚实的基础。

五、新质生产力对经济发展的影响

新质生产力显著提升了生产效率和经济效益,通过科技创新和产业升级,企业能够采用更先进的技术和生产方式,大幅提高生产效率和产品质量,例如,智能制造技术的应用使得生产过程更加自动化和智能化,减少了人力成本和生产周期,提高了企业的市场竞争力,同时,新兴产业的发展也为经济增长注入了新的动力,推动了经济结构的优化升级。新质生产力促进了产业结构的优化升级,传统产业在面临资源环境约束和市场竞争压力的情况下,通过数字化转型和智能化改造,实现了生产方式的革新和产业结构的优化,例如,传统制造业通过引入工业互联网和智能制造技术,实现了生产过程的数字化管理和智能化控制，提升了生产效率和产品质量，同时，新兴产业的发展也为经济结构调整提供了新的增长点，推动了经济的高质量发展。新质生产力推动了区域经济的协调发展。通过科技创新和产业升级，不同地区可以根据自身的资源禀赋和产业基础，发展具有比较优势的产业，实现区域经济的协调发展，例如，东部沿海地区凭借其科技和人才优势，大力发展高新技术产业和现代服务业，中西部地区则依托其资源和劳动力优势，发展特色产业和现代农业，这种区域经济的协调发展，不仅促进了区域间的经济合作和资源共享，也为全国经济的均衡发展提供了有力支撑。新质生产力提升了国际竞争力，在全球经济一体化的背景下，新质生产力的发展使得中国企业在国际市场上具备了更强的竞争力，通过科技创新和产业升级，中国企业能够提供更具竞争力的产品和服务，拓展国际市场份额，例如，中国的高铁技术、5G技术和新能源技术已经在全球市场上占据了重要地位，成为中国制造的新名片，同时，新质生产力的发展也提升了中国的国际影响力，为中国在全球经济治理中发挥更大作用提供了有力支撑。

六、新质生产力面临的挑战与应对策略

尽管新质生产力在推动经济发展方面展现出巨大潜力，但其发展过程中也面临诸多挑战，首先，技术瓶颈是新质生产力发展的重要制约因素，尽管中国在某些前沿技术领域取得了显著进展，但在核心技术、关键零部件和高端装备等方面仍存在较大差距，例如，在芯片制造、高端数控机床和航空发动机等领域，中国仍依赖进口，自主创新能力有待进一步提升，其次，人才短缺是新质生产力发展的另一大挑战，尽管中国在人才培养方面取得了一定成效，但高素质、创新型人才的供给仍无法满足新质生产力发展的需求，特别是在人工智能、大数据、生物医药等新兴领域，高端人才的短缺问题尤为突出，此外，人才结构不合理、人才流动不畅等问题也制约了新质生产力的发展，再次，资源环境约束是新质生产力发展的重要制约因素，随着经济的快速发展，资源消耗和环境污染问题日益严重，制约了新质生产力的可持续发展，例如，能源消耗、水资源短缺和环境污染等问题，已成为制约中国经济高质量发展的重要瓶颈，如何在发展新质

生产力的同时，实现资源的高效利用和环境的有效保护，是中国面临的重要课题。国际竞争加剧是新质生产力发展的重要挑战，在全球经济一体化的背景下，各国都在积极布局新兴产业和前沿技术领域，国际竞争日益激烈，例如，美国、欧盟和日本等发达经济体在科技创新和产业升级方面具有明显优势，对中国形成了较大的竞争压力。如何在激烈的国际竞争中保持竞争优势，是中国新质生产力发展面临的重要挑战。

七、新质生产力具象

培育和发展新质生产力，深刻理解改革的质变先导性、系统集成性和延续稳定性，通过全面深化改革，解决制约新质生产力发展的关键问题，构建一个有利于创新、高效、稳定发展的综合环境。不仅需要政策的连贯性和预见性，还需要在关键领域实施精准有效的改革措施，以确保新质生产力能够在促进中国经济长远发展中发挥关键作用。

什么是新质生产力

- 新质生产力是
  创新起主导作用，
  摆脱传统经济增长方式、
  生产力发展路径，
  具有高科技、高效能、高质量特征，
  符合新发展理念的
  先进生产力质态。

- 它由技术革命性突破、
  生产要素创新性配置、
  产业深度转型升级而催生。

- 以劳动者、
  劳动资料、
  劳动对象
  及其优化组合的跃升为**基本内涵。**

- 以全要素生产率大幅提升为**核心标志**，
  特点是创新，
  关键在质优，
  本质是先进生产力。

图 3.1　新质生产力具体要素

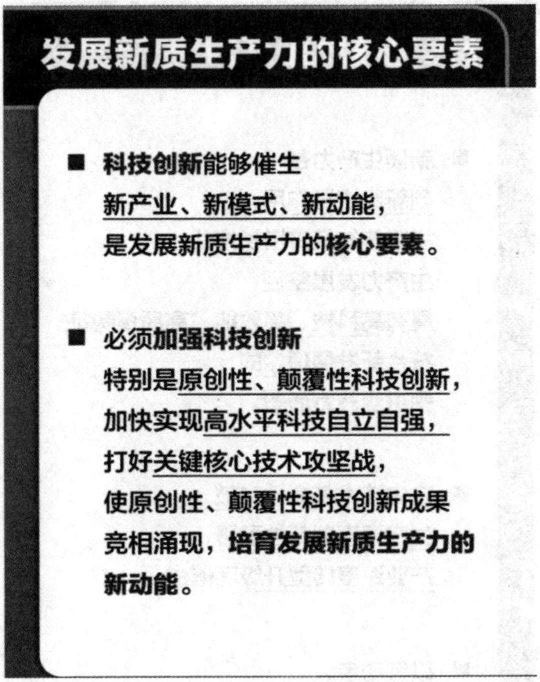

图3.2　发展新质生产力的核心要素

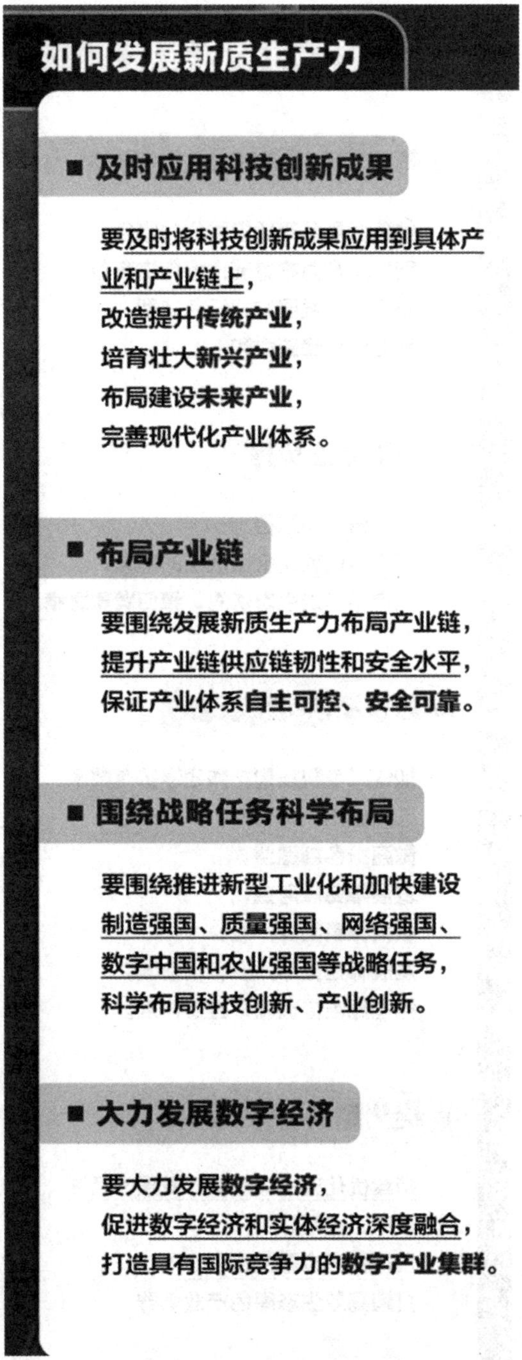

图3.3　如何发展新质生产力

新质生产力与绿色发展

■ 新质生产力就是绿色生产力

绿色发展是高质量发展的底色，
新质生产力本身就是绿色生产力。
必须加快发展方式绿色转型，
助力碳达峰碳中和。

■ 坚持生态优先

牢固树立和践行
绿水青山就是金山银山的理念，
坚定不移走生态优先、绿色发展之路。

■ 加快绿色科技创新

加快绿色科技创新和先进绿色技术
推广应用，
做强绿色制造业，
发展绿色服务业，
壮大绿色能源产业，
发展绿色低碳产业和供应链，
构建绿色低碳循环经济体系。

■ 优化经济政策工具箱

持续优化支持绿色低碳发展的经济
政策工具箱，
发挥绿色金融的牵引作用，
打造高效生态绿色产业集群。

图3.4　新质生产力与绿色发展

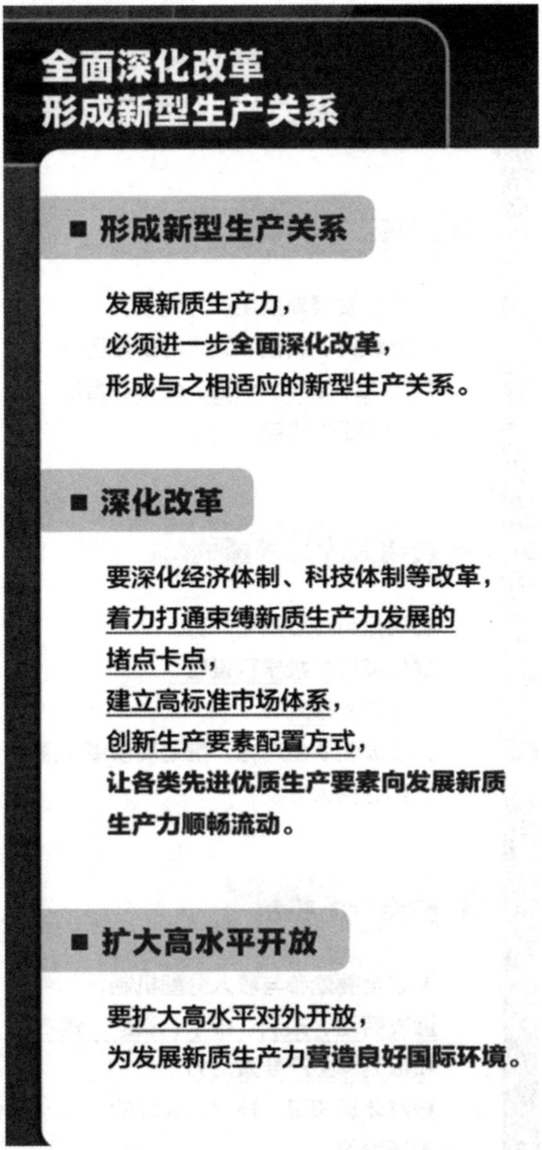

图3.5　全面深化改革形成新型生产关系

完善工作机制
优化人才培养模式

■ 完善工作机制

要按照发展新质生产力要求，
畅通教育、科技、人才的良性循环，
完善人才培养、引进、使用、合理
流动的工作机制。

■ 优化人才培养模式

要根据科技发展新趋势，
优化高等学校学科设置、
人才培养模式，
为发展新质生产力、推动高质量发展
培养急需人才。

■ 健全分配机制

要健全要素参与收入分配机制，
激发劳动、知识、技术、管理、资本
和数据等生产要素活力，
更好体现知识、技术、人才的
市场价值，
营造鼓励创新、宽容失败的良好氛围。

图3.6　完善工作机制　优化人才培养模式

下　篇

中国经济复兴与未来经济要素的融合创新之路

第四章　中国新时代发展新篇章：城市集群与产业优化

第一节　中国产业演变历程

中国产业发展史是一部波澜壮阔的史诗，它详细记录中国从以农业为主导的封建社会逐步转型为充满活力现代工业大国的历程，历史跨越近两个世纪，充满变革与创新的篇章，展现了中国人民的智慧、勤劳和不懈追求的精神。

一、中国产业发展的历程

1. 近代产业的兴起（1840—1949 年）

鸦片战争的爆发标志着中国被迫步入新的时代。随着市场的被迫开放，西方列强的入侵带来挑战，也带来新的生产方式和工业技术。中国开始逐步接触和吸收近代工业的萌芽，尤其是在纺织、造船、矿业等关键领域。洋务运动（1861—1895 年），清政府展现出前所未有的改革意识，试图通过引进西方的先进技术和管理经验来加强国力，中国创办了一批近代机器工业企业，如轮船招商局、江南制造总局等，它们在推动中国近代工业的起步中发挥不可忽视的作用。民国时期（1912—1949 年），尽管民族工业在纺织、化工、机械制造等领域取得发展，但整体进程受到战乱频发、政治动荡以及外部侵略的严重影响，当时的中国工业，虽然在艰难中前行，但也在探索和积累着宝贵的经验。

2. 现代工业国家的转变

随着新中国的成立，中国产业发展迎来新的春天，通过社会主义改造和国家建设，中国工业开始快速崛起，逐步形成独立的工业体系，特别是改革开放以来，中国产业发展步入快车道，在传统工业领域取得成就，更在高科技产业、现代服务业等领域实现跨越式发展，今日中国已经成为世界工业大国，拥有完整的产业链和强大的制造能力，在全球化的大背景下，中国正推动产业结构的优化升级，实现从制造大国向制造强国的转变。

3. 新中国成立后的工业化进程（1949—1978年）

自中华人民共和国成立之日起，中国工业化成为国家发展的重中之重，中国采纳计划经济体制，集中力量发展重工业，包括钢铁、煤炭、石油化工等关键行业，以此满足国家工业化的迫切需求，在这一段关键的历史时期，中国逐步构筑起较为完整的工业体系，特别是在"一五"计划（1953—1957）期间，得益于苏联的援助，156个重点工业项目在中国大地上生根发芽，为中国的工业基础建设打下坚实的基石，涵盖基础设施建设，还包括机械制造、能源开发等多个领域，极大地推动中国工业的快速发展，工业化进程虽然面临资源短缺、技术落后等难题，但中国人民凭借着坚韧不拔的意志和集体努力，成功地在较短时间内建立起独立的工业体系，为后续的经济腾飞奠定坚实的物质基础，随着工业化的深入发展，中国的经济结构和人民的生活面貌都发生翻天覆地的变化，为未来的改革开放和现代化建设积累宝贵经验。

4. 改革开放与产业升级（1978至今）

1978年，中国站在历史的新起点上，开启了改革开放的伟大征程，标志着对私营企业和外资企业的限制开始放宽，市场机制被引入经济体系，为中国的经济发展赋予新动能，改革开放的春风激发国内市场的无限潜力，也为国际合作与交流打开新的大门，随着经济体制改革的深化，中国逐步崛起为"世界工厂"，在全球制造业中占据举足轻重的地位，特别是在轻工业、电子、汽车、家电等领域，中国取得了令世界瞩目的成就，满足了国内日益增长的消费需求，也在全球市场上展现强大的竞争力，进入21世纪，中国政府进一步明确发展的战略方向，战略的核心目标是推动产业的转型升级，培育和发展高技术产业，如新能源、新材料、生物医药、信息技术等前沿领域，中国正通过技术创新和产业生态改善,实现从制造大国向制造强国的历史性跨越,以科技创新为引领,推动经济高质量发展,为实现中华民族伟大复兴贡献力量。

5.新时代产业创新与可持续发展(21世纪初至今)

在全球经济一体化和信息技术革命的大潮中,中国产业正处于一个充满挑战与机遇并存的新时代,面对这一历史性的转折点,中国政府积极倡导创新驱动发展战略,鼓励企业和研究机构发挥创新的引领作用,同时大力支持绿色经济和循环经济的发展,以实现产业结构的优化升级和可持续发展,中国在国内推动产业转型,更是在国际舞台上展现出积极参与的姿态,通过“一带一路”等重大国际合作倡议,中国正推动与沿线国家的产能合作,分享发展经验,共同探索新的增长机遇。这些努力加强中国与世界的经济联系。

二、中国产业发展的特点

1.发展速度快

自改革开放以来,中国经济保持了持续的高速增长,成为全球经济增长的重要引擎,速度的背后,是中国政府有效的政策引导、庞大的内需市场、丰富的劳动力资源以及对外开放带来的外资和技术引进,中国成功从以农业为主的国家转变为工业化和信息化并重的世界第二大经济体。

2.产业结构调整

中国经济结构经历从以农业为主到以工业为主导,再到服务业快速增长的转变,重工业和轻工业实现了协调发展,尤其是在钢铁、汽车、电子等重点行业取得显著成功。第三产业,尤其是金融服务、信息技术、文化创意等领域,成为推动经济增长的新动力。

3.区域经济发展差距缩小

中国政府实施区域发展战略,如西部大开发、东北振兴、中部崛起等,以促进区域经济均衡发展。通过基础设施建设、产业转移、政策扶持等措施,中西部地区和东北地区的经济发展速度明显加快,与东部沿海地区的发展差距逐渐缩小,区域协调发展战略促进经济的均衡发展,也有助于缓解人口流动带来的社会问题。

4. 创新驱动和产业升级

近年来，中国政府强调创新是引领发展的第一动力，推动产业结构向中高端迈进，在新能源、新材料、生物医药、高端装备制造等领域，中国正努力实现从跟跑到并跑甚至领跑的转变，通过“互联网+”行动计划，推动传统产业与互联网深度融合，促进产业智能化、绿色化发展。

5. 对外开放和国际合作

中国积极参与全球经济治理，通过加入世界贸易组织（WTO）等国际组织，深化与世界各国的经济合作，同时，通过“一带一路”等国际合作平台，推动基础设施互联互通，促进贸易和投资自由化便利化，提升中国产业的国际竞争力。

6. 绿色发展和可持续发展

面对资源约束和环境挑战，中国提出新发展理念，推动产业向低碳、环保、循环经济转型，在新能源、节能环保技术、绿色建筑等领域，中国正加大投入，推动经济社会发展与生态环境保护相协调。

三、中国产业需要创新驱动和结构优化的挑战

1. 经济增长速度换挡

随着中国经济进入新常态，经济增长速度从高速转向中高速，这要求经济发展方式必须从过度依赖投资和出口驱动转向内需拉动、创新驱动。意味着需要提高消费在经济增长中的比重，优化投资结构，同时提升产业的技术水平和附加值。

2. 产业方向调整

中国正面临着产业结构的深刻变革，一方面，传统产业如钢铁、煤炭、水泥等面临产能过剩和环境污染问题，需要通过淘汰落后产能、推动产业升级和绿色转型，另一方面，新兴产业如高端装备制造、新能源、新材料、生物医药等领域需要加快发展，以形成新的经济增长点，这要求政府在政策支持、资金投入、人才培养等方面给予更多关注。

3. 区域经济协调发展

尽管中国政府已经采取措施来促进区域经济均衡发展,但东部沿海地区与中西部地区、东北地区的发展差距仍然存在,为缩小差距,需要进一步优化区域发展战略,加强基础设施建设,提高中西部地区的吸引力,促进产业转移和资源合理配置,同时,要注重发挥各地区的比较优势,发展特色经济,实现区域经济的互补和共赢。

4. 创新能力提升

在全球经济竞争日益激烈的背景下,创新成为推动产业升级和经济发展的关键因素,中国需要加大研发投入,鼓励企业创新,加强知识产权保护,培养高水平的创新人才,以提升整体创新能力和核心竞争力。

5. 环境与资源约束

随着经济的快速发展,资源消耗和环境污染问题日益突出,中国产业需要在发展中实现绿色转型,推动循环经济,提高资源利用效率,减少污染物排放,实现经济发展与生态环境的和谐共生。

6. 全球化竞争与合作

在全球化的大背景下,中国产业要面对国内的竞争,应对国际市场的竞争压力,要求中国企业提升国际竞争力,积极参与国际分工,拓展国际市场,同时在国际规则制定中发挥更大作用。

7. 社会保障与人才培养

随着产业结构的调整,劳动力市场也面临重大变化,需要完善社会保障体系,提供职业培训和再教育,帮助劳动者适应新的就业形态,同时吸引和培养高端人才,为产业发展提供人力资源保障。

四、中国产业发展面临着从速度型向质量型转变的重要任务

1. 坚持高质量发展,推动产业模式创新

高质量发展要求中国产业在增长速度放缓的同时,更加注重增长的质量和效益,要通过技术创新、管理创新和商业模式创新,提升产业链的价值水平;产

业资源再配置升级和淘汰落后产能,优化资源配置,发展战略性新兴产业和现代服务业,适应新一轮科技革命和产业变革的趋势;加大对研发和创新的投入,鼓励企业增加研发设计、品牌建设、市场营销等高附加值环节的比重,提升产品和服务的国际竞争力。

2. 构建现代产业体系,增强产业竞争力

构建现代产业体系是实现产业转型升级的关键。包括发展高端制造业、智能制造、绿色制造,以及推动数字经济和实体经济深度融合;增强产业竞争力需要培育一批具有国际作用力的龙头企业,支持中小企业发展,形成大中小企业协同发展的产业生态;加强国际合作,通过参与国际标准制定、国际产能合作等方式,提升中国产业在全球产业链中的地位。

3. 推动区域经济协调发展,缩小区域差距

区域经济协调发展是实现全面建设社会主义现代化国家的重要内容,要求在国家层面制定合理的区域发展战略,优化区域经济布局,促进东中西部地区和城乡之间的均衡发展;缩小区域差距需要财政转移支付、基础设施建设等政策支持,通过产业政策引导,促进产业向中西部地区转移,激发当地经济发展的内生动力;注重人才培养和引进,提高教育水平,为区域经济发展提供人力资源支持,通过改革创新激发各地区的发展活力。

4. 产业政策在不同历史时期针对国家发展的需求和国际环境的变化,匹配重要的政策和规划,以推动经济结构的优化和产业的升级转型

1953年《中华人民共和国国民经济发展第一个五年计划》标志着中国开始有计划地进行社会主义建设,重点发展重工业,为后续的工业化奠定基础;1978年《中共中央关于加快农业发展若干问题的决定》是在改革开放初期,针对农业发展滞后的问题,提出改革措施,如实行家庭联产承包责任制,激发农业生产的活力;1984年《中共中央关于经济体制改革的决定》进一步明确经济体制改革的方向,推动市场经济体制的建立,为后续的产业政策提供更加灵活的政策环境;1992年邓小平南方谈话中提出"发展是硬道理"的著名论断,强调发展经济的重要性,为中国经济的快速发展和产业政策的调整提供指导思想;2001年《中国加入世界贸易组织议定书》的签署，标志着中国正式成为世界贸易组织的一员，这为中国产业的跨国性和参与全球经济分工提供了新的机遇和挑战；2015年《中国制造2025》是中国政府为提升制造业的核心竞争力而制定的行动纲领，通过技术创新和产业升级，推动中国从制造大国向制造强国转变；2020年《中共中央、国务院关于构建新发展格局的意见》是在新冠病毒感染和全球经济形势变化的背景下提出的，强调以国内大循环为主体、国内国际双循环相互促进的新发展格局，实现经济的高质量发展。

中国产业坚定沿着高质量发展的轨迹前行，实现经济结构的优化与升级，产业的多样化分类正在经历创新驱动下的深刻调整以适应全球经济发展的新趋势，中国产业分类涵盖广泛的经济活动领域，主要包括以下关键部分。

表4.1　中国产业分类

第二产业		
门类	大类	类别、名称
B	采矿业	
	06	煤炭开采和洗选业
	07	石油和天然气开采业
	08	黑色金属矿采选业
	09	有色金属矿采选业
	10	非金属矿采选业
	12	其他采矿业
C	制造业	
	13	农副产品加工业
	14	食品制造业
	15	酒、饮料和精制茶制造业
	16	烟草制品业
	17	纺织业
	18	纺织服装、服饰业
	19	皮革、毛皮、羽毛及制品和制鞋业
	20	木材加工和木、竹、藤、棕、草制品业
	21	家具制造业

续表

第二产业		
门类	大类	类别、名称
	22	造纸和纸制品业
	23	印刷和记录媒介复制业
	24	文教、工美、体育和娱乐用品制造业
	25	石油、煤炭及其他燃料加工业
	26	化学原料和化学制品制造业
	27	医药制造业
	28	化学纤维制造业
	29	橡胶和塑胶制品业
	30	非金属矿物制品业
	31	黑色金属冶炼和压延加工业
	32	有色金属冶炼和压延加工业
	33	金属制品业
	34	通用设备制造业
	35	专用设备制造业
	36	汽车制造业
	37	铁路、船舶、航空航天和其他运输设备制造业
	38	电气机械和器材制造业
	39	计算机、通信和其他电子设备制造业
	40	仪器仪表制造业
	41	其他制造业
	42	废弃资源综合利用业
D	电力、热力、燃气及水生产和供应业	
	44	电力、热力生产和供应业
	45	燃气生产和供应业
	46	水的生产和供应业
E	建筑业	
	47	房屋建筑业
	48	土木工程建筑业
	49	建筑安装业
	50	建筑装饰、装修和其他建筑业

续表

第三产业		
门类	大类	类别、名称
A		**农、林、牧、渔专业及辅助性活动**
	05	农、林、牧、渔专业及辅助性活动
B		**开采专业及辅助性活动**
	11	开采专业及辅助性活动
C		**金属制品、机械和设备修理业**
	43	金属制品、机械和设备修理业
F		**批发和零售业**
	51	批发业
	52	零售业
G		**交通运输、仓储和邮政业**
	53	铁路运输业
	54	道路运输业
	55	水上运输业
	56	航空运输业
	57	管道运输业
	58	多式联运和运输代理业
	59	装卸搬运和仓储业
	60	邮政业
H		**住宿和餐饮业**
	61	住宿业
	62	餐饮业
I		**信息传输、软件和资讯技术服务业**
	63	电信、广播电视和卫星传输服务业
	64	互联网和相关服务业
	65	软体和资讯技术服务业
J		**金融业**
	66	货币金融服务业
	67	资本市场服务业
	68	保险业

续表

第三产业		
门类	大类	类别、名称
	69	其他金融业
K		房地产业
	70	房地产业
L		租赁和商务服务业
	71	租赁业
	72	商务服务业
M		科学研究和技术服务业
	73	研究和试验发展
	74	专业技术服务业
	75	科技推广和应用服务业
N		水利、环境和公共设施管理业
	76	水利管理业
	77	生态保护和环境治理业
	78	公共设施管理业
	79	土地管理业
O		居民服务、修理和其他服务业
	80	居民服务业
	81	机动车、电子产品和日用产品修理业
	82	其他服务业
P		教育
	83	教育
Q		卫生和社会工作
	84	卫生
	85	社会工作
R		文化、体育和娱乐业
	86	新闻和出版业
	87	广播、电视、电影和录音制作业
	88	文化艺术业
	89	体育业
	90	娱乐业
S		公共管理、社会保障和社会组织
	91	中国共产党机关
	92	国家机构

续表

第三产业		
门类	大类	类别、名称
	93	人民政协、民主党派
	94	社会保障
	95	群众团体、社会团体和其他成员组织
	96	基层群众性自治组织及其他组织
T	国际组织	
	97	国际组织

第二节　中国产业结构的优化与升级

一、产业结构优化与升级涉及经济体系中各个产业的比重、构成及相互作用

产业结构变迁作为经济发展的动力，随着科技进步和消费模式的变化，产业结构需要适应新的市场需求，例如，随着信息技术的发展，新兴产业如互联网经济、大数据、人工智能等领域迅速崛起，成为推动经济增长的新引擎，产业的发展创造新的就业机会，也促进相关产业链的形成和发展；产业结构作为经济发展水平的反映一个国家的产业结构通常与经济发展阶段相匹配，发达国家以服务业为主导，而发展中国家则可能仍以农业或制造业为主，产业结构的优化通常意味着经济结构的升级，如从劳动密集型向技术密集型转变，这通常伴随着人均收入的提高和生活质量的改善；产业结构对社会就业的影响，产业结构的调整直接影响劳动力市场的供需关系，随着经济的发展，劳动力从第一产业向第二产业和第三产业转移，这种转移改变就业结构，也提高整体劳动生产率；产业结构对社会分配的影响，不同产业的收入水平和增长潜力不同，导致收入分配的差异，随着第三产业特别是高附加值服务业的发展，相关从业人员的收入水平较高，而传统产业如农业和制造业的收入水平相对较低，这种变化可能加剧社会的收入不平等；产业结构对生态环境的影响，不同产业对环境的影响

程度不同,传统产业如重工业和化工产业对环境造成较大压力,而服务业和高科技产业则相对较轻,随着产业结构优化,通过发展低碳经济和循环经济,减少对环境的破坏,实现经济发展与环境保护的和谐共生。

产业结构的调整与升级是多维度、多层次的过程,关系到经济增长的速度和质量,也关系到社会的公平、稳定和可持续。产业结构的优化与升级是经济发展的内在要求,也是实现长期发展的关键,不同产业部门对生态环境的影响程度差异显著,这一事实强调了在经济发展过程中必须考虑环境保护的重要性,重工业的扩张伴随着资源的大量消耗和环境污染的加剧,而服务业等第三产业的发展则相对更为环保,对生态环境的破坏较小,因此,产业结构的调整关系到经济增长的质量和效益,也直接影响到生态环境的可持续性。

二、为促进产业结构的合理调整和升级,政府和社会各界需要系列政策体系配套

制定产业价值链优化明确产业发展的方向和目标,引导资源向高附加值、低污染的产业集中,推动产业向高端化、智能化、绿色化转型;加大对科技创新的支持力度,通过财政资金、税收优惠等措施,鼓励企业增加研发投入,推动关键核心技术的突破,以科技创新驱动产业结构的优化升级;完善要素市场体系,建立健全劳动力、资本、土地、技术等要素市场,促进要素的自由流动和优化配置,为产业竞争力的提升提供良好的市场环境;加强区域协调发展,通过财政转移支付、产业政策引导等手段,促进资源在不同地区之间的合理流动,支持中西部地区和欠发达地区的产业发展,缩小区域发展差距;解决产业结构与社会经济发展之间的矛盾,在产业布局优化升级过程中,要统筹兼顾经济发展、社会就业、区域协调和生态环境保护等各方面因素,协调发展,同时加强政策支持,为企业创造良好的发展环境。

产业结构与社会经济发展之间的矛盾需要通过综合施策来解决,这包括加强科技创新,推动产业技术进步;完善要素市场体系,促进要素的自由流动和优化配置;以及加强政策支持,为产业布局战略调整提供政策保障;促进产业结构

的合理调整升级,推动社会经济持续健康发展,实现经济、社会、环境的和谐统一;产业推演与发展预测是复杂的过程,涉及对当前技术趋势、市场需求、社会变革以及政策导向的深入分析;新兴技术如区块链、人工智能、大数据、5G、量子信息科学以及消费升级等,都在重塑产业结构,推动经济增长,并对社会经济发展产生深远影响:

1.产业结构与经济增长之间的关系

产业结构的优化是经济增长的重要驱动力,随着经济的发展,资源配置逐渐从低效率的产业向高效率、高附加值的产业转移,这提高了整体经济的生产效率,也促进了经济结构的升级,例如,服务业的兴起和制造业的智能化转型,都是推动经济增长的关键因素。

2.不同产业对经济增长的贡献

各产业对经济增长的贡献度不同,传统产业如农业和制造业在经济初期阶段占据主导地位,随着经济的发展,服务业、信息技术产业和高新技术产业逐渐成为经济增长的新引擎,产业的发展创造大量就业机会,也提高了国家的国际竞争力。

3.技术进步和创新对产业结构和经济增长的影响

技术进步是推动产业结构变革和经济增长的核心动力,新兴技术的应用提高生产效率,降低生产成本,还催生新的商业模式和市场,例如,互联网技术的发展极大地促进电子商务和数字经济的兴起,而人工智能和大数据的应用则正在改变传统产业的运营方式。

4.人口结构和社会变迁对产业结构的影响

人口老龄化、城市化进程以及教育水平的提高等因素,都在影响着产业结构的变化,随着劳动力成本的上升和消费需求的多样化,产业结构需要调整以适应这些变化,例如,健康医疗、教育培训等服务业的需求随着人口结构的变化而增长。

5.政策和制度对产业结构和经济发展的影响

政府的政策导向和制度安排对产业结构的调整具有决定性作用,政策的支持可以促进新兴产业的发展，而政策的限制则可能阻碍某些产业的成长，例如，环保政策的加强推动了清洁能源和绿色技术的发展。

6.环境和可持续发展的考虑因素

随着全球对环境问题的关注度提高，可持续发展成为产业发展的重要考量。

第三节　中国产业创新体系与地方经济转型

中国的产业结构在过去十年中经历变化，反映经济发展的新趋势，也揭示未来产业发展的方向和挑战。产业结构的现状，第三产业的增长势头强劲，已经成为国民经济的主导力量，表明，中国经济正在从以制造业为主向服务业驱动转变，服务业的快速发展为经济增长提供新的动力；制造业虽然在GDP中的比重有所下降，但仍然是国民经济的重要支柱，制造业的转型升级，特别是中高端制造业的发展，对于提升国家的产业竞争力至关重要；第一产业的比重持续下降，但农业作为国民经济的基础，稳定发展对于保障国家粮食安全和促进农村经济发展具有重要意义。产业链条的发展，制造业产业链条的延伸和中高端制造业的发展，表明中国制造业正在向全球产业链的中高端迈进，有助于提升中国制造的国际竞争力。服务业产业链条的完善和专业化、精细化发展趋势，服务业在满足多样化市场需求和推动经济结构优化中的作用日益增强；产业链协作的紧密和跨界融合的深化，预示着产业集群和产业生态系统的形成，将为产业创新和协同发展提供更多可能。区域协调发展的功能，东部地区的产业结构高端化，金融、科技、贸易等领域的领先优势，体现东部地区在经济发展中的引领作用；中部地区加快先进制造业的发展，汽车、装备制造、电子信息等产业的快速增长，显示中部地区在承接产业转移和推动区域均衡发展中的潜力；西部地区特色产业的发展，如能源、资源、生态产业，揭示了西部地区在资源型经济转型方面的机遇。

一、面临的挑战

要素成本的上升,劳动力成本的上升对劳动密集型产业构成压力,这要求产业必须加快转型升级,提高劳动生产率和产品附加值;土地成本的上升制约产业的转型升级,需要政府在土地政策和城市规划上进行合理调控,以支持产业的可持续性;资本成本的上升增加了企业的融资成本,这要求企业加强财务管理,优化融资结构,同时也需要金融市场提供更多的融资支持。

国际竞争的加剧,全球产业链的重构和国际贸易摩擦的加剧,要求中国产业必须提高自身的竞争力,加强国际合作,拓展国际市场;面对发达国家和发展中国家的双重竞争,中国产业需要在技术创新、品牌建设、市场开拓等方面下更大的功夫。

创新能力的不足,核心技术攻关能力的薄弱和原创性成果的稀缺,表明中国产业在关键技术领域还存在依赖进口的问题,这需要加大研发投入,加强产学研合作,提升自主创新能力;企业创新主体地位不强和创新投入不足,要求政府和企业共同营造良好的创新环境,鼓励企业增加研发投入,培养创新人才,形成持续创新的机制。

二、面临的机遇

中国经济的持续增长为产业结构的优化和升级提供机遇,中国产业结构面临的主要机遇和未来演进的趋势,中国庞大的人口基数和扩大的中等收入群体为国内市场提供了巨大的消费潜力,随着居民收入水平的提高,消费需求的多样化和升级将为各产业带来新的增长点,城镇化进程的加快为产业发展提供新的增长空间,新型城镇化推动基础设施建设,也为服务业、消费品、房地产等行业的发展提供广阔的市场。科技创新的推动作用,中国在科技创新方面取得显著进步,新技术、新产品、新业态的涌现为产业结构的调整和转型提供新的动力,科技创新成为推动经济发展的关键因素,人工智能、大数据、5G等前沿技术的发展,为传统产业的数字化、智能化转型提供了技术支撑,同时也催生了新的产业形态和商业模式。新一轮科技革命和产业变革的机遇，新一轮科技革命和产业变革正在全球范围内展开，这为中国产业结构的调整和转型提供新的发展机遇，中国积极参与全球科技治理，通过国际合作和交流，为国内产业发展创造了良好的外部环境。

三、未来产业趋势

产业结构的进一步优化，第三产业的比重预计将继续上升，到2035年可能达到60%左右，成为国民经济的主导产业，服务业的快速发展将更好地满足居民日益增长的多样化需求，制造业将向中高端迈进，高端制造业的比重将提高这将有助于提升中国在全球产业链中的地位，第一产业将保持稳定发展，农业现代化和农村振兴战略的实施将为农业和农村发展提供新的动力；产业链条的完善和升级；制造业产业链条将更加完整，高端制造业将成为主导力量，推动产业向全球价值链的中高端迈进；服务业产业链条将更加完善，现代服务业如金融、咨询、设计等领域将快速发展，为经济增长提供新的支撑；产业链协作将更加紧密，跨界融合将更加深入，促进产业创新和协同发展。区域协调发展的新格局，东部地区将继续发挥在经济发展中的引领作用，通过创新驱动和产业升级，打造具有国际竞争力的产业集群；中部和西部地区将加快发展步伐，利用自身的资源优势和政策优势，吸引产业转移，促进区域经济均衡发展。

四、推动未来产业创新发展的建议

未来产业作为经济发展的新引擎正以前沿技术的核心驱动力，引领着全球经济的新一轮变革，这些产业大多处于创新的前沿，它们可能还处于概念验证、技术研发或早期市场探索阶段，但它们所蕴含的潜力是巨大的。**战略性**：未来产业通常与国家安全、经济竞争力和社会发展紧密相关，它们的发展对于国家的长远利益至关重要，例如，人工智能、量子计算和生命科技等领域的突破，提升国家在全球科技竞争中的地位，还能够推动国防、医疗和环境等多领域的进步。**引领性**：这些产业能够带动相关产业链的升级，推动整个经济体系向更高效、更智能、更环保的方向发展，例如，新能源汽车产业的发展推动汽车制造业的变革，还带动能源、材料和信息技术等相关产业的创新。**颠覆性：**未来产业基于突破性的技术创新，有能力颠覆现有的商业模式、生产方式和消费习惯，创造全新的市场和价值，例如，区块链技术的出现，正在改变金融、供应链管理和版权保护等领域的运作方式。**不确定性：**由于这些产业尚处于发展初期，它们的商业模式、市场需求和技术路径都存在较大的不确定性，这要求政策制定者、企业家和投资者必须具备前瞻性思维，勇于探索和承担风险，同时制定灵活的策略以适应快速变化的市场环境。大力发展未来产业，是引领科技进步、带动产业升级、培育新质生产力的战略选择，也是把握新一轮科技革命和产业变革机遇的关键，围绕制造业这一主战场，加快发展未来产业，有助于支撑新型工业化的进程，实现从传统制造向智能制造的转变，从而在全球经济中占据有利地位，这需要政府、企业和研究机构之间的紧密合作，共同推动技术创新、人才培养和市场环境的优化。加快构建新发展格局是当前中国经济发展的重要战略，战略的核心在于统筹考虑发展与安全，通过推动传统产业向高端化转型和前沿技术的产业化应用，实现经济结构的优化升级。创新是推动力，企业是主体，市场需求和应用场景是牵引力，而标志性产品则是实现这些目标的关键抓手。遵循科技创新和产业发展的内在规律，加强前瞻性规划和政策引导，积极培育未来产业，加速新质生产力的形成，为国家的强盛提供坚实的支撑：

1. 前瞻部署、梯次培育

顺应科技革命和产业变革的趋势，这意味着要面向国家重大需求和战略必争领域进行深思熟虑的系统规划和超前布局，这不仅是一次性的行动，而是一个持续的过程，需要根据未来产业发展的内在规律，制定分阶段的培育计划，这些计划根据实时反馈和市场变化进行动态调整，以确保策略始终保持相关性和前瞻性。

2. 创新驱动、应用牵引

创新是推动未来产业发展的核心，以前沿技术的突破为引领，不断加强原创性和颠覆性的技术创新，这些创新不应仅仅停留在实验室阶段，而应以实际应用场景为牵引，促进研发与市场应用的紧密结合，通过这种方式，可以加快产业化进程，确保技术成果能够迅速转化为经济效益。

3.生态协同、系统发展

为实现这一目标，需要打造深度融合的产业生态系统，要求整合政府、产业、学术、研究和用户等各方资源，同时融合资本、人才、技术和数据等关键要素，生态系统促进不同领域和机构之间的协作，实现资源共享和优势互补，推动整个系统的协调发展。

4.开放合作、安全有序

在全球化的背景下开放合作必不可少，中国应积极参与全球未来产业的分工与合作深度融入全球创新网络，通过国际合作获取新知、技术和市场，协调技术创新与伦理治理，确保技术的发展不会失去控制，同时营造包容、审慎、安全且可持续的发展环境有助于平衡创新的速度与方向，确保科技进步既能带来经济效益，又能维护社会和环境的福祉。

未来产业的技术创新、产业培育和安全治理全面发展，部分领域达到国际先进水平，产业规模稳步提升，中国建设一批未来产业孵化器和先导区，突破百项前沿关键核心技术，形成百项标志性产品，打造百家领军企业，开拓百项典型应用场景，制定百项关键标准，培育百家专业服务机构，初步形成符合中国实际的未来产业发展模式。未来产业的综合实力显著提升，部分领域实现全球引领，关键核心技术取得重大突破，新技术、新产品、新业态、新模式得到广泛应用，重点产业实现规模化发展，培育一批生态主导型领军企业，构建未来产业与优势产业、新兴产业、传统产业的协同联动发展格局，形成长效机制，使中国成为世界未来产业的重要策源地。全面布局未来产业，是构筑国家长远竞争力的关键策略，要求要紧跟全球科技创新的步伐，还要深刻理解产业发展的大趋势，重点关注未来制造、未来信息、未来材料、未来能源、未来空间和未来健康等大方向的发展。加强前瞻性的谋划和部署，利用人工智能、大数据分析、先进计算等技术手段，建立未来产业的瞭望站，以便精准识别和培育那些具有高成长潜力的未来产业。帮助产业在全球范围内抢占先机。发挥中国新型举国体制的优势,引导各地区根据自身的产业基础和资源条件,进行合理规划和精准培育,错位发展策略有助于避免资源的浪费和产业的同质化竞争,促进各地区在未来产业中的特色发展和优势互补。前沿技术的应用作为增量器,推动传统产业向高端化、智能化和绿色化方向转型升级能够提升传统产业的竞争力,还能够为建设现代化产业体系提供新的动力,可以确保在未来产业的发展中,既有战略性的前瞻布局,又有针对性地推动产业升级。

表4.2 前瞻新赛道

未来制造　发展智能制造、生物制造、纳米制造、激光制造、循环制造,突破智能控制、智能传感、模拟仿真等关键核心技术,推广柔性制造、共享制造等模式,推动工业互联网、工业元宇宙等发展。

未来信息　推动下一代移动通信、卫星互联网、量子信息等技术产业化应用,加快量子、光子等计算技术创新突破,加速类脑智能、群体智能、大模型等深度赋能,加速培育智能产业。

未来材料　推动有色金属、化工、无机非金属等先进基础材料升级,发展高性能碳纤维、先进半导体等关键战略材料,加快超导材料等前沿新材料创新应用。

未来能源　聚焦核能、核聚变、氢能、生物质能等重点领域,打造"采集—存储—运输—应用"全链条的未来能源装备体系。研发新型晶硅太阳能电池、薄膜太阳能电池等高效太阳能电池及相关电子专用设备,加快发展新型储能,推动能源电子产业融合升级。

未来空间　聚焦空天、深海、深地等领域,研制载人航天、探月探火、卫星导航、临空无人系统、先进高效航空器等高端装备,加快深海潜水器、深海作业装备、深海搜救探测设备、深海智能无人平台等研制及创新应用,推动深地资源探采、城市地下空间开发利用、极地探测与作业等领域装备研制。

未来健康　加快细胞和基因技术、合成生物、生物育种等前沿技术产业化,推动5G/6G、元宇宙、人工智能等技术赋能新型医疗服务,研发融合数字孪生、脑机交互等先进技术的高端医疗装备和健康用品。

五、加快技术创新和产业化

加快技术创新和产业化是推动中国经济高质量发展的关键路径特别是在未来产业的重点方向上,通过实施国家科技重大项目和重大科技攻关工程,集中力量攻克关键核心技术,确保在这些领域取得突破性进展,同时,充分发挥国家实验室、全国重点实验室等创新载体的作用,加强基础共性技术的供给,为产业发展提供坚实的技术支撑，此外，鼓励龙头企业牵头组建创新联合体，集聚产学研用各方资源，体系化重点领域的技术攻关，通过推动跨领域技术的交叉融合，加快颠覆性技术的突破，打造原创技术的策源地。为促进科技成果的转化，发布前沿技术应用推广目录，建设未来产业成果的线上发布大厅，打造产品交易平台，并举办成果对接展会，以推动供需双方的精准对接，构建科技服务和技术市场的新模式，遴选专业的科技成果评价和转移转化机构，开拓新的应用场景和商业模式，落实重大技术装备和首批次材料的激励政策，加快新技术新产品的应用推广。在打造标志性产品方面，突破下一代智能终端的技术瓶颈，发展适应通用智能趋势的工业终端产品，以支撑工业生产的提质增效，并赋能新型工业化，同时发展量大面广、智能便捷、沉浸体验的消费级终端，以满足数字生活、数字文化、公共服务等领域的新需求，此外打造智能适老的医疗健康终端，提升人民群众的生命健康质量，在具有爆发潜能的领域，如高级别智能网联汽车、元宇宙入口等，构筑产业竞争的新优势。在信息服务产品方面，发展下一代操作系统，构筑安全可靠的数字底座，推广开源技术，建设开源社区，构建开源生态体系，以促进技术创新和资源共享，探索以区块链为核心技术、以数据为关键要素的下一代互联网创新应用和数字化生态，面向新一代移动信息网络、类脑智能等领域，加快软件产品的研发，鼓励新产品的示范应用，以激发信息服务的潜能。

为做强未来高端装备，面向国家重大战略需求和人民美好生活的需要，加快实施重大技术装备攻关工程，突破人形机器人、量子计算机、超高速列车、下一代大飞机、绿色智能船舶、无人船艇等高端装备产品的关键技术，以整机带动新技术的产业化落地，打造全球领先的高端装备体系，深入实施产业基础再造工程，补齐基础元器件、基础零部件、基础材料、基础工艺和基础软件等方面的短板，为未来产业的发展打下稳固的根基。

表4.3　创新型产品

人形机器人:突破机器人高转矩密度伺服电机、高动态运动规划与控制、仿生感知与认知、智能灵巧手、电子皮肤等核心技术,重点促进智能制造、家庭服务、特殊环境作业等领域产品的研制及应用。 **量子计算机**:加强可容错通用量子计算技术研发,提升物理硬件指标和算法纠错性能,推动量子软件、量子云平台协同布置,发挥量子计算的优越性,探索向垂直行业应用渗透。 **新型显示**:加快量子点显示、全息显示等研究,突破Micro-LED、激光、印刷等显示技术并实现规模化应用,实现无障碍、全柔性、3D立体等显示效果,加快在智能终端、智能网联汽车、远程连接、文化内容呈现等场景中推广。 **脑机接口**:突破脑机融合、类脑芯片、大脑计算神经模型等关键技术和核心器件,研制一批易用安全的脑机接口产品,鼓励探索在医疗康复、无人驾驶、虚拟现实等典型领域的应用。 **6G网络设备**:开展先进无线通信、新型网络架构、跨域融合、空天地一体、网络与数据安全等技术研究,研制无线关键技术概念样机,形成以全息通信、数字孪生等为代表的特色应用。 **超大规模新型智算中心**:加快突破GPU芯片、集群低时延互联网络、异构资源管理等技术,建设超大规模智算中心,满足大模型迭代训练和应用推理需求。 **第三代互联网**:推动第三代互联网在数据交易所应用试点,探索利用区块链技术打通重点行业及领域各主体平台数据,研究第三代互联网数字身份认证体系,建立数据治理和交易流通机制,形成可复制可推广的典型案例。 **高端文旅装备**:研发支撑文化娱乐创作的专用及配套软件,推进演艺与游乐先进装备、水陆空旅游高端装备、沉浸式体验设施、智慧旅游系统及检测监测平台的研制,发展智能化、高端化、成套化文旅设备。 **先进高效航空装备**:围绕下一代大飞机发展,突破新型布局、智能驾驶、互联航电、多电系统、开式转子混合动力发动机等核心技术。推进超声速、超高效亚声速、新能源客机等先进概念研究。围绕未来智慧空中交通需求,加快电动垂直起降航空器、智能高效航空物流装备等研制及应用。 **深部资源勘探开发装备**:围绕深部作业需求,以超深层智能钻机工程样机、深海油气水下生产系统、深海多金属结核采矿车等高端资源勘探开发装备为牵引,推动关键技术攻关。

六、壮大产业主体

培育高水平企业梯队,引导领军企业进行前瞻性的规划,探索新的业务领域,通过内部创业、投资孵化等方式,培育出一批具有创新能力和市场竞争力的未来产业新主体,同时,实施中央企业未来产业启航行动计划,加快培育一批具有潜力的未来产业新企业,此外,建设未来产业创新型中小企业孵化基地,通过梯度培育,支持专精特新中小企业、高新技术企业和“小巨人”企业的成长,支持新型研发机构的快速发展,以培育多元化的未来产业力量,确保创新资源的充分利用和产业生态的多样性。在打造特色产业链方面,依托龙头企业,培育具有核心竞争力的未来产业链,并建设先进的技术体系,鼓励有条件的地区先行先试,结合国家自主创新示范区、国家高新技术产业开发区、新型工业化产业示范基地等平台,创建未来产业先导区,推动产业特色化和集聚发展,同时,创新管理机制,建设数字化的供应链产业链,促进创新资源的汇聚,加速数据、知识和其他生产要素的高效流通,从而提升产业链的整体效率和竞争力。构建产业生态是实现未来产业的关键,加强产学研用的协作,打造未来产业创新联合体,构建涵盖大中小企业融通发展、产业链上下游协同创新的生态体系,在全国范围内,强化统一大市场下的标准互认和要素互通,提升产业链供应链的韧性,构建产品配套、软硬协同的产业生态,以支持产业的多元化发展和创新能力的持续提升。

七、丰富应用场景

开拓新型工业化场景是推动未来产业发展的重要途径,围绕装备制造、原材料加工、消费品生产等关键领域,针对设计、生产、质量检测、运维等关键环节,打造应用试验场,这些试验场成为未来产业技术成熟和产品规模化迭代应用的摇篮,通过深化新一代信息技术与制造业的深度融合,加快产业链结构、流程与模式的重构,探索未来制造的新应用场景,中央企业利用丰富的场景资源,加快建设多元化的未来制造场景,促进产业的创新发展,同时,加快工业元宇宙、生物制造等新兴场景的推广,通过场景创新带动制造业的转型升级,在打造跨界融合场景方面,依托重大活动和项目,实现前沿技术和产品的跨领域、综合性试点应用,以此打造示范标杆,利用载人航天、深海深地等重大工程和项目,加速探索未来空间方向的成果创新应用,以服务国家战略需求,同时,依托城市群和都市圈的建设,打造绿色集约的产城融合场景,推动城市可持续发展,创新未来信息服务场景,加速形成普惠均等、便捷智慧的信息服务新范式,提升社会整体的信息化水平。建设标志性场景是展示未来产业发展成果的重要方式,定期遴选并发布典型应用场景清单和推荐目录,建立优秀案例和解决方案库,为行业提供参考和借鉴。引导地方政府开发具有地方特色的标杆示范场景,并依托这些场景组织高水平的供需对接活动,加速新技术新产品的推广应用。鼓励企业面向应用场景开展创新研发,支持高校和科研院所针对原创性、颠覆性技术,建设早期试验场景,引领未来技术的迭代突破,为产业的长远发展奠定坚实基础。

八、优化产业支撑体系

加强标准引领与专利护航是确保未来产业健康发展的关键措施,紧密结合未来产业的发展需求,全面规划和布局未来产业的标准化发展路径,加快制定和完善那些对产业发展至关重要的标准,确保这些标准能够及时反映技术进步和市场需求。为确保这些标准得到有效实施,针对重点标准开展宣传和培训工作,帮助企业理解和掌握标准要求,引导企业对标达标,加速未来产业标准的广泛应用和推广,提升整个产业的技术水平和市场竞争力,同时促进标准、专利与技术的协同发展,鼓励企业自主知识产权与技术标准相结合,形成具有核心竞争力的技术标准体系。完善关键领域的自主知识产权建设及储备机制,确保企业在技术创新过程中能够形成保护自身的知识产权。深化与国际国内知识产权组织的协作,构建一个高质量的专利遴选、评价及推广体系,这有助于提升未来产业的专利质量,增强产业的国际竞争力。同步构筑中试能力是推动未来产业技术成熟和产业化的关键环节,根据产业发展的实际需求,建设一系列中试和应用验证平台,这些平台配备精密测量仪器、高端试验设备和先进的设计仿真软件,为关键技术的验证和试验提供必要的环境,这有助于加快新技术从实验室向现实生产力的转化,缩短产品从研发到市场的周期。建设一批中试公共服务机构提升工程开发、技术熟化、样品试制和测试验证等服务的水平,为企业提供全方位的中试支持。在建设专业人才队伍方面,大力培育未来产业的领军企业家和科学家,营造鼓励原创、宽容失败的创新创业环境,激发科研人员的创新活力,建设专注于未来技术的教育平台,探索培养复合型创新人才的新模式,此外,强化校企联合培养机制,拓展海外引才渠道,并加大在前沿领域引进紧缺的高层次人才的力度,为未来产业的发展提供强有力的人才支持。

强化新型基础设施,深入5G、算力基础设施、工业互联网、物联网、车联网、千兆光网等新型基础设施的建设,并前瞻性地布局6G、卫星互联网、手机直连卫星等关键技术的研究。目标是构建高速泛在、集成互联、智能绿色、安全高效的新型数字基础设施体系。同时,引导重大科技基础设施服务于未来产业,深化设施、设备和数据的共享,加速前沿技术的转化和应用。此外,促进新一代信息技术与传统基础设施如交通、能源、水利等领域的融合赋能,发展公路数字经济,加快基础设施的数字化转型步伐。

九、保障措施

加强统筹协调是确保未来产业发展顺利进行的重要保障,遵循制造强国要求,构建部际协同、央地协作的工作格局,以实施意见为指南,针对脑机接口、量子信息等前沿专业领域,制定专项政策文件,形成完备的未来产业政策体系,同时,充分发挥行业协会等社会组织的作用,推广先进的典型案例,营造有利于未来产业发展的良好氛围。**加大金融支持是未来产业发展的重要推动力**,推动制造业转型升级基金、国家中小企业发展基金等加大投入,实施“科技产业金融一体化”专项,鼓励更多资本早期投资于小型和硬科技企业,完善金融财税支持政策,鼓励政策性银行和金融机构等增加投入,引导地方政府设立未来产业专项资金,并探索建立风险补偿专项资金,优化风险拨备资金等补偿措施,以降低企业创新的风险。**强化安全治理是确保未来产业健康发展的必要条件**,坚持包容审慎的治理理念,探索跨部门联合治理模式,构建多方参与、有效协同的未来产业治理格局,加强伦理规范研究,科学划定“红线”和“底线”,构建一个集鉴别、评估、防御、治理于一体的机制,同时,引导企业建立数据管理、产品开发等方面的自律机制,完善安全监测、预警分析和应急处置手段,有效防范前沿技术应用可能带来的风险。**深化国际合作是提升未来产业全球竞争力的重要途径**,依托“一带一路”等国际合作机制,鼓励国内企业与研究机构走出去,深度参与全球未来产业分工,鼓励跨国公司、国外科研机构在中国建设前沿技术研发中心,推动国内外企业联合开展技术研发和产业化应用,通过举办全球未来产业发展论坛等活动,组建未来产业国际创新联盟,加强与相关国际组织的合作,主动参与国际治理规则和国际标准的制定,积极贡献中国的产品、方案和智慧。

十、经济策略与产业转型的关联

中国的一、二线城市作为经济发展的前沿阵地,是中国经济的活力区,引领着全国经济转型的方向,这些城市凭借优越的地理位置、丰富的人才资源和先进的基础设施,吸引了大量的投资和创新活动,形成各自独特的产业优势。产业结构总体特征,第三产业的蓬勃发展随着经济的成熟和消费升级,一、二线城市的第三产业,尤其是金融服务、信息服务、教育、医疗、文化创意等领域,迎来快速增长;高端制造业和现代服务业崛起,一、二线城市通过政策引导和市场机制,大力发展高端制造业和现代服务业,形成一批具有国际竞争力的企业和产业集群;产业结构的高端化、智能化、绿色化:一、二线城市正积极转型升级产业结构,通过技术创新和产业政策,引导产业向高端化、智能化、绿色化方向发展。主要城市产业发展特点,北京作为中国的首都,在科技创新、金融服务、文化创意等领域具有显著优势,中关村科技园区等创新高地聚集大量的高科技企业和研发机构,成为推动北京经济发展的重要引擎,上海作为国际金融中心和贸易港口,金融、贸易、航运、科技创新等产业发达,为城市的经济增长提供强大动力,上海也在积极发展高端制造业和现代服务业,以适应经济全球化的趋势,深圳是中国改革开放的窗口,以电子信息、高端制造、互联网等产业为主导,形成以高新技术产业为核心的产业结构,广州作为中国南方的重要工业基地,制造业、贸易、金融等产业发达,正通过产业升级,推动传统制造业向高端化、智能化转型,杭州以电子商务、数字经济、文化创意等产业为主导,阿里巴巴等电商巨头的崛起,使杭州成为全球电子商务的重要中心,南京、武汉、成都、西安等城市也根据自身的产业基础和资源优势,发展了各自特色的产业,如南京的电子信息和现代制造,武汉的光电子信息和生物医药,成都的电子信息和装备制造,西安的电子信息和航空航天等。

一、二线城市的产业发展也面临着挑战和痛点,产业转型升级的压力随着全球经济格局的变化和国内经济的转型升级需求,一、二线城市需要加快新兴产业的发展;一、二线城市虽然拥有较好的人才基础,但在新兴产业和高端产业领域,仍面临着人才短缺的问题,尤其是在科技创新和高端制造领域;随着经济的发展和人口的集中,一、二线城市的生活成本上升,导致部分人口向成本较低的地区流动,影响城市的人才吸引力和竞争力。中国一、二线城市产业发展对全国经济的转型升级具有示范效应,一、二线城市凭借雄厚的科技实力和创新能力,为新兴产业的发展提供生机勃勃的基础,在人工智能、生物科技、新能源、新材料等领域拥有明显的发展潜力,随着居民收入的提高和生活水平的提高,一、二线城市的消费市场呈现出明显的升级趋势,居民对于高品质、个性化、体验式消费的需求日益增长,为零售、餐饮、旅游、娱乐等服务业的发展带来了新的增长点,一、二线城市面临着城市空间优化和功能提升的需求通过城市更新改造,改善居民的居住环境,提升城市形象,为新兴产业的发展提供空间支持,促进产业升级和城市经济的可持续发展。一、二线城市应充分利用科技创新优势,推动产业结构向高端化转型,通过政策引导和市场激励,支持高新技术产业和现代服务业的发展,培育新的经济增长点,应通过优化人才政策、提供良好的职业发展平台和生活环境,吸引国内外优秀人才,加强本地人才的培养和教育,为产业发展提供强有力的支撑,应加大环境保护和治理力度,推动绿色城市建设,提升城市的整体环境质量,为居民和企业提供更加宜居和宜业的环境,加强城市管理,提高治理效率和服务水平,通过智能化、信息化手段,提升城市运行的智能化水平,确保城市的有序发展。

十一、中国经济快速发展的动力与挑战

中国经济的快速增长被视为现代经济史上的一大奇迹,而这一奇迹的根源主要归功于改革开放政策,自20世纪70年代末以来,中国开始从计划经济体制逐步转型为社会主义市场经济体制,转型过程中的改革措施成为推动经济增长的关键动力,改革解放和发展生产力,为经济体制的创新和市场活力的释放提供空间。随着市场开放的深入,中国在20世纪80年代开始逐步融入全球市场,

特别是2001年加入世界贸易组织(WTO)后,中国更是全面参与到全球经济竞争中,这一开放加速市场化改革的步伐,也使中国经济与世界经济的联系更加紧密,为中国经济的全球化提供新的机遇和挑战。地方政府之间的竞争激发它们支持本地企业、优化投资环境、改善基础设施的积极性,这种竞争机制有效地促进地方经济的发展,同时也推动全国范围内的经济增长,中国经济的快速增长并非没有代价,国内外的观察者都注意到中国经济中的一些问题,如体制性弊端、政府对市场的过度干预等,这些问题的存在,部分源于中国在改革过程中试图避免西方经济体制的缺陷和俄罗斯"休克疗法"式的激进改革,寻找一条适合自己国情的发展道路,中国经济的这种复杂性和独特性,为经济学研究提供丰富的素材。无论是从事经济研究、企业管理还是学术探索,深入了解和研究中国经济发展的模式、经验和挑战,都将对个人的职业发展和学术贡献大有裨益。在全球经济一体化的背景下,持续关注中国的发展,有助于理解中国经济的内在逻辑,也能为全球经济治理提供新的视角和解决方案。

在审视中国的发展轨迹时,西方学者常常对中国的高速经济增长、迅猛的科技进步以及减贫成效表示赞叹,这些成就在很多方面与西方的发展模式形成鲜明对比,激发了国际经济学界广泛的讨论和思考,然而西方对中国的制度有时存在一些成见,认为中国拥有集中权力的政府结构、独特的司法体系,以及具有中国特色的金融市场等,这些观点有时会演变成极端的"中国崩溃论",但这种看法并未全面反映中国的实际情况,为更准确地理解中国的政治经济体制,必须深入探究中国地方政治和市场竞争的基本架构,在中国,政治经济学的研究具有极其重要的意义,因为中国长期以来被视为政府在经济规划与调控中扮演重要角色的国家。要研究中国经济,就不能忽视政府在其中扮演的关键角色,地方政府和地方官员在推动中国经济快速发展中发挥至关重要的作用,是地方经济发展的策划者和执行者,而且掌握着推动地区产业发展的重要资源。在中国的行政体系中,政府间形成一种类似"分包"的机制,上级政府将任务下放给下级政府,而地方官员则需签订"责任状",承诺完成包括GDP增长、减贫、环境保护在内的经济社会发展目标,以此作为晋升的依据。

行政发包制的独特之处在于,它允许权力在不同政府层级间转移,使得承包者必须自行筹集资源并承担全部责任,这与西方对中国政府集中权力的传统看法有所不同,实际上,中国的地方政府掌握大量的实际决策权,并根据授权发起了许多重要的改革试点,如国有企业的改制等,通过实证数据的分析,可以看到中国政府职能的实际分散化,例如,中国的公共支出主要由地方政府承担,而中央政府的公务员比例和财政支出相对于其他国家较少,这种分散化的政府职能和责任制赋予地方政府在推动经济发展和实施改革方面更大的自主性和积极性,这在很大程度上解释了中国经济持续快速增长的奇迹。在中国的政治经济体系中,地方官员的晋升机制是关键因素,它影响着地方政府的行为和政策选择。所谓的“锦标赛”理论,即地方官员为晋升而追求关键绩效指标(KPI),这一现象在中国改革开放后尤为明显,在这一背景下,地方经济发展水平成为衡量地方官员政绩的主要指标,由于中国地区发展的不平衡性,单一的经济增长指标并不足以全面评价地方官员的表现,为了在这场“锦标赛”中脱颖而出,地方官员需要在前任官员的成就和同辈官员的成就基础上实现超越,这种竞争机制激发了地方政府在推动经济增长方面的积极性,同时也可能导致地方政府在追求经济增长的过程中忽视其他重要方面,如环境保护和社会福利。地方政府在构建对经济增长友好的环境方面发挥积极作用,它们提供了必要的政策支持,还与企业建立良好的合作关系,这种合作关系有助于促进产业的发展和创新,但也可能带来一些负面影响,如资源的过度开发和环境的破坏。地方政府的任务是多维度的,包括经济发展、社会稳定、环境保护等多个方面,过强的经济增长动机可能会导致发展不均衡,地方政府可能会为追求短期的经济增长而牺牲长期的环境和社会利益,此外,地方政府在执行中央宏观政策时可能会有所偏离,以适应本地的实际情况和政治竞争的需要。

近年来,中国政府已经开始意识到这些问题,并采取措施改善地方政府的行为,例如,通过调整官员晋升的评价体系,引入环境保护和社会稳定等指标,以促进地方政府在多方面实现均衡发展,同时,中央政府也在加强对地方政府的监督和指导,确保地方政府的政策与中央的宏观政策保持一致,研究中国经济的发展,需要关注经济政策和市场机制,深入理解中国的政治体系和地方政府的行为,地方官员的政治竞争和企业的市场竞争共同塑造了中国经济发展的复杂局面,既带来成就,也带来挑战,未来,如何平衡地方政府的动机与责任,确保经济、社会和环境的可持续发展,将是中国经济研究的重要课题。

中国地方政府在经济发展中的角色至关重要,尤其是在资源收集和产业政策制定方面,随着土地财政模式的逐渐受限,地方政府面临着寻找新的经济增长点和收入来源的挑战,在这一背景下,地方政府正在探索多种途径来实现经济资源的有效收集和利用,地方政府可能会转向房产税作为新的财政收入来源,房产税的征收能够为地方政府提供稳定的税收收入,有助于减少对土地出让收入的依赖,实现财政收入的多元化,此外,通过加强中央对地方的转移支付,可以有效地缓解贫困地区的财政压力,促进区域经济的均衡发展,这种纵向的财政支持,结合地方政府之间的横向援助,如发达地区对欠发达地区的支援,形成了一个多层次、多渠道的财政支持体系。

在产业政策方面,地方政府扮演着风险投资者的角色,通过引导银行贷款流向,地方政府能够支持本地产业发展,推动产业升级,这种政策导向使得地方政府在资源配置中发挥关键作用,同时也承担着相应的风险,随着企业议价能力的增强,地方政府在资源分配中的作用力可能会受到影响,但这也有助于促进市场在资源配置中发挥决定性作用,全国统一大市场的建设对于地方政府和企业都具有重要意义,统一市场能够打破地区间的壁垒,促进资源的自由流动和高效配置,有助于地方政府之间的健康竞争,还能避免零和博弈,推动区域经济一体化,例如,长三角和珠三角地区的成功整合,展示统一市场在促进区域经济发展中的积极作用。

十二、用经济思维理解地方政府财政和产业政策

ROE(净资产收益率)对于企业的重要性,就如同招商引资对于政府的意义一样至关重要,在中国GDP排名前50的城市中,2020年的《政府工作报告》中"招商"一词被提及高达250次,全国范围内,各种招商活动如火如荼地展开,包

括论坛、峰会、洽谈会等，常常伴随着数十亿甚至数百亿金额的项目签约，但这令人瞩目的数字背后，真正的成效如何？是否存在名不副实的现象？企业的成功依赖于战略定位的精准、业务组合的合理、竞争策略的高效、组织能力的卓越以及运营机制的完善等精心的决策；同样，地方政府在产业导向、政策制定和营商环境优化等方面的选择，也深刻影响着既有企业的发展和潜在投资者的决策，当地方政府的区域发展战略与招商目标企业的战略规划相契合时，招商引资便水到渠成，招商活动也将从表面的热闹转变为实质性的产业项目落地和区域品牌的高效推广，凭借多年专注于区域经济咨询的经验，我们发现地方政府在进行规划、赋能和招商决策时面临诸多挑战。

区域经济战略定位不清晰，与企业竞争中战略定位的重要性相仿，地方主官在推动区域经济发展时，首先需要明确战略定位问题，这也是区域经济增长中的一个关键痛点，然而，现实情况却呈现出一种战略趋同的现象，通过对94座城市的总体规划进行梳理，我发现有84个城市竞相将自己定位为“区域中心城市”。在这些城市中，有36个城市的战略定位缺乏明确的产业属性，而另外28个城市虽然有所定位，却显得模糊不清，如“工业基地”“制造业基地”“商贸中心”“旅游城市”等，这些泛泛之谈很少能够真正引导和促进本地产业的发展，在这种低区分度和弱产业属性的战略定位下，区域产业难以形成有效的聚焦。以东南沿海某省为例，三大重点城市的建成区面积平均不足230平方千米，却试图同时发展12至15个不同的产业，实际操作的难度可想而知，产业对于地方经济而言，就如同业务线对于企业一样至关重要，成功的多元化企业，业务线虽然看似分散，但实际上是基于长期积累的、难以复制的核心竞争力或高进入门槛，相对地，那些并非基于核心优势，而是通过兼并收购简单扩张业务线的多元化战略，成功的例子并不多见。地方经济的发展当然不能过度依赖少数几个产业，但在当前激烈的区域竞争环境中，将有限的资源（“鸡蛋”）分散投入太多的产业（“篮子”）中，也会削弱比较优势，这种“大而全”的产业规划难以有效指导城市设计，作为产业载体的城市缺乏特色，导致一座座新城千篇一律、与产城人的实际需求脱节。因此，地方政府在制定战略时，需要更加精准地定位，确保产业规划与城市发展相协调。

赋能作为地方政府推动经济发展的关键策略,涉及提供政策支持、资本投入以及优化营商环境等多方面的积极行动,这一过程对于实现区域经济的规划目标至关重要,在规划阶段,地方政府必须清晰界定自身的战略定位,明确哪些产业应当优先发展,哪些产业应持审慎态度,以及如何合理安排发展的顺序,若规划阶段的战略定位模糊不清,地方政府在赋能阶段便难以有效集中资源和优势,推动产业的有序发展。在制定产业和招商政策时,地方政府之间常出现政策趋同的现象,体现在政策内容的相似性,如资金奖励和补贴等,也反映在政策力度上的缺乏差异,例如,在电子信息产业的支持政策上,不同地区提供的政策优势和力度常常相差无几,缺少明显的区分度,这种趋同性削弱了地方政府在招商引资时提供独特优势的能力,使得招商团队在面对潜在投资者时难以提供有力的论据和吸引力。除了直接的财政支持,政府引导基金也成为地方政府赋能地方经济的有效工具,只是,即便政府引导基金规模庞大,也并非所有资金都能得到有效配置和利用,深圳和广州的政府引导基金曾因资金闲置问题被国务院通报批评,暴露了政府引导基金在实际操作中存在的问题,未能充分释放潜在的推动力。在营商环境的优化上,尽管地方政府普遍强调经济高质量发展、科技创新、人才高地建设以及金融对实体经济的支持,但具体的实施指标不够明确具体,政府工作报告中充斥着口号式的语言,而缺少切实可行的执行指标,此外,尽管越来越多的地区参与到营商环境的评估中,但并非所有地区都必须在所有维度上与其他地区展开竞争,地方政府应根据自身的产业基础和资源禀赋,优先提升那些能够带来比较优势的关键领域,从而在激烈的区域竞争中脱颖而出。

专业指导缺位,在经济格局日新月异的时代,招商引资已经成为推动区域经济增长的核心动力,然而,众多地方政府在招商引资的实践中遭遇专业指导的匮乏,削弱招商活动的成效,还可能造成资源的无效配置和投资机会的流失,常见的招商活动重视形式而忽视实质,缺乏针对性和深度,这主要源于招商团队在专业知识和技能方面的不足。在企业寻求投资、扩张或转型升级的紧要关头，对产业动态的精准把握、关键字的精确定位以及要素营销的有效运用成为吸引投资者的关键，即便在一线城市，产业平台在线上展示、用户体验、内容更新、数据分析和客户关系维护等方面也亟须改进，这些改进依赖于技术的进步，更需要招商团队具备扎实的专业知识和对市场动态的敏感把握。面对具体的产业项目时，招商团队的任务变得更加艰巨，他们必须对农业、食品、装备制造、生命科学、医疗健康、旅游、金融、电子信息等众多产业及子产业链条有深入地了解，并掌握企业运营和财务分析的专业技能。这对于地方政府而言，无疑是一项艰巨的挑战，因为他们难以全面评估各类产业项目，尽管政府的财政投入持续以超过10%的速度增长，但规模以上企业数量的负增长现象却引起了我们的深思，值得庆幸的是，我看到越来越多的地方政府领导开始转变思路，摒弃过去“全民招商”的模式，转向更加战略性、系统性、市场化和专业化的招商引资策略。

深化改革开放等应对挑战，在全球经济充满不确定性的时代，中国正面临着前所未有的挑战，这些挑战既源自国际政治经济格局的剧烈变动，例如美国倡导的经济民族主义和贸易保护主义的抬头现象，也源自国内经济转型的迫切需求，在这一背景下，“百年未有之大变局”成为描述当前形势的恰当关键词。中国的改革开放政策已经走过40多年的历程，推动中国经济的快速增长，也助力中国成功地融入全球经济体系，随着“逆全球化”趋势的兴起，中国经济的外部环境正变得更加复杂和充满挑战，对中国的出口导向型经济构成影响，也对全球供应链和投资流动带来影响，尽管面临诸多挑战，中国经济依然展现出不凡的韧性和巨大的潜力，提出战略性措施建议：为构建符合国情的经济理论体系，中国必须发展一套能够准确把握经济运行规律的理论体系，这套体系应充分考虑中国的历史背景、文化传统、社会结构和发展阶段。这样的理论体系将为政策制定提供坚实的理论支撑，帮助决策者更好地理解和应对经济问题，从而制定出更加科学、合理的经济政策；在培育发展新兴产业方面，中国需要加大对基础科研和应用技术的投入，同时提供充足的金融支持，可以加速产业升级和孵化新的经济增长点，不仅能够促进经济的多元化发展，还能够提高国家的竞争力和可持续发展能力;深化改革与扩大开放是中国经济发展的重要动力,通过加强政策的统筹协调,构建全国统一的大市场,深化土地制度改革等措施,中国可以进一步释放经济的发展潜力,促进资源的高效配置和市场的公平竞争;提升自主创新能力对于中国经济的长期发展至关重要,在全球化的大背景下,中国需要减少对外部技术的依赖,通过加强研发投入和创新体系建设,提高自主创新能力,从而在国际竞争中赢得有利地位;优化全球产业链布局是中国参与全球经济合作的重要方面。通过积极参与国际经济合作,中国可以更有效地利用国际资源,提升自身的国际地位,同时也能够促进全球经济的稳定和发展;结合市场经济与政府宏观调控是中国经济发展的活力所在,市场经济的活力与政府宏观调控的有效结合,能够确保经济的稳定增长,并促进社会公平,这种结合需要政府在保持市场活力的同时,适时进行宏观调控,以应对市场失灵和外部冲击;面对外部压力,中国需要灵活应对,调整外贸策略,加强与其他国家的经济合作,并通过内需驱动来缓解外部冲击,通过多元化的经济合作和内需的扩大,增强经济的抗风险能力,保持经济的稳定增长。

第四节　中国核心城市产业集群

中国核心城市作为国家发展的引擎,不仅在经济上具有突出的作用力,还在政治、文化、科技等多领域扮演着关键角色。这些城市拥有较为完善的基础设施、高度集中的人才资源、先进的产业体系和强大的创新能力,是推动国家现代化进程的重要力量。中国核心城市涵盖京津冀、长三角、珠三角、成渝、武汉等都市圈,这些都市圈覆盖中国经济发展最为活跃的区域。城市群的产业特点主要体现在以下方面:

产业层次高端化:核心城市聚集大量的高新技术企业和高端制造业,这些产业在推动技术创新、提高生产效率和增强经济实力方面发挥着重要作用。北京的中关村、上海的张江高科技园区、深圳的高新技术产业园区等,都是国内外知名的科技创新高地。

产业集群发达:核心城市的产业集群发展成熟,形成一批具有国际冲击力的产业集群。这些产业集群通过产业链的紧密联系和协同发展,提高整体的竞争力和抗风险能力。例如,长三角地区的电子信息产业集群、珠三角地区的制造业集群等。

中国核心城市的产业发展正处于充满活力和潜力的时期,这些城市在推动自身经济增长方面发挥着关键作用,随着中国经济进入新发展阶段,核心城市的产业发展将继续保持良好的态势,并为经济社会的全面发展做出更大的贡献。中国产业集群的发展历程反映国家经济结构的演变和产业政策的导向,从1990年代初至今,中国产业集群经历从萌芽到高质量发展的四个阶段,每个阶段都有独特的特点和发展重点。

萌芽阶段(1990—1997年)

这一时期,中国产业集群主要以乡镇企业集群为主,这些集群在推动农村经济发展和促进就业方面发挥重要作用,地域特色的产业集群开始形成,如温州的鞋革产业集群、佛山的陶瓷产业集群等。

快速发展阶段(1998—2008年)

在这一阶段,中国产业集群数量迅速增长,规模扩大,地域分布广泛,东部沿海地区成为产业集群发展的热点区域,在促进地方经济增长和吸引外资方面起到关键作用。

转型升级阶段(2009—2018年)

面对国际竞争加剧、产业政策导向调整和要素成本上升的挑战,中国产业集群开始转型升级,产业集群内企业加强产业链协作,加快技术创新,注重品牌建设,以提升竞争力和适应市场变化。

高质量发展阶段(2019年至今)

在国家政策的引导下,中国产业集群进入高质量发展阶段,产业集群更加注重创新驱动发展,绿色发展,以及与新技术的融合发展。这一阶段的产业集群追求规模的扩张,注重质量和效益的提升。

中国百强产业集群如同繁星般璀璨,是经济增长的强劲引擎,更是创新活力的源泉,这些集群遍布全国各地,涵盖从高端制造到现代服务业,从科技创新到绿色能源的广泛领域,它们凭借各自的区位优势、产业特色和创新能力,形成具有国际竞争力的产业生态系统,产业集群的崛起,得益于中国政府的战略规划和政策支持,以及企业间的协同合作和技术创新,在这些充满活力的产业集群中,中小企业与行业巨头并肩成长,共同推动着产业链的升级。

表4.4　2024年中国100强产业集群名单

序号	集群名称	所在城市
1	北京人工智能产业集群	北京市
2	深圳新一代信息通信产业集群	深圳市
3	上海新能源汽车及关键零部件产业集群	上海市
4	上海生物医药产业集群	上海市
5	东莞智能移动终端产业集群	东莞市
6	上海集成电路产业集群	上海市
7	惠州超高清视频和智能家电产业集群	惠州市
8	深圳新能源汽车产业集群	深圳市
9	合肥新型显示产业集群	合肥市
10	重庆电子信息产业集群	重庆市
11	长沙工程机械产业集群	长沙市
12	武汉光电子信息产业集群	武汉市
13	北京生物医药产业集群	北京市
14	无锡物联网产业集群	无锡市
15	佛山泛家居产业集群	佛山市
16	宁德动力电池产业集群	宁德市
17	深圳高端医疗器械产业集群	深圳市
18	厦门电子信息产业集群	厦门市
19	晋江纺织鞋服产业集群	泉州市
20	常州新能源产业集群	常州市
21	台州精密制造产业集群	台州市
22	东莞泛家居产业集群	东莞市

续表

序号	集群名称	所在城市
23	重庆汽车产业集群	重庆市
24	杭州数字安防产业集群	杭州市
25	南京新型电力(智能电网)装备产业集群	南京市
26	合肥智能电动汽车产业集群	合肥市
27	苏州生物医药及高端医疗器械产业集群	苏州市
28	上海机器人产业集群	上海市
29	无锡集成电路产业集群	无锡市
30	苏州汽车关键零部件产业集群	苏州市
31	青岛智能家电产业集群	青岛市
32	嘉兴现代纺织服装产业集群	嘉兴市
33	无锡高端装备产业集群	无锡市
34	上海精细化工产业集群	上海市
35	宁波汽车及零部件产业集群	宁波市
36	绍兴现代纺织产业集群	绍兴市
37	烟台高端化工产业集群	烟台市
38	福州纺织产业集群	福州市
39	中山智能家电产业集群	中山市
40	广州集成电路产业集群	广州市
41	长沙电子信息产业集群	长沙市
42	芜湖机器人与增材设备制造产业集群	芜湖市
43	呼和浩特乳制品产业集群	呼和浩特市
44	温州乐清电气产业集群	温州市
45	苏州电子信息产业集群	苏州市
46	湖州现代纺织服装产业集群	湖州市
47	合肥智能家电(居)产业集群	合肥市
48	马鞍山磁性材料产业集群	马鞍山市
49	上海智能传感器产业集群	上海市
50	保定电力及新能源高端装备产业集群	保定市
51	常州新型碳材料产业集群	常州市
52	宜宾动力电池产业集群	宜宾市

续表

序号	集群名称	所在城市
53	赣州稀土新材料及应用产业集群	赣州市
54	鹰潭有色产业集群	鹰潭市
55	台州新能源产业集群	台州市
56	连云港高端石化产业集群	连云港市
57	郑州智能传感器产业集群	郑州市
58	南京生物医药产业集群	南京市
59	广州前沿新材料产业集群	广州市
60	宁波磁性材料产业集群	宁波市
61	淄博高端精细化工产业集群	淄博市
62	惠州新能源电池产业集群	惠州市
63	大连轴承产业集群	大连市
64	绍兴氟精细化工产业集群	绍兴市
65	郑州现代食品与加工产业集群	郑州市
66	重庆摩托车产业集群	重庆市
67	泉州机械装备产业集群	泉州市
68	常州光伏创新型产业集群	常州市
69	南通高端纺织产业集群	南通市
70	常州动力电池产业集群	常州市
71	柳州汽车整车及关键零部件产业集群	柳州市
72	宜春锂电新能源产业集群	宜春市
73	贵溪铜基新材料产业集群	鹰潭市
74	苏州纳米新材料集群	苏州市
75	宁波智能家电产业集群	宁波市
76	泉州建材家居产业集群	泉州市
77	株洲先进硬质材料产业集群	株洲市
78	金华义乌小商品产业集群	金华市
79	威海高端医疗器械产业集群	威海市
80	乌鲁木齐风电及高端专用设备制造产业集群	乌鲁木齐市
81	西宁锂电产业集群	西宁市

续表

序号	集群名称	所在城市
82	保定汽车及零部件产业集群	保定市
83	榆林新型煤化工产业集群	榆林市
84	杭州集成电路产业集群	杭州市
85	上饶光伏产业集群	上饶市
86	滁州智能仪器仪表产业集群	滁州市
87	石家庄新型电子元器件及设备制造产业集群	石家庄市
88	东营烯烃材料产业集群	东营市
89	台州新医药健康产业集群	台州市
90	九江有机硅产业集群	九江市
91	扬州高端装备产业集群	扬州市
92	蚌埠新型高分子材料产业集群	蚌埠市
93	湖州绿色电池产业集群	湖州市
94	包头稀土新材料产业集群	包头市
95	攀枝花钒钛产业集群	攀枝花市
96	嘉兴精细化工产业集群	嘉兴市
97	淄博新医药产业集群	淄博市
98	深圳新型显示器件产业集群	深圳市
99	保定电力及新能源高端装备产业集群	保定市
100	乐山晶硅光伏产业集群	乐山市

中国民营经济的发展势头在“2024中国民营经济百强产业集群研究报告”中得到充分体现，报告深入分析民营经济产业集群的发展特征、区域分布、类型和趋势，并据此编制了百强产业集群榜单，在中央和地方政府的政策扶持下，中国各地的产业集群建设和发展迅速，形成一批具有全国乃至全球作用力的先进制造业和战略性新兴产业集群。传统的民营经济产业如纺织服装、食品加工和家居家电等正在加速转型升级，向高质量发展迈进，同时，新一代信息技术、生物医药、新能源汽车等新兴产业集群正快速崛起，占据了国家级中小企业特色产业集群的近70%，全国范围内，正在形成包括万亿级、战略性新兴产业、未

来产业以及世界级、国家级、区域级等多个层次的产业集群体系。2024年的百强产业集群覆盖了20个省(自治区、直辖市)，主要集中在东部地区，其中浙江、广东、江苏三省的集群数量占比高达45%，成为推动民营经济发展的关键力量，在城市层面，上海和苏州以5个产业集群并列城市榜首，显示出在产业集群发展中的领先地位，中部地区和西部地区的产业集群也呈现出积极的发展趋势，重庆和四川的表现尤为突出。产业集群的类型多样，以高端装备、新能源汽车、集成电路、生物医药、动力电池为主的高端制造业占据了百强产业集群的近70%。这些产业集群在产业链覆盖度上也表现出色。2024年的数据显示，产业链覆盖度达到了88%以上，比2023年提升了5%。特别是在生物医药、动力电池、新能源、纺织服装等重点行业，产业链覆盖度超过了92%，显示出这些行业的成熟度和竞争力。在创新方面，90%的产业集群参与了国家重点实验室和国家工程研究中心的建设，累计授权专利数量达到了48.7万件，同比增长了30%。新能源汽车、装备工业、集成电路、新型显示、生物医药等五大产业集群的专利授权量占据了近五成，显示了这些领域的创新活力和领先地位。在股权融资方面，2024年百强产业集群的平均融资金额超过了百亿元，新能源汽车、生物医药、机器人、集成电路、智能传感器等领域的民营企业融资活动尤为活跃。上海、深圳、北京等城市的产业集群在融资方面表现突出，集群的成功体现在融资规模上，也在于对地方经济的推动作用和对全国乃至全球产业链的效应。民营企业作为中国经济的重要组成部分，它们通过自身的灵活性、创新能力和市场敏感性，形成相互配套、上下成链的产业生态，促进了产业的集群化发展，在创新驱动、就业创造、民生改善和对外开放等方面做出贡献。

第五节　中国从土地经济到数字经济的转型与高质量发展

中国经济增长速度维持在既健康又可持续的合理区间，在全球经济面临诸多不确定性的背景下，中国的经济增长率保持在前列，显示出经济政策的有效性和市场的适应能力，得益于中国政府对经济结构调整的持续转型，以及对创新驱动发展战略的坚定实施。

物价水平的稳定是经济健康运行的重要标志,2023年,中国的消费者价格指数(CPI)涨幅控制在预期目标之下,政府在宏观调控方面取得成效,确保了居民生活成本的稳定,为消费者带来实实在在的好处。居民收入的稳步增长是衡量经济发展成果的重要指标,2023年,城乡居民的人均可支配收入增速与GDP增速基本保持同步,体现了经济增长的普惠性,也意味着人民生活水平的持续提升。政府对收入分配改革的深化,以及对提高劳动生产率和劳动报酬的重视。社会保障体系的完善是构建和谐社会的重要基石,2023年,中国基本养老、基本医疗、失业保险、工伤保险和生育保险等制度的覆盖范围扩大,保障水平提高,为广大人民群众提供更加坚实的安全网。生态环境的改善是实现绿色增长的关键,2023年,中国在环境保护$PM_{2.5}$浓度等主要污染物指标明显下降,得益于政府对绿色发展、节能减排的坚定承诺,以及对污染治理和生态修复的持续投入。

一、面临的挑战

全球经济的增长放缓和贸易摩擦的加剧,外部因素增加了中国经济的不确定性,对企业的生产经营活动和市场的投资信心产生影响,从而对经济增长速度形成下行压力,同时,中国经济内部的结构性矛盾依然存在,城乡差距、区域差距以及收入差距等,仍然是制约社会和谐与经济均衡发展的重要因素。城乡之间在基础设施、教育、医疗等方面的差距,以及不同地区之间在经济发展水平上的不平衡,都需要政府采取更加有力的措施来加以解决。人口老龄化问题也日益凸显,老龄人口的快速增长对社会保障体系提出更高的要求,养老金的支付压力、医疗资源的分配以及养老服务的供给,都是需要迫切解决的问题,关系到老年人的福祉,也影响到年轻一代的生活质量和未来的社会保障预期。生态环境保护的任务依然艰巨,虽然近年来中国在环境治理方面取得一定的成效,但环境污染问题仍然存在,特别是在一些工业集中的地区和城市,空气质量、水体污染、土壤污染等问题,威胁人民的健康,也对经济的生态平衡发展构成威胁,因此,持续生态文明建设,加大环境治理力度,实现绿色低碳发展,是中国经济社会发展的重要任务。

二、未来展望

中国政府坚持稳中求进的工作总基调,意味着在保持经济稳定增长的同时,积极寻求发展的质量提升和结构优化,为实现这一目标,中国全面贯彻新发展理念,即创新、协调、绿色、开放、共享,以此来指导经济和社会发展的各个方面。为应对外部环境的不确定性,中国着力扩大内需,是构建新发展格局的关键一环,通过激发消费潜力、优化投资结构、提升产业链水平,中国正在加快构建以国内大循环为主体、国内国际双循环相互促进的新发展格局,有助于增强经济的内生动力,也有助于提高中国经济的抗风险能力,供给侧结构性改革是提升经济质量和效率的重要途径,深化改革,通过淘汰落后产能、优化产业布局、推动产业升级,着力提高供给体系的质量和效率。解决供需不平衡的问题,满足人民日益增长的美好生活需要。创新是引领发展的第一动力,中国坚持创新驱动发展战略,加快建设科技强国,加大研发投入、优化创新环境、培养创新人才,中国正努力在关键核心技术上取得突破,推动科技成果转化,以科技创新支撑经济社会发展。改革开放是中国经济社会发展的重要动力,中国以更加开放的精神推动高质量发展,优化营商环境,扩大开放领域,吸引国内外投资,促进国际合作与竞争。中国社会经济的发展在过去几十年里取得举世瞩目的历史性成就,这些成就体现在经济规模的扩大上,更在于人民生活水平的显著提升,随着经济进入新常态,中国也面临包括经济增长速度的放缓、结构性问题的调整、人口老龄化的加剧以及生态环境保护的长期任务。中国政府明确稳中求进的工作总基调,是对当前经济形势的准确把握,也是对未来发展方向的明确指引,通过完整、准确、全面贯彻新发展理念,中国正加快构建新发展格局,推动经济从高速增长转向高质量发展。 预计经济增长速度将继续放缓,但中国政府期望通过政策指令,确保经济增长保持在合理区间,将通过优化产业结构、提升科技创新能力、扩大内需等手段实现。就业形势的总体稳定是中国政府工作的重点之一，通过实施积极的就业政策，如提供职业培训、鼓励创业、支持小微企业发展等，政府保持就业市场的活力，确保广大劳动者的就业机会。中国政府实施宏观调控政策稳定物价水平和保障民生，确保物价水平保持基本稳定，避免出现剧烈波动，保障居民的基本生活需求。推动收入分配改革实现居民收入的稳步增长，提高劳动报酬在初次分配中的比重，通过税收、社会保障等手段，缩小收入差距，促进社会公平正义，扩大社会保障的覆盖面。生态环境的持续改善是实现持久发展的必要条件，中国政府将坚持绿色发展理念，推动能源结构和产业结构的调整，以实现天更蓝、水更清、山更绿的目标。

为实现上述目标，中国政府实施积极的财政政策和稳健的货币政策，以保持经济运行在合理区间，加大对科技创新的支持力度，推动科技成果转化，加快建设科技强国。

三、重点产业政策与地方政府的资源配置

在中国特有的行政体系和经济发展模式下，重点产业政策的实施与地方政府的资源配置紧密相连，形成独特的政策执行和资源分配机制，地方政府在执行中央政府的宏观经济政策时，要考虑政策的全国性目标，还要兼顾本地的实际情况和发展需求，双重角色使得地方政府在资源配置上拥有较大的自主权，尤其是在土地资源的出让和产业发展的引导上。通过对2007至2015年间城市层面工业用地出让的面板数据进行分析，研究揭示重点产业政策对资源配置的显著影响，增加了工业用地的出让数量和面积，体现地方政府在资源配置上的偏好和策略，大企业和重点项目能够获得更多的土地资源，反映地方政府在推动经济发展和吸引投资方面的积极作为。中央与地方政府在重点产业政策的执行上存在差异，这主要是由于地方政府对本地经济状况和市场需求有更深入地了解，因此，地方政府在资源配置时，会根据本地的产业优势和发展需求，优先支持那些中央未明确提及但在地方规划中被重点强调的产业。这种差异性反映在资源配置上，有助于地方政府更精准地推动地方经济的发展。此外，我还发现，不同区域和行政层级的城市对重点产业政策的反应程度存在显著差

异,东部地区和高级别城市由于经济发展水平较高、产业结构较为先进,对重点产业政策的响应更为积极,土地资源配置也更加高效,这些地区和城市的实践通常能够产生示范效应,对其他地区和层级的城市产生积极的带动作用。

重点产业政策与地方政府资源配置之间的关系是复杂且动态的,地方政府在执行中央政策的同时,需要充分考虑本地的实际情况,通过灵活的资源配置策略,实现政策目标与地方发展需求的有机结合,这种机制提高政策的执行效率,也要求中央政府在制定政策时,充分考虑地方差异,给予地方政府一定的自主权,以激发地方经济发展的活力。中国经济在过去30多年的高速发展中,产业发展取得显著成就,但同时也面临着重复建设、过度投资等问题,这些问题的存在,一定程度上影响资源的有效配置和产业的健康发展,国家提出转变经济发展方式、促进产业转型升级的战略目标,通过优化产业结构、提高产业竞争力。各级地方政府积极响应国家号召,结合本地实际情况,出台各自文件,体现国家宏观政策的指导思想,反映地方政府在产业政策制定上的自主性和创新性,政府这只"看得见的手"能够有效地引导资源向优先发展产业集中,加速产业结构的优化和升级。城市建设用地作为政府掌握的关键生产要素,成为实施产业政策的重要工具。重点产业政策,作为一种选择性的产业政策,通过政府的引导和激励,鼓励资本向特定产业或部门流动,促进产业的差异化发展,提高土地资源的使用效率,促进产业的技术创新。重点产业政策对工业用地配置具有显著影响,进一步评估重点产业政策对工业用地配置的具体影响,并探讨政策的动态效果,研究发现,中央政府与地方政府在重点产业政策的制定和实施上存在一致性和差异性,这种差异性可能源于地方政府对本地经济状况和市场需求的更深入了解,以及在资源配置上的更大自主权。

在分析中央政府与地方政府政策效果的差异时,中央政府与地方政府的政策在土地资源配置上是否产生相同的效果?如果效果不同,哪一方的政策作用更明显?这些差异是如何产生的?通过解答这些问题,丰富关于中国各级政府间策略互动的研究,也为如何协调中央政府与地方政府在重点产业政策制定中的利益提供新的视角和思考。在实证研究方面,我通过手工搜集和整理的城市层面工业用地出让数据,实证分析了地方政府如何巧妙地运用土地资源来支持和执行重点产业政策,为理解地方政府在土地资源配置中的策略提供新的视角,在理论层面,证实了中国政府拥有较强的政府能力,能够通过精准的政策引导和资源配置来实现政策目标,以重点产业政策为例进行深入的论证,最后,通过区分中央与省级政府的重点产业政策,探讨不同层级政府间政策差异性对土地资源配置的影响,丰富关于中国各级政府间策略互动的研究,并从同级政府间区域差异性的角度,进一步分析对上级政策反应的异质性,为理解地方政府在政策执行中的多样性提供新的理论框架,在政策含义方面,考虑到区域发展不平衡和城市行政级别的差异,强调产业政策制定的前瞻性、科学性和系统性,为政策制定者提供宝贵的参考,以期在未来的政策制定中能够更加精准地把握政策方向,促进区域经济的均衡发展。

为深入探究土地资源配置与产业政策之间的复杂关系,我研究精心挑选了中国土地市场网在2007至2015年间发布的超过一百万条土地出让记录,这些记录作为研究的宝贵样本,通过对这些数据进行详尽的整理与汇总,我成功构建了一个涵盖地级市或城市层面的产业土地出让数据库,为后续分析提供了坚实的数据基础,还对中央与省级政府在“十一五”规划和“十二五”规划中提出的工业发展规划进行细致的手工整理,将规划中提及的产业按照国民经济行业分类代码进行系统归类,以此为基础,明确界定了各地区重点发展的产业领域。通过城市层面分析,深入揭示中央与地方政府的重点产业政策如何影响地级市土地资源的配置,以及这种影响的具体机制和效果。通过研究发现,地方政府在实施小规模的重点产业政策时,显著提升特定行业工业用地的出让面积和数量,而且更倾向于为大型企业和项目提供更大面积的土地,这一策略在土地资源配置中显示出明显的倾向性,中央与地方政府在重点产业政策的实施效果上存在显著差异,地方政府更倾向于将土地资源配置给本地规划中提及的产业,而中央政府则可能未将列为重点发展领域,在综合考量了产业发展水平和行政级别等可能影响政策效果的因素后,中央和地方政府在制定产业政策时,以产业发展水平较高的地区为参考,这种倾向性导致重点产业政策在特定地区和高级别城市的实施效果更为显著，这些地区和城市在执行重点产业政策时表现出一种“示范效应”，即它们在政策实施中的成功经验会被其他地区借鉴和模仿。

四、重点产业政策

在深入探讨产业政策的普遍应用及在学术界引发的广泛争议时，我注意到产业政策的核心目标在于推动产业的增长和效率的提高，对于这些政策的实际效果，学者们持有不同的观点，在中国，产业政策被细分为纵向的选择性产业政策和横向的功能性产业政策两大类，尽管市场机制的重要性日益被认识，中国政府依然在积极地通过各种手段，如设立开发区、制定五年规划以及扶持战略性新兴产业等方式，来引导和优化资源配置。重点产业政策作为选择性产业政策的一部分，成效受到正反两方面的评价，一方面，有研究显示，这些政策能够促进企业间的竞争，从而提高企业的生产率，例如，通过分析1998至2007年间中国大中型企业的数据，我们会发现产业政策确实能够提升企业的生产效率，另一方面，也有批评声音指出，产业政策伴随着政府对市场的直接干预，这可能导致资源配置的扭曲和效率的损失，例如，日本的产业扶持政策在20世纪下半叶并未有效促进产业增长，而钢铁行业的出口补贴和关税壁垒反而降低了下游产业的出口竞争力。在评估产业政策时，面临着政策指导性质的模糊性和政策制定中的内生性问题，国内研究进一步强调产业政策的异质性效果，指出那些与地区比较优势相一致的政策能够取得更好的成效，在此基础上，进一步探讨中央和地方政府在重点产业政策上的异同，以及这些政策如何在不同城市的发展水平和行政级别背景下影响土地资源的配置，特别是在土地资源配置方面，尽管已有研究关注物质资本、劳动力和土地的配置，专注于分析重点产业政策如何影响土地资源在工业行业层面的配置，以及这种配置如何反映地方政府对政策的响应和执行效果，通过细致的分析，填补现有文献中关于工业行业土地资源配置研究的空白，并为理解中央与省级政策在地方实践中的差异提供新的视角。

五、数据说明

为全面评估重点产业政策对土地资源配置的具体影响，我对中央政府及各省级地方政府在“十五”规划和“十二五”规划中提及的重点产业进行详尽的整理，并将与工业行业的二位码进行精确匹配。首先，我将数据进行分析，重点产业政策作为五年规划的核心组成部分，指导了中央政府和地方政府未来五年的经济发展方向和目标，而且对地方资源配置起到统筹作用，在“十五”规划和“十二五”规划文件中，我整理了被明确提及的重点产业，并根据国民经济行业代码GB/T4754-2002将归类到相应的二位码行业，这过程遇到一些挑战，例如不同省份规划文件中提及的重点产业名称并不完全一致，这导致了在整理和归类时出现一定的识别和归类问题，我采取的处理策略：将规划中提及的具体产业名称按照国民经济行业代码进行归类。例如，如果规划中提到“交通运输设备制造业”，归类到相应的行业代码。对于无法直接提及的行业名称，则参考各省编的产业统计分类标准进行识别，在“十五”规划期间，被选为重点产业次数排名前五位的产业包括：交通运输设备制造业、计算机及办公设备制造业、加工及工业用设备制造业、有色金属冶炼及压延加工业等，在“十二五”规划期间，排名前五位的重点产业有所变化，但仍然保持一定的连续性，这表明政策在不同规划期间具有一致性。通过对重点产业政策的汇总分析，我发现中央和省级的“五年规划”中提到的重点产业，部分可以直接与二位码产业进行匹配，也存在一些“产业”需要归类到更宽泛的“交通运输设备制造业”二位码产业，这可能导致归类不够精确的问题，在数据比较中，我注意到不到25%的数据存在这种匹配问题，以交通运输设备制造业为例，该行业中有多个具体的产业项目，以配套设备制造业为主要的产业项目，统计显示，在“十二五”规划期间，将交通运输设备制造业中的配套设备制造业设为重点产业的省份有16个，其中有11个省份是将“十五”规划中的至少两个相关产业设为重点产业，这表明，由于二位码行业内部的产业具有较大的关联性，五年规划不仅仅孤立地将二位码产业内的某个具体项目设为重点产业，更可能的是在实际政策实行过程中将整个二位码产业视为重点产业。

尽管存在过度识别重点行业的问题,但如果在这种情况下仍然有平均意义上的显著结果,那么这仍然可以表明产业政策引导了土地出让的偏向性,从比例来看,过度识别问题并不算严重,这为我的研究提供了相对稳健的基础,细致的数据分析,能够更准确地理解重点产业政策如何影响土地资源的配置,以及这种影响在不同省份和行业之间的差异性。

六、重点产业政策的作用效果差异

通过前面的分析,我已经观察到重点产业政策在促进特定行业工业用地出让面积和宗数方面具有显著效果,在中国的行政体制中,中央政府扮演着宏观调控的关键角色,通常首先发布指导性的文件,为政策方向定调,地方政府则在此基础上,结合本地实际情况,制定具体的发展规划和政策计划,这种体制下,地方政府在制定规划时,既要考虑中央政府的宏观指导,又要结合本地的发展需求和资源条件。

这种双重政策依据可能导致地方政府在规划中既包含中央政府强调的重点产业,也可能包含一些中央政府未明确提及但地方政府认为重要的产业,这就引出一个关键问题:中央政府与地方政府的重点产业政策在实际效果上是否存在差异?如果存在差异,那么哪种政策的影响更为显著。为回答这个问题,我对各省的年度规划与中央政府的五年规划进行对比分析,以探究两者在重点产业选择上的异同,分析显示,省级地方政府在年度规划中提及的重点产业与中央政府的五年规划有较高的重合度,表明中央政府的政策导向在很大程度上影响地方政府的规划决策,也存在一些地方政府根据自身发展策略,选择中央政府规划中未明确提及的产业作为重点发展对象。这种差异可能反映地方政府在资源配置上的自主性和灵活性,以及对本地经济特点和发展潜力的深刻理解,地方政府可能会根据本地的产业基础、市场需求、资源条件等因素,选择一些中央政府未明确强调但具有发展潜力的产业进行重点扶持,地方性的重点产业政策可能在促进地方经济发展、优化资源配置方面发挥着重要作用。

综上所述,中央政府与地方政府的重点产业政策在作用效果上可能存在差异,但这种差异并不意味着一方的政策效果就一定优于另一方,相反,两者在不同层面上的互补和协调,可能共同促进了中国产业政策的整体效果和经济的均衡发展,未来的研究可以进一步探讨如何在中央与地方之间建立更为有效的政策沟通和协调机制,以实现政策目标的最大化。

通过分析2007至2016年中国工业用地出让数据,研究中央和地方政府的重点产业政策对土地资源配置的影响,发现重点产业政策显著提高特定行业工业用地的出让面积和宗数,尤其是地方政府在响应中央政策的同时,也会根据自身产业优势和经济发展情况制定本地规划,地方政府在重点产业政策的制定上表现出一定的独立性,不会盲目追随中央政策,而是会根据自身条件选择有利于本地经济发展的产业。进一步将重点产业政策分为三类:中央和地方都提及的重点产业、中央未提及而地方提及的重点产业,以及中央提及而地方未提及的重点产业。通过构建模型并进行实证检验,文章发现中央和地方共同提及的重点产业政策在东部地区和高级别城市的影响最为显著,这些地区的地方政府能够有效地利用土地资源支持和落实重点产业政策,此外,地方政府在中央未提及的产业上也会实施重点产业政策,这通常是基于地方政府对本地产业的深入了解和判断。在东部地区,中央和地方共同提及的重点产业政策对工业用地出让有着促进作用,而在中部地区,这类政策主要促进工业用地面积的增加。在西部地区,中央和地方共同提及的重点产业政策对工业用地出让的影响不显著,此外,高级别城市相对于一般地级市,更能有效地落实重点产业政策,这可能与高级别城市的行政地位和经济发展水平有关。重点产业政策在促进土地资源配置方面起到重要作用,但政策的制定和实施需要考虑地方政府的实际情况和比较优势,中央政府在制定产业政策时应充分考虑地方的发展需求和资源禀赋,以确保政策的有效性和适应性。同时,地方政府在执行中央政策时应结合本地实际情况,以实现政策目标和促进本地经济发展。

七、产业结构与社会经济发展之间的关系与矛盾

在回顾中国过去三十多年的发展轨迹时,我观察到一个现象:在市场机制不完善或存在缺陷的领域,政府的介入能够有效地弥补这些缺陷,为市场的健康发展提供必要的支持,例如,在基础设施建设、教育和医疗等领域,政府的投入和政策引导为社会经济发展奠定了牢固的基础,然而,当政府试图超越应有的角色,过度干预市场,甚至试图取代市场在资源配置中的基础性作用时,会导致资源配置的效率降低,甚至产生扭曲和浪费。在中国的产业政策实践中,地方政府扮演关键的角色。这与韩国、日本等国家在国家层面集中实施产业政策的做法形成鲜明对比,中国地方政府负责执行中央政府的产业政策,还会根据自身的经济发展状况和产业优势,制定和实施地方性的产业政策,由地方政府推动的产业政策模式,既体现中国特有的行政体制和经济发展模式,也是值得深入探讨的问题。

地方政府在推动产业政策时,能够更准确地把握本地的产业特点和市场需求,从而制定出更为贴合实际的政策措施,这种灵活性和针对性,有助于促进地方产业的快速发展和结构优化,地方政府在制定产业政策时,也可能受到短期利益驱动,过度追求经济增长速度,而忽视了产业的长期健康和环境保护等长远问题。地方政府在产业政策实施过程中,可能会因为信息不对称、资源配置能力有限以及政策执行力度不足等问题,导致政策效果不如预期,此外,地方政府之间的竞争也可能导致产业政策的同质化,使得各地区在产业发展上缺乏差异化和特色化,从而降低了整体的竞争力。地方政府推动的产业政策可能会加剧区域发展不平衡,由于资源和政策倾向于向经济发展较好的地区集中,这可能导致一些欠发达地区在产业发展上进一步落后,从而加大了区域间的经济差距。地方政府在中国产业政策的实施中起到至关重要的作用,但这也存在诸多挑战和问题,为提高产业政策的有效性,需要在中央与地方之间建立更加合理的政策协调机制,确保产业政策既能够发挥地方政府的主动性和灵活性,又能够符合国家的整体发展战略和市场经济的基本规律,也需要加强对产业政策实

施效果的评估和监督，确保政策能够真正促进产业的健康发展和经济的均衡增长。在中国经济发展的过程中，产业同构现象尤为突出，各地政府在追求经济增长的过程中，倾向于选择那些看似具有高附加值和战略意义的产业，如汽车制造、高新技术产业等，作为推动本地经济发展的支柱，跟风现象使得许多城市都试图打造自己的“光谷”或“硅谷”，希望能够通过这些产业的快速发展来提升本地的经济实力。一哄而上的做法忽视了市场需求和本地资源禀赋的实际情况，导致产业结构的高度雷同。每个地区都在发展相同的产业，不仅造成产能的过剩，还使得产业规模普遍缩小，缺乏规模经济效应，以光伏产业为例，快速发展最终导致市场竞争激烈，许多企业面临生存困境。

在这种背景下，地方政府为保护本地企业，限制外地产品进入本地市场、优先采购本地产品，甚至直接用本地企业的产品作为公务员的工资支付手段，保护主义的做法虽然在短期内可能有助于维持本地企业的运营，但从长远来看，却不利于产业的健康发展和市场的公平竞争。地方保护主义的行为实际上加剧全国范围内的恶性竞争和市场分割，地方政府的理性行为虽然在局部可能带来一定的经济增长，但从全国的角度来看，却导致整体经济效率的下降，产能过剩、市场竞争的阻碍以及产业的小规模化，都是这种地方主义行为带来的负面后果，这种现象在经济学中被称为“囚犯困境”，即个体的理性选择最终导致集体的非理性结果。需要中央政府和地方政府之间建立有效的协调机制，确保产业政策的制定和实施能够充分考虑到全国经济的整体利益，避免地方保护主义带来的负面影响。也需要通过改革和完善市场机制，促进产业的合理布局和资源的有效配置。

在中国特有的政治经济环境中，地方政府的行为模式在很大程度上塑造了一种以邻为壑的经济增长模式，这种模式背后的问题根源在于地方政府对于特定产业的过度投资和盲目追求，这种现象的产生，与地方政府面临的考核机制和财政激励机制密切相关。地方政府的政绩考核体系以经济增长和招商引资为主要指标，这直接导致地方政府在产业发展上的短视行为，为追求GDP的增长，地方政府倾向于扩大生产规模，增加投资项目，以期在短时间内提升经济指标,由于增值税是地方政府税收的重要来源,而增值税的征收又与生产活动紧密相关,因此地方政府有动机推动本地的生产活动,以增加税收收入。地方政府在面对新兴产业时,尽管意识到本地产业可能在技术和市场上缺乏竞争力,但仍会出于对错失发展机遇的担忧而选择积极介入,特别是在汽车和光伏等新兴产业领域,地方政府希望通过政策扶持和市场保护,帮助本地产业在成长过程中积累经验和技术,以期在未来获得成功,地方政府官员的任期通常较短,这使得他们在决策时更倾向于关注任期内的政绩,而非长远的产业竞争力。这种现象在中国经济发展的历史中一直存在,并且随着时间的推移,重复建设的对象也在升级,从早期的彩电产业到现在的汽车和光伏产业,地方政府的这种行为模式一直在重复,尽管学术界和政策制定者都认识到这种模式的不合理性,但地方政府在实践中仍然难以摆脱这种发展路径,在西南某欠发达省份,地方政府不顾当地是否具备发展汽车产业的基础,也不顾汽车产业已经在全国广泛布局的现状,仍然决定大力发展汽车产业,这种决策基于地方政府对于短期政绩的追求,而非对产业长期发展潜力的理性评估。这种以邻为壑的经济增长模式,导致资源的低效配置和产能过剩,还可能引发地区间的恶性竞争,损害整体经济的健康发展,需要对现有的政绩考核体系进行改革,引导地方政府更加注重产业的长期竞争力和创新能力,同时加强中央与地方之间的政策协调,避免产业同构和重复建设,促进产业的合理布局和资源的有效配置。

在中国经济快速发展的过程中,政府在产业发展中的主导作用引发广泛的讨论。地方政府为追求经济增长和招商引资,倾向于发展那些看似高端、资本密集型的产业,希望通过政府的干预来加速资本积累,这种做法虽然在短期内能够带来快速的经济增长,但长期来看,却可能导致一揽子经济和社会问题。首先,地方政府推动的资本密集型产业发展模式,导致经济的资本深化速度过快,在这种模式下,工业增长创造的就业机会相对较少,与中国作为一个发展中国家的实际情况不相符合,在中西部省份,这种"过度资本深化"的现象尤为明显,而这些地区本应利用丰富的劳动力资源,发展劳动密集型产业。其次,过度资本密集化的产业发展路径导致工业化速度与服务业发展速度、人口城市化进程之间的不匹配,不平衡的发展模式在收入分配上表现为劳动收入占国民收入比例的下降,进而影响消费增长,加剧产能过剩的问题,地方政府和国有企业为了实现投资目标,依赖债务融资,导致政府负债的上升,特别是在经济发展水平较低的省份。解决这些问题,关键在于重新调整市场与政府之间的关系,在市场经济体系中,市场应成为资源配置的决定性力量,政府的角色应当是辅助市场,弥补不足,而不是过度干预。地方政府官员的考核机制不应过分强调经济增长、招商引资和税收指标,而应更加关注政策的长期后果,如民生、环境保护和政府债务。中央政府应当加大对欠发达地区的公共服务和基础设施投入,减少这些地区对本地经济发展和税收的依赖,从而降低地方政府追求短期经济增长的冲动,研究表明,中央对地方的财政转移支付可以有效减缓地方政府的市场分割行为。

在与地方政府官员的交流中,听到一些令人担忧的观点,比如认为中国政府的强大足以忽视理论和数据分析的结果,这种自信的态度可能忽视了市场规律的重要性。市场应在资源配置中发挥决定性作用,政府的作用是更好地发挥补充市场不足的功能,而不是与市场经济的客观规律背道而驰,表明政府应当在市场失灵的领域发挥作用,而不是在市场能够有效运作的领域进行不必要的干预。

八、高质量发展的必由之路:从土地经济到数字经济

自改革开放以来,中国经济实现了跨越式的发展,这一成就的背后,政府的作用不可忽视,中央政府和地方政府在推动经济发展中扮演关键角色,1994年的分税制改革,虽然减少了地方政府可支配的财政资源,但同时也赋予了地方政府更大的土地管理权限,这成为地方政府推动经济发展的重要手段。根据《中华人民共和国土地管理法》,中国实行土地公有制,城市土地归国家所有,农村土地归集体所有。这一制度安排使得地方政府在土地使用权转让方面拥有了垄断权力,地方政府通过出售土地使用权,获取巨额收入,这些收入成为推动地方工业化和城市化建设的重要资金来源,土地转让为地方政府带来直接的经

济收益,还通过拉动相关产业链的发展,如基建、装修装饰、商业服务等,进一步促进就业和税收增长,为经济增长的“三驾马车”——消费、投资、出口提供了动力。自2001年所得税改革后,城市发展模式转向“工业化与城市化”并重,地方政府通过低价提供工业用地吸引投资,同时限制商住用地供给,推高地价,从而获得垄断利润,商住用地虽然在面积上占比不大,但转让收入却占据了土地使用权转让收入的绝大部分,这种以土地为核心的财政模式,实际上是一种“房地产财政”,“土地经济”也转化为了“地产经济”,“以地引资”的策略吸引大量开发商进入土地市场,使得地产经济成为推动地方经济增长的重要途径,2003年国务院发布的《关于促进房地产市场持续健康发展的通知》进一步激发了房地产市场的活力,从拆迁到建安工程,从装修装饰到家居采购,整个产业链在中国经济中占据了重要地位。

中国的经济发展模式,围绕土地、劳动力、资本等生产要素,充分释放了生产力,推动了城市化进程,这种依赖土地财政的模式也带来问题,如土地资源的过度开发、房地产市场的泡沫风险,以及地方政府债务的累积等,需要在继续发挥土地财政作用的同时,探索更加多元化的财政收入来源,优化产业结构,促进经济的均衡发展。随着中国城市化的深入发展,传统的经济增长模式面临着新的挑战,城市化的物理空间逐渐饱和,人口红利带来的规模效应逐渐减弱,土地和资本等传统生产要素对经济增长的边际贡献正在减少,在这背景下,中国社会主义共同富裕的目标要求经济发展模式必须转型升级,以适应新时代的发展需求。技术和数据作为新的生产要素,开始在经济发展中扮演越来越重要的角色,数字技术的运用提升全要素生产率,推动经济结构的优化和产业的升级,从依赖土地和资本的增长模式转向以数据为核心的数字经济,已成为中国经济发展的新方向。

2020年4月,中共中央、国务院发布的《关于构建更加完善的要素市场化配置体制机制的意见》,标志着数据作为生产要素的正式认可,为数字经济的发展提供政策支持,随后,促进数字经济发展的政策相继出台,为数据资源的开发、利用和保护提供了明确的指导。2022年12月,《中共中央 国务院关于构建数据基础制度更好发挥数据要素作用的意见》进一步明确数据的分类分级确权授权制度，提出数据资源持有权、数据加工使用权、数据产品经营权等概念，为数据产业链的发展奠定了基础，数据产业链包括数据发现、数据处理和数据分析三个环节，规模和影响不亚于过去的地产产业链。在数据产业链的上游，数据发现环节负责提供原始数据信息，中国庞大的人口基数和丰富的数字资源为数据产业的发展提供了天然优势，中游的数据处理环节，包括数据采集、标注和基础数据服务，是中国数字经济发展中的薄弱环节，欧美数据标注巨头企业的成功，为中国企业提供了可借鉴的发展模式，下游的数据分析环节，涉及算法技术和研发，是数字经济发展中科技含量最高的部分。ChatGPT等数据产品的成功和开源，预示着数字经济将为中国经济带来新的增长点。数字经济的发展是资源向资产、资本转化的过程，更是一场以数据为抓手的新一轮经济革命，它将有助于实现资源的公平分配，推动共同富裕。数字经济作为现代经济的重要组成部分，正在深刻地改变着中国乃至全球的经济结构和发展模式，根据国家统计局的定义，中国的数字经济行业涵盖了数字产品制造业、数字产品服务业、数字技术应用业、数字要素驱动业和数字化效率提升业等多个领域，这些领域共同构成了数字经济的丰富内涵，推动着经济的数字化转型。从投资的角度来看，数字经济的发展可以分为5G网络建设及应用、重量级数字消费、数字生产、数据交易和数字治理等关键部分，2020年，中国5G建设迎来了高峰期，在标准、终端、芯片等方面取得全面进展，而且在应用和生态上也实现了从基础网络连接服务到智能管道、万物互联、数字化服务和新模式的演进。近两年来，数字经济的发展主要集中在重量级数字消费、数字生产和数字治理等方面，数字产品已经深入人们的日常生活，从智能穿戴设备到智能家居，从数字能源到智慧城市建设，数字技术的应用正在提升各个行业的效率和消费者的生活质量，数据交易的兴起，标志着数据作为生产要素的重要性日益凸显，数据的流通和交易将为GDP贡献更大的份额。在数字经济时代，人们的“衣食住行”正在经历前所未有的变革，可穿戴设备正在成为健康监测的新工具，元宇宙为人们提供了全新的社交和娱乐空间，智能家居让家庭生活更加便捷舒适，智能汽车和智慧公路则预示着交通出行的革命,中国在浙江建成的第一条支持自动驾驶技术的“智慧高速”杭绍甬高速公路,就是一个典型的例子,这条高速公路支持自动驾驶和自由流收费,还通过构建人车路协同综合感知体系,实现了路网的综合运行监测与预警,为电动车提供了充电服务,未来,随着移动式无线充电技术的实现,电动汽车的续航问题将得到有效解决。

自2022年以来,中国数字经济的发展进入新的加速阶段,数据交易、数据分类和数据入表等概念逐渐成为推动各行各业转型升级的关键因素,在数据交易领域,为促进市场的健康发展,多个省市级的数据中心相继成立,上海数据交易中心在2021年11月升级为上海数据交易所,是一个里程碑事件,标志着数据交易市场的正式成型,上海数据交易所的成立,首次提出“数商”这一概念,引发业界的广泛关注和讨论。在产业端,数据分类的升级为数据管理提供了更为精细化的框架,数据对国家安全、公共利益以及个人或组织合法权益的影响和重要程度,被划分为一般数据、重要数据和核心数据三个等级,对于非重要的一般数据,法律允许自由流动,这有助于充分释放数据的经济价值,促进数据资源的有效利用。在数据入表方面,国家财政部在2022年发布的46号文中明确数据资产入表的具体要求,这一政策的出台,为数据资源的会计处理提供了明确的指导,使得符合条件的数据资源可以作为无形资产或存货在企业的资产负债表中得到体现,这一变化对于企业来说,意味着数字化转型的成果将得到财务报表的认可,有助于提升企业价值和吸引投资。此外,自2022年以来,中国政府陆续发布多项新政策或规定,涉及数据要素、数据确权、政务大数据、中国特色估值、国资云、金税四期等多个方面,这些政策文件对发展数据要素市场、建立健全数据交易机制提出了明确要求,也为数据交易市场的参与者提供了政策支持和发展方向。数据交易的蓝海效应日益明显,无论是个人、创业公司还是政府和企业单位,都能在这个新兴市场中找到自己的定位和发展机会,从顶层设计到社会环境,数字经济时代的到来已经成为不可逆转的趋势。从传统的土地经济向数字经济的转型,是中国经济高质量发展的必然选择,也是全球经济发展趋势的体现,数据作为新的生产要素,价值的挖掘和利用将成为推动经济发展的新引擎。

第五章　历史文化视角下的全球经济与中华民族伟大复兴

第一节　全球化宏观经济分析

在经济全球化的新时代，中国庞大市场孕育了一批领先世界的数字经济企业，它们引领科技革命和产业变革，还重塑着全球的竞争版图，2023年，数字经济的规模在全球范围内达到惊人的4488亿美元，同比增长20.4%，中国数字经济规模超过50万亿，总量稳居世界第二，占GDP比重提升至41.5%，数字经济与实体经济融合愈发紧密，这一系列数字令人瞩目。美国和中国在数字技术领域的优势尤为显著，两国共同占据全球超大规模数据中心的半壁江山，并且在人工智能初创企业的融资、顶尖研究人员的集中以及数字平台市值方面占主导地位。数字经济的巨头们推动传统产业的转型升级，尤其是为中小企业的转型发展提供了强大引擎动能。在百年未有之大变局的背景下，中国经济展现出强大的应对逆全球化冲击的能力，更具备引领新型经济全球化的潜力，中国经济的体量巨大，产业布局全面，关键产能具有全球广泛吸引力。面对全球化的挑战，中国经济的利益调控能力相对较强，有利于形成一致的对外政策。中国在全球经济中的角色正经历着转变。

统一的大市场进一步释放中国经济的长期增长潜力。它能够促进生产要素的大规模、跨区域、跨行业的重组，实现资源配置的优化和全要素生产率的提升，从而充分挖掘经济增长的潜力，统一大市场还能增强科技研发和自主创新的能力。中国庞大的工程师队伍为科技研发提供了坚实的智力基础，而中国经济的规模又为科技应用提供了全球最大的应用场景，通过技术创新的引领和外溢效应，中国持续释放科技研发自主创新的红利，统一大市场有助于增强宏观经济的稳定性，在跨国比较中，可以看到，当国内经济循环的规模足够大时，宏观经济的韧性显著增强，调节空间广阔，使得经济能够更好地抵御外部冲击，减少外部经济环境波动的影响，产生宏观稳定红利。

一、经济学家用模型来解释经济活动中短期波动

凯恩斯主义模型：由英国经济学家约翰·梅纳德·凯恩斯在20世纪30年代提出，以应对大萧条时期的经济困境，模型强调的核心观点是，在短期内经济产出和就业水平受到总需求波动的影响，总需求是指在一个特定时期内，所有消费者、企业和政府对商品和服务的需求总和，当总需求不足时，即消费者支出、企业投资和政府支出的总和下降，经济便可能出现衰退，凯恩斯主义模型认为，这种不足可能由多种因素引起，包括但不限于消费者信心下降导致消费减少、企业对未来经济前景悲观而减少投资、政府为减少财政赤字而削减支出等，凯恩斯主义者认为，政府有责任通过积极的财政政策和货币政策来调节经济，以减少经济波动和缓解衰退的影响，在财政政策方面，政府可以通过增加公共支出，如基础设施建设、教育和医疗等领域的投资，来直接增加总需求，还可以通过减税或提供补贴等方式，增加居民的可支配收入刺激消费和投资，在货币政策方面，中央银行可以通过降低利率来降低借款成本，鼓励企业和个人增加投资和消费，中央银行还可以通过公开市场操作，如购买或出售政府债券，来调节货币供应量，进一步影响利率和信贷条件。

新古典主义模型：与凯恩斯主义模型在解释经济波动的原因和对策上有所不同，新古典主义模型强调供给侧因素在经济波动中的作用，认为短期内经济的波动主要是由供给侧的冲击引起的，供给侧冲击是指那些影响生产能力和生产成本的外部事件或变化，这些冲击可能包括自然灾害（如地震、洪水、干旱等），灾害可能导致生产设施损坏、农作物减产，从而减少总供给，技术变革也是一个重要的供给侧因素，新技术的出现可能提高生产效率，降低生产成本，从而

增加总供给，资源价格的波动，如石油、金属等原材料价格的变动，也会影响生产成本，进而影响总供给的水平。新古典经济学家认为，市场机制具有自我调节的能力，能够在没有外部干预的情况下，通过价格和工资的灵活调整，使经济回到自然失业率下的均衡状态，自然失业率是指在没有货币因素影响的情况下，由于结构性原因（如技能不匹配、信息不对称等）导致的失业水平，在新古典主义模型中，市场力量会调整工资和价格，以清除劳动力市场和商品市场的失衡，从而实现充分就业。新古典主义模型也认识到，供给侧冲击可能会干扰市场回归均衡的过程，例如，资源价格的突然上涨可能会导致生产成本增加，企业可能会减少产量，从而减少总供给，在这种情况下，如果没有适当的政策响应，经济可能会在较高的失业率下陷入低迷状态新古典主义模型主张，政策制定者应该关注供给侧因素，通过提高生产效率、促进技术创新、稳定资源价格等措施，来增强经济的适应能力和抵御冲击的能力，此外，新古典主义模型还强调教育和培训的重要性，以提高劳动力的灵活性和适应性，减少结构性失业。

动态随机一般均衡模型：是一种更为复杂的宏观经济模型，它把经济视为一个动态系统，并考虑了随机冲击和预期的作用，通过建立基于经济理论和实证数据的方程式，来模拟经济主体的行为和宏观经济的动态变化，这种模型考虑了经济主体的最优决策行为，还纳入了随机冲击和预期因素，从而能够更加真实地反映经济的复杂性和不确定性，可以用来评估货币政策和财政政策的效果，以及外部冲击对经济的影响。

实物商业周期模型：通过引入随机技术冲击来模拟经济周期，分析这些冲击如何影响消费、投资和产出，随机技术冲击是模型中的关键概念，它代表了技术变化的不确定性，这些冲击可能是由于新技术的发明、推广和应用，或者是自然灾害、政策变动等因素导致的生产效率的下降，在模型中，技术冲击被视为外生的，即它们是由经济系统外部的因素引起的，而非经济体内部的决策结果，它强调提高生产率和技术进步的重要性，政策制定者可以通过促进研发、教育和培训，以及提供市场友好的环境等措施来提高经济的潜在生产能力，减少经济周期波动的幅度和频率。

二、经济学家选择哪种模型来解释经济活动中短期波动取决于多种因素

每位经济学家都有理论偏好和研究领域的专长，这影响他们选择模型的倾向，例如，一些经济学家可能更倾向于使用凯恩斯主义模型来分析需求侧因素，而另一些可能更偏好新古典主义或实物商业周期模型来探究供给侧因素。模型的选择也受限于可用数据的类型和质量，某些模型可能需要特定类型的宏观经济数据，而这些数据在某些国家或时期可能难以获得，因此，数据的可用性会影响经济学家对模型的选择和应用。不同的经济问题可能需要不同的分析工具，例如，对于短期经济波动的分析，可能需要一个能够捕捉需求和供给变化的模型，而对于长期增长趋势的研究，则可能需要一个包含技术进步和人口动态的模型。不同模型各有优缺点，例如，凯恩斯主义模型比较简单易懂，它强调总需求的作用，并提供了政府干预经济的理论基础，只是，它对市场摩擦的考虑不足，可能导致对经济调整过程的简化和理想化。新古典主义模型对市场摩擦的考虑比较充分，强调市场在资源配置中的效率，但它对短期经济波动的解释能力不足，尤其是在解释需求侧冲击和非市场因素时，经济学家们一直在努力改进现有的模型，以更好地解释经济活动中短期波动，包括引入新的理论元素，如行为经济学的概念，以及利用更先进的计量经济学方法来处理数据和估计模型参数，随着计算能力的提高和大数据技术的发展，经济学家现在能够处理更复杂的模型和更大规模的数据集，从而为理解经济波动提供了新的视角和工具。

同时，在关注经济发展、社会挑战、社会包容性时，我们需要关注一些关键因素和基本概念。

GDP和劳动力是衡量经济活动和社会发展的基本指标，GDP反映一个国家的经济规模和市场活力，而劳动力市场的健康与否直接关系到社会的就业状况和收入分配。

长期增长依赖于技术创新、教育投资、基础设施建设和制度环境的完善。

这些因素共同作用于提高生产率和促进经济的持续扩张，但也可能加剧社会不平等，因为不同群体受益程度不同。

全球化促进国际贸易和资本流动，提高生产效率，但也导致了工作岗位的转移和国内产业结构的调整，这对不同技能水平的劳动者产生了不同的影响。

产业结构的转型，特别是从农业和制造业向服务业的转移，对劳动力市场产生了深远效应，这要求劳动力适应新的技能需求，同时也可能加剧行业间的收入差距。

城市化进程中的地理空间结构变化，如城市群的形成和城市扩张，对劳动力的流动和社会包容性提出了新的挑战。

劳动市场的灵活性和人力资本的积累对于促进就业和社会包容性至关重要，教育和培训体系需要与市场需求相适应，以确保劳动力能够获得高质量的就业机会。

短期内，货币和财政政策对于缓解经济波动、促进就业和减少贫困具有重要作用，不过，政策的设计需要考虑到对不同收入群体的影响，以避免加剧社会不平等。

国际金融市场的波动对国内经济稳定和社会发展有着重要影响，国际资本流动和汇率变动需要通过有效的宏观经济政策进行管理，以保护弱势群体免受外部冲击的影响。

增加税收可能会对产出产生负面影响，因为高税率可能会抑制企业和个人的投资和消费意愿。

本地知识只有在特定场景中才能获得的信息，对于发现新机会和促进地方经济发展至关重要。

长期从事某一行业的企业和个人，如果能保持开放和批判性思维，更有可能发现和把握新的商业机会。

技术创新是推动经济发展的关键因素，但它也可能打破现有的市场均衡，导致某些行业或职业的衰落。

随着人口老龄化，中国的退休制度和养老负债对财政构成了巨大压力，需要通过改革和政策调整来应对。

在制定长期政策时，应考虑未来经济增长的潜力，以及如何通过政策促进和维持这种增长。控制通货膨胀是实现财务自由的关键,因为高通胀会侵蚀储蓄和投资的购买力。

在发达社会中,女性受教育水平和职业发展机会的提高,可能会导致生育率下降,因为生育和职业发展之间的权衡变得更加复杂。

健康产业在经济发展中扮演着越来越重要的角色,随着人们收入的提高,对高质量医疗服务和健康产品的需求也在增长。

随着印度经济的快速发展,中印两国的关系对全球政治经济格局产生重要影响。

孟加拉国的经济增长和社会发展正在复制中国2000年时的轨迹,这为国际投资者和全球供应链提供了新的机遇。

最终,一个国家的经济发展水平取决于劳动力的生产率,提高生产率需要投资于教育、技能培训和技术创新。

货币与国际金融是全球经济体系中至关重要的组成部分,影响着国家经济的稳定与发展,也是国际关系和全球贸易的纽带。全球化的浪潮中,跨国公司扮演着不可或缺的角色,它们通过在全球范围内的布局和运营,推动商品、服务、技术和文化的交流与融合,据统计,约有1/3的全球化进程是由这些跨国公司推动的,它们利用各自的相对比较优势,在全球市场上寻求最佳的资源配置和生产效率。展望未来20年,亚洲无疑成为全球经济的主导力量,中国和美国继续领跑,而越南、印度和孟加拉国则被预测为增长最快的国家,中国作为世界第一大贸易国,在全球贸易中的影响增强,而美国作为世界第一大投资大国,资本的全球流动对世界经济格局产生了长期而广泛的效应。在国际金融中,汇率制度的选择对一个国家的经济政策和国际地位有着重要影响,固定汇率和浮动汇率各有利弊,而中国的资本账户尚未实现完全自由兑换,这在一定程度上限制资本的流动性,与此同时,香港选择了自由货币制度,而中国内地则坚持独立的货币政策,以维护国家经济的稳定和自主性。预计在未来十年内,中国有望实现资本账户的全面开放,这是中国走向真正强国的关键步骤,资本账户的自由化促进资本的自由流动,提高资源配置的效率,同时也使中国更加深入地融入全球经济体系。**供需模型**是经济学中一个基础而强大的分析工具,帮助我们理解市场中商品和服务的价格如何形成,还揭示了价格变动背后的深层原因,我们首先需要明确几个关键要素,市场的定义、时间与空间范围,以及特定产业或细分市场的定位,在供需模型中,我们区分流量与存量是至关重要的,流量指的是在特定时间内通过市场的交易量,而存量则是在某一时刻市场累积的总量,对于流量,我们必须界定时间周期,以便于分析和预测。需求曲线展示在不同价格水平下,消费者愿意购买的商品数量。需求函数可以表示为 Qb = f(P,P替代品,Inc,偏好),其中 Q 代表数量,P 代表价格,Inc 代表收入,而偏好则是消费者对商品的喜好程度。需求曲线的斜率揭示价格变动对需求量的影响程度,斜率陡峭意味着价格敏感度低,而斜率平缓则意味着价格敏感度高,例如,在原油市场中,需求曲线通常较为平缓,反映消费者对价格变动的高度敏感性。企业在定价时需要综合考虑成本、利润和竞品价格三个要素,供求关系中的敏感弹性和盈亏平衡点也是定价时的基本考量,例如,当价格下降1%时,需求量的上升百分比如何,这决定企业是否能够保持收支平衡。需求曲线的左右移动反映非价格因素对需求的影响,例如,当收入增加时,需求曲线向右移动,当竞品价格下降时,需求曲线向左移动,价格预期、偏好变化等因素也会导致需求曲线的移动,需求曲线移动的距离可以反映需求的收入弹性或价格弹性的大小。供应曲线则展示了生产者在不同价格水平下愿意提供的商品数量,短期与长期的供应曲线变化透露了生产成本和技术进步对供应的影响,例如,生产者成本上升会导致供应曲线向左移动,而技术进步和成本下降则会使供应曲线向右移动。供需模型的应用广泛,从全球原油市场的季度价格波动,到农产品市场的供需关系,农产品由于生产周期的限制,供应缺乏弹性,而需求也相对固定,这导致产量的减少可能带来价格的大幅上升,而丰收则可能导致价格的大幅下降,此外,供需模型还可以用来分析囤积行为和期货市场,探讨市场中的炒买炒卖现象,通过供需模型的深入分析,我们可以更好地理解市场中的价格动态,预测未来的市场趋势,并为企业和政策制定者提供有力的决策支持。

产业结构的优化和升级是一个复杂的过程,需要综合考虑经济、技术、教育、政策和国际合作等多方面因素，产业结构的演变还是一个国家或地区经济发展过程中的关键指标，反映社会资源配置的效率和经济体的成熟度，理解产业结构的动态变化，有助于我们洞察经济发展的趋势和潜在的挑战。产业结构是由收入结构和需求结构共同塑造的，随着人均GDP的增长，人们的需求模式发生变化，进而影响产业结构的调整，例如，中国的数据显示，第一产业即农业的比重逐渐下降，而第三产业即服务业的比重持续上升，这一趋势显现了经济发展和技术进步对产业结构的深刻影响。产业结构的变动带来劳动力结构的变化。例如，日本的经验表明，服务业和制造业的比重变化关乎数量，更涉及行业内部效率的提升。这意味着，产业结构的优化需要伴随着劳动力技能的提升和生产方式的创新。人口的教育程度结构对产业结构的转型起着至关重要的作用，高素质的劳动力是推动高附加值产业发展的关键，如信息技术、生物科技等领域。未来的产业结构并非全面增长，而是特定产业或细分市场的增长。随着人均GDP的预期增长，需求结构也发生变化。工业需求结构可能因竞争激烈和产能过剩而缩减，这要求企业提升总要素生产率(TFP)和技术革新以保持竞争力。同时，低效企业的退出或前瞻性转型成为不可避免的趋势。不同产业的需求弹性各异，随着收入的增加，某些产业的需求增长(需求弹性大于1)，而另一些产业的需求可能减少(需求弹性小于1)。因此，理解需求弹性对于把握市场动态和制定战略至关重要。农业面临的挑战包括土地肥力下降、地下水资源管理、市场组织效率低下等。这些问题需要通过科技创新、政策引导和国际合作来解决。同时，农业的国际贸易格局也对国内农业生产和食品安全产生重要影响。制造业的产量和GDP比重有生命周期，随着经济的进一步增长，制造业比重预计继续下降。制造业的未来预测需要考虑不同类型制造业的特点和发展趋势，如传统制造业的升级转型，以及新兴产业的培育和发展。全球新兴产业的发展，如工业机器人、AI自动化、3D打印等，标志着第三次工业革命的到来。新兴产业为经济增长提供新的动力，也为解决全球性问题如能源、环境和健康提供了创新的解决方案。**城市化作为现代社会发展的重要趋势**，重塑人类生活的地理格局，也深刻影响经济结构和社会形态，城市化伴随着精心的战略规划,如“两横三纵”的模式,通过区域间的协同发展,打造如湾区“9+2”这样的经济高地,以及华东圈等生活质量较高的居住区域,这些规划关注经济发展,也着眼于提升居民的幸福感。大都市因高效的资源利用和适宜的生存环境,成为城市化的核心。城市化带来的规模经济和供应链的优化,使得工业和服务行业得以蓬勃发展,同时也促进同类企业的聚集,形成独特的聚集经济。人们倾向于聚集生活,因为这种生活方式带来了诸多好处,规模经济使得工业和服务更加高效,供应链的优化减少运输成本,而聚集经济则为企业提供了劳动力双向选择的高效率、共享基础设施的便利以及技术信息的快速传播,此外,地区经济的形成为劳动者提供了职业发展的激励和社交学习的机会,而多元化的生活环境也丰富了城市文化。城市的边界和规模是一个复杂的问题,需要考虑人口规模、密度、职业构成等多个因素,中国根据不同人口规模对城市进行分类,预计未来在全球TOP 600城市中,中国占据100个席位。城市化进程中,收入水平和房价是影响人们迁移的两个关键因素,收入的提高吸引人们向城市迁移,而房价的上涨则可能抑制这一趋势,这种动态的空间均衡决定了城市规模的边界。从经济学角度来看,容积率应当与经济价值成正比,这意味着,城市的规划和建设应当充分考虑经济效益,以实现土地资源的最优利用,房价指数的预测缺乏规律性,市场信息碎片化使得预测变得复杂。因此,对房价走势的分析需要综合考虑多种经济、政策和社会因素,未来城市化的主力是1993—2023年间出生的4亿人口,随着人均GDP的预期增长,产业布局需要基于这些人口的需求,找到合适的城市、产业和工作机会,以实现郎咸平微笑曲线所描述的分工优化,房价的上涨部分原因是缺乏有效的通胀对冲工具,导致资金提前透支,这一现象需要通过政策调控和市场机制来平衡,面对不同的养老制度,如现收现付制和个人账户制,中国采取了两者结合的方式,随着老龄化的加剧,养老金制度的可持续性成为亟待解决的问题,需要对现行制度进行深入反思和改革。

产业增长与宏观经济全球化之间的关系是一幅错综复杂、相互促进的画卷,二者之间的相互作用推动全球经济的发展,重塑了国际竞争格局。产业增长是宏观经济全球化的重要推动力,随着产业的蓬勃发展,全球贸易和投资活动日益频繁,加速全球经济一体化的进程,也为各国带来更加紧密的经济联系,产业转移和国际分工的深化进一步促进全球产业链条的形成和完善,使得各国能够更加专注于自身的比较优势,实现资源的最优配置。技术创新和知识的传播是产业增长的催化剂,也是宏观经济全球化的重要驱动力,随着新技术的涌现和全球信息的快速流动,生产效率得到显著提升,新产业和新业态如雨后春笋般涌现。宏观经济全球化为产业增长提供广阔的舞台,全球市场的扩大为企业提供无限的发展空间和机遇,使得企业能够跨越国界,拓展市场份额,资本、技术和人才的国际流动为产业结构的调整和升级提供必要的条件,促进产业的优化和升级。国际竞争的加剧也对企业提出更高的要求,在全球化的大背景下,企业必须提高自身的创新能力和竞争力,以适应日益激烈的市场竞争,这种竞争激发企业的活力,也推动整个产业的持续进步和发展。经济全球互动进程中,贸易和投资活动扮演着至关重要的角色,它们促进产业的扩张,通过自由化措施提升了全球资源配置的效率,形成一个自我强化的正向循环,这种循环加速产业的发展,优化全球产业链的构建。产业转移和国际分工作为全球化的显著特征,通过促进不同国家和地区之间的互补性合作,为全球经济的共同繁荣贡献力量,这种合作模式允许各经济体发挥各自的比较优势,通过专业化和效率提升实现共同目标。技术创新和知识的全球传播是推动宏观经济全球化的关键驱动力,开辟发展的新路径,技术革新和知识的广泛传播,全球经济得以持续进步,为各国带来新机遇,产业增长与宏观经济全球化之间的关系并非全然积极,如市场竞争的加剧、环境问题的加剧以及对国家主权的影响等,我们需要在享受全球化带来的红利的同时,也要对可能出现的负面影响保持警惕,并采取相应的策略来应对,要求政策制定者、企业和社会各界共同努力,确保全球化的进程能够在促进经济发展的同时,也能维护社会的公平与环境的可持续性。

产业增长与宏观经济全球化的积极影响是多方面的,它为全球经济注入活力,促进经济的持续增长,随着产业的扩张和升级,生产效率得到显著提升,企业能够以更高的效率生产更多的商品和服务,这一过程中,新的就业机会涌现,为劳动力市场提供广阔的空间,缓解就业压力,此外,产业增长和全球化提高了消费者的福利水平,国际贸易的扩大使得消费者能够以更低的价格享受到更多样化的商品和服务,生活质量得到显著提升,同时,全球市场的一体化也为消费者提供了更多的选择,满足了个性化和差异化的消费需求。即便如此,产业增长与宏观经济全球化也带来挑战,产业空心化现象在一些发达国家尤为突出,随着制造业向成本较低的发展中国家转移,一些传统产业的就业机会减少,影响了当地经济的稳定,此外,国际一体化潮流中的收入分配不均问题日益凸显,贫富差距的扩大可能导致社会不稳定。环境污染问题也是全球化进程中不可忽视的负面影响,工业化的快速发展伴随着资源的过度开发和环境的破坏,这对可持续构成了威胁,同时,金融市场的全球化也带来了金融风险的增加,国际资本的快速流动可能导致金融市场的波动和危机,为最大化产业增长与宏观经济全球化的积极效应,同时减少负面影响,促进产业结构的调整和升级是关键,通过政策引导和市场机制,推动产业向高技术、高附加值方向发展,加强科技创新和知识产权保护,激励企业投入研发,推动技术进步和产业升级。**完善社会保障体系也是应对全球化挑战的重要手段**,通过提供失业保险、养老保险等社会保障,缓解因产业转移和结构调整带来的社会问题,加强国际合作和治理,通过多边机制和国际规则,共同应对全球化带来的环境、金融等全球性问题。

第二节 中西方的历史文化差异和经济对比

在全球化的浪潮中,深入理解中西方文明的发展轨迹和文化差异,帮助我们在全球化的大背景下,更好地促进跨文化的交流与合作,共同应对全球性挑战,实现共赢发展。探索塑造中国与西方文明独特风貌的关键因素,是一段跨越时空的历史之旅,自古以来,这两大文明体系,被自然的屏障——喜马拉雅山脉的峻峭和蒙古草原的辽阔——分隔开来,各自在相对独立的环境中孕育和演化。历史的洪流在不同的时刻引导东西方做出了各自的选择,这些选择在思想、文化和制度上塑造了它们的独特性,尽管我们都源于同一人类本质,共享着普遍的人性,但不同的环境条件激发了人性的多样表现,推动着两大文明沿着各自的路径前进，下面，我展开讨论那些历史转折点，它们在塑造两大文明差异中扮演了关键角色，尤其是地理环境的深远影响。中国的地理特征对文明的发展起到了决定性作用，西部边界是高耸入云的喜马拉雅山脉，北部是广袤的蒙古草原，而东部和南部则是辽阔的海域，特别值得一提的是，发源于喜马拉雅山的长江与黄河，它们并肩流淌，最终汇入同一片海洋，在新大陆被发现之前，这两条河流之间的冲积平原是世界上最肥沃、最广阔、最适合农业的土地之一，是大自然赋予人类的宝贵礼物，正因为这份恩赐，农业文明在这里迅速扎根。长江和黄河及众多支流，为这片土地上的居民提供了便利的交通网络和经济交流渠道，因此，任何有能力统一这片广袤土地的力量，都拥有巨大的潜力。

农业文明的基础在于光合作用，这一自然过程太阳能转化为维持作物生长和牲畜繁衍的能量，而这一切都离不开土地，土地的面积直接关联到农业产出的丰富程度，以及能够支持的人口规模。在农业文明的历史中，土地资源的充足与否一直是关键问题，掌握更多土地的社会能够养育更多人口，但当人口增长超过土地的承载能力时，就会面临人口过剩的困境，随之而来的冲突、疾病和饥荒可能导致人口数量的急剧下降，从而开始一个新的循环，农业文明的经济本质上是一种受限经济，因为农业产出难以持续满足人口增长的需求，当土地的产出达到极限，人口数量便无法继续增长，甚至可能减少，这种减少通常伴随着民族、种族和国家的界限，在生存的竞争中，那些控制着广阔土地的族群更有可能生存下来，而其他族群则可能面临衰落，因此，在农业文明的历史中，战争是围绕土地资源的争夺而展开的。在中华文明的悠长历史中，一幕幕战争与斗争的场面交织成一幅波澜壮阔的历史画卷，在这场漫长的生存竞赛中，那些能够巧妙地调动民众、构建高效政治组织的文明能够取得胜利，人类之所以能在众多生物中脱颖而出，不仅因为我们独特的个体性，更因为我们无与伦比的社会性。在中国，古代智者早已洞察了如何高效地调动社会力量的智慧。回望历史，约2400年前的中国西部，秦国推行了一次具有里程碑意义的变革—商鞅变法，是一次改革，更是社会组织方式的一次革命性跃进，在当时，大多数社会的关系网络都是以血缘为中心构建的，人际关系的扩展也是基于这一天然联系，秦国的改革首次打破了这种模式,提出了财产可以继承,但政治权力不应世袭的新观念,政治权力的分配开始基于个人的实际成就和能力,而非仅仅依赖血统。在此之前的中国,以及近代之前的西方世界,血缘关系是封建制度的基石,政治权力的传承常常延续数代,这种制度下,社会阶层固化,个体的上升流动机会极为有限,秦国的商鞅变法却开创了一种新的人才选拔机制,它根据个人的功绩、知识和能力来选拔和分配政治权力,这种制度的实施极大地激活了社会活力,为所有人提供了一条不受出身限制、通过个人努力就能攀登政治阶梯的途径,这种包容性的上升通道,激发了秦国乃至整个中华大地的人民的热情,汇聚成一股强大的力量,秦国最终统一了六国,建立了一个辽阔的帝国,在随后的两千多年里,中国历代王朝都继承了这种以贤能为基础的官僚体制,这种体制在当时使中国在农业文明时代保持强盛,而且精妙的政治体系至今仍有影响,这一历史上的创举,至今仍吸引着无数才华横溢、智慧卓越的人才投身于国家的治理之中,而在西方历史中,这样的传统并未出现,这使得东西方文明在政治组织和社会动员上呈现出鲜明的对比。

中国,这片历史悠久的土地,孕育了政治贤能制度的萌芽,这一制度的确立为中华文明的兴盛注入了不竭的动力,贤能制度塑造了中国独特的政治风貌,更成为中华文明的显著特征。相较之下,欧洲,尤其是西欧地区,历史发展轨迹与中国截然不同。欧洲地理环境的独特性,诸如交错的河流和山脉,为这片土地提供了天然的防线,罗马帝国时期,欧洲大部分地区仍被原始森林覆盖,直到西罗马帝国衰落后,这些森林才逐渐被开垦,农业开始兴起,受限于地理条件,欧洲的土地难以支撑一个统一的大帝国,罗马帝国之后,所有试图统一欧洲的努力均未能成功,在这样的历史背景下,欧洲的政治权力依然集中在国王和贵族手中,基于血缘关系的封建制度与中国古代的贤能制度形成了鲜明对比,西方的政治权力长期以遗传为原则,直到近代之前,并未向平等主义或任人唯贤的方向发展。只是,欧洲在地理上拥有一项决定性的优势,这一优势在近五百年的历史中发挥了关键作用,从地理距离上看,尽管地图上的比例并不完全准确,但欧洲与中国到美洲的距离差异显而易见,欧洲与美洲之间的距离较短,而中国与美洲之间的距离较远，实际上，考虑到洋流等因素的影响，这一距离可能更为遥远，当欧洲商人开始探索海洋时，他们到达和发现美洲大陆的机会远超过中国商人，在现代科技文明出现之前，中国航海家如郑和选择了下西洋的路线，而欧洲航海家则开辟了通往美洲的新航路，这一地理优势，使得欧洲人“偶然”发现了新大陆，而这一偶然背后，隐藏着地理位置的必然优势，地理大发现对世界历史的进程产生了深刻而持久的影响，它首先为欧洲人提供了一种摆脱人口压力与资源紧张的途径，因为北美的土地面积远超中国的冲积平原，且更为肥沃，在北美，由于自然条件的限制，农业发展并不充分，人口稀少，文明程度相对落后，随着欧洲人的抵达，这片土地及原住民被迅速征服，而原住民中的许多人因外来疾病而丧生，欧洲因此继承了一片能够支持人口大幅增长的土地，这促进了跨大西洋的自由贸易和经济的长期繁荣，尽管人口增长最终可能面临土地承载力的挑战，但在这一挑战到来之前，经济的持续增长已经引发了社会思想和自然科学的革命，启蒙运动和科学革命随之兴起。市场经济的自由化与现代科技的结合，引领了文明的转变，开启了一个以持续、复利式、无限经济增长为特征的新时代，这在人类历史上是空前的。

一、中国的现代化之旅：近四十年的经济奇迹与全球舞台的崛起

回望历史，1840年的鸦片战争是中国与现代西方的首次激烈碰撞，更是中国被迫步入现代化的起点，在这场战争中，中国被迫开放市场，面对着一个残酷的现实，当世界已步入工业革命和科技文明的新纪元时，中国仍沉浸在农业文明的辉煌余晖中，接下来的一百多年，中国在半殖民地的阴影下艰难前行。1949年，新中国成立，标志着一个全新的开始，在共产党的领导下，中国选择了计划经济的道路，这与中国人民组织集体、发挥集体力量的本能相契合，然而，计划经济的局限性逐渐显现，迫切需要改革的呼声日益高涨。1978年，邓小平的上台成为中国现代化进程中的一个转折点，他敏锐地观察到，二战后与美国关系良好的国家普遍繁荣，而与苏联亲近的国家则陷入了贫困，这一观察促使他在访美期间，与吉米·卡特总统共同推动中美建交，并开启了中国改革开放的

新篇章，邓小平倡导市场经济，积极引进西方的现代科技与管理经验，开启了中国对外开放的新纪元，自那时起，中国经历了四十余年的经济超高速增长，被誉为“中国奇迹”，在这四十余年间，中国的国内生产总值以惊人的9.4%的复合年增长率增长，实际价值翻了37倍，这一成就改变了中国，也震撼了世界。是什么驱动了这一非凡的增长？首先，邓小平的改革开放政策让中国能够近距离观察并学习美国的成功模式，当时，美国对中国的援助是出于共同对抗苏联的战略考虑，还包含一种希望引领中国走向现代化的传教士精神，此外，世界和平的大环境、美国的消费市场以及全球化的浪潮为中国的经济增长提供了强大的助力。中国加入WTO后，更是如虎添翼。

中国的增长还得益于自身的努力，中国曾经落后的现状激发了强烈的追赶意识，通过借鉴国际经验，中国谨慎而明智地规划了自己的发展道路，中国人民的勤奋、对教育的重视以及创业精神，都是推动经济增长的重要因素，改革开放政策为中国人民提供了宝贵的机遇，他们珍惜并充分利用了这些机遇。在人口红利方面，全球化和WTO的加入使中国数亿年轻劳动力得以迅速融入全球经济体系，创造出巨大的经济价值，这些产出满足国内市场的需求，也被全球市场所吸收，所有这些因素共同作用，解释了中国几十年来的高速增长。这些解释并不全面，中国的现代化历程是多维度的，涉及政治、经济、社会、文化等多个层面，中国在经济上取得巨大成就，更在全球舞台上展现了独特的魅力，中国的现代化之路，是一个充满挑战与机遇、创新与传统、开放与自主相结合的复杂历程，它改变中国，也正在影响着世界的走向。

二、探索中国经济奇迹的非常规解释：自由市场与科技的融合，以及独特的政治经济体系

当我们深入探讨中国经济近四十年的非凡成就时，我们不得不提及一些非常规的解释，首先，现代文明的核心并非单一的政治制度，而是自由市场经济与现代科学技术的紧密结合，中国在经历了150多年的摸索与挑战之后，终于在1978年找到了这一关键的结合点，那时的中国已经具备了潜在的统一市场和一

个稳定统一的政治环境，这为接受现代文明的精髓奠定了坚实的后盾，中国的经济起飞与历史上其他国家的现代化道路有着惊人的相似之处，这证明了政治民主并非现代化的唯一途径。另一个关键因素是中国独特的政治经济体系，即“三合一市场机制”，这一体系源于中国古代的政治贤能制，通过中央政府、地方政府和企业之间的紧密合作，把历史传统与现代市场经济相结合，中央政府负责制定战略、提供资源支持，并调节经济周期，与美国联邦政府的作用相似，而地方政府则展现出企业般的活力，为商业公司提供全方位的支持服务，从土地供应到基础设施建设，从劳动力组织到税收优惠，无所不包。这种模式下，地方政府之间的竞争激发了创新和效率，促进了经济的长期增长，然而，这种模式也并非没有代价。地方政府在提供商业服务时，有时会要求高额的租金，甚至出现了官员利用职权进行个人寻租的现象，这种模式虽然带来了超高速的经济增长，但也伴随着严重的贪腐问题、环境污染、地区间的恶性竞争、贫富分化加剧，以及对债务的高度依赖。同时，国际环境的变化也对中国的发展模式提出了新的挑战，随着中国成为世界第二大经济体、最大的贸易国和工业国，全球经济格局发生了变化，原本发达的工业大国开始失去工业优势，而全球化带来的利益过度集中在科技与金融领域的精英手中，导致贫富分化加剧，中产阶级生活水平停滞，反全球化和民粹主义的兴起，为全球经济的未来增添了不确定性。在经历了四十余年的持续增长后，中国经济的独特发展模式面临着新的挑战和调整，如何在保持经济增长的同时，解决贪腐、环境和社会不平等问题，以及如何在国际舞台上寻求新的合作与共赢，都是中国未来发展的关键课题，中国的现代化之路，是经济的崛起，更是对全球经济格局和国际关系的深刻影响。

自党的十八大以来，中国政府发起了一场可能是最全面、最持久的反腐运动，这场运动持续了六年多，至今仍在深入进行中。政府发布了一系列改革计划，同时推行两个并行的政策目标：一是通过全面从严治党，加强对整个国家社会的掌控；二是继续创造中高速的、可持续的经济增长。在这场反腐运动中，许多人的关注点都集中在第一个目标上，因为这场运动带来的变化深远，影响到了所有官僚机构、知识分子、商人，乃至每个公民，一时间，这场运动让很多人感到难以适应,在此背景下,某些政府官员出于谨慎而不愿冒险决策,导致不作为和乱作为的现象时有发生,部分企业和消费者对未来失去了信心,金融市场更是一度大幅度下跌,2018年,中国接二连三出现的"黑天鹅"事件正是在这样的背景下发生的,在这关键时刻,中美贸易战的爆发无异于雪上加霜,在国际上,新一轮"中国即崩塌"的理论再次流行起来,这个观点最早出自2001年所著的《中国即崩塌》(*The Coming Collapse of China*),此后,这个预言多次被外国知名报刊杂志、企业家和政客提及,在中国国内,也有不少人士持有这种观点,最近,我们又见证了新一波的悲观情绪,对中国即崩塌的新一轮预测再次出现,持这种观点的人怀疑全面从严治党政策的最终目标,甚至怀疑政府推动市场经济改革发展的决心,这引发了人们对中国超高速增长是否即终结的担忧。如果我们从另一个角度来看,加强党的领导确实带来了更加稳定的政府、稳定的国家,以及一个稳定、持续、共同、单一的大市场,反腐运动有效遏制了贪腐和寻租行为,根除了许多根深蒂固的利益集团,使得一些原本难以推行的经济改革得以顺利进行,同时,中国对技术、教育、环境的投资也在持续加大,中国经济正在从出口和投资导向转向最终消费导向。

在国际舞台上,我们再来谈谈贸易战,很多人问,这场贸易战是否预示着中国增长周期的终结,让我们来看看数据,历史上,中国的净出口曾经非常高,接近国内生产总值的9%,也曾低至-4%。但在过去的五年里,中国的净出口平均值一直在2%左右。近年来,国际贸易对中国经济增长的影响发生了变化,自2003年以来,最终消费、投资和商品及服务净出口对中国国内生产总值增长的贡献率变化,十几年前,净出口对中国GDP的贡献很大,但2008年和2009年开始下降(当时中国是全球其他经济体的重要支撑),过去5年,最终消费的贡献持续增长,资本形成总额(即投资)相对降低,净出口也显著降低,换句话说,**中国经济对国外市场的依赖性显著降低,这表明中国供给侧的经济改革已经取得了实际成效**,在种种担忧、恐惧、抱怨和预言的笼罩下,中国经济实际上正在悄然发生变化,2018年,最终消费对GDP增长的贡献率达到76.2%,资本形成总额贡献率为32.4%,货物和服务净出口贡献率为-8.6%。**尽管中美贸易冲突对**

中国经济造成了损害和诸多负面影响，但它已不足以阻止中国经济的持续增长。

三、探索经济演变的奥秘：今日中国与西方的经济地位对比

在发展经济学的宏伟画卷中，“刘易斯拐点”犹如一座分水岭，标志着经济成长的关键转折点，这一理论最初由英国经济学家威廉·阿瑟·刘易斯(W. Arthur Lewis)在20世纪50年代提出，至今仍对全球经济格局产生深远影响，在工业化的曙光初现之时，农村的剩余劳动力源源地涌向城市，为工业的蓬勃发展注入活力，然而，随着工业规模的扩大，农村的劳动力由充裕转为紧张，这一历史性的转变便是“刘易斯拐点”的来临，在“刘易斯拐点”之前，资本的力量在早期城市工业化中占据主导地位，劳动力缺乏议价能力，由于农村劳动力过剩，企业可以轻易地压榨工人，而求职者的众多使得劳动力市场供过于求，一旦跨过“刘易斯拐点”，经济便迈入成熟期，企业此时必须通过增加对生产设施的投资来提升产出，同时满足员工日益增长的需求，包括提高工资、改善工作环境等。在这时期，劳动力短缺导致工资水平持续上升，进而推动消费水平、储蓄和投资水平的增长，形成了一个互相促进、向上发展的正向循环。这一阶段，社会各阶层普遍享受到经济发展的红利，中产阶级成为消费的主力军，国家经济步入黄金时代，当黄金时代持续一段时间后，随着工资水平的提升，企业开始寻求海外新兴市场的投资机会，以降低成本并寻求新的增长点，这一趋势导致发达国家的投资减少，低技能劳动力的工资增长停滞甚至下降，经济发展成果的分配开始不均，高技术含量的工作岗位，如科技、金融和国际市场领域的职业，以及资本的海外投资，成为高回报的领域，而国内投资机会和总体工资水平则面临挑战，美籍经济学家辜朝明(Richard Koo)把这一阶段称为后“刘易斯拐点”的“被追赶”时期，如今，主要的西方国家自20世纪70年代起逐渐步入这一阶段。日本作为曾经的追赶者，也在90年代后进入了被追赶期，而对于中国而言，尽管关于具体时间点的讨论众说纷纭，但普遍认为中国已在近年跨越了“刘易斯拐点”，步入成熟经济发展的新阶段，从近期的数据来看，中国的工资水平、消费能

力和投资规模均呈现出增长势头，预示着一个充满活力和机遇的新时代即将到来。

政府宏观政策在经济成长旅程中扮演着至关重要的角色，威慑力随着经济发展的不同阶段而变化，展现出独特的功能与效果，在工业化的曙光初现之时，政府的财政政策犹如一股强劲的助推器，通过投资基础设施、资源开发和出口服务等关键领域，助力新兴国家迅速迈入工业化的大门，这一时期，政府的积极介入和财政支持是推动经济快速增长的关键因素，只是，当经济步入后“刘易斯拐点”的成熟阶段，国内消费成为经济增长的主要引擎，此时，站在市场最前沿的私营部门企业家，凭借对市场脉动的敏锐洞察，成为把握商机的主导力量，这个阶段，政府的财政投资可能会与私营部门的投资产生冲突，争夺有限的资源，相比之下，货币政策以灵活性和精准性，更能激发私营部门的活力，推动经济持续繁荣。进入被追赶阶段，国内投资环境的恶化和投资机会的减少，使得私营部门更倾向于海外投资以寻求更高回报，而对国内投资兴趣缺乏，此时，政府的财政政策再次显得尤为重要，它能够补充私营部门的投资不足，平衡居民储蓄过多而消费不足的局面，在这一阶段，货币政策显得力不从心。政府政策的惯性常常导致在经济发展阶段转变时，政策执行仍停留在过去的成功经验中，例如，在今天的西方世界，尽管宏观政策依然依赖于黄金时代效果的货币政策，但现实情况却是，这些政策的有效性已大不如前。许多西方国家，特别是欧洲和日本，即便在货币超发、零利率甚至负利率的背景下，仍然面临低通胀和经济增长乏力的困境。同样，在中国进入后“刘易斯拐点”的成熟阶段后，政府的财政政策依旧强势，而对货币政策的运用则相对保守，近年来，私营企业在一定程度上受到财政政策和国企的挤压，发展空间在某些领域出现了收缩的趋势，这种宏观政策与经济发展阶段不匹配的现象，在不同国家、不同阶段均有发生，成为经济政策制定者必须面对的挑战。无可争议的是，中国正站在经济发展的黄金时代之巅，以难以匹敌的成本优势继续在西方发达国家中占据一席之地，与此同时，其他新兴的发展中国家，尚未构建起能够全面竞争的经济体系，展望未来，中国的工资水平、储蓄水平、投资水平和消费水平预计持续呈现出一种相互促进、螺旋式上升的态势,形成一个充满活力的正向循环,在这种循环中,投资机会丰富,而且潜力巨大。在这一关键时期,如果政府能够巧妙地运用宏观货币政策,特别是加大对私营企业的支持力度,极大地助力经济的进一步繁荣,通过为私营部门提供更加宽松的融资环境和政策激励,可以激发创新活力和增长潜力,从而推动经济进入一个更加成熟和稳定的新阶段,这样的政策导向巩固中国在全球经济中的地位,为国民带来更加繁荣和高质量的生活。

四、探索中国经济的未来增长之路:潜力与前景

当我们试图描绘未来5年、10年、15年乃至20年的中国经济增长蓝图时,我们不禁被潜在的增长动力所震撼,现代文明的繁荣,根植于现代科技与自由市场经济的完美融合,而这一切与政治体制的形态关系并不密切,技术密度,作为经济增长的直接驱动力,正与中国经济的蓬勃发展紧密相连。中国的教育成就,尤其是高等教育的突飞猛进,为国家的经济增长注入了强大的活力,中国的人均GDP和人均研发投入,虽然尚在追赶阶段,但增长速度和潜力不容忽视。2023年,中国培养了1158万名大学生,中高达专业领域集中在STEM(科学、技术、工程和数学),这一数字是美国STEM专业毕业生人数的近五倍,预示着中国即进入一个由高技能人才驱动的新时代。回望1978年,中国农村的亿万青年涌向城市,他们不畏艰难、不计报酬,全力以赴地投入到改革开放的大潮中,正是这股劳动力红利,加上全球化带来的机遇,铸就了中国经济几十年的腾飞,如今,我们站在工程师红利的门槛上,期待着这一红利如何推动中国经济的转型升级,引领社会走向更加富裕的未来。

华为的崛起便是这一红利的生动写照,这家企业雇用了约15万名工程师,他们拥有扎实的工程学背景,而且大多数持有硕士及以上学位,尽管他们的薪酬可能只是西雅图或旧金山硅谷同行的一小部分,但华为工程师以勤奋和专业闻名于世,他们的才华和专业训练丝毫不逊色于任何国际同行,这就是中国所释放的竞争力量。进一步审视工程师红利,我们可以通过一些关键数据来揭示中国的研发实力,中国在人均GDP和研发支出占GDP比例方面的表现,远超巴

西、墨西哥和泰国等国家，2023年中国人均GDP为89358元，研发支出占GDP的比例为2.5%，中国在2023年实现了较高的经济增长，全年GDP达到1260582亿元，按不变价格计算，比2022年增长5.2%，增速比2022年加快2.2个百分点，人均GDP达到89358元，比2022年增长5.4%。这一增长反映了中国经济的活力和潜力，同时也体现了中国在提高人民生活水平方面的努力，在研发方面，中国持续加大对科技创新的投入，2023年，研发支出占GDP的比例为2.5%，中国对科技创新和研发的重视，推动着经济的高质量发展和提高国际竞争力。

五、释放中国经济潜力的秘诀：城市化与储蓄的力量

要充分挖掘中国人均GDP的增长潜能，城市化进程无疑是一把金钥匙，中国政府已经制定了宏伟的城市化蓝图，计划在未来20年内，以每年1%的速度城市化进程，这意味着在未来20年中，有近3亿人口转型为新的消费者，城市化的真谛在于人口转变为消费者，一旦他们融入城市生活，享受到基本的社会保障，他们便会开始消费、赚钱，并成为经济循环的重要组成部分。一个关键的疑问随之而来：中国是否拥有足够的资金来支持这一城市化进程，以及制造业的升级和建设？幸运的是，中国的高储蓄率为这一挑战提供了坚实的支撑。从1952年至今，中国的国民储蓄率一直保持在较高水平，即便在消费水平显著提升的当下，储蓄率依然居高不下，去年仍高达45%。这一高储蓄率为中国的消费和投资提供了源源的资金支持，此外，高储蓄率还有助于缓解外界对中国高债务水平的担忧，自2008年全球经济危机以来，中国的债务水平持续攀升，部分原因是为了应对危机而采取的大规模投资政策，尽管债务融资的比重一度高达80%~90%，但这些债务的债权人大多是本国储户，以本币发行，因此引发金融危机的风险相对较低。展望未来，中国政府计划通过资本市场改革，从根本上改变融资结构，提高股权融资的比重，降低债务依赖，新推出的“科创板”正是这一改革的先锋，它采用了与美国相同的注册制资本发行模式，以信息披露为基础，为企业提供更为自由、高效的融资渠道，这一改革逐步降低银行债务在社会融资中的比重，推动中国向一个复杂成熟的经济体迈进，减少对高债务比的

依赖，提高融资效率，资本市场的深化改革，成为中国经济发展的新引擎，助力经济持续稳定增长。

六、中国经济的自给自足与适应性：储蓄与政府策略的智慧

中国的经济模式展现了一种独特的自给自足，不必依赖外部资本，而是能够依靠国内储蓄来滋养发展，随着中国家庭财富的增长，储蓄率依旧保持在一个令人瞩目的高位，这一现象深深根植于中国文化的沃土之中，清晰地揭示了中国人的雄心壮志，他们渴望投资，追求增值，而非满足于现状，如果中国的资本市场改革能够巧妙地把这种渴望转化为有效的投资，通过持续投资于教育和技术，推动经济的结构性转型升级，那么中国迈向一个经济增长、个人财富累积、消费升级、投资增加的良性循环，实现长期可持续的繁荣发展。在理解中国经济未来的另一个关键维度中，不得不提中国政府在应对重大问题和危机时展现出的灵活性和实用主义，中国政府的双重目标，全面从严治党治国与保持经济中高速可持续增长，虽然在某些时刻看似矛盾，但中国政府已经证明了它能够在这两大目标之间巧妙地调整策略，权衡轻重缓急。在中美贸易冲突等重大问题上，中国政府已经调整了谈判策略，并对私营企业家的处理方式及借贷政策进行了改变，尤其是在证券市场动荡期间对私营企业金融股权的处理上，虽然已经造成的损失难以挽回，但随着时间的推移，经济的恢复和调整是必然的趋势。

全面从严治党治国可能会带来政治稳定性的提升，这可能与西方模型的预期相悖，但历史和现实案例反复证明了这一点，在这种环境下，人们会进行适应性调整，寻找新的生存之道，尽管对现状可能存在不满，但大多数人并不愿意离开中国，因为他们的财富和事业根基深植于此，随着政策的逐步改善和时间的推移，常态得以恢复，商业活动继续繁荣，财富不会流失，生产性资产不会消失，社会大众，包括中国政府在内，都在学习如何适应和调整，如果政府能够保持灵活性和适应性，那么整个中国社会也必然具备同样的特质，在矛盾和挑战面前，我们会看到政府在双重目标之间调整优先顺序，只要中国政府坚持经济改革和

发展的目标不变,中国经济就会在一个稳定而统一的大市场中持续繁荣发展。

七、探索中国经济的未来轨迹:从东亚发展经验中汲取启示

在探讨中国经济在当前政治经济模式下的发展前景时,我们面临着一个无法简单回答的问题:**中国经济的潜力究竟有多深?** 为了揭示这一谜题,让我们目光投向那些与中国文化和政治体制相似的东亚国家,从他们的发展经验中寻找线索。日本、韩国、新加坡,这些深受儒教文化影响的东亚国家,虽然在政府治理程度和人口规模上与中国存在差异,但他们的经济增长历程无疑为预测中国经济的未来提供了宝贵的参考。以日本为例,1962年人均GDP首次突破10000美元大关(以2010年不变价美元计算),在接下来的24年中,日本的GDP以平均每年6.1%的复合增长率稳步增长,直至人均GDP达到30000美元,此后增长速度开始逐渐放缓。韩国在1993年迈过了10000美元的门槛在随后的24年里,韩国的GDP以4.7%的平均复合增长率持续增长,直至人均GDP超过25000美元,而新加坡则以惊人的8.2%的复合增长率,在较短的时间内实现了从人均10000美元到30000美元的跨越。日本和韩国强调教育、技术、产业升级,并逐渐将重心转向国内消费,尤其是日本、韩国虽然在经济上仍较为依赖外部市场,但经济转型的尝试也为中国提供了宝贵的借鉴。

通过审视这些东亚国家的发展轨迹,我们可以预见,中国经济仍有很大的增长空间,通过借鉴邻近国家的经验,结合中国自身的文化和政治优势,中国经济有望继续书写增长的辉煌。

八、东亚儒教国家的经验与中国增长潜力的启示

东亚地区的儒教文化国家为我们提供了一扇窗,透过它我们可以窥见中国经济增长的潜力,这些国家普遍崇尚贤能制度(Meritocracy),拥有高储蓄率,对教育和科技的重视程度令人瞩目,当他们的人均GDP达到10000美元的里程碑时,他们展现出的雄心和企图心与中国经济的蓬勃发展不谋而合,在社会组织和经济管理模式上,这些国家与中国有着诸多相似之处,特别是在政府在经济

中扮演的角色上，这一点与西方国家形成鲜明对比，因此，**我们可以合理预期，中国社会很可能沿着类似的轨迹继续前进。**

作为投资者，我采取的是自下而上的方法，我的投资决策通常不直接考虑宏观经济环境的影响，今天之所以深入探讨这些问题，是因为我们投资的企业与所在国家的命运紧密相连，因此，对这些国家的未来走向有一个基本的理解至关重要，这种理解不必过于精确，也不必总是准确无误，关键是能够对投资国家的中长期前景有一个合理的预判，这正是我们进行这些分析、思考这些问题的原因所在。从多个角度进行讨论，帮助我们更加全面、客观地把握大局，因此，当在阅读美国知名媒体关于中国的报道时，不要忘记他们可能存在的固有偏见，这些偏见源自他们自身的经历和成功经验，他们倾向于用自己的标准来评价与自己不同的事物，当中国对某些问题作出回应时，这些回应通常也是基于自身的经历、成功经验和偏见。因此，我们需要具备洞察事物本质的能力，穿透表象，看清本质。

九、地理塑造命运：中国与西方的发展道路及未来展望

地理环境的差异，如同历史的画笔，描绘出中国与西方截然不同的发展轨迹，在两种文化中，政府所扮演的角色迥异，中国这个古老文明的发源地，在农业时代凭借独创的政治贤能制度，长期保持着对欧洲的领先地位，而地理的恩赐也让欧洲率先揭开新大陆的神秘面纱，催生了经济贤能制度的诞生，引领人类步入了崭新的现代文明。历经百年沧桑，中国在过去的四十余年里洞悉了现代文明的精髓，现代科技与市场经济的完美融合，这一认识催生了中国超长期的高速经济增长奇迹，而这一成就的背后是中国独特的文化和社会治理优势的默默支撑，今天尽管国际经济的不确定性因中美贸易摩擦而增加，但中国已不再是单纯依赖出口的国家，而是迅速崛起为全球增长最快的进口大国，中美两国基于各自利益的考量，极有可能在贸易和经济问题上达成妥协。中国已经迈过“刘易斯拐点”，步入经济发展的成熟黄金期，工资水平、消费水平、储蓄和投资水平正相互促进，形成螺旋式上升，为中产阶级消费社会的形成提供了肥沃

土壤,中国的文化和国策有望助力规避中等收入陷阱,跻身高收入发达国家之列,科研的持续高投入、受过高等教育的劳动力,尤其是工程师群体的壮大、城市化的快速推进、居民的高储蓄和高投资、稳定的政治环境以及庞大的国内市场等因素,都发挥着至关重要的作用,同样拥有儒教传统的其他东亚国家,也在达到中等收入水平后持续增长,最终成为高收入国家,这为我们提供了宝贵的先例。

第三节 世界产业经济发展历程

中西方文化差异是历史演变的结果,也是各自社会发展轨迹的反映,这些差异很大程度上塑造东西方在经济、政治、科技等领域的独特发展模式,同时,世界经济的发展历程揭示全球化趋势下各国经济体之间的相互依赖与合作,以及文化差异对国际经济交流和合作的深远影响,我们能够更好地理解不同文化背景下的经济行为和发展策略,还能够洞察全球化时代中文化交流与融合的新趋势,为构建更加和谐的国际经济秩序提供思考和启示。事物演进的律动,如同潮汐一般,遵循着自然界的普遍规律,在发展的浪潮中前行,历史的车轮滚滚向前,为我们揭示关于文明发展的深刻道理。

从简到繁的进化之旅,在产业的曙光初现之时,劳动密集型产业如同初生的幼苗,技术含量和附加值相对较低,这些产业,如纺织和手工艺,为工业化初期的国家提供了经济增长的基础,随着科技的光芒照亮前行的道路,产业开始迈向技术密集型、资本密集型和知识密集型的高级阶段,这一发展变化见证了从蒸汽机到电力,再到信息技术和人工智能的历史性飞跃,在攀登的过程中,技术含量和附加值随之水涨船高,推动了全球经济的蓬勃发展。**集中与分散的动态平衡**,产业的早期如同散落的星辰,以分散经营为特征,小作坊和家庭工厂遍布乡间,形成了地方特色的经济模式,但随着生产力的蓬勃发展和市场竞争的激烈角逐,产业逐渐汇聚成规模经济的星系,大型工厂和企业集团的崛起,带来了生产效率的大幅提升和成本的降低,虽然如此,当科技的进步和信息技术的普及如同春风拂面，产业再次迎来分散化的潮流，以满足个性化、定制化的新需求，在数字化和网络化的推动下，小型企业和创业公司凭借灵活性和创新能力，在市场中占据了一席之地。**国内与国际的双轨发展，**产业的起点根植于国内市场的土壤，本土企业在熟悉的环境中萌芽成长，逐渐建立起品牌和市场份额，但随着经济全球化的浪潮席卷而来，产业开始跨越国界，拓展至国际市场，形成跨国经营的新格局，国际贸易协定和区域经济合作，为企业打开了新的市场大门，最终，产业融入全球化的大潮，在全球范围内优化资源配置，实现生产的全球网络化，从而提升全球竞争力和市场份额。**优胜劣汰的自然选择，**市场竞争如同自然界的丛林法则，只有最具竞争力的产业能够茁壮成长，而那些缺乏竞争力的产业最终被市场淘汰，推动产业结构的优化和升级，确保产业生态系统的健康与活力，从马车制造业的衰落到汽车工业的崛起，再到互联网时代的来临，每一次产业更迭都是对企业适应性和创新能力的考验。**与科技和社会经济的共生共荣，**产业的演进并非孤立发生，它与科技进步和社会经济的发展紧密相连，科技的进步为社会经济的蓬勃发展提供了广阔的舞台，这两者的相互作用，共同塑造了产业的繁荣与进步，从工业革命到信息时代，再到当前的智能革命，每一次科技的飞跃都伴随着产业结构的深刻变革和社会经济的巨大发展，产业与科技、社会经济的共生共荣，推动物质文明的进步，也促进人类文明的整体提升。**一些重要的趋势，**第三产业，尤其是服务业，继续在全球经济中扮演核心角色，提供就业机会，提升消费模式的转变和生活质量的转变，随着人们对于健康、教育、金融和娱乐等服务需求的增加，这些领域预计经历增长。高端制造业和现代服务业，作为创新和技术应用的前沿领域，成为全球经济增长的主要引擎，这包括先进的自动化、人工智能、生物技术和可持续能源等领域，它们引领新一轮的产业革命。

产业结构的演进更加体现全球化、数字化和智能化的特点，企业利用数字技术优化全球供应链，通过智能制造提高生产效率，同时，人工智能和机器学习的应用推动决策过程的智能化，为企业带来前所未有的运营效率和创新能力。制定产业发展战略规划，确保国家和地区的产业政策与全球市场趋势保持一致，同时考虑到本地资源和优势，以促进产业升级和经济多样化。加大对科技创新的支持力度，包括提供研发资金、税收优惠和人才培养等措施，以激发企业的创新活力，加速科技成果的商业化进程。完善要素市场体系，优化土地、资本、劳动力和技术等生产要素的配置，提高市场效率，降低企业运营成本，从而增强国际竞争力。加强区域协调发展，通过跨区域合作和资源共享，促进区域间的经济平衡，减少发展差距，共同应对全球性挑战。

国家产业结构的演变是一个复杂而多维的过程，它反映一个国家经济发展的阶段，揭示社会需求和技术水平的变化，在该演变过程中，我们可以观察到主要产业与经济增长之间的微妙关系：随着经济的增长，农业在国家经济中的比重呈现下降趋势，这种现象可以用农业劳动生产率的提高和人口从农村向城市的迁移来解释，随着技术进步和生产效率的提升，越来越少的劳动力被用于农业生产，而更多的资源被投入到工业和服务业中。在经济发展的初期阶段，工业和制造业是推动经济增长的主要力量，但是，随着经济的成熟，这些行业的发展速度可能会放缓，甚至出现下降，这是因为随着生产能力的饱和和全球竞争的加剧，制造业需要通过技术创新和结构调整来维持竞争力。服务业在经济发展中扮演着越来越重要的角色。随着人均收入的提高，消费者对服务的需求增长，从而推动了服务业的持续扩张，服务业包括传统的零售和餐饮，还包括金融、教育、健康、信息技术等高附加值领域。产业结构变化的深层原因在于需求结构的演变，随着国民收入的增加，人们对于高质量生活的追求促使服务业的蓬勃发展，此外，农业的低人均效率也促使劳动力向更高效的行业转移，在中国，制造业面临着未来15年的结构性调整，这要求企业要靠近大都市以利用集聚效应，还要关注城市化进程中的空间居住力量和行政力量对城市边界的影响。产业聚集带来的社会学习效应和环境资源的利用，为企业和个人提供丰富的成长机会，例如，成都已经成为动漫产业的中心，中山小榄则以高端灯具产业闻名，这些产业聚集地促进知识和技能的传播，为创新和创业提供了肥沃的土壤。在人口结构方面，深圳的人口普查数据显示，2023年约有1750万人，而实际人口可能达到2100万，其中包括了一部分流动人口，这表明，城市化和人口流动是决定城市发展的关键因素，随着4亿“90”后逐渐成为社会的主力军，他们的居住和就业选择深刻影响未来的城市化进程。在提升人力资本方面，中国已经取得了进步，**从抗生素的合理使用到教育水平的普遍提高，中国人民的寿命和知识水平都有了显著提升**，未来，随着“90”后群体成为社会的主导力量，预计中国有2.5亿受过高等教育的人口，对产品和服务的市场提出新的要求。

轻松一下，**聊聊颜值经济学**，经济学家分析表明，个人天生的外在容貌与教育训练等都属于人力资本的组成部分，颜值其实是一种经济租(为生产要素所支付金额与为得到使用该要素所必须支付的最小金额之差)，通俗来讲，就是天生丽质，获得成本和维护成本都比较低，收益却很高，颜值较高的人在学生时代有更多的机会参与社会组织活动，在宝贵的社会实践场景中不断加强自身的沟通能力、领导能力、纪律性、团队协调能力等日后被劳动力市场十分看重的人力资本素质，颜值作为人力资本的一部分，也在社会经济发展中扮演着越来越重要的角色，关系到个人的社交和职业发展，也影响着消费市场的趋势和企业的营销策略，在这多元化和竞争激烈的时代，个人的眼界和包容性同样成为衡量智慧的重要标准。

一、产业长期增长与经济发展：相互促进与全球策略

产业的长期增长是推动经济全面繁荣的关键因素，它们之间的关系是相互依存，更是互为因果，共同塑造着社会的发展轨迹，产业增长是经济扩张的基础，更是推动社会向前发展的原动力，它通过创造就业、提高收入、促进技术创新和提升生产效率，为经济的全面增长注入活力。产业增长对经济的贡献是多方面的：它构成了经济发展的坚实基础，直接牵引着经济规模的扩大，它通过提供就业机会和提升工资水平，促进了经济的全面发展，同时，它还激发了技术创新，增强了国家在全球经济中的竞争力。而经济的增长，反过来又为产业的持续发展提供了支持：市场需求的扩大为产业提供了更广阔的舞台，技术进步和人力资本的提升为产业的升级和转型奠定了基础，政府财政收入的增加则为产业发展提供了政策上的支持。

成功的产业增长模式在全球范围内虽各有特色,但它们共享一些核心特征:对科技创新的重视,对人才培养的投入,以及对良好市场环境的营造,这些模式认识到,产业的长期增长对于提升人民生活水平、缓解就业压力、促进社会稳定具有重要意义,同时也能够推动技术创新,增强经济的整体竞争力。为实现产业的长期增长,需要增加对科技创新的投资,强化基础与应用研究,提升自主创新能力,提高人才素质,通过教育培训提升劳动者的技能水平,构建高素质的人才队伍,营造良好的市场环境,完善市场经济体制,确保市场的公平竞争,加强国际合作,共享发展经验,共同应对全球性挑战。

二、经济增长的引擎:产业与创新的协同动力

在就业领域,产业的扩张能够孕育丰富的工作机会,有效缓解就业市场的压力,长期的产业增长进一步促进劳动者素质的提升和收入水平的增长,为实现社会公平和包容性增长奠定坚实基础。创新是产业增长的灵魂,产业的发展不仅激发技术创新能量,还加速知识的积累和传播,长期的产业增长提升了国家的创新能力和竞争力。在社会发展层面,产业增长的贡献同样不容忽视,它为政府提供了稳定的税收收入,这些资金得以投入到教育、医疗、社会保障等公共服务领域,从而促进社会文明的整体进步,提高全民的社会福利水平,产业增长与经济社会发展之间形成了一个良性循环,产业的繁荣带动经济增长,经济增长提供资源支持社会发展,而社会的全面发展又为产业的持续增长提供了良好的环境和条件,这一循环地推动着国家向前发展,实现全面繁荣。

三、推动产业繁荣关键因素

产业的长期增长是经济持续发展的核心,而这一进程受到多种因素的影响,科技创新站在这一增长的前沿,它为产业注入新活力,还能显著提升生产效率,降低成本,并提高产品的质量与竞争力,人才的作用在产业增长中同样不可或缺,高素质的劳动力是推动技术创新和产业升级的关键,通过提升劳动者的教育水平和专业技能,可以有效促进产业的高质量发展和持续创新。资本的积

累和投入构成了产业长期增长的坚实基础,通过增加资本投入,企业能够扩大生产规模,引进先进技术,从而在市场竞争中占据有利地位,推动产业的整体进步,

此外,一个完善的制度环境为产业的长期增长提供坚实的保障,建立和完善市场经济体制,确保市场环境的公平与透明,能够激发企业的创新潜力,还为产业的健康发展提供有利的外部条件。科技创新、人才发展、资本积累以及制度建设是影响产业长期增长的关键因素,只有当这些要素得到充分重视和发展时,产业才能实现长期的繁荣和可持续的增长。

四、培育持久增长:策略与实践

为确保产业的长期增长,关键在于采取综合性措施,以促进创新、培养人才、增加资本投入和优化制度环境。在科技创新方面,加大研发投入是激发企业创新活力的基础,政府和企业应共同努力,鼓励技术创新,并通过建立完善的科技创新体系,加速科技成果的转化与应用,以推动产业升级和经济结构优化。人才是推动产业发展的核心资源,通过加强教育培训,提升劳动者的技能和知识水平,可以有效促进产业的技术创新和转型升级,此外,建立全面的人才培养体系,吸引优秀人才,确保他们能在最需要的地方发挥最大效用。资本投入是扩大生产规模和提高技术水平的重要途径,鼓励企业进行资本投资,同时完善金融体系,为产业发展提供充足的资金支持,是实现产业长期增长的关键。一个健全的制度环境对产业的健康发展至关重要,建立健全的市场经济体制,营造公平竞争的市场环境,以及加强法治建设,保护产权和知识产权,都是确保产业长期增长的基石。通过加强科技创新、提高人才素质、加大资本投入和完善制度环境,我们能够为产业的长期增长打下牢固的支架,从而推动经济的持续繁荣和社会的全面发展。

五、美国:全球经济霸主的多维支配权

美国在全球经济中占据着无可争议的霸主地位,这一地位的确立源于在多

个关键领域的卓越表现。**经济实力的全球领先**,作为世界最大的经济体,美国的GDP占全球总量的四分之一,展现出经济的庞大规模,强大的制造业、服务业和科技产业构成了美国经济的三大支柱,推动着国家的经济繁荣,完善的金融体系和发达的资本市场为美国的经济增长提供了坚实的金融支持,增强了全球经济活动的主导能力。**科技创新的全球引领**,美国作为全球科技创新的心脏,孕育了众多引领世界的科技巨头,推动着科技的前沿发展。在基础科学、应用科学和工程技术等多个领域,美国均保持着领先地位,展现了科技实力的深厚底蕴,强大的科技人才队伍,包括世界级的科学家和工程师,为美国的科技创新提供了源源不断的动力。**军事实力的全球覆盖**,作为世界第一军事强国,美国拥有最先进的武器装备,确保了在全球的军事优势,美国的军事基地遍布全球,军事力量的存在为国家的经济利益和安全提供了坚实的保障,军事实力的雄厚为美国的经济霸主地位提供坚实的后盾。**文化影响力的全球扩散**,美国不仅是经济强国,也是全球文化的重要输出国,好莱坞等文化产业的感染力遍及世界各地,美国文化,包括电影、音乐、时尚等,深刻地影响着全球的价值观和生活方式,提升了美国的软实力,文化魅力的强大为美国的经济霸主地位提供了额外的支持,增强了全球吸引力。**国际经济规则的主导制定**,美国在二战后建立的国际经济秩序中扮演了核心角色,这一秩序塑造了当今世界的经济格局,美元作为全球主要的储备货币和国际贸易结算货币,巩固了美国在全球经济中的主导地位,美国通过主导国际经济规则,有效地维护和扩展了自己的经济利益,确保了在全球经济中的领导角色,美国确立了全球经济霸主地位。这一地位正面临着来自中国等国家日益增长的挑战,中国经济的快速发展和综合实力的增强,对美国的经济霸主地位构成了实质性的挑战,未来,美国是否能够持续保持经济霸主地位,取决于是否能够持续保持经济活力、科技创新能力、军事实力,以及是否能够有效应对来自其他国家的挑战和竞争。

美国经济增长的驱动力,GDP构成解析,美国经济的稳健增长源自多元化的GDP构成,每个部分都扮演着独特的角色,个人消费支出的主导作用占GDP比重高达68%的个人消费支出是美国经济增长的核心动力,这一类别涵盖了耐用品消费,如汽车和家电;非耐用品消费,如食品和服装;以及服务消费,包括医疗、教育和娱乐等。政府支出的稳定作用:政府支出约占GDP的17%,是经济稳定性的关键因素,政府采购涉及国防、教育和医疗等领域的公共支出,而转移支付则包括社会保障和农业补贴等。固定资本投资的未来增长潜力:固定资本投资占GDP的13%,是推动未来经济增长的关键,企业对固定资产的投资,如建筑、机械和工具,能够提高生产能力和效率。库存投资的短期调节功能:虽然只占GDP的1%,库存投资在调节供需关系和稳定经济中发挥着重要作用,企业通过库存管理来适应市场变化,缓冲经济波动的影响。净出口的外部平衡作用:净出口占GDP的比重较小,约为1%,但对经济的影响不容忽视,净出口的正负值彰显了美国在全球贸易中的竞争力和经济开放程度的转变。美国GDP的构成比例并非固定不变,而是随着经济周期的波动而调整,在经济衰退期,个人消费和固定资本投资可能下降,而政府支出可能增加,以刺激经济增长,相反,在经济繁荣期,消费和投资活动增加,政府支出相对减少。这种动态平衡确保了美国经济的持续稳定和增长。

六、中国经济的增长引擎:GDP构成的深度解析

中国的GDP构成揭示了经济增长的多元动力。最终消费支出的核心角色:约占GDP的55%,最终消费支出是中国经济增长的主要驱动力,这包括居民消费,涵盖食品、衣着、住房、交通等基本生活需求,以及教育、文化娱乐等生活质量提升的消费,政府消费则显现了公共需求的满足,包括教育、医疗、社会保障等公共服务的支出。资本形成总额的关键支撑:占GDP比重约40%的资本形成总额,体现了中国经济结构转型升级的物质基础,固定资产投资体现了企业对房屋建筑、机器设备等长期资产的投资,是未来生产能力提升的预兆,库存变动则显示了企业对市场需求变化的适应性,对经济稳定性起到调节作用。货物与服务净出口的平衡作用:虽然在GDP中占比仅约5%,货物与服务净出口仍是衡量中国对外贸易状况的重要指标,净出口的正值表明中国在全球市场上的出口竞争力,有助于经济增长;负值则反映出进口需求的强度。中国经济的GDP构

成比例随着国家发展阶段的变迁而调整，在经济发展的早期阶段，资本形成总额占据了较高比重，说明了基础设施建设和工业化的重点投入，随着经济的成熟，最终消费支出的比重逐渐上升，标志着国内市场需求的扩大和消费结构的升级，这种转变预示着中国经济正逐步从投资和出口驱动型向内需和消费驱动型转变，展现出更加均衡和可持续的发展态势。

七、中国经济转型：消费驱动的增长趋势

近年来，中国GDP构成的变化象征着国家经济发展模式的重要转变。最终消费支出的增长趋势：2023年，最终消费支出在国内生产总值中的比例达到了55%，相较于2012年上升了10个百分点，显示出消费在中国经济增长中的作用日益增强，资本形成总额的调整：与此同时，资本形成总额的占比有所回落，2023年降至40%，较2012年下降了5个百分点，表露出中国经济增长正逐渐从投资驱动转向消费驱动，货物与服务净出口的稳定态势：净出口在GDP中的占比在2023年保持在大约5%的水平，显示出中国对外贸易的稳定性。展望未来，中国的GDP构成预计持续优化，消费支出的持续增长，预计到2035年，最终消费支出的占比进一步提升至60%左右，这更加凸显消费在经济发展中的核心地位，资本形成总额的逐步下降，资本形成总额的占比预计进一步降至35%左右，这一变化伴随着中国经济结构的进一步调整和升级。净出口的稳定预期：货物与服务净出口的占比预计保持基本稳定，反映出中国在全球贸易中的均衡发展。中国政府正积极采取措施，以促进最终消费支出的增长并提升经济发展的质量，这些措施包括扩大中等收入群体的规模、完善社会保障体系，以及推动消费结构的升级等，中国构建更加均衡、更具韧性、更高质量的经济发展模式，为实现长期稳定增长奠定坚实基础。

第四节　中国城镇化地理空间视角下的社会经济分析

中国的城镇化和城市化进程揭示独特的地理空间结构，结构反映区域发展

的不平衡性，也展现了城乡结构的多元性。东部沿海地区因经济活力和对外开放程度较高，城镇化水平显著领先于西部内陆地区，差异主要得益于东部地区的经济吸引力，它成功地吸引了大量的人口和资源，加速了城镇化的步伐，特别是京津冀、长三角、珠三角等城市群，城镇化率已超过70%，成为全国城镇化的标杆，而在西部地区，如青海、甘肃、宁夏等省(区)，由于经济发展相对滞后，城镇化率不足50%，进程相对缓慢。中国的城市建设呈现出多级城市体系的分布特征，以特大城市和超大城市为中心，带动周边的各级城市和小城镇共同成长，构建起层次化的城镇网络，近年来，政府对小城镇的建设和发展给予了特别关注，促进城乡协调发展，减少城乡差异。城市群作为城市化的主要表现形式，发展势头正日益增强，京津冀、长三角、珠三角、成渝、武汉等城市群已迅速崛起为中国经济增长的重要引擎，在经济规模、人口集聚和科技创新等方面占据全国领先位置。尽管如此，城乡差距的问题仍然突出，城乡居民在收入水平、教育资源、医疗服务等方面的差距仍然较大，需要政府持续投入关注并采取有效措施，以促进社会的整体均衡发展。展望未来，中国的城镇化和城市化进程预计呈现以下趋势：城镇化率持续提升，预计到2035年达到约70%；大城市与小城镇之间的协调发展进一步加强，城市群的发展更加壮大，形成更多具有国际竞争力的城市群，城乡差距预计逐步缩小，助力实现共同富裕。

一、中国城市化进程：稳健增长与区域差异

城市化率作为衡量国家城镇化水平的关键指标，通常遵循S形曲线的发展趋势。根据国际经验，当城市人口比例突破30%的阈值时，城市化便进入了快速增长的阶段，并持续推进直至城市人口比例达到70%以上，中国的城镇化率在过去几年中稳步上升，从2017年的58.52%增长至2021年的64.72%，趋势凸显了中国城市化步伐的坚实与持续。在“十四五”规划的指导下，中国进一步深化以人为核心的新型城镇化战略，重点加快农业转移人口的市民化进程，目标是常住人口的城镇化率提升至65%，随着战略的深入实施，预计带动城市群和都市圈的进一步发展，城市更新行动也得到加强，同时，中国还致力于优化住房

市场体系和住房保障体系,提升城镇化的整体质量和居民的生活水平。

中国的城镇化版图已经经历了一场引人注目的变迁,从以往的“北强南弱”格局转变为现今的“东盛西衰”态势,变迁映射出区域间城镇化水平的鲜明对比,也揭示城市化进程中深层次的地域特性,自21世纪之初至今,中等规模城市的城镇化速度尤为迅猛,诸如河北、河南、陕西、江西、安徽、湖南、重庆等省(市)的城镇化率多集中在30%至50%的区间内,城市规模的演变与城市化的推进紧密相连,城市化水平的提高推动城市版图的扩张,城市规划政策的导向也在塑造城市规模结构的演变趋势及空间分布上扮演关键角色,随着城市化步伐的持续深化,中国的城市发展正逐步转向追求更高品质与效益,力求实现区域发展的均衡与可持续性,中国城市化的地域差异受到自然条件和区域特性的显著塑造,东部、中部与西部地区的自然与区域特性差异,直接影响着人口分布、产业布局及城镇化水平,东部地区凭借地形和气候的优势,为人口聚集和工业发展呈现理想环境,而得天独厚的海陆位置更是为外向型经济的蓬勃发展提供有力支撑,从而加速工业化与城市化的融合,国家政策的调整,如分税制的改革,也在城市化区域差异的格局中留下了深刻烙印,改革在增加中央与地方财政收入的同时,也加剧地方财政的压力,促使地方政府依赖土地财政,进而导致城市化发展的区域不平衡。中国城市化的地域特性根据东部、中部和西部的划分而呈现出多样性,东部地区涵盖东北、华北沿海、华东沿海以及华南沿海,中部地区则包括黄河中下游和长江中下游,而西部地区进一步细分为西南与西北区域,东部地区的城市化在推动国家经济增长、财政收入增长和就业机会扩张方面发挥了核心作用,长三角和珠三角的经济总量在全国经济版图中占据举足轻重的地位。

展望未来,东部地区的城市化预计朝着更高质量的发展方向迈进,引领中国城市化的新浪潮,随着西部大开发战略的深入实施和中部地区的崛起,尤其是2008年之后,东部沿海产业向中西部地区的转移步伐加快,中西部地区的工业化和城镇化率得到显著提升,虽然中西部地区的部分省份,如贵州、云南、广西等西南地区,受自然和社会条件的制约,城镇化率相对较低,但随着教育水平的提升和工业化进程的加速,这些地区的城市化水平预期迎来飞跃。为有效缩短中国东西部之间城镇化水平的差异,关键在于加速制度革新的步伐,激发产业结构的优化升级,通过多元化的途径筹集必要的资金,全面提升城市的综合功能,并注重科技与教育的发展,以此提高科技创新的实力和居民的整体素质。在"十四五"规划的引领下,中国正构建西部大开发的新格局,推动东北地区的全面振兴,促进中部地区的快速崛起,加速东部地区的现代化进程,并在京津冀协同发展、长江经济带、粤港澳大湾区建设、长三角一体化发展等方面取得新的突破,打造创新驱动的发展平台和经济增长的新高地,同时,国家还推进黄河流域的生态保护和高质量发展战略,以高标准、高质量规划建设雄安新区,为实现区域发展的均衡与协调提供全面而深远的战略支撑。

二、中国的城镇化发展:地域特征与战略布局

中国的城镇化历程展现了鲜明的区域特色,发展轨迹可概括为东部、中部和西部三大板块,映射中国城市化的历史演变轨迹,也揭示了从早期的"北高南低"到现今"东高西低"的转变,这种区域间的差异性主要源于自然地理环境、区域发展战略和经济增长速率等多重因素的综合作用。在国家的城市化战略布局中,我们看到一幅从东部沿海到西部腹地,从中部地区到东北的传统工业基地,再到长江经济带和黄河流域的宏伟蓝图,每个区域都根据特点制定了精准的发展规划,这些规划覆盖了广泛的地理空间,还涵盖从全球一体化大都市到充满活力的新兴特区等多样化的城市群落,特别是京津冀、长三角、珠三角三大世界级城市群的崛起,以及雄安新区的高标准规划建设,都彰显中国对城市化战略的深思熟虑和全局性谋划。随着战略规划的稳步推进,预计中国的城镇化更有效地促进区域间的均衡发展,显著缩小不同地区的发展鸿沟,为经济社会的全面繁荣注入新的动力。期待中国的城市化成为经济增长的新引擎。

三、地方政府的角色转变与中国城市化的新路径

在中国市场经济的蓬勃发展中,地方政府的角色已经超越传统的政策执行

者,它们正积极地扮演着地方经济发展的推动者和实践者,学术研究通常聚焦于中央与地方的动态关系以及地方政府间的竞争格局,探讨在特定激励与约束条件下的地方政府行为模式,把中国地方政府视作一个理性的经济行为体——类比于“公司”,从企业运营的角度剖析在宏观政策和制度框架内的行为逻辑,以及这些行为对城市经营和发展的深远影响。在分税制、土地政策、土地产权、户籍制度和社会保障制度等多重制度因素的共同作用下,地方政府表现出一种“公司化”的运营特征,这种特征推动地方土地财政的扩张,也是过去几十年“土地城市化”现象背后的主要推手。自1978年改革开放以来,中国经济的迅猛增长得益于市场机制的激活和深化,市场机制下,基于自由买卖的经济学原理在中国经济发展的高速列车上得到了充分的体现和验证。在西方自由市场经济体系中,政府的角色主要是确保市场的有效运行,通过法治建设和公共产品供给等方式对市场进行必要的调整和维护,相较之下,中国政府,尤其是地方政府,在经济发展中扮演了更为积极的角色,基于中国的政府运作体制和官员激励考核机制,中央与地方政府是市场的“守夜人”,更是经济活动的深度参与者。要全面理解中国的经济和城市化发展,就必须深入剖析中国政府,尤其是地方政府的行为模式及背后的驱动力,关注中央与地方的关系及激励约束机制,更进一步探讨地方政府作为经济主体的行为方式,以及这些行为对地方经济和城市化进程的具体影响,在更全面地理解中国传统城市发展模式的基础上,结合新的环境和制度背景,对中国城市化的未来发展提出更为实际和精准的预测与判断。

四、地方政府行为模式与中国城市化发展

自改革开放以来,中国经济产业的迅猛发展与中国城市化进程的快速推进形成鲜明的双轮驱动。根据国家统计局的数据,截至2016年末,中国的城市常住人口城市化率已达到约57.4%,在波澜壮阔的发展浪潮中,中国地方政府扮演着至关重要的角色,解析地方政府的行为模式,对于洞察中国经济与区域发展模式具有不可估量的价值。中国特色的政府治理模式下,中央与地方的动态关

系随着机制、体制和政策的改革而持续演化，要全面理解地方政府的行为，必须置于多维度的框架中，并采用动态的分析视角。在中国的政府治理体系中，经济发展指标，尤其是以GDP为核心的经济指标体系，构成了中央政府对地方政府绩效考核的核心内容，政绩考核体系是在中央政府面对地方政府监督管理的复杂性时，基于“效率优先”的发展策略，采取的最直接、简单且有效的管理手段。从中央政府作为理性委托人的角度出发，地方GDP增长率、税收增长率和就业率等关键指标作为评价和奖惩地方官员的主要依据，是在监督成本最小化的前提下的最佳选择，这对作为代理人的地方政府而言，一方面，参与地方经济经营的积极性被极大地激发出来，中国地方政府在地区的经济增长中扮演着非常重要的角色，寻求一切可能的来源进行投资、推动地方经济发展的热情在世界范围内也是罕见的，但与此同时，地方政府也会利用上级政府的信息劣势采取机会主义对策，以经济增长的高指标来争取上级对自己的有利评价。这是这套激励体系下的必然行为，也导致地方政府对他的社会发展目标重视不足。

针对宏观制度背景和政府运作框架及造成的后果，国内外学者进行了多方位的研究。中国特色的财政联邦主义假说理论认为，自20世纪80年代初期，中国推行的地方分权改革重塑激励与治理的结构，而且为改革开放和经济的迅猛发展打下坚实的制度基石，这场改革主要体现在两个关键领域，首先，行政分权让中央政府经济管理权限下放至地方政府，赋予地方政府更大的经济决策自主权，其次，财政分权改革通过实施财政包干制度，预算决策的权力也一并下放，中央与省级政府之间签订的财政包干合同确立了地方政府财政收入的留存机制——地方政府创造的财政收入越高，留存的比例也越大，而预算外收入则完全归地方所有，不与中央共享，从而形成强烈的边际财政激励。这种行政分权与财政包干的结合，极大地激发中国地方政府的积极性，促使积极维护市场秩序、支持非国有经济的发展，并推动地方经济的快速增长，核心在于地方政府为实现财政收入的最大化，采取各种措施来促进地方经济的发展，这种解释强调地方政府在经济发展中的积极作用，以及分权改革如何通过财政激励机制来促进地方政府的经济发展行为，通过改革，地方政府成为经济增长的推动者，也成为创新政策和实践的先行者，为中国的经济奇迹贡献不可或缺的力量，也被称为市场维护型联邦主义。在中国独特的政治生态中，地方政府官员晋升的“锦标赛”模式为我们提供深入理解中央与地方互动、制度安排以及地方政府间竞争关系的重要视角，模型不仅关注于中央与地方之间的动态平衡，更聚焦于地方政府之间的竞争态势及行为策略，在以GDP增长为核心的地方政府绩效考核体系和官员晋升机制的双重激励下，地方政府及领导层仿佛参与了一场激烈的“锦标赛”，每个人都渴望在这场竞争中胜出，以赢得政治生涯中的晋升机会。地方政府的行为模式与领导者的政治抱负紧密相连，这种内在的一致性推动了地方政府在经济发展上的积极作为，同时也导致在其他领域的选择性投入或忽视，地方政府官员晋升的“锦标赛”模型，从激励与约束的角度出发，深刻阐释了地方政府为何在推动地方经济发展上展现出如此强烈的动力，模型揭示地方政府行为的经济逻辑，也反映中国政治体制中晋升机制的复杂性，为理解中国特有的政治经济现象递交宝贵的洞察。在中国的政治架构中，所谓的“地区分权的威权体制”（Regionally Decentralized Authoritarian system）构成独特的中央集权与地方分权相结合的治理模式，这体制下，中央政府牢牢掌握着关键的决策权和人事任免权，确保了对国家重大事务的集中控制，与此同时，地方政府在管辖范围内拥有广泛的决策自主权和执行权，使得地方治理能够更加灵活和贴近当地实际。RDA体制与西方的财政联邦主义或联邦体制在两个关键方面存在显著差异。首先，地方政府的行政首脑并非通过选举产生，而是由中央政府任命，这确立了中央与地方之间的上下级隶属关系，地方官员之间形成锦标赛式的晋升竞争机制，他们通过推动本地区的经济发展来争取更高层次的政治晋升机会。其次，中央与地方之间的权力分配并非如西方联邦制那样由法律明确保障，而是在中央政府的主导下，根据需要进行制度调整和规则变更，这种关系更多地体现了中央的意志和灵活性。RDA体制是支撑中国改革开放以来取得巨大成就的基本制度框架，这一体制确保了中央政府对国家发展方向的引导和控制，同时也赋予地方政府足够的自主性，以激发在经济发展和社会管理中的创新和活力，RDA体制的成功在于它平衡了中央集权的稳定性与地方分权的灵活性，为中国特色社会主义的发展提供了坚实的制度保障。

在探讨中央与地方政府的关系时，有一种观点归纳为“行为联邦制”模式，这模式专注于分析中央与地方之间的互动行为。自新中国成立并追求成为世界大国的过程中，中央与地方之间实际上形成了一种联邦制的关系，尽管这种关系在法律上并未得到像美国等联邦制国家那样的正式承认，在这种“行为联邦制”框架下，中央与地方的互动体现在三个主要层面：强制性的指令与服从、基于共同利益的谈判协商，以及互惠互利的合作，这种互惠涉及政策和资源的交换，有时甚至关联到中央与地方领导人在个人职业发展上的考量，随着改革开放的深入，中国的中央与地方关系越来越遵循类似联邦制的原则，形成动态平衡的合作伙伴关系。目前，已有的政府运作模型多从宏观机制出发，考察地方政府的行为模式，如中央与地方间的行政分权、财政分权及运作机制，以及地方政府间的同侪竞争等，这些模型主要关注地方政府行为的外部制度和权力结构，以及这些结构下的行为模式，但对于地方政府如何具体行动，即微观行为机制的研究则相对不足，基于此，提出了地方政府的“微观行为”模型，深入探讨地方政府作为经济主体如何深度参与和推动地方经济的发展，特别关注在中国特有的土地财政体系形成和城市化进程中的作用及背后的逻辑，从地方政府“如何作为”的角度出发，构建“公司化经营模型”及核心逻辑，利用这一模型，分析中国特有的土地财政和“土地城市化”而非“人口城市化”的发展模式，为过去几十年的土地财政和城市化发展提供合理的解释。

五、地方政府的公司化经营模型

在中国独特的历史背景与体制下，尽管改革开放以来市场经济快速发展，中国政府的有形之手始终未曾完全撤离经济舞台。中国政府的角色远不止于为市场提供基础性的制度环境和在市场失灵时的有效补充，更多时候，它直接参与并推动中国的经济、社会和城市的发展与繁荣。基于与各级政府及企业的广泛合作经验，我观察到，在过去四十多年的改革开放历程中，中国地方政府的核心任务之一便是对地方经济的治理与推进，在这样的发展进程中，中国政府是一个外部力量,一个关键的内部因素,行为既超越地方经济运作的具体层面,又深入参与到地方经济的发展之中,地方政府的作用已经超越市场经济框架下对政府角色的传统理解,在中国特色的中央与地方关系以及对地方政府官员特殊的激励与约束机制下,地方政府作为实际参与地区经济发展的内生力量,展现出一种"经济主体性"。因此,为更精确地描述中国地方政府的运作模式,应将地方政府视为微观行为主体,并将行为模式概括为"公司化经营"模型。在这一模型中,地方政府在中国特色的市场经济和制度环境下,如同公司的经营者一样,管理着地方经济与城市发展,追求效益最大化,包括对地方经济和城市发展的投入产出比的精细计算,从这一角度看,地方政府的运作模式与市场中追求经济利益最大化的公司有着惊人的相似性,地方政府领导如同"公司"的董事长和总经理,政绩在很大程度上体现在领导集体的晋升上,从而实现行政集团福利的最大化,当然,除了追求地方政府集体的"福利"和政治诉求之外,为实现政治晋升的最终目标,地方政府也需要对当地的经济发展和社会稳定负责,做出适当的策略应对。

深入分析中国地方政府的运作模式,更全面地理解地方政府的公司化经营模型得以清晰地方政府在经济发展中的角色和策略。

收入途径:地税收入,地税是地方政府主要的财政收入来源之一,直接反映地方经济活动的强度和税收体系的效率,地税收入的稳定性和增长潜力对地方政府的财政健康至关重要。**中央转移支付收入,**中央政府对地方政府的财政支持,通过转移支付机制实现,有助于缓解地区间的财政差距,确保各地区能够提供基本的公共服务。**非税收入,**包括行政事业性收费、罚没收入等,这类收入的多样性为地方政府提供了额外的财政灵活性,有助于应对经济波动和突发事件。**土地出让收入,**通过出售土地使用权获得的收入,在城市化和工业化进程中成为地方政府的重要财源,土地市场的活跃程度直接影响地方政府的财政状况。**地方债务收入,**地方政府通过发行债券等方式筹集资金,用于支持地方重点项目建设和基础设施投资,对地方经济发展具有深远影响。**其他收入,**如国有资产运营收益、捐赠等,这些收入虽不稳定,但为地方政府提供了额外的财政支持,有助于丰富财政收入结构。

支出渠道:保障型支出,涉及政府日常运转、民生保障和社会稳定等方面,如教育、医疗、社会保障等,这类支出是地方政府的基本责任,确保政府职能的正常运行和社会的和谐稳定。**绩效型支出**,与城市建设、经营活动、提升地方GDP和城市形象等相关的支出。这类支出直接关联地方政府的政绩和官员的政治晋升,因此受到高度重视,并可能影响地方政府的发展战略和优先级。

地方政府追求财政收入的最大化,通过有效的支出管理来实现社会和经济效益的最大化,强调地方政府在资源配置中的主动性和创新性,同时也暴露了潜在的风险,过度依赖土地财政、债务风险积累以及对短期政绩的过度追求。地方政府的最终目标是通过有效的收入和支出管理,实现地方GDP的增长、城市形象的提升以及地区稳定的维护,反映地方政府的治理成效,也是衡量政治成就的关键。

六、中国地方政府财政策略的演变:从土地财政到债务管理与PPP模式的挑战

改革开放以来,地方政府收入的多元化趋势日益明显。在分税制改革之后,地方政府开始更加注重通过非税收入和土地出让收入等渠道来增加财政收入,东部沿海地区和中西部核心城市由于地理位置和产业基础的优势,更容易吸引高质量的产业资源,形成产业集聚,从而在税源建设上占据优势,这些地区的地方政府能够有效地利用税收收入和土地出让收入,推动基础设施建设和城市功能提升,实现地方经济的快速发展。相比之下,地理位置和资源条件相对较差的地区在税源建设和产业引入上面临更多挑战,这些地方政府需要更加努力地寻找适合本地发展的产业路径,同时通过创新财政策略和增加非税收入等方式来增强自身的财政实力。深入洞察中国地方经济和城市发展的动态,关键在于理解地方政府如何像精心经营一家企业一样,通过策略性地增加财政收入和智慧地分配支出,以实现地方经济和社会效益的最大化。详细分析地方政府在保持财政收支平衡方面的策略和逻辑,并探讨这些策略对地方经济长期发展

的深远影响。地方政府的财政收入主要依赖于**中央政府的转移支付**,收入来源的多样性体现在一般性转移支付、专项转移支付以及税收返还等方面,一般性转移支付是中央政府为了缩小地区间的财力差距,特别是为了支持中西部地区的发展而设立的,这类转移支付涵盖了多种项目,如均衡性转移支付、针对民族地区的特别支持、农村税费改革相关的转移支付以及调整工资的转移支付等。地方政府在遵守相关规定的前提下,可以灵活地统筹这些资金,以满足地方发展的需求。**专项转移支付**则更注重于特定项目的资金支持,如基础设施建设、天然林的保护、退耕还林还草工程、贫困地区的义务教育项目、社会保障体系的构建以及公共卫生体系的完善等,这些项目对于推动经济和社会发展至关重要,但地方政府在专项转移支付的使用上灵活性有限,需要严格按照中央政府的指导和项目要求执行。至于税收返还,这一过程涉及多层级的政府分配,从省级到地市级,最终到达县级财政。在层层分配的过程中,每一级政府都会按照既定比例抽取一定份额,导致最终到达基层政府的税收返还金额大幅减少,对于地方政府而言,这部分收入在支持地方经济发展和维护社会稳定方面显得较为有限,有时甚至可以说是杯水车薪。

地方政府如何在有限的资源下,通过财政手段促进地方经济的增长和社会的和谐发展。对于政策制定者和学者具有重要意义,也为公众提供观察和理解地方政府运作的窗口。自20世纪90年代起,中国经历了一场地方经济和城市的快速发展浪潮,这时期地方政府对于财政收入的追求变得尤为迫切,分税制的推行在一定程度上限制了地方政府的税收自主权,导致在税收收入上的减少,面对挑战,地方政府开始积极探索新的收入渠道,**非税收入**逐渐成为它们重要的财政补充。为增加非税收入,地方政府采取了包括设立各种费用和基金等举措,这些举措虽然在短期内增加了财政收入,但也带来管理上的复杂性和执行上的混乱。

与此同时,随着中国土地产权制度和住房制度的改革深化,以及地方债务制度的探索,地方政府的财政收入结构发生明显变化。政府债务和土地收入成为地方政府收入的两大支柱。政府债务收入,作为地方政府获取资金的一种方式,促使地方政府在债务管理上进行系列创新。在广义上,地方债务分为直接由地方政府举借的显性债务,以及通过地方融资平台公司举借的隐性债务。后者通常涉及基础设施和大型公共工程等项目,这些项目虽然经济效益不高,但通过平台公司可以扩大资产规模,从而增加债务融资能力,这也为地方财政带来不小的压力。

近年来,随着新预算法的实施,财政部明确指出,地方国有企业(包括融资平台公司)的债务不再计入政府债务,由企业自行承担偿还责任,政策在一定程度上缓解了地方政府的债务问题。然而,这也意味着地方政府通过融资平台筹资的能力受到限制,地方政府必须在确保财政可持续性的同时,寻找新的经济增长点和收入来源,以适应变化的经济环境和政策要求。

在近年来的中国,PPP(Public-Private-Partnership,即公私合作模式)作为一种创新的融资机制,原本通过政府与私营部门的合作来减轻地方政府的财政压力,只是在实际运作中,PPP模式在某些情况下被转化为一种隐性债务的新形式,由于许多城市的形象工程缺乏长期稳定的盈利模式,地方政府为吸引社会资本参与,采取政府回购的方式,使得大量PPP项目实际上变成“表面股权,实则债务”的结构,加剧地方政府的隐性债务负担,为应对问题,中央政府加大对地方债务的清理力度,包括对地方融资平台的整顿和PPP项目的规范,这些措施对传统的地方政府债务渠道和模式产生了变化。此外,土地经营已成为地方政府财政收入的重要支柱。自1998年中央政府发布《关于进一步深化城镇住房制度改革,加快住房建设的通知》以来,中国城镇住房制度经历了根本性转变,停止了住房实物分配,转向货币化、商品化、社会化的住房新体制。土地相关收入成为地方政府,特别是资源相对匮乏的地区,最为依赖的收入来源,形成了具有中国特色的“土地财政”模式。地方政府对土地的运作已经超越传统的土地出让收入,进入了“土地金融”的新时代。地方政府储备土地分为两部分:一部分通过招标拍卖等方式进入土地交易市场,另一部分则用于城市公共项目建设,这些公共项目或土地资源随后被用作抵押,向金融机构融资,从简单的土地出让金到复杂的土地金融运作,地方政府的财政策略经历质的飞跃,但这种转变也与地方债务的快速增长密切相关，对地方经济的稳定提出新的挑战。

七、地方政府财政策略：绩效型与保障型支出的平衡之道

地方政府在财政支出的策略上展现出了精细的权衡与规划，在追求最大化产出效益的过程中，地方政府对于能够显著促进地区GDP增长和提升城市形象的绩效型支出领域，不惜投入重金，这类支出能够直接反映在经济增长的数字上，在政绩考核中得到体现，因此地方政府在这些领域的积极性较高。在保障性支出方面，地方政府则表现出更为审慎的态度，对于那些虽然对民生至关重要，但短期内难以见到成效，或者在政绩考核中不占优势的支出领域，如中西部地区的产业发展、可持续税源建设以及生态环保等，地方政府会尽量控制支出，以避免过重的财政负担，这种策略有时可能导致这些领域的投资不足，但地方政府会努力确保不产生直接的负面社会影响。对于能够显著提升城市形象和政绩的绩效型支出，地方政府通常会不遗余力地进行投入，例如，大规模的土地开发、城市基础设施建设和城市形象工程等，这些项目不仅能够有效拉动地方经济增长，还能直接提升城市的外在形象，基础设施的改善和城市形象的提升，还能间接增加城市土地价值，尤其是在新开发区，这有助于地方政府通过土地出让获取更多收入，因此，地方政府在这些领域的投资意愿十分强烈，倾向于追求规模更大、设计更新的城市基础设施项目，如宽阔的道路、现代化的大型场馆等。更有甚者，地方政府会将政府机关、优质教育和医疗资源迁移至新区，以此提升新区的土地价值，进一步促进土地出让收入的增长，从而带动地方经济的快速发展。

对于中西部地区的地方政府来说，土地资源的开发是推动经济发展的关键，这过程可能引发利益冲突和对抗性行为，特别是在社会结构复杂、社会问题多样的中西部地区，社会稳定性问题尤为突出，因此，地方政府在保障社会稳定方面的投入显得尤为重要，此外，地方政府还需承担人员工资及福利的开支，尽管经过机构改革和人员精简，政府人员规模有所减少，但与政府紧密相关的事业单位和国有企业人员仍然构成一笔不容忽视的财政负担。随着上级政府对

下级政府的政绩考核体系调整，生态环保、扶贫等领域也逐渐成为考核的重要内容，这要求地方政府在这些方面增加投入，以满足新的考核要求。地方政府因此面临着更多需要财政支持的领域，财政支出的压力也随之增大。地方政府在保障型支出上的灵活性相对较小，这些支出通常被视为“刚性”开支，必须予以保障，在那些能够带来直接经济效益和政绩展示的领域，地方政府则表现出更大的支出意愿和力度，对于短期内难以看到明显绩效的支出领域，地方政府的投入意愿则相对较低，反映地方政府在财政支出决策中的优先级排序和资源分配策略。

地方政府的财政管理策略：追求效益最大化与风险平衡，核心目标在于实现财政收入与支出之间的最优平衡，进而推动地方经济的增长和城市形象的提升，同时确保社会经济的稳定和谐，在财政收入和发展的短期效益追求上，地方政府的行为受到官员任期的限制，他们倾向于寻求能够迅速带来显著成效的策略。为了在任期内展示出经济成就，从而为官员的晋升创造有利条件，会大力支持那些能够立即产生收入和促进经济发展的项目，土地出让和城市建设便是中的典型例子，它们不仅能够直接增加地方政府的收入，还作为官员政绩的重要指标，此外，政府债务成为地方政府获取资金的另一重要渠道，它为地方经济发展提供了必要的资金支持，对于不具备直接发债资格的地方政府，它们通过成立地方融资平台公司，利用土地资源和相关公共设施作为抵押，或者通过政府背书的方式向金融机构贷款，以绕开直接发债的限制。尽管这种**债务驱动**的模式可能会给未来的地方财政带来压力，但在短期内，它通常不会对当前政府产生直接的负面影响，因此，地方政府债务和融资平台公司的规模持续扩大，大量资金被投入到城市建设和基础设施项目中，以期在官员任期内实现最大的经济和社会效益，不过，这种策略也要求地方政府在追求短期效益的同时，必须对长期的财政健康和可持续性进行深思熟虑，避免未来可能出现的财政风险。

在中国地方政府的财政管理中，**保障性支出的最小化策略**同样值得关注，尽管地方政府推动地区经济的快速发展和即时成效，但在确保地区稳定和持续发展的过程中，必要的保障型支出不可或缺，这些支出包括政府及事业单位人员的工资和福利、社会维稳等,它们构成了地方政府财政支出的基础部分,对于不能立即促进经济增长的支出项目,地方政府持保守态度,特别是在生态和环境保护等领域,在中央政府没有明确规定或法律强制要求之前,地方政府对于这些长期投资的领域可能缺乏足够的资金支持,因为这些投资的回报周期长,且在传统的官员考核体系中并不占据显著位置。**民生领域的支出**也常常被地方政府视为成本高昂且难以立即体现政绩的项目,因此,尽管民生项目对于提升民众生活质量至关重要,但在财政资源有限的情况下,它们可能不会成为地方政府优先考虑的支出选项。在财政收入有限的现实约束下,地方政府必须在**追求政绩最大化和成本最小化之间找到平衡点**,实现资源最优配置,要求地方政府在多方面进行综合考量,同时保持经济发展与社会稳定的平衡,土地经营和城市化进程与地方政府的行为及产出紧密相关,它们在中国特色的城市化发展模式中扮演关键角色。

八、地方政府公司化经营与土地财政的逻辑

中国的经济腾飞,伴随的是**城市化进程**的飞速发展,在过去的几十年中,随着中国产业的高速增长,对人力、土地等资源的需求量激增,在这些资源的开发利用上,曾经受到重重制度限制的中国农村地区,展现出了巨大的潜力和价值,地方政府的积极推动,使得这些原本受限的资源得到了深度的挖掘和开发。中国城市化的快速推进,在近四十年的时间里取得了举世瞩目的成就,在此变革过程中,土地作为产业发展和城市建设的基础,扮演至关重要的角色,中国形成了具有特色的**二元土地制度**,土地按照所有权被分为城市土地(国有)和农村土地(集体所有)两大类,城市土地作为国家所有,为城市建设提供了坚实的物质基础,而农村土地则主要分为农用地、自留地与自留山以及集体建设用地等,为农业和农村发展提供了保障。

在独特的十地制度框架下,城市建设用地的需求攀升,特别是在1998年住房制度改革之后,城市建设用地价值得到极大的提升,尤其是房地产开发用地,这种价值的提升,导致城市土地与城市郊区、农村土地之间价值的巨大差异。

农村土地征用为城市建设用地，效益是显而易见的，首先，这种做法不会导致政府债务的急剧增加，通过规划调整，农村集体土地转变为城市国有建设用地的成本相对较低，而且能够有效提高土地利用率，经过整理的土地，在转变用地性质后，市场价值大幅上升，为政府带来可观的收益。其次，地方政府通过土地经营，可以直接提升城市面貌和形象，改善商业和住宅设施，同时，这些土地资源开发项目也是地方经济增长的重要推动力，对GDP等经济指标有着正面影响。正是由于中国特色的二元土地制度、土地产权制度、土地征收与储备制度和住房制度等因素，土地在地方经济和城市发展中扮演着举足轻重的角色，成为地方政府资金收入的重要来源，在巨大的经济利益驱动下，各地方政府积极推动“土地财政”，使得中国城市化驶入以GDP增长为核心，以土地运营为抓手的快速发展轨道。统计数据显示，1998年中国住房制度改革实施后，经过最初几年的摸索，中国地方政府逐渐意识到土地经营上的巨大效益，土地财政规模开始逐年扩大，土地出让收入与地方财政收入的比值也一路攀升，1999年、2000年时土地出让收入与地方财政收入的比值还不足10%，而到了2010年时该比值一度达到2/3还多，虽然后几年该比值呈现一定的波动，但多数年份一直维持在50%左右，在地方政府收入中的地位举足轻重，这在一定程度说明，在地方政府的公司化经营模式下，效应明显的土地运营及收入被置于一个非常核心的地位。

土地开发作为地方政府推动经济增长的重要手段，包括商业、基础设施和居住用地的开发，工业用地的开发同样占据了一席之地。工业用地的利用情况需要特别关注，首先，国家法律法规对**工业用地**的出让价格设定了上限，在扣除土地征收和整理成本之后，地方政府能够从中获得的净收益相对有限，其次，对于东部地区的中小城市以及中西部地区的城市而言，由于经济地理条件的限制，吸引和培育产业资源面临较大的不确定性，且这些投资的回报周期较长，对于当前政府的即时产出效益贡献有限，因地方政府在土地开发策略上倾向于发展居住和商业地产项目，而非工业项目，这种策略导致一些城市发展中出现了“有城无产，有城无人”的现象，即城市虽然建设得颇具规模，但缺乏产业支撑和人气聚集,地方政府对土地财政的依赖导致土地资源的不合理利用,影响农村转移人口的城市融入和共享城市化发展成果,这种依赖模式下,土地资源的快速开发以牺牲农业用地和生态环境为代价,而农村转移人口由于户籍制度、社会保障体系不完善等问题,难以在城市中获得稳定的生活和工作机会,无法充分享受到城市化带来的红利。

更全面地理解中国城市化发展的复杂性和地方政府在其中扮演的角色,除了土地资源的利用问题,地方政府的**支出策略**也是影响城市化发展现状的重要因素,在接下来的分析中,我们深入探讨地方政府在财政支出方面的决策如何影响城市化进程,以及这些决策如何平衡经济发展、社会稳定和资源可持续利用之间的关系。

九、中国城市化:土地价值提升与市民化挑战

中国的城市化进程与土地利用紧密相连,地方政府在采用公司化经营策略时,对城市土地资源和城市化成本与收益的平衡考量,明显地展现出了中国特色的城市发展模式和路径选择,虽然关于中国城市化进程的评价在国内外研究中存在不同的统计方法和观点争议,但无可否认,中国经济的高速增长带动了城市化的飞速进步,城市规模、功能等级、产业集聚和人口集中等方面都实现了发展。

中国城市化的主要特征可通过多种衡量指标体系进行分析,自20世纪90年代初,中国经历了从农村向城市的大规模人口迁移潮,根据统计数据,2000年至2009年,中国城市建成区面积增长了约69.8%,2000年至2016年,中国的城市建成区面积增加了约1.42倍,而城市常住人口保持相对稳定的增长速率,特别是那些地理位置优越、经济发展迅速的大型都市区和都市圈,由于产业的集聚和人口的汇集,规模扩大,同时,中西部地区的新城新区和产业园区的建设也推动着当地城市空间的持续扩张。通过比较不同口径的城市化数据,我们能够看到中国城市化模式的另一面,在2000年至2016年间,尽管中国城市常住人口增加了约73%,但城市户籍人口的城市化率却低于城市建成区面积的增长率,

这意味着在近十多年的时间里，中国的土地城市化速度远远超过了人口城市化速度，城市人口的增长并没有跟上城市空间的扩展，反映了中国特有的“化地不化人”的城市发展模式，背后的原因可以从地方政府在公司化运营模式下的激励约束机制来分析。中国的二元户籍制度导致了城乡分割的人口管理体制，限制了城乡间劳动力的自由流动，在改革开放之前，计划经济体系下的劳动力配置是城乡分治的，即农村劳动力从事农业生产，城市劳动力则进入城市各行业工作，改革开放后，随着城市经济产业的快速发展，以及农村经营制度的改革，农村富余劳动力开始大规模向城市流动，尽管户籍制度构成了约束，但城乡间巨大的收入差距成为农村劳动力和人口迁移的强大动力。随着户籍制度和社会保障制度的改进，农村转移劳动力在区域间的流动变得更加一体化。

户籍制度不仅仅是一个户籍问题，它与社会保障等制度紧密相连，城市户口背后连接的是教育、医疗等公共资源，而农村户籍背后的公共资源数量和质量远不及城市，整体社会保障水平也远低于城市，户籍制度和相关社会保障、公共资源的紧密捆绑导致地方政府在推动农村转移劳动力市民化方面动力不足，接纳农村转移劳动力为市民不可避免地导致地方政府在公共服务、社会保障、社会稳定等方面的开支增加，但这些支出是隐形的，对地方政府绩效的提升效果并不显著。同时，地方政府从农村转移劳动力市民化中能获得的收益相对有限，即使不实现农村转移劳动力的市民化，这些劳动力仍然会为城市经济、城市建设、城市生活提供必要的劳动力资源。

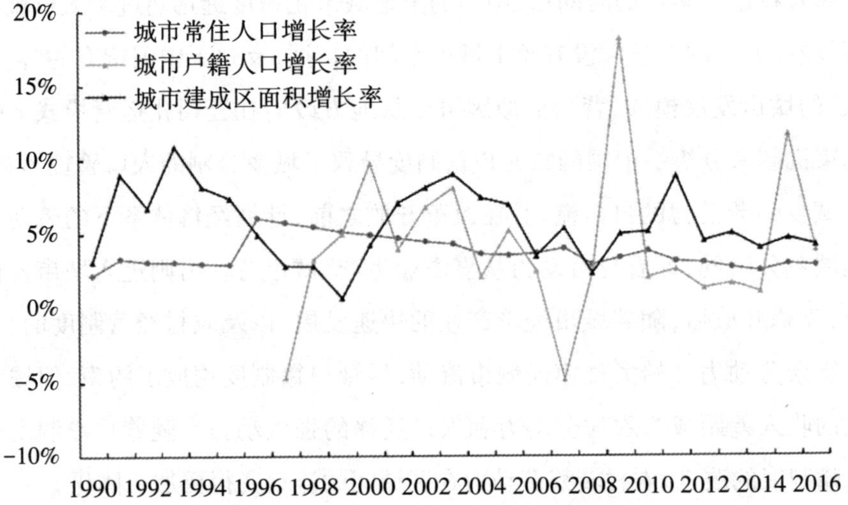

图5.1　城市常住人口、户籍人口、城区面积增长率

自改革开放以来，随着市场经济体制的逐步确立与完善，农村户口的价值持续攀升，在这样的社会背景下，农民工作为农村户口持有者，形成了相对于中小城镇户口，农村户口更具价值的理性判断，这种判断的背后，是农村转移人口对中小城市户籍的热忱逐渐减弱，实际情况是，中小城市产业发展不充分，未能为农村转移劳动力提供足够的就业机会，导致中小城市户籍的价值相对较低。当前中国农村人口向城市迁移的主要趋势，依然是向发达的大都市区和区域核心城市流动，这些城市通常拥有较高的土地价值，也是农民工市民化的平均成本较高的地区，以广州市为例，农民工市民化的财政支出大约为9.9万元/人，而大连市的这一数字约为4.4万元/人，正因如此，这些城市对人口户籍转化实施相对严格的限制。在综合考虑收益与支出，以及地方政府公司化运营产出效益最大化的前提下，地方政府显然缺乏推动农村转移劳动力市民化的足够动力，首先，地区经济和城市发展对土地的强烈需求，使得地方政府追求财政收入的最大化，无论是通过直接的land sales revenue还是依托土地的政府债务，都提升地区形象，其次，农民工市民化虽然带来的地方财政负担，但对政绩效益的提升并不明显，这种状况导致地方政府在土地利用上积极，但在市民化进程中却表现得保守，进而塑造了中国近40年的“**化地不化人**”的城市化模式。

地方政府财政挑战与行为模式的适应性演变，地方政府视为地区经济发展的内生化主体，而提出地方政府公司化经营的行为模式，这种模式突破传统的地方治理框架，地方政府视为在中国特色的政府绩效考核体系和其他制度约束下，深度参与并推动地方经济发展的活跃主体，地方政府像一个追求最大化经营效益的公司，全面审视财政收入与支出，以经营者的身份积极介入地方经济和城市发展的各个方面，这种模式下，地方政府展现出强烈的财政收入动机，并严格监控和调节支出，以实现最终效益的最大化，也成为地方政府官员政治晋升的重要依据，从这个行为模式出发，揭示中国土地财政和城市化进程背后的逻辑，在中国特色的土地制度、户籍制度、社会保障制度等多重制度框架下，地方政府作为理性的经济主体，在追求利益最大化和成本最小化的过程中，形成了中国特有的高土地财政依赖和独特的城市化发展路径。地方政府公司化行为的根源在于中国独特的中央与地方关系，尤其是中央与地方分税制、土地制度、住房制度以及户籍和社会保障制度等多重制度约束，以及上级政府对地方政府的治理激励机制，这一模式的形成是改革开放以来中国重大制度改革的累积结果，尽管存在不足，但在特定的政策和制度环境下，公司化行为促进了中国经济和城市的快速发展，为中国过去四十年的经济增长提供了坚实的支撑。这模型是基于中国改革开放后40年的经济与城市发展路径提出的，近年来，中国的制度环境和政府治理模式正在经历系列调整，首先，随着人口红利的消退和劳动力成本的上升，中国制造业资源的国际转移，以及产业升级和优化的需求，正在推动地方政府在区域和城市发展策略上进行调整，其次，传统城市化模式的弊端已引起中央政府的关注，对土地产权制度、城市发展模式和地方政府债务模式的管理与调整，对传统城市化模式提出挑战。此外，中央政府将民生、生态、环保等因素纳入政府绩效考核，这导致地方政府激励模式的变化，推动地方政府行为模式的更新和演化。

随着制度环境的演变和考核目标的调整，地方政府在**财政管理**上面临着更为严峻的挑战，在当前的绩效考核体系中，经济发展仍然是核心指标，这使得地方政府在追求增加财政收入方面的需求变得更加迫切，若没有进一步的财税改革作为支持，地方政府的公司化经营行为模式可能会继续存在，地方政府必须适应外部制度环境的变化，并对行为模式进行相应的调整，这过程的演变值得深入观察。在**财政收入**方面，地方政府需要关注税收收入，还需考虑非税收入的多元化，如教育、社保、医疗等领域的收费，同时，非税收入的概念在此背景下也不包括土地出让收入，这要求地方政府在财政收入的构成上进行更为精细的规划和管理。在**土地财政**方面，土地出让金和地方财政收入的数据来源需要明确，以便更准确地把握地方政府的财政状况，构建农民工市民化的合理成本分担机制，以及对劳动市场和人力资本的变化和发展趋势进行深入分析，对于地方政府制定长远的财政和社会政策至关重要。中国劳动市场的变迁和人力资本的发展，是影响地方政府财政和社会政策的两大关键因素，随着劳动年龄人口的减少、劳动力供求关系的转变、劳动力成本的上升以及就业结构的变化，地方政府需要采取延迟退休政策、鼓励女性就业、提高生育率等措施来应对人口老龄化，加大对职业教育和技能培训的支持，提高劳动者的就业技能，通过提高劳动生产率、发展科技创新、推动产业转型升级来应对劳动力成本上升的挑战。在**人力资本**方面，中国正经历着人力资本总量的快速增长和结构的优化，需要提高人力资本配置效率，以支持经济发展。未来的发展趋势显示，劳动力成本继续上升，就业结构继续调整，人力资本成为经济发展的重要支撑，继续投资于人力资本，提高水平，并进一步完善人才市场体系，以提高人力资本配置效率，地方政府在面对制度环境变化和考核目标调整的双重压力下，必须灵活调整财政和社会政策，以适应经济发展的新常态。

第五节　未来十年中国在全球舞台上的转型与机遇

站在新十年的门槛上，中国正迎来政治、经济和社会转型的关键时期，是在国内深化改革的关键时刻，也是在全球政治、经济和社会大变革的背景下，中国塑造全球能量的重要机遇。全球政经环境的复杂性、国内社会改革的挑战以及中国经济步入新常态的现实，共同编织了充满变数的未来图景。在多维度变革汇聚的时代，可预见到中国未来十年的发展聚焦于核心主题，这些主题成为推动中国经济和社会转型发展的原动力。

深入分析，我认为这些主题包括：格局突围，中国正通过经济手段，在复杂的全球政治经济格局中寻找并实现自身的战略目标，这一策略不仅关注即时的经济利益，更着眼于长远的国家持续声望和全球治理能力的构建，通过积极的外交政策和国际合作，中国期望在全球事务中扮演更加关键的角色，推动构建一个更加公正合理的国际秩序。创新转型，为提升经济发展的质量，中国正致力于实施创新驱动发展战略，这一战略旨在培育和强化企业的核心竞争力，通过鼓励技术创新和研发投入，中国推动经济结构的优化和产业的升级，从而实现从传统制造向高端制造的转变，增强经济的整体竞争力和抗风险能力。能力驱动，中国的发展道路正在从依赖机遇的外延式增长，全面转型为以能力为核心的内涵式发展，这一转型强调内生增长和长期竞争力的培养，通过提升教育质量、加强人才培养、优化创新环境等措施。数字再造，数字技术正成为推动商业模式创新和商业革命的关键力量，中国正利用大数据、云计算、人工智能等前沿技术，全面重构商业模式，提高生产效率，创造新的商业价值，这不仅为企业带来新的增长机遇，也为消费者带来了更加个性化和高效的服务体验。绿色发展，在追求经济增长的同时，中国高度重视环境保护和生态文明建设，通过推广绿色、低碳、循环的发展模式，中国正努力实现经济增长与自然环境的和谐共生，包括发展可再生能源、提高能源效率、保护生态系统多样性等措施，以确保经济社会发展与自然环境的可持续性。崇法简政，法治建设和政府职能转变是中国改革的重点，通过完善法律法规和简化行政审批流程，中国旨在为企业和投资者营造一个更加公平、公正、透明的市场环境，有助于降低市场准入门槛，激发市场主体的活力，促进经济的健康发展。返璞归真，在经济快速发展的同时，中国也注重价值观的重塑和道德的回归，倡导诚信、责任和长期可持续性的企业文化，不仅是对企业的要求，也是对社会的期望。通过弘扬传统美德和社会责任，中国正努力构建一个更加和谐、公正的社会环境。

一、经济力量与全球战略:中国的政治经济新篇章

在未来十年的全球舞台上,中国将运用日益增强的经济力量,寻求在政治和军事领域实现重大突破,是中国国家战略的关键组成部分,面对美国“重返亚太”的战略调整以及TPP、TTIP等新型经济合作机制的挑战,中国正以创新的地缘经济策略,深化与亚欧大陆国家的合作,确保资源和能源的安全,推动经济的持续发展,在复杂的地缘政治格局中,通过多元化的经济手段,巧妙地实现政治上的突围。“一带一路”建设是中国地缘政治战略的核心,核心理念是“互联互通”,通过建设基础设施,为中国打造新的经济中心和交通枢纽,同时通过多边金融机构促进资本的流动,增强在全球流动性,这一战略巩固中国在亚洲、欧洲乃至非洲的地缘政治地位,而且为中国企业在全球范围内发挥连接作用提供新机遇,发展中国家的未满足需求与中国的产能相结合,实现全球资源与中国需求的有效对接。在全球金融体系的构建上,中国正采取重要措施以扩大经济的全球影响,通过亚洲基础设施投资银行(AIIB)、“丝路基金”“金砖国家新开发银行”等多边金融机构,中国正积极解决发展中国家超过10万亿美元的基础设施融资需求,这些机构的优势在于中国企业与发展中国家的基础设施建设紧密联系起来,通过发行欧元、美元债券或与国际金融机构合作,降低融资成本,保障基础设施项目的顺利实施,此外人民币国际化进程的进展,进一步增强中国在全球金融领域的话语权,随着国际货币基金组织(IMF)把人民币纳入特别提款权(SDR)货币篮子,人民币已成为全球第五大支付货币,随着人民币支付和价值功能的强化,在全球定价体系中的作用也日益凸显。

二、资本扩张与全球布局:中国企业的全球化征程

在全球化的浪潮中,中国企业正通过海外并购这一战略举措,解决国内产能过剩的问题,而且成功获取宝贵的品牌资源、关键技术和核心零部件,实现全球市场的精准布局是中国企业迈向“全球化”的关键一步,更是实现“弯道超车”和跨越式发展的关键所在,随着中国经济的持续发展和多重因素的共同作用,

未来十年的并购活动呈现出更加活跃的态势。并购活动呈现出多元化的趋势，涉及不同经济类型、产业链、行业、领域和市场，随着金融市场环境的优化，并购资金的来源也日益多样化，私募基金、并购基金等成为重要的资金渠道，并购已成为推动中国企业快速成长和经济结构转型的重要力量，中国企业在并购的过程中也需要提升自身的全球战略规划能力、交易执行能力、整合管理能力和跨文化融合能力。我坚信，未来十年是中国在全球舞台上日益成长的黄金时期，同时也是中国企业深入国际市场、展现实力的关键十年，企业需根据自身发展需求和国家战略指引，实现三个层面的国际化：产品国际化、产业国际化和资本国际化。这意味着中国企业首先需要全面提升产品的国际竞争力，企业必须重视国际化经营人才的培养，需建立精通全球资本运营的专业团队，尽管未来十年的国际环境充满不确定性，但中国企业突破格局的决心不会动摇。

三、创新转型：引领中国经济质量提升与核心竞争力塑造

展望未来十年，中国的经济增长和国际竞争力紧密依赖于劳动生产率的显著提升，在过去的高速发展中，中国凭借低成本劳动力确立了“世界工厂”的地位，制造业主要集中在劳动密集型领域，产品多处于全球价值链的低端，生产过程能耗高，竞争力有限。随着劳动生产率增长放缓和要素成本上升，中国的相对单位劳动成本在过去十年间激增近80%，明显高于泰国、印度尼西亚等周边发展中国家。若劳动生产率的提升无法跟上要素成本的增长，中国经济将面临“中等收入陷阱”的风险，发达国家的经验告诉我们，要素成本一旦上升，下降的可能性微乎其微，因此持续提高劳动生产率，依托技术创新和转型升级，成为摆脱困境的关键。制度创新是推动企业创新、提高效率的关键，开放的市场环境、多元化所有制的共存、公平有序的竞争环境，是激发企业追求利润最大化的重要动力，新一届政府的反腐倡廉、简政放权、国企改革深化以及“大众创业、万众创新”的政策导向，为经济发展释放了积极的信号。国有企业作为GDP的重要组成部分，改革对整体经济的振兴具有决定性影响，改革的动力和深度仍需加强，未来是否能够实现真正的深层次变革，取决于政府提振经济的决心和行动。

需要在两个关键方面实现突破：首先国有资本的控制者，国资委如何客观界定自身的功能、地位和作用，真正扮演好投资者和股东的角色，需要从理念和思维方式上进行根本的转变；其次，赋予经营管理者相应的权限和激励机制，激发他们的能力和积极性。只有解决这些问题，国企改革才能真正取得成效，推动中国经济的持续健康发展。制度创新是所有创新的基础和起点，也是中国政府未来十年必须着力解决的关键问题。

四、高端制造革新浪潮：塑造中国企业的核心竞争力

告别传统的高能耗、劳动密集型发展模式，制造业正向价值链的中高端迈进，在高端制造业的竞争中，美国推出“再工业化”战略，强调以人工智能、机器人和数字技术为核心的现代制造业发展，欧洲则以德国的“工业4.0”为标杆，推动制造业智能化转型，中国也不甘落后，提出了“中国制造2025”，通过“创新驱动、质量为先、绿色发展、结构优化和以人为本”的方针，聚焦智能制造，实现从资源驱动向信息驱动的根本转变。尽管中国的传统制造业仍占据较大比重，许多企业仍处于“工业2.0”和“工业3.0”的发展阶段，面临着出口导向型企业的倒闭潮，有远见的企业已经开始进行工厂升级，引入机器人和自动化生产设备，以提升效率，降低人工成本，2015年中央经济工作会议首次强调供给侧结构性改革，并提出五大配套政策。供给侧改革的核心在于调整经济结构，通过创新引导新供给，满足消费端的有效需求，从而恢复经济增长的活力。在未来开放程度高的行业中，市场逐步推动企业转型升级，中国的部分行业经历一个充满挑战与机遇的转型期，迎来增长的新阶段。产业创新的推动力来自市场，还需要制度创新的支持，在中国这样一个正处于创新起步阶段的国家，国家层面的战略推动和经济支持至关重要，正如德国的“工业4.0”和美国的“再工业化”所展示的那样，国家层面的推动力是不可忽视的。

五、能力驱动：中国企业增长模式的深刻转型

未来十年，中国企业迎来历史性的转折点，从传统的增长方式向建立长期

可持续性的核心能力转型，回顾过去三十年的发展轨迹，可以看到，随着人口红利的释放和收入水平的提升，消费需求经历爆炸式增长，而供给端难以跟上这一步伐，留下众多市场空白。在这一背景下，许多中国企业依赖于市场机会和资源获取的关系网络，而非真正的能力建设，来实现业务的快速扩张。随着中国经济步入新常态，依赖于市场机会和非正常渠道获取资源的企业发展战略面临越来越大的挑战，未来的市场竞争更加类似于发达国家，基于企业能力的构建和发挥，中国企业在过去的发展中经历三大转变：从盲目扩张到理性回归，从粗放增长到精益管理，以及从机会导向到能力驱动的转型，在消费者日益成熟、市场竞争加剧和人口红利消退的今天，投资于核心能力并以此驱动发展的企业成为市场的真正胜出者。战略布局是长期探索企业成功背后的驱动力，我们发现，成功的企业拥有独特的价值主张，并围绕这一主张构建一套由3~6种核心能力组成的能力体系，以最大化价值创造，这些核心能力的建设是长期而艰巨的过程，需要企业家们怀有“工匠精神”，持续精进。在快速变化的市场环境中，企业需要打造核心能力。

六、数字革命：重塑商业模式的未来蓝图

在数字化的巨浪中，互联技术正引领前所未有的经济和社会变革，这场变革被誉为“第四次工业革命”。中国政府提出的“构建网络空间命运共同体”的核心理念，展现了对全球互联网发展的深刻关注和积极贡献，自1991年互联网首次进入中国以来，如今中国已拥有超过6.6亿网民，固定宽带覆盖全国所有城市、乡镇以及93.5%的行政村，数字时代的到来正在悄然改变着企业的商业模式和人们的生活方式。中国的现代化进程与西方发达国家不同，它并未经历“串联式”的工业化、城镇化、农业现代化和信息化的发展顺序，在数字时代，中国正处于一个“并联式”的发展过程中，即工业化、信息化、城镇化和农业现代化同步进行，这一独特的发展模式为中国把握新一轮科技革命和产业变革的机遇，实现经济发展方式的转型升级提供了可能，但同时也面临着技术开发应用不足、信息基础设施建设滞后、创新创业生态体系不完善和人才结构不合理等

挑战。面对这些挑战,中国企业需要深刻理解数字化对产业界限、产业本身和技术带来的深远影响,首先,数字化正在模糊产业间的界限,催生出众多跨界商业机会,移动互联的发展为企业提供了低成本的渠道,使得任何有能力生产的企业都可以通过数字化手段直接与消费者建立联系,大幅降低了商业跨界的成本,其次产业本身正在向数字化、智能化和平台化发展,智慧城市、智能电网、智能家居等概念的兴起,标志着传统产业的蜕变,在信息化和数字化的基础上,企业对数据的掌握和大数据分析处理变得至关重要。技术革新成为企业发展的关键,数字化加速技术升级和迭代的速度,提升了技术创新的重要性,企业需要利用数字手段占领核心技术,开发核心零部件,并具备极高的市场敏锐度,"以研发促生产"的传统思维转变为"以市场促研发",设计出符合消费市场需求的产品,从而大幅提升企业的竞争力。

在"互联网+"的大背景下,企业能否成功实现从商业模式到产品服务,从运营研发到组织文化的全面转型,决定发展速度和未来的市场地位,在"剩"者为王的时代,赢家通吃的现象更加明显。对于企业而言,随着经济增长的放缓和转型的压力,数字化转型已成为竞争驱动下的必然选择,企业应数字化投入从传统的IT和营销领域转向全价值链和运营领域,从重视硬件转向更加注重数字化应用和数据价值的开发,创新模式也应从"第三方、技术导向"转变为"自主创新、客户需求导向"。

七、绿色发展:寻求经济与环境的和谐共生

在数字化重塑商业模式的同时,绿色发展成为另一项至关重要的议题。在追求经济增长的同时,必须寻求与环境的平衡,实现经济与自然的和谐共生,绿色发展是一种责任,通过采用环保材料、节能技术和循环经济模式,企业可以在减少对环境的影响的同时,提升自身的竞争力和社会形象,未来十年,期待看到更多企业在绿色发展的道路上取得实质性进展。

中国经济的迅猛发展,曾以牺牲环境为代价,如今,这种模式已不再可持续。面对环境承载力的严峻挑战,中国正处于经济转型的关键时期,环境保护

已成为影响未来经济发展的关键因素,在追求经济增长的同时,如何与环境保护相得益彰,成为中国未来十年经济发展的核心议题,预计,到2025年,中国在以下领域实现平衡:长期以来中国企业在追求短期效益的过程中,忽视长期可持续,随着市场环境的变化和资源的日益紧张,企业必须转变思路,实现“长短结合”的发展模式,意味着企业需要在提升运营效率的同时,适当增加环保投入,寻求短期利益与长期发展的平衡点。随着GDP作为单一考核指标的地位逐渐被削弱,社会民生问题日益受到重视,特别是华北地区的雾霾问题,使得公众对环保和食品安全等问题的关注度空前高涨,这要求政府和社会重新审视GDP增长与民生福祉之间的关系,实现更加均衡的发展。在经济新常态下,中国政府正逐步发展重心从单纯的经济增长转向绿色发展,此次转变体现在多个方面,政府理念的更新,环保法制的加强,能源结构的优化,以及环保产业的扶持,《新环保法》的实施,以及对核电、水电和新能源的重视,都预示着中国在绿色发展道路上的坚定步伐。在这三大平衡的基础上,绿色发展为企业提出新的挑战,更带来了前所未有的机遇,企业被要求提升环保意识,承担更广泛的社会责任,不仅仅是经济层面的捐助,而是要求企业从文化层面,全面关注员工健康、社区影响和环境责任。

八、法治兴商:构筑公平、公正、透明的竞争新天地

在未来十年的征程中,中国政府正构建更加完善的法治社会,为企业打造公平、公正、透明的竞争环境。政府已经通过法治社会建设提升至前所未有的高度,通过立法和执法的多项创新与改革,有充分理由相信,法治中国成为未来十年越来越受认可的理念。在经济增长放缓、创新改革迫在眉睫的大背景下,“崇法简政”是激活经济活力的关键,市场经济的深化改革需要法律的坚实保障,以促进公平有效的竞争,推动企业提升经营效率和管理水平,激发创新活力,从而提升整个社会的生产力,同时政府的简政放权进一步为企业营造一个公平、公正、透明的竞争环境。

具体而言,崇法简政产生一些深远影响。近年来,食品安全、环保等相关法

规日益严格，处罚力度加大，中央八项规定的出台，进一步提高社会法治水平，随着依法治国的深入，中国未来的法制水平持续提升，法治环境逐步向发达国家看齐，违规成本上升，近期国家加强反垄断法的执行，对违规企业处以重罚，预示着法律合规性在企业经营中的重要性日益凸显，未来不再是“消费者战战兢兢消费”，而是“企业战战兢兢经营”。“依法治国”有效改变依赖“关系型经济”的企业经营环境，规定中提出的反腐败国家立法，形成不敢腐、不能腐、不想腐的有效机制，完善惩治贪污贿赂犯罪法律制度。随着市场透明度的提升，长期有效的市场化游戏规则逐步建立。自2013年起，中国政府推行机构改革，整合重要部委，取消和下放行政审批事项，建立公开权力清单，增强政府透明化程度。标志着中国社会正向“小政府、大社会”转变，政府更多地为社会民生提供服务，利用市场手段促进经济和社会的进步。

我坚信，随着需求增长的放缓和经济转型的深入，中国的法治环境迎来显著改善，形成更加公平、公正、透明的市场竞争环境，在垄断性行业和环保成本成为企业间重要成本差异的行业中，竞争格局有望发生重大变化，依赖法律灰色地带或违规生存的企业，面临需求疲软与违法成本提高的双重挑战，相关企业需尽快提升市场化竞争力，调整和建立适应未来法治环境的商业模式，法治的加强也为合规程度高的外资企业和具备创新活力的民营企业提供了更好的发展机遇。

九、价值观的觉醒：重塑道德与精神的新时代

未来十年是中国社会价值观重塑和道德觉醒的关键时期，在过去三十年的经济高速发展中，虽然物质财富大幅增长，但也带来贫富差距扩大、金钱至上的价值观盛行等社会问题，空气与水污染、食品安全危机、官员腐败、社会信任缺失等问题频发，这些问题的根源在于经济利益、社会道德与法治监管之间的紧张关系，中国最新提出的24字核心价值观，从国家、社会和个人三个层面明确了价值导向，是价值观重塑的宣言，也是道德回归的号角，引导中国社会、企业和个人走向更加规范和和谐的发展道路。

1. **价值观的重塑和道德的回归是构建长期竞争力的基石**

首先企业的价值观深刻影响员工的行为和决策，历史上的安然丑闻和大众汽车排放门事件，都是企业价值观偏差导致的悲剧，中国企业在追求短期目标的过程中，也出现过违背道德和法律的行为。未来，中国企业需要树立正向的价值观，并建立相应的管理体系，确保员工行为能够树立良好的企业形象，企业的价值观应与社会价值观相协调，随着中国经济的转型和价值观的重塑，企业应调整自身价值观，与社会价值观保持一致，建立和谐的社会关系，企业应摒弃不可持续的发展模式和机会主义心态，建立基于道德的薪酬和激励机制。如H&M和苹果公司所面临的抵制事件所示，中国消费者价值观和道德觉醒对企业行为提出更高要求，最后，企业的价值观成为全球化战略的关键，随着中国品牌的世界化，全新的价值观成为中国企业走向世界的桥梁，良好的企业价值观有助于提升国际信誉，降低信任成本，增强品牌形象，成为中国企业软实力的体现，在未来与国际企业的竞争中，坚持以人为本、提高道德标准成为中国企业成功的关键。未来十年，中国企业在价值观重塑和道德回归中找到新的发展动力，在行业树立新的典范，也在国际舞台上展现中国企业的新形象，不仅是企业自身的转变，也是整个社会进步的体现。

2. **促进经济稳健增长的综合策略与房地产市场调控**

打破经济增长放缓的恶性循环，创新策略直接刺激消费的方法，相较于传统的基础设施投资，更能迅速提振消费，有效推动经济增长。在房地产市场方面，避免过度刺激，顺应市场发展的自然趋势，在供应紧张的地区适度增加供给，构建长期稳定的房地产发展机制，通过优化土地供应结构，实现人口与土地资源的有效对接，特别是针对进城务工人员和大学毕业生等新兴市民群体，政府与市场应合作提供与经济能力相适应的住房保障，人口流入较大的城市应加快发展住房租赁市场，特别是长期租赁市场。应逐步推广房地产REITs产品，促进房地产市场的健康发展。面对地方债务问题，通过国债置换部分地方债务，缓解地方政府的债务压力，中央财政可以设立地方债务重组基金，对不良债务进行重组，建立市场化的地方政府举债机制，成立全国性的基础设施投资公司，统一管理地方基建项目的规划、融资、建设和监督工作。恢复民营经济的活力，政府应把稳定和发展民营经济作为衡量地方政府绩效的重要指标，通过案例引导，推广保护私人财产和支持民营经济发展的成功经验，通过政策引导和相关配套帮助民营企业转型升级和顺利接班。

在数字经济领域，从根本上转变监管思路，确保监管促进发展而非限制，建议成立“数字经济发展与监管委员会”，以便更好地引导和支持数字经济的创新和增长，在人口与人力资源方面，加快实施弹性退休制度，激发高龄人群的健康潜力，特别是从知识经济领域的劳动者开始，继续加大基础教育投入，大力发展职业教育，并强调成人劳动技能培训的市场化方向，以提升劳动者的职业技能，此外加强公共卫生投入，提高全民健康水平，特别是关注中老龄人口的健康保护。教育领域的供给侧改革是关键，职业高中和高等教育机构必须更加紧密地与国民经济的发展需求对接，自主调整教育方向，以市场需求为导向，培养具备实际应用技能的人才，提高毕业生的就业率，为企业提供所需的专业劳动力。服务业作为就业的重要领域，发展潜力巨大，通过政策激励和市场机制的优化，大力推动服务业的发展，增强吸纳就业的能力，包括支持中小企业、鼓励创新和创业，以及提供必要的培训和技能升级机会。在职培训和市场的发展同样不容忽视，通过建立和完善在职培训机构，以及活跃人力资本市场，释放人力资源的活力，为个人提供持续的职业发展路径，同时为企业输送高质量的人才。推出中等收入群体倍增计划，加快进城务工人员的市民化进程，形成各地积极吸引新市民的竞争格局，有助于社会融合，还能通过提升社会服务水平，包括保障性住房和义务教育，来提高新市民的生活质量和工作能力，加强中青年劳动力的技能培训，鼓励终身学习，有效提升他们的收入水平，进而扩大中等收入群体。

在全球化的背景下，保障供应链的安全至关重要，主动打造国际统一战线，积极参与全球经济治理，反对逆全球化趋势，引领新型全球化的发展，加强关键技术领域的自主研发，强化中国产业链的配套能力，确保供应链的稳定和安全，稳定外资流入和利用好新兴市场的增长潜力，如南亚和东南亚，有助于中国经济产业链的全球布局。推动产业的绿色化和低碳化，可以推出统一的碳排放税，形成稳定的碳价预期，激励绿色产业的大规模投资，放宽风险基金和产业基金的投融资限制，提供必要的政策补贴，促进中国经济产业向绿色化、低碳化转型，形成新的增长点。在全球经济中保持竞争力，主动对接国际高标准规则，包括参照世界银行的"宜商环境"指标体系和CPTPP的相关标准，以此作为提升中国营商环境的标杆，通过这种对标，引领全球营商环境的最佳实践，加快形成统一的大市场。

政府的角色至关重要。需要完善政府与市场的经济学理论，激励政府在培育、服务和监管市场经济的发展中发挥积极作用的政策，为维护统一大市场的运行，需要大幅简化地方政府的考核指标，改革税制，提高地方政府的税收留成比例，并将部分生产环节征收的税转移到消费环节，以此引导地方政府推动本地消费增长。随着中国企业全球化进入"2.0"模式，跨国公司和集团成为主要的竞争载体，面对这一转型，需要在全球战略规划、高端产业环节控制力、跨国治理和管控能力等方面进行深入的补课和挑战应对，产业基金、产业金融和产业平台在这转型期间发挥关键作用，助力地方产业发展，明确政府和企业的分工定位。在科技产业的循环中，传统产业向新兴产业的转型发展是关键，关注主要省份和地区在万亿产业集群的竞争，以及百强县、市等相关的GDP标准，构建更加强大和可持续的产业体系，为中国的长期经济增长奠定坚实基础。

未来十年的中国，机遇的曙光与挑战的融合，在即将到来的十年里，中国的发展蓝图上既有挑战的身影，也有机遇的光辉。尽管挑战与机遇同在，但我们有理由相信，机遇的光芒更加璀璨。中国经济和社会发展正面临着复杂的课题，包括如何提升发展的质量和可持续性，制度创新、产业升级、市场引领和能力驱动，需要巨额的资金和资源的投入，更需要中国领导层展现出坚定的改革决心和无畏的魄力。

中国企业的变革呼声日益高涨，它们对于创新和发展的渴望增强，中国在全球经济舞台上的融合扩张，已成为一股不可阻挡的潮流。

第六章　中国经济未来征途与商业革新：人工智能、数据与数字货币

第一节　中国当前经济与金融的挑战

为在未来五年内实现至关重要的经济增长速度，并确保到2035年人均GDP达到中等发达国家的水平，根据党的二十大报告，我们设定一个宏伟的目标，到2035年，中国的“经济实力、科技实力、综合国力大幅跃升，人均国内生产总值迈上新的大台阶，达到中等发达国家水平”。从2023年起，需要保持年均复合增速达到4.61%，这意味着假设2022年的人均GDP不变价增速为3%，需要在接下来的13年里，持续实现这一增速，以确保人均GDP翻一番。我们面临的挑战不容小觑，在2010年至2019年这十年里，中国的GDP增速呈现单调下降的趋势，平均每年下降0.33个百分点，按照这一趋势，预计在2023年开始的两年内，增速就可能降至4.61%以下。发展作为第一要务，释放经济的潜力。需要特别关注未来五年的发展机遇期，并且推出一揽子重振增长的计划，包括但不限于政策激励、市场改革、科技创新、教育投资和国际合作等领域的措施。通过综合性的策略，确保经济的稳定增长，为实现人均GDP达到中等发达国家水平的宏伟目标奠定稳固的底子，这是一场关乎国家未来和人民福祉的挑战。

房地产市场的短期波动与长期趋势正交织形成一幅复杂的图景，房地产业遭遇大规模缩减的挑战，民营企业面临流动性和债务危机，这一行业对中国经济增长的贡献已经呈现急剧下降趋势，房地产开发投资对名义经济增长的拉动作用自2006—2010年的2.4%逐步降至2016—2021年的1.1%，商品房销售额的

增长也显著放缓，从2016年的34.8%降至2021年的4.8%，并在2024年前10月进一步下降至-26.1%。地方政府的债务问题同样令人关注，2023年，地方政府债务接近40万亿元，比例还在上升，地方政府的基建债务主要依赖地方国有企业的举债，但目前地方政府的财政收入和国企的可用财力仅相当于地方债规模的2%，这表明债务的可持续性已经受到严重挑战。

民营经济的活力也面临考验，百年变局和世纪疫情的叠加，使得经济发展的内外部环境变得更加复杂和不确定，民营企业家对于政策的理解存在困惑，科技转型和产业升级的挑战以及代际传承的问题，都在考验着民营经济的韧性。消费增速的持续下滑也是不容忽视的问题，居民人均消费倾向从2014年的0.7左右下降至2022年的0.65左右，这反映出消费市场的疲软。在人口结构方面，人口总量即见顶，老龄化问题日益严重，这对劳动供给和社会养老负担带来挑战，青年失业率的持续上升，尤其是16—24岁人口的城镇调查失业率远高于整体水平，表明就业市场的压力依然存在。外需对中国经济的贡献也在下降，随着中国经济体量的增大，外贸的相对比例正在减少，而全球贸易的低增长趋势和世界经济衰退的概率上升，使得外部环境更加严峻。

未来仍然充满潜力，人口经济地理的加速优化释放巨大的经济发展潜力，城市群和都市圈的发展带动城市投资建设，提升城镇居民的基本公共服务水平，释放内需潜力，中国的高储蓄率为应对调整和重振增长提供了坚实的基石，高质量的人力资源是支撑中国经济长期增长的重要基础，而科技创新的潜力巨大，国际专利申请数量和研发支出的全球领先地位，以及庞大的工科人才储备，都为中国的未来发展提供了强有力的支撑。

一、金融市场现状

中国的金融市场经过多年的快速发展，已经成为全球重要的金融中心之一，市场规模的扩大和结构的日益完善，不仅为国内经济发展提供了强有力的支持，也为国际投资者提供了丰富的投资机会。作为全球第二大货币市场，中国的金融市场规模仅次于美国，这一地位的取得得益于中国经济持续增长和金融市场改革开放的深入,截至2023年末,中国货币市场的总规模达到了约240万亿元人民币,这数字反映市场的巨大潜力,也显示了中国在全球金融体系中的重要角色。在货币市场的构成中,债券市场和股票市场是两个核心部分,债券市场作为直接融资的重要渠道,规模约为140万亿元人民币,占GDP的比重约为110%,债券市场在中国金融体系中的重要地位,它为企业和政府提供了筹集长期资金的有效途径,债券市场的健康发展对于优化资源配置、降低融资成本、分散金融风险具有重要意义。股票市场作为另一个关键组成部分,规模约为100万亿元人民币,占GDP的比重约为80%。股票市场为企业提供股权融资的平台,对于促进企业创新、提高公司治理水平、增强市场活力起到了积极作用,随着中国资本市场的开放和全球化,股票市场吸引越来越多的国际投资者,提高了市场的流动性和效率,也促进中国与全球金融市场的融合。中国货币市场的快速发展,得益于政府的积极政策和市场机制的完善,政府在推动金融市场化改革、加强金融监管、提高市场透明度等方面做出了大量努力,同时,随着金融科技的发展,电子交易平台和移动支付等创新工具的应用,也极大地提高了市场的操作效率和参与者的便利性。中国金融市场的发展也面临着市场波动性、金融风险管理和跨境资本流动的监管等问题需要持续关注和解决,为维持市场的稳定和健康发展,政府和监管机构需要进一步加强宏观审慎管理,完善风险防控体系,同时推动金融市场的深度和广度,提高服务实体经济的能力。

展望未来,中国货币市场有望继续保持稳健发展的态势,随着金融市场改革开放的深化,以及国际合作与交流的扩大,中国金融市场在全球金融体系中扮演更加重要的角色,为国内外投资者提供更多的机遇,为中国经济的持续健康发展贡献更大的力量。

二、货币市场

中国的货币市场是一个庞大而复杂的体系,它由多个不同的市场组成,其中银行间市场和交易所市场是最为关键的部分,这些市场共同构成了中国金融市场的基础,支撑着国家经济的平稳运行和发展。银行间市场是中国货币市场的主体，它涵盖了不少金融市场活动，包括短期融资券、同业拆借、票据以及其他货币市场工具的交易，市场的参与者主要包括商业银行、非银行金融机构如证券公司、保险公司和基金管理公司，以及中国人民银行等中央银行机构，银行间市场的特点是交易规模大、参与者众多，且交易活跃，它是金融机构管理流动性、进行资金融通的主要场所。交易所市场则为投资者提供了一个公开透明的交易平台，主要包括上海证券交易所和深圳证券交易所。这两个交易所是中国内地最重要的证券交易场所，它们交易的产品种类繁多，包括股票、债券、基金、衍生品等，交易所市场的运行严格遵循市场规则，保证了交易的公平性和秩序性，为投资者提供了丰富的投资选择和有效的风险管理工具。除银行间市场和交易所市场，中国货币市场还包括其他一些专业市场和交易平台，如外汇市场、黄金市场和金融衍生品市场等，为市场参与者提供了多样化的金融服务和产品，满足不同投资者的需求，例如，外汇市场为企业和个人提供外汇交易和风险对冲的服务；黄金市场则为投资者提供黄金投资和避险的工具。中国货币市场的结构和功能随着金融市场的深化和创新而完善，市场参与者的多元化、金融产品的丰富化以及交易机制的现代化，共同推动了中国货币市场的发展和成熟，随着中国经济的持续增长和金融市场的进一步开放，中国货币市场有望在未来继续发挥在国家经济中的核心作用，为国内外投资者提供更多的机遇，为中国经济的稳定和繁荣做出更大的贡献。

市场利率作为金融市场的重要指标，对于宏观经济的稳定和资源的有效配置具有至关重要的作用。在中国，货币市场的利率主要由中国人民银行（央行）进行调控，以实现货币政策目标，保持经济的平稳健康发展。央行通过系列货币政策工具来影响市场利率，其中公开市场操作是最常用的手段之一，通过定期进行逆回购操作，央行能够调节市场上的流动性，从而影响短期利率水平，此外央行还会通过调整存款准备金率、再贷款利率和中期借贷便利（MLF）利率等手段来引导市场利率变动，这些操作管理通货膨胀预期、促进经济增长和维护金融市场的稳定。截至2023年末，中国货币市场利率水平总体保持稳定，反映出中国央行在维护市场流动性和促进经济平稳运行方面的政策效果，具体来看,7天逆回购利率维持在2.00%的水平,这一利率是央行对商业银行短期资金需求的主要调控工具,对货币市场和整个金融市场的短期利率具有指导意义。

1年期贷款市场报价利率(LPR)为3.65%,这一利率是商业银行向企业提供贷款的主要参考利率,对实体经济的融资成本有着直接的影响。LPR的稳定有助于降低企业融资成本,支持实体经济的持续复苏和发展。10年期国债收益率为2.90%,作为长期资金成本的重要指标,它反映市场对国家信用的看法,也是政府债务管理的重要参考,国债收益率的稳定对于政府财政政策的实施和金融市场的长期投资决策具有重要意义。中国货币市场利率的稳定是央行货币政策有效实施的结果,也是市场对中国经济前景信心的体现,未来,随着国内外经济环境的变化和金融市场的发展,中国央行继续灵活运用各种货币政策工具,以应对可能出现的风险和挑战,确保市场利率的平稳和金融市场的健康发展。

中国货币市场的开放是该国金融市场深化改革、跨国性的重要举措,随着中国经济的持续增长和全球地位的提升,中国政府逐步放宽了对金融市场的管制,允许更多的外资流入,以促进市场的多元化和环球化。在市场开放的过程中,QFII(合格境外机构投资者)和RQFII(人民币合格境外机构投资者)制度的实施起到关键作用,这些制度为境外投资者提供了参与中国货币市场的渠道,使他们能够通过合法合规的方式进入中国的债券和股票市场,通过QFII和RQFII机制,境外投资者可以投资于中国的资本市场,还可以参与到货币市场的交易中,这极大地丰富了市场的投资者结构,提高市场的流动性和效率。此外,中国债券市场的国际一体化也取得了显著进展,中国政府采取包括简化投资流程、提高市场透明度和完善法律框架,以吸引境外投资者,这些努力最终使得中国的债券市场被纳入国际主要债券指数,如彭博巴克莱全球综合指数和摩根大通全球新兴市场多元化政府债券指数,这一举措标志着中国债券市场在全球金融市场中的地位得到了国际认可,也为境外投资者提供了更多的投资选择。

随着中国债券市场的纳入国际指数,境外投资者对中国债券的需求显著增加,为中国政府和企业筹集资金提供了更为广阔的渠道,也有助于提高中国金融市场的国际竞争力,境外投资者的参与,带来更多的资金流入,也促进了市场定价机制的完善和风险管理能力的提升，如何平衡开放带来的机遇与潜在的风险，如何确保金融市场的稳定运行，以及如何在国际规则下保护投资者的权益，都是中国货币市场需要面对的问题。中国货币市场的对外开放是持续的过程，随着更多境外投资者的参与和国际合作的深化，中国货币市场更加成熟和稳健，为中国经济的持续发展和全球金融市场的稳定做出更大的贡献。

三、利率市场化挑战

利率市场化是中国金融改革的重要组成部分，通过市场机制来决定资金的价格，从而更有效地配置资源，促进经济的健康发展，尽管中国在利率市场化方面取得一定的进展，但货币市场的利率尚未完全实现市场化，央行对利率的调控仍然发挥着重要作用。中国央行通过多种货币政策工具，如公开市场操作、存款准备金率调整、再贷款利率和中期借贷便利（MLF）等，对市场利率进行引导和调控，这些操作在一定程度上影响了银行间市场的短期利率，以及商业银行的贷款和存款利率，虽然这种做法有助于维护金融市场的稳定，但同时也限制了市场利率的自由波动，影响了利率对市场供求变化的敏感性。为进一步提高利率的灵活性和市场的反应能力，中国需要继续推进利率市场化改革，包括完善利率形成机制，减少行政干预，增强金融机构的自主定价能力，此外，还需要加强金融市场基础设施建设，提高市场透明度，完善风险管理和信用评级体系，确保市场参与者能够在公平和透明的环境中进行交易。利率市场化改革还需要加强宏观审慎管理，确保金融市场的稳定，在利率完全市场化的过程中，可能会出现市场利率的波动，这要求金融机构加强风险管理，提高对利率变动的适应能力，同时，监管机构也需要加强对市场的监控，防范和化解可能出现的金融风险。利率市场化是中国金融市场深化改革的关键环节，对于提高金融资源配置效率、促进经济高质量发展具有重要意义。

四、汇率风险挑战

汇率风险管理是中国金融市场面临的一项重要挑战，中国实行的是以市场供求为基础、参考一篮子货币进行调节、有管理的浮动汇率制度，尽管人民币汇率的形成机制已经逐步市场化，但在特定时期，为了维护经济金融稳定，央行仍会对汇率进行适当的调控，这意味着汇率在一定程度上仍受到管制。汇率的波动在货币市场影响着跨境资本流动、外贸企业的盈利能力和国际投资回报，还会对国内货币政策的制定和实施产生影响，汇率的升值或贬值可能会引起资本流入或流出，进而影响国内货币供应量和市场利率水平，此外，汇率波动还可能引发通货膨胀预期，对经济稳定构成威胁。为应对汇率风险，中国需要加强汇率风险管理，提高市场对汇率波动的适应能力，首先，金融机构应建立健全的汇率风险管理机制，通过多种金融工具，如远期合约、期权和掉期等，来对冲潜在的汇率风险，同时企业也应增强自身的汇率风险意识，通过多元化的国际业务布局和合理的财务策略，减少汇率波动对经营的负面影响，其次，监管机构需要进一步完善汇率市场的基础设施，提高市场的透明度和流动性，这包括扩大市场参与者的范围，丰富汇率衍生品的种类，以及完善汇率信息的披露机制，可以增强市场的自我调节能力，减少市场恐慌和投机行为。中国还需要继续推进汇率形成机制的改革，逐步放宽对汇率的管制，增强汇率的弹性，这有助于市场更好地反映经济基本面的变化，提高资源配置的效率，同时，随着汇率市场化的深入，中国也可以更好地融入全球金融体系，提升国际竞争力。汇率风险是中国金融市场必须面对的挑战，通过加强汇率风险管理，提高市场的适应能力，以及深化汇率制度改革，中国有望构建更加稳健、高效的金融市场环境，为经济的稳定增长提供有力支持。

五、金融风险挑战

中国货币市场作为全球重要的金融市场之一，稳定性对国内外经济都具有持久的影响，可是随着金融市场的快速发展和创新，金融风险也随之增加，包括影子银行活动、债券违约等问题。影子银行是指在传统银行体系之外运作的金融中介机构和活动，缺乏足够的监管，存在较高的风险，影子银行活动的不透明性和复杂性增加了金融系统的脆弱性，可能导致资金流动性风险和信贷风险的累积。债券违约是另一个值得关注的金融风险,随着债券市场的快速发展,违约事件时有发生,债券违约不仅影响投资者的利益,也可能引发连锁反应,导致市场恐慌和信用紧缩,因此,加强债券市场的风险管理,完善违约处置机制,提高市场参与者的风险意识和风险管理能力,对于维护市场稳定至关重要。中国需要加强金融监管,构建更加完善的金融监管体系这包括完善金融监管法规,确保金融市场的规则明确、执行有力;加强跨部门监管协调,形成监管合力;以及运用现代科技手段,如大数据和人工智能,提高监管效率和精准度,监管机构还需要加强对金融市场的宏观审慎管理,及时发现和处置系统性风险,确保金融市场的整体稳定。此外,金融机构自身的风险管理也是防范金融风险的关键,金融机构需要建立健全的内部风险控制机制,加强风险评估和资本充足率管理,提高对市场变化的适应能力和抗风险能力,金融机构还应加强与监管机构的沟通和合作,确保监管政策的有效实施。金融风险是中国货币市场发展过程中必须面对的挑战,通过加强金融监管和金融机构的内部风险管理,有效防范和化解金融风险,维护金融市场的稳定,为中国乃至全球经济的健康发展提供坚实的金融支持。

六、市场竞争挑战

中国货币市场的竞争格局正在经历强烈变化,市场竞争日趋激烈,随着金融市场的开放和创新,新兴金融科技的快速发展,以及国内外金融机构的积极参与,市场竞争环境变得更加多元和复杂。首先,提高市场竞争力需要金融机构创新金融产品和服务,在激烈的市场竞争中,只有那些能够提供差异化、个性化和高附加值服务的机构才能脱颖而出,金融机构需要深入了解客户需求,开发符合市场需求的新产品,如结构性存款、定制化理财服务等,以满足客户多样化的金融需求。其次,加强风险管理和内部控制是提高市场竞争力的关键,在追求业务发展的同时,金融机构必须确保风险可控,建立健全的风险管理体系,提高对市场风险、信用风险和操作风险的识别、评估和控制能力。通过有效的风险管理,金融机构能够在竞争中稳健运营,赢得客户和市场的信任。此外,提升市场运营效率也是增强市场活力的重要途径，金融机构应利用现代信息技术，如区块链、云计算和大数据等，优化业务流程，提高交易效率和透明度，降低运营成本。同时，加强市场基础设施建设，如支付清算系统、信用信息系统等，也是提升市场竞争力的重要措施。监管机构在促进市场竞争中也扮演着重要角色，监管机构需要制定公平合理的市场规则，维护市场秩序，打击违法违规行为，为金融机构提供一个公平竞争的环境，同时，监管机构应鼓励金融机构之间的合作与竞争，促进市场创新，提高金融服务的普及率和可获得性。人才培养和引进是提升市场竞争力的基础，金融机构需要建立高素质的专业团队，提升员工的专业技能和服务水平。

七、未来展望

在当今时代，科技发展和全球经济环境的变化对中国货币市场带来前所未有的挑战，金融科技（Fintech）的迅猛发展正在重塑货币市场的运作方式，而全球经济的波动则对市场的稳定性构成了潜在威胁。金融科技的发展为货币市场带来创新的机遇，同时也带来了监管上的挑战。新兴的支付技术、区块链、人工智能和大数据分析等技术的应用，正在改变传统的金融服务模式，提高交易效率，降低交易成本，这些创新也可能引发新的风险，如数据安全、隐私保护、市场操纵等问题。监管机构需要与时俱进，更新监管框架，确保金融科技的健康有序发展，同时保护消费者权益和市场公平。

全球经济环境的变化，如贸易政策的变动、国际油价的波动、主要经济体的货币政策调整等，都可能对中国货币市场产生影响，这些外部因素可能导致资本流动的波动、汇率的变动和市场利率的调整，从而影响到市场的稳定性和金融机构的经营，中国货币市场需要加强对全球经济环境的监测，建立有效的风险预警系统，提高对外部冲击的应对能力。通过参与国际金融标准制定、共享监管经验，中国可以更好地融入全球金融体系。金融机构本身也需要加强内部管理，提高风险管理水平，包括建立健全的风险评估机制、完善应急预案等，金融机构可以更好地识别和控制潜在风险，确保在复杂多变的市场环境中稳健运营。

1.中国货币市场的未来发展对中国经济发展产生重要影响

中国货币市场的发展与短期波动、货币政策以及国际金融环境紧密相关。GDP组成：GDP的组成可以通过公式GDP=C+I+G+(X-M)来表示，其中C代表消费，I代表投资，G代表政府投资/国企采购，X代表外汇。M(净出口)在此处暂时忽略。短期波动影响：以CEO决策为例，面对产品畅销的情况，企业可以选择加快生产(凯恩斯主义)或提升价格(芝加哥主义)，如果所有CEO都基于同样的畅销信息做出决策，导致投资增加，从而推动GDP上升，GDP作为经济活动的流量概念，受需求变化的影响显著，例如，美国通过消费数据来决定是增加生产还是提高价格，如果需求旺盛，CPI上升速度也会加快。提升GDP的要素，需要考虑C(消费)的要素，如收入、利率和对未来收入的预期，宽松的货币政策可以通过降低利率来刺激消费，但效果有限，I(投资)的要素包括房地产、基础设施和设备投资，这些都是为了提高企业未来的盈利能力和降低资本成本。

中国面临的挑战包括**全要素生产率增速下降、出口增速放缓、国际贸易减少以及国企和民企的发展瓶颈**。这些挑战可能导致经济活力下降，美国的利率决策依据泰勒公式，考虑长期真实利率、通货膨胀预期、失业率等因素，货币供给包括M0(现金)、M1(现金+活期存款)、M2(广义货币，包括定期存款和活期存款)，在计算社会财富时，金融资产不应被重复计算，因为它们通常涉及债权和债务。中国的银行间市场需要改革以提高效率和透明度，可以参考伦敦和美国的银行间市场联盟模式，M1的增长与工商业活动的繁荣密切相关，M1的增加通常伴随着利率的下降和GDP增速的提高，包括买卖国债、调整准备金率和贴现率，中国在国债买卖方面存在限制，需要通过其他方式调整货币供给。货币供给速度应根据实际情况灵活调整，货币供给(M·V)与价格(P)和产出(Y)之间的关系可以通过货币数量方程M·V=P·Y来理解，但实际应用时需要结合行业经验和具体情况。中国货币市场的未来发展受到多种因素的影响，包括国内外经济环境、科技创新、政策调整等。

2.国际金融

随着全球化的深入发展，国际金融与进出口贸易已成为中国经济发展的重要推动力，中国作为世界第二大经济体，在国际金融市场和全球贸易体系中的地位日益重要。中国自改革开放以来，积极参与国际金融和贸易活动，逐步成为全球贸易的主要参与者和贡献者，中国的进出口贸易额持续增长，尤其是在制造业产品方面，中国已成为全球最大的出口国和第二大进口国，中国的外汇储备规模庞大，人民币国际化进程稳步发展，中国金融市场对外资开放程度提高。在国际金融领域，中国积极参与国际货币基金组织（IMF）、世界银行等国际金融组织的活动，推动亚洲基础设施投资银行（AIIB）等新型多边金融机构的发展，中国还通过“一带一路”倡议，加强与沿线国家的金融合作和基础设施建设，推动区域经济一体化。尽管中国在国际金融和贸易领域取得了显著成就，但仍面临全球贸易保护主义的抬头趋势对中国的出口导向型经济构成压力，美国与中国的贸易摩擦，以及全球经济不确定性的增加，对中国的外贸环境带来了不稳定因素。国际金融市场的波动性增加，对中国的外汇管理和跨境资本流动提出更高要求，人民币汇率的波动可能影响中国的出口竞争力和跨国公司的财务稳定，此外，国际金融市场对中国经济的外部冲击也需要中国加强宏观经济政策的协调和应对能力。

中国需要继续深化改革，扩大开放，提升国际金融和贸易的竞争力，在贸易方面，继续推动出口产品的结构升级，发展高技术、高附加值的制造业和服务业，提高对外贸易的质量和效益，也需要进一步扩大进口，促进贸易平衡，满足国内消费升级的需求。在国际金融领域，人民币国际化继续，完善汇率形成机制，增强人民币在全球货币体系中的地位，推动建立更加公正合理的国际金融秩序。加强金融风险的防范和管理，提高金融市场的透明度和监管能力，确保金融市场的稳定运行，国际金融与进出口贸易是中国经济发展的重要组成部分，面对复杂多变的国际环境，需要适应和引领经济全球化的趋势，通过深化改革和扩大开放，提升自身的国际竞争力。

3.中国的真实GDP与名义GDP

在经济学中,GDP是一个关键指标,衡量国家经济规模和增长速度,名义GDP和真实GDP提供了不同视角来分析经济状况。名义GDP基于当前市场价格计算,直接反映经济活动的货币价值,包括消费、投资、政府支出和净出口,它受物价水平影响,物价上涨可能导致名义GDP增长,即使实际产出未变。真实GDP,或称实际GDP,使用固定时期的市场价格计算,剔除物价变动影响,更准确地反映经济产出的真实变化。它是衡量经济福利和生活水平的重要指标。名义GDP和真实GDP的主要区别在于对物价变化的敏感度,名义GDP受物价水平直接影响,而真实GDP通过固定价格计算,排除物价变动干扰,更真实地映射经济产出增长。在中国,名义GDP和真实GDP的计算对政策制定者具有重要参考价值,随着中国经济快速发展和结构优化,这两个指标的变化趋势为宏观经济政策制定提供依据,例如,真实GDP增长放缓可能表明经济面临下行压力,需要政策刺激,名义GDP快速增长而真实GDP增长缓慢或停滞,则可能意味着通货膨胀压力增大。名义GDP和真实GDP的比较有助于理解价格变动对经济的影响,原材料价格波动可能扭曲名义GDP,而真实GDP提供更清晰的经济活动图景,深入分析这两个指标对把握中国经济脉动、指导经济决策至关重要。物价水平变化、经济结构调整和统计方法选择都是影响名义GDP和真实GDP差距的因素,理解这些差异对准确评估中国经济表现、指导经济决策具有重要意义。通过这些数据,我们可以全面评估经济状况,为经济决策提供科学依据。中国政府和统计机构需优化统计体系,确保GDP数据准确性和国际可比性,政策制定者和经济分析师在解读GDP数据时,应考虑物价变动、经济结构变化和统计方法影响,以准确评估经济状况,制定有效政策。深入分析名义GDP和真实GDP差距,对确保中国经济持续、稳定、健康发展具有重要意义。

名义GDP与真实GDP的定义,名义国内生产总值(Nominal Gross Domestic Product, GDP)是指一个国家或地区在给定时期内(通常为一年),根据当时的市场价格计算的全部最终产品和服务的价值总和。名义GDP的计算考虑了价格水平的变动,这意味着产量的变化,价格的变化,通过名义GDP,我们可以了解一个经济体在某个时期内的经济活动规模，以及通货膨胀对经济产出的影响。真实国内生产总值（Real Gross Domestic Product，GDP）则是指在一定时期内，根据不变价格计算的国内生产总值。不变价格是指某个特定的基准年度的价格水平，用于衡量不同年份之间的经济活动，而无需考虑价格变动的影响，真实GDP消除了价格变动的影响，给予了一个衡量经济产出的实际数量变化的指标，通过真实GDP，可以更准确地了解一个经济体在某个时期内的实际经济增长情况，而不仅仅是名义上的增长。名义GDP和真实GDP都是衡量经济活动的重要指标，它们在宏观经济分析和政策制定中有着不同的应用，例如，政府在制定财政政策和货币政策时，通常会参考名义GDP来评估经济规模和通货膨胀状况，而经济学家和政策制定者则可能更关注真实GDP，以了解实际的经济增长趋势和生产能力的提升。在实际应用中，名义GDP通常用于衡量一个国家的经济规模和在国际上的经济地位，例如，比较不同国家或地区的经济规模时，通常使用的是名义GDP，而真实GDP则常用于分析经济周期的变化，评估不同政策对实际经济产出的影响，以及进行跨时期的比较。需要注意的是，名义GDP和真实GDP之间的差异表露了通货膨胀的水平，当通货膨胀率较高时，名义GDP的增长可能会超过真实GDP的增长，这意味着经济产出的实际数量可能没有名义GDP增长所显示的那么大，反之，当通货膨胀率较低或为负时，真实GDP的增长可能会超过名义GDP的增长，这表明实际经济产出的增长可能比名义GDP增长所显示的更为强劲。名义GDP和真实GDP是理解一个经济体经济活动规模和增长状况的重要概念，它们分别从不同的角度赋予了对经济运行状况的洞察，对于宏观经济分析、政策制定和比较不同经济体的发展状况具有重要意义。

名义GDP与真实GDP的计算方法，名义国内生产总值（Nominal Gross Domestic Product，GDP）的计算方法相对直接明了，它要求一个国家或地区在给定时期内（通常为 年）所产生的所有最终产品和服务的市场价值加总，而无需对价格变动进行调整，这种计算方式意味着名义GDP的增长反映实际产出的增加，也包含通货膨胀的影响。真实国内生产总值（Real Gross Domestic Product，

GDP)的计算则更为复杂,因为它需要消除价格变动的影响,以准确反映实际产出的变化。真实GDP的计算通常涉及以下两种方法:

指数法是一种常用的名义GDP调整为真实GDP的方法,这种方法首先需要确定一个基期,即用来衡量价格变动的基准年份,使用基期的价格指数来调整名义GDP,从而剔除通货膨胀的影响,具体步骤如下:

a. 确定基期:选择一个特定的年份作为基期,通常是一个经济周期中的稳定时期。

b. 计算价格指数:计算基期与给定年份之间的价格指数,以反映通货膨胀的程度。

c. 调整名义GDP:使用价格指数名义GDP转换为以基期价格表示的GDP,从而得到真实GDP。

加权平均法是一种基于不同产品或服务的价格权重来调整名义GDP的方法,这种方法首先需要确定每个产品或服务的权重,然后根据这些权重来调整名义GDP,具体步骤如下:

a. 确定价格权重:为每个产品或服务分配一个权重,这个权重通常基于它们的相对重要性或市场份额。

b. 调整名义GDP:使用这些价格权重对每个产品或服务的市场价值进行加权平均,从而得到真实GDP。

这两种方法都是为了消除价格变动的影响,以便更准确地衡量实际的经济活动,在实际操作中,指数法可能更为常见,因为它相对简单,且能够很好地反映整体价格水平的变化,只是,加权平均法可能更为精细,因为它考虑到了不同产品或服务的价格变动对整体经济的影响。**无论是名义GDP还是真实GDP,它们都是宏观经济分析中的重要指标,名义GDP提供了关于经济活动规模和通货膨胀状况的信息,而真实GDP则提供了关于实际经济产出的信息**,这对于评估经济增长和制定经济政策具有重要意义。

名义GDP与真实GDP的意义,名义国内生产总值(Nominal Gross Domestic Product, GDP)是衡量一个国家或地区在给定时期内经济总量的重要指标,它直接使用当前的市场价格来计算所有最终产品和服务的价值总和，因此可以反映经济的当前规模和增长速度，名义GDP的优点在于计算简单，便于比较不同国家或地区的经济发展水平，由于名义GDP包含了通货膨胀的影响，它所反映的经济增长速度可能并不完全是实际产出的增长。真实国内生产总值（Real Gross Domestic Product，GDP）则是通过调整名义GDP，剔除通货膨胀的影响，以反映实际的经济增长速度，真实GDP的计算方法通常是名义GDP按一定基期的价格进行调整，以消除价格变动的影响，真实GDP的优点在于它能够更准确地反映实际的经济增长情况，因为它剔除了物价水平变化的影响，通过真实GDP，我们可以比较不同时期的经济发展水平，了解实际的经济规模和增长速度。在实际应用中，名义GDP和真实GDP各有用途，名义GDP通常用于衡量当前的经济总量和增长速度，以及比较不同国家或地区的经济发展水平，例如当一个国家或地区的名义GDP增长迅速时，这可能表明该地区的经济活动活跃，但同时也可能是因为通货膨胀率较高，而真实GDP则用于衡量实际经济的增长速度，以及比较不同时期的经济发展水平，通过真实GDP，我们可以更准确地了解经济产出的实际增长情况，而不仅仅是名义上的增长。此外，名义GDP和真实GDP在宏观经济分析和政策制定中也有不同的应用，例如，政府在制定财政政策和货币政策时，通常会参考名义GDP来评估经济规模和通货膨胀状况，而经济学家和政策制定者则可能更关注真实GDP，以了解实际的经济增长趋势和生产能力的提高。名义GDP和真实GDP都是理解一个经济体经济活动规模和增长状况的重要概念，它们分别从不同的角度供给了对经济运行状况的洞察，对于宏观经济分析、政策制定和比较不同经济体的发展状况具有重要意义，通过结合使用这两个指标，我们可以更全面地了解一个经济体的实际经济表现和通货膨胀状况。

中国真实GDP与名义GDP的差距，中国的真实国内生产总值（Real Gross Domestic Product，GDP）与名义GDP之间存在一定的差距，这是由于通货膨胀等因素导致的，根据2022年的数据，中国的名义GDP达到了1210207亿元人民币，按照当年的平均汇率折算，大约相当于18万亿美元。而真实GDP则为

1144375亿元人民币，按照不变价格计算，比上一年增长了3%。差距表明，尽管中国的经济总量庞大，但通货膨胀等因素对经济产出的实际增长产生了一定的影响，真实GDP的计算方法消除了价格变动的影响，因此可以更准确地反映实际的经济增长情况，相比之下，名义GDP包含了通货膨胀的影响，因此它所反映的经济增长速度可能并不完全是实际产出的增长。在中国，真实GDP和名义GDP的差距主要是由于通货膨胀率的影响，通货膨胀会导致物价水平上涨，从而使得名义GDP的增长速度超过真实GDP的增长速度，在中国，尽管政府引入了众多措施来控制通货膨胀，但通货膨胀率仍然是一个不可忽视的因素，因此，通过真实GDP的计算，我们可以更准确地了解中国经济产出的实际增长情况。中国的真实GDP与名义GDP之间存在一定的差距，这是由于通货膨胀等因素导致的，通过真实GDP的计算，更准确了解中国经济产出的实际增长情况，这对于评估中国经济的发展状况和制定相应的经济政策具有重要意义。

差距的原因，中国经济正处在从高速增长向高质量发展的转型升级阶段，经济结构调整，各个行业对国内生产总值（GDP）的贡献率也在发生变化，随着中国经济的发展，服务业的比重逐渐增加，而制造业的比重则有所下降，这种结构性的变化象征着中国经济正在逐步向高附加值、高技术含量的产业转型，这对于提高经济质量和效益具有重要意义。与此同时，中国物价水平近年来持续上涨，这也是导致名义GDP增速高于真实GDP增速的一个重要因素，通货膨胀会导致物价水平上涨，从而使得名义GDP的增长速度超过真实GDP的增长速度，在中国，尽管政府采纳了多项措施来控制通货膨胀，但通货膨胀率仍然是一个不可忽视的因素。中国经济正处于转型升级的关键时期，经济结构的调整和通货膨胀的影响都对GDP的增长产生了重要影响，通过真实GDP的计算，我们可以更准确地了解中国经济产出的实际增长情况，这对于制定相应的经济政策具有重要意义，同时，政府也需要采取措施来控制通货膨胀，以保持经济的稳定增长。

随着中国经济转型升级的深入，经济结构更加趋于合理，不同行业对国内生产总值（GDP）的贡献率更加均衡，中国经济正在逐步向高附加值、高技术含量的产业转型，这对于提高经济质量和效益具有重要意义。与此同时，随着中国物价水平的稳定，名义GDP与真实GDP之间的差距逐渐缩小，通货膨胀会导致物价水平上涨，从而使得名义GDP的增长速度超过真实GDP的增长速度，在中国，尽管政府采取众多措施来控制通货膨胀，但通货膨胀率仍然是一个不可忽视的因素。这种情况下，真实GDP的计算就显得尤为重要，真实GDP通过调整名义GDP，剔除通货膨胀的影响，可以更准确地反映实际的经济增长情况，通过真实GDP的计算，我们可以了解到中国经济产出的实际增长情况，而不仅仅是名义上的增长。这对于评估中国经济的发展状况和制定相应的经济政策具有重要意义。为促进经济的健康发展，政府应采取措施，促进经济结构调整，提高经济增长质量，这包括鼓励技术创新、推动产业升级、优化资源配置等方面的工作，可以提高经济的整体效率和竞争力。同时，政府还应加强价格调控，保持物价水平稳定，通货膨胀是影响经济稳定增长的一个重要因素，因此政府需要采取措施来控制通货膨胀，这包括加强市场监管、稳定货币供应、提高生产效率等方面的工作，可以保持物价水平的稳定，为经济的健康发展创造良好的环境。

名义GDP和真实GDP虽然是衡量一个国家经济发展水平的重要指标，但它们并不能完全代表经济的全部面貌，为了获得更加全面和深入的经济分析，我们需要结合一连串其他经济指标来进行综合评估，除了名义GDP和真实GDP，我们还可以考虑如下指标：失业率、通货膨胀率、工业产出指数、消费者信心指数、贸易平衡、财政赤字与盈余，以及人均GDP等，这些指标能够从不同侧面反映经济的健康状况，如就业市场的状况、物价稳定性、消费者和企业的信心水平，以及国际贸易的竞争力等，指标的综合分析，我们更准确地评估经济增长的质量、效率和可持续性。在进行国际比较时，尤需要注意不同国家或地区的统计口径可能存在的差异，各国在GDP的计算方法、价格指数的选择，以及经济活动的分类等方面可能有所不同，例如一些国家可能非正式经济活动纳入GDP的计算，而另一些国家则可能忽略这部分，此外，不同国家的物价水平和生活成本也会影响GDP的实际购买力，因此在比较不同国家的GDP时，通常需要使用购买力平价（PPP）来进行调整。在国际比较中，还需要考虑到汇率变动的影响，汇率波动会影响以不同货币计价的GDP之间的比较。因此，在比较不同国家的GDP时，应使用固定的汇率或根据实时汇率进行调整，以确保比较的准确性。

在中国的具体情况下，随着经济的快速发展和国际地位的提升，中国GDP的统计和计算方法也在与国际标准接轨，中国国家统计局定期发布的名义GDP和真实GDP数据，为国内外分析师和决策者提供了宝贵的信息，为了更好地理解中国经济的复杂性和动态性，我们仍需结合其他经济指标，并考虑国际比较时的统计口径差异。名义GDP和真实GDP是衡量经济发展水平的关键指标，但它们只是整个经济分析体系中的一部分，为了获得更全面和深入的理解，我们需要结合其他经济指标，并在进行国际比较时注意统计口径和汇率变动的影响，多元化和细致的分析方法，我们可以更好地把握经济的脉动，为经济决策提供坚实的数据支持。

长期以来，中国经济发展的轨迹显示出名义GDP与真实GDP之间的差距逐渐缩小的趋势，这现象主要归功于中国经济的稳健增长和物价水平的相对稳定，随着市场机制的完善和宏观调控政策的有效实施，中国经济在保持快速增长的同时，成功避免了剧烈的通货膨胀，使得名义GDP的增长更多地标志着实际产出的增加。在分析中国经济增长的速度和质量时，我们不能仅仅关注单一的指标，名义GDP和真实GDP都是重要的经济指标，它们从不同的角度揭示了经济活动的复杂性，名义GDP说明了当前市场价格下的经济总量，而真实GDP则剔除了物价变动的影响，显示了经济的实际增长，因此，当名义GDP的增长速度超过真实GDP时，这通常意味着物价水平的上升推动了经济增长，而非纯粹的生产能力提升。

中国政府对经济结构的调整给予高度重视，通过产业升级和创新驱动来提高经济发展的质量。随着服务业和高科技产业的蓬勃发展，以及传统制造业的转型升级，中国经济结构正在经历突出的变革，这些变化提高了经济的附加值，也增强经济的创新能力。在这样的背景下，真实GDP作为反映经济实际增长的指标，重要性愈发凸显，它成为未来衡量中国经济发展的主要动力。此外，中国政府还推动改革开放措施,包括简政放权、放宽市场准入、优化营商环境等,这些措施都有助于激发市场活力,促进经济的高质量发展,随着这些政策的深入实施,预计中国经济继续保持稳定增长,真实GDP继续作为衡量中国经济发展成就的重要标准。随着中国经济结构的优化和物价水平的稳定,名义GDP与真实GDP之间的差距预计进一步缩小,在分析中国经济时,应综合考虑这两个指标,以更全面地理解经济增长的质量和动力,真实GDP的稳定增长是中国经济发展质量提升的重要标志,也是中国政府未来政策制定和实施的关键考量因素。

房地产市场政策,2023年,许多事件最初都被视作潜在拐点,但结果却令人期望落空。首先是疫情防控措施的优化调整并未引发预期中的经济反弹,随后是房地产市场的松绑措施未能缓解房地产的危机恶化。中央经济工作会议本是另一个有望改变政策方向的潜在拐点。决策者释放了清晰的信号,经济政策基本维持既定基调是重点可望保持在转变原本以房地产为主导的经济增长模式,同时快速为地方政府提供支持,维护金融稳定。会议指出经济中的薄弱环节,例如有效需求不足、金融稳定性问题以及政策落实有待加强。2024年,财政政策接棒货币政策,确保经济实现合理的增速。

在房地产市场政策方面,政府的立场保持了一贯性,并未出现显著转变。当前的首要任务是稳妥地解决众多房地产开发商所面临的流动性问题。尽管政府多次承诺采取措施,但成效尚未明显。对于地方政府的财政状况,官方表态更为温和,强调避免出现信用风险。中央政府在债务延期、再融资和重组方面扮演关键角色。

政策导向大体上符合市场预期,并未出现大规模的经济刺激措施。决策者显示出对金融稳定性的警觉,致力于消除可能威胁金融稳定的任何风险,同时,政策制定者继续关注通过创新和产业链升级来寻找新的经济增长点。数字经济、人工智能和绿色技术等领域有望吸引更广泛的投资,这些行业被政府视为未来增长的新引擎。随着经济形势的日益复杂,产业政策是否能够成功实施,仍然存在不确定性。

政府在财政政策上的扩张力度加大，尤其是在2023年的财政收敛之后，同时更加注重政策的执行效率。这为我们对实际GDP增长4.3%的预测提供了实现的可能性。不过，这种政策组合也存在风险，即政策效果的滞后性可能导致经济增长的不平衡，例如，被视为未来增长动力的新兴产业目前规模尚小，尚不足以弥补房地产行业的大幅收缩带来的影响，而发展高科技产业需要较长时间，这意味着短期内难以作为稳定经济的方案，尽管政府有意通过产业政策支持看好的行业，但要实现更全面的经济稳定，可能还需要对整体需求提供更广泛的支持，包括那些目前不被看好的行业。

中国的宏观经济政策显然倾向于支持需求端，但如果不针对“旧经济”行业实施更有力的刺激措施，名义增长的大幅提升难以实现，在这背景下，政府可能需要在支持新兴产业的同时，也对传统行业给予必要的关注和支持，以确保经济的平稳过渡和持续增长。

对于投资者而言，明年中国资产的表现可能仍面临难题，在股市方面，由于市场对中央经济工作会议出台新的经济刺激政策的预期较低，因此对股市的直接影响可能相对有限，稳定被定调为2024年的核心词汇，这可能预示着中国银行业的利润率和权益净利率面临下行压力。

在宏观经济压力、企业盈利增长放缓以及房地产债券违约风险扩散的背景下，加之强劲的外汇储备支撑，中国银行业的前景仍然充满不确定性，尽管如此，考虑到政府对创新驱动发展和数字经济的支持，我们对中国大型互联网股票持乐观态度，特别是在经历了近期的市场回调之后，一些股票的当前价格已接近去年10月份的低点，尽管2024年的企业盈利预期仍然保持正面。

在缺乏新的刺激政策的情况下，我们对房地产板块保持谨慎态度，除非开发商的流动性状况和新房销售出现显著改善，否则该板块可能难以实现大幅反弹，虽然不太可能出台大规模的消费刺激计划，但一些特定子板块，如半导体、文化娱乐旅游、新能源汽车和自动化行业等，可能会受益于针对性的支持措施。

中央经济工作会议对股票投资者的影响有限。中国股市的估值目前已低于近期的平均水平一个标准差，由于投资者信心和市场流动性仍然较为脆弱，股市可能会继续经历探底过程，在这样的市场环境下，投资者需要保持警惕，密切关注政策动向和宏观经济指标，需要更加注重风险管理，寻找具有成长潜力和政策支持的行业和公司，以期在波动的市场中寻找到稳健的投资机会。

消费支出占比呈提高趋势，随着中国经济的稳健增长，居民收入水平的提升已成为推动消费市场发展的关键因素，居民收入的增加直接增强了消费能力，使得家庭消费支出在经济总量中的占比得到自然提升。这一趋势反映经济增长的成果正在惠及更广泛的民众，也为消费市场的扩张提供坚实的起点。消费结构的升级是居民收入提高的另一重要体现，随着生活水平的提高，消费者的需求逐渐从满足基本生活需求转向对高品质和个性化商品的追求，这种转变促使消费结构向更高层次演进，从而推动服务消费和高附加值商品的消费增长。中国政府对消费在经济增长中的拉动作用给予了高度重视，并在近年来出台包括但不限于减税降费、提高最低工资标准、优化消费信贷环境、扩大高品质商品和服务供给等，创造更加有利于消费的市场环境，提高消费者的购买力和消费意愿，进一步促进最终消费支出在经济中的占比。政策的支持和居民收入水平的提高共同作用于消费市场，使得消费成为拉动中国经济增长的重要引擎，随着消费结构的优化和升级，以及政策环境的持续改善，最终消费支出在经济中的占比有望进一步提高，也为中国经济结构的转型升级提供强大动力。在未来，随着中国经济进入新的发展阶段，消费继续发挥在经济增长中的重要作用，政府和市场参与者需要共同努力，通过创新和改革，进一步激发消费潜力，优化消费环境，以确保消费能够持续地为经济增长提供稳定的动力。

资本形成总额占比呈下降趋势，随着中国经济进入发展的新阶段，经济增长的动力结构正在经历强烈变化，在经济发展的中后期，增长的驱动力逐渐从传统的资本积累转向创新和要素生产率的提升，转变意味着经济增长对资本投入的依赖性降低，资本形成总额在GDP中的占比相应地呈现下降趋势。中国政府对于投资结构的调整也体现这一变化，政策导向鼓励从过去以重工业为主导的投资模式转向以新兴产业和服务业为重点的发展路径，新兴产业，如高科技、绿色能源、生物医药等领域，以及服务业，如金融、教育、健康和旅游等，正成为吸引投资的新高地。这种结构性转变有助于提高资本的使用效率，从而导致资本形成总额的占比下降。中国部分行业存在的产能过剩问题也是导致资本形成总额占比下降的一个因素，过去几年，一些行业如钢铁、水泥和煤炭等经历了快速的扩张，导致供过于求的局面，为解决这些问题，政府采取包括关闭落后产能、推动行业整合和升级，以及鼓励企业通过技术创新提高竞争力，优化资源配置，减少无效和低效的投资，从而降低资本形成总额在经济中的占比。政府的角色至关重要，通过政策引导资本流向更有效率和创新潜力的领域，还需要通过市场机制促进过剩产能的有效化解，同时政府还需加强对新兴产业的支持，包括提供研发资金、优化税收政策和完善法律法规，确保经济在转型升级中保持稳定增长。中国经济的发展阶段变化、投资结构的调整以及产能过剩问题的解决，共同推动资本形成总额占比的下降，趋势预示着中国经济正在向更加高效、创新驱动的发展方向转变，为未来的可持续发展奠定了牢固的基础，随着经济结构的进一步优化和创新能力的提升，资本形成总额的合理占比更好地服务于经济的高质量发展。

货物与服务净出口占比保持稳定趋势，在当前全球经济的背景下，贸易格局的变动对中国的对外贸易产生了显著影响，全球贸易保护主义的抬头和贸易摩擦的加剧，中国货物出口面临着一定的挑战，这种国际环境的变化可能导致中国货物与服务净出口在国内生产总值（GDP）中的占比出现下降。中国产业结构的调整和升级为对外贸易供应了新的增长动力，随着中国经济转型的深入，服务业在国民经济中的比重持续上升，服务出口展现出良好的增长势头，这趋势有助于缓解因货物出口受阻而带来的影响，使得货物与服务净出口的总体占比有望保持相对稳定，服务出口的增长提升中国在全球价值链中的地位。汇率变动是影响中国货物与服务净出口的另一个重要因素，人民币汇率的波动会影响中国出口商品的国际竞争力和进口成本，从而对净出口产生影响，汇率的升值可能会提高中国商品在国际市场上的价格，影响出口的竞争力；而汇率的贬值则可能降低进口成本，刺激进口增长，因此，汇率政策和市场预期对于维持中国对外贸易的稳定和健康发展至关重要。中国政府在应对全球贸易环境变化时,采取包括推动自由贸易区建设、积极参与多边贸易谈判、优化出口产品结构、提高出口产品的技术含量和附加值,以及鼓励企业“走出去”参与国际竞争,同时政府也在努力改善国内的营商环境,降低企业成本,提高产业竞争力。尽管全球贸易格局的变化给中国对外贸易带来挑战,但通过产业结构的优化升级和有效的政策应对,中国有望保持货物与服务净出口的稳定,汇率的稳定和合理调整也对外贸稳定起到关键作用,中国继续推动经济高质量发展,通过创新和开放促进对外贸易的持续增长。

影响中国GDP构成比例变化的因素,在不同的发展阶段,经济活动的特点和优先级会发生变化,从而导致GDP各组成部分的比重出现相应的调整,例如在经济初期阶段,农业和初级制造业占据较大比重,而随着经济的发展和工业化进程的推进,服务业和高科技产业的比重逐渐上升。这些变化彰显了一个国家经济结构的演进和成熟,政府的经济政策在塑造GDP构成比例方面起着至关重要的作用,通过财政政策和货币政策,政府可以影响投资、消费和出口这三个拉动经济增长的主要因素,例如,通过减税、提供补贴或增加公共投资,政府可以刺激内需和投资,提高GDP中消费和投资的比重,同样,通过实施出口激励措施,可以促进对外贸易,增加出口在GDP中的占比,反之,如果政府采取措施限制过度消费或减少对某些行业的支持,可能会导致GDP构成比例的变化。

全球经济环境的变化也是影响GDP构成比例的一个重要因素,全球贸易的扩张或收缩、国际资本流动,以及全球经济周期的波动都会对中国的对外贸易产生影响,例如,全球经济增长放缓可能会导致中国出口减少,从而影响GDP中净出口的比重,另一方面,全球经济的繁荣可能会增加对中国产品和服务的需求,提升出口在GDP中的占比,此外,国际贸易政策的变化,如贸易保护主义的兴起或自由贸易协定的签订,也会对GDP构成比例产生影响。在中国的具体情况下,随着经济进入新常态,政府正从投资和出口驱动的增长模式转向更加依赖内需和创新驱动的模式,意味着消费在GDP中的比重有望继续上升,而投资和出口的比重可能会相对下降,同时,随着全球经济环境的不确定性增加,中国政府也在采取措施增强经济的内生增长动力,以减少外部冲击对经济的影响。

经济发展阶段、经济政策和全球经济环境共同塑造了一个国家的GDP构成比例,随着中国经济的持续发展和政策的适应性调整,GDP构成比例的变化反映经济结构的优化和升级,以及对外贸易的动态变化,通过深入理解和有效应对这些因素,中国有望实现经济的平衡发展和持续增长。

中国GDP构成比例变化对经济的影响,在中国经济转型的关键时期,最终消费支出占比的提升对于扩大内需、拉动经济增长以及促进经济结构的优化调整具有重要意义,消费作为经济增长的内生动力,增长能够直接推动GDP的提升,还能够通过需求端的变化引导供给侧结构的调整,随着居民收入水平的提高和消费观念的更新,消费市场的潜力正在逐步释放,消费结构也在升级,这为经济增长呈献了新的动力源。资本形成总额占比的适度下降,反映中国经济从投资驱动型向效率驱动型的转变,这变化有利于提高资本的使用效率,避免无效和低效的投资,减少资源的浪费,从而实现经济增长方式的转变,通过优化投资结构,鼓励创新和技术进步,中国经济更加注重增长的质量和效益,而非单纯的速度和规模。货物与服务净出口占比的稳定,对于维护国际收支平衡和促进对外贸易的健康发展至关重要,在全球经济环境复杂多变的背景下,保持出口的稳定增长,同时积极扩大进口,通过参与国际分工和合作,中国可以更好地利用国际资源,推动国内产业的升级和转型。

面对这些挑战和机遇,中国政府继续采取有效措施,推动经济结构的深入调整,政府通过改善社会保障体系、提高居民收入、优化消费环境等措施,促进最终消费支出的增长,同时,政府也通过深化供给侧结构性改革,提高资本的配置效率,引导资本更多地流向创新驱动和高效率领域,此外,政府继续推动对外开放,优化外贸结构,提升出口产品的附加值,扩大进口,以促进对外贸易的平衡发展。中国政府着手于提高经济发展的质量,实现从高速增长向高质量发展的转变。这有助于中国经济的长期稳定,也为全球经济的繁荣作出更大贡献。在未来,中国经济的持续健康发展更加依赖于消费的稳健增长、资本的有效利用以及对外贸易的均衡发展。

第二节 中国的大势与商业大未来

疫情和俄乌战争是影响当前经济形势的两大事件，它们导致了经济下行、就业问题、宽松货币政策和通胀，疫情的全球蔓延迫使国家采取封锁措施，影响了全球供应链，导致生产和消费的大幅下降，俄乌战争进一步加剧能源和大宗商品的价格上涨，对全球经济复苏构成了新的挑战。**以巴冲突**等地缘政治紧张局势也为经济前景增添了不确定性，以巴冲突等地区紧张局势可能导致中东地区的不稳定，影响全球石油供应，进而影响中美两国的能源进口成本。此外，不稳定的地缘政治环境可能抑制两国在相关地区的投资和贸易活动，美国在中东地区投入更多军事和外交资源以应对紧张局势，这可能会分散对其他全球或国内问题的注意力和资源。中国在主导"一带一路"建设的过程中，也需要考虑地缘政治风险对海外项目的影响，中美之间的战略竞争，尤其是在中东地区的争夺，同时，两国在处理国际危机时的合作可能受到影响，影响全球治理和多边主义的效力。

宏观经济与企业/个人，宏观经济的微小变化可能对企业和个人产生巨大影响，如蝴蝶效应，例如，中央银行的利率决策会直接影响企业的融资成本和消费者的购买力，从而影响到企业的销售和利润。**货币与财富**，货币发行的增长速度超过了GDP增长率，导致现金贬值，投资保值应以M2增速为对标，而非仅以CPI为基准，这意味着，为了保持资产的实际价值，投资者需要关注更广泛的货币供应变化，而不仅仅是消费者价格指数。**中国大政方针**，包括社会主要矛盾、发展阶段、国际矛盾、战略任务、避免陷阱、疫情防控与经济发展等，这些方针指导着中国经济的发展方向和政策制定，中国的经济增长已经从高速增长阶段转向中高速增长，这要求经济结构和增长动力的调整，中国经济带、城市发展潜力和区域经济的不平衡，不同地区的经济发展水平和产业结构差异，为区域协调发展提出挑战，强调基础科学和应用科技的重要性，以及科技创新对经济增长的推动作用，科技是推动产业升级和经济发展的核心动力，乡村振兴战略，以及如何实现城乡发展的平衡。乡村振兴对于缩小城乡差距、促进农业现代化具有重要意义。

中美关系、“一带一路”建设、亚投行等国际经济政治格局，在全球化背景下，国际合作与竞争对中国经济的影响日益显著；人口问题对经济增长的长期影响，人口老龄化、劳动力减少等问题对中国提出挑战。科技创新的方向及企业升级，科技创新的重要性，特别是在人工智能、量子科技、可控核聚变等领域的突破。这些领域的进展引领新一轮的科技革命和产业变革。尽管中国社会面临诸多问题和挑战，但对中华民族的伟大复兴和东西方力量对比的变化持有坚定的信念，鼓励企业和个人要认清大势，把握机遇，应对挑战。这是一个格局大转换的时点，很多过去的王者都被时势抛弃，又有很多新的王者诞生，中国各赛道竞争都正处于群雄并起时代，未来依然精彩万分！

2024年进入产业淘汰时刻，经济有周期，产业有兴衰，剩者为王，我们正处于历史进程的低谷中，美元加息危机、商品供应链危机、国际贸易危机，尤其中美、产业危机、战争危机，粮食危机、气候极端变化等问题交织在一起，给全球经济带来了前所未有的挑战，在这样的背景下，企业和个人需要更加敏锐地洞察市场动态，灵活调整策略，以适应变化的经济环境。

美中是一场理念之争，美方不希望中国主导世界，但两国必须负责任地竞争并保持和平，对中国关系是美国最重要、最具竞争性以及最危险的关系，未来10年左右也如此，对中国关系是美国最重要、最具竞争性以及最危险的关系，未来10年左右也如此，中国最终会想取代美国在全球的主导地位，但美国不想看到此事发生：“我们不想生活在由中国主导的世界”。

即便当前感受不好，但我坚信终究结局不会差。

一、中国经济的十字路口：寻求新增长动力、平衡与可持续增长

推动人民币在全球贸易和金融中的使用，提升国际地位，建立更加公正合理的国际商品定价体系，参与制定国际贸易新规则，促进贸易自由化和经济全球化。通过科技创新驱动产业组织结构调整，实现经济的高质量发展，大力发

展高新技术产业，推动经济结构的优化升级，加强国防建设，保障国家安全和地区稳定。

2023年，全球资本市场普遍上涨，但A股市场表现相对疲软，主要股指出现下跌，但依然保持了活跃的IPO活动，募集资金总额领先全球，与此同时，A股市场的现金分红总额达到2.13万亿元，显示出上市公司对股东回报的重视，相比之下，美股市场的回购和分红总额也显示出投资者对美国经济的信心。中国作为一个传统的农业大国，历史上一直把农业视为国家的根本，商业则被视为次要，时代的发展，中国经济结构和社会观念在发生变化，达利欧指出，尽管中国人的投资组合传统上以储蓄和房地产为主，但股票投资对于实现投资组合的平衡至关重要。在《债务危机》一书中，达利欧深入分析了债务危机及应对策略，这些原则帮助桥水基金在危机中稳健前行，他认为，中国经济正处于债务重组的关键阶段，并且正朝着积极的方向发展，去杠杆化和资本的有效利用是当前经济调整的重点，避免经济过度低迷或通胀。

尽管房地产市场经历调整，但我认为这是**资源重新配置的必然过程**，对中国经济的长期健康发展是有益的，不仅要关注数量的增长，更要注重质量的提升，这有助于提高人们的生活质量，中国经济正在经历一场结构调整，**这过程涉及金融市场的优化和产业的升级**，还包括国际地位的提升和国内消费模式的转变，中国正面临近十年来最严峻的挑战，迫切需要采取大胆的政策计划以确保经济的长期增长潜力得到保障。23年初，中国股市跌至五年来的低谷，这一跌幅反映出市场对经济增长放缓和通货紧缩的深切担忧，严重程度堪比全球金融危机以来的任何时刻，这一动荡的局面不禁让人回想起2015年中国市场的剧烈波动，当时政策制定者被迫采取紧急行动以稳定市场。回顾2024年，它成为中国稳定经济的关键时刻，在2015年，中国通过系列措施克服了危机，包括人民币贬值、加强资本账户管制以遏制资金外流、向房地产和基础设施领域注入资金，以及实施超过100个基点的利率下调。这些政策工具如今或已用尽，或效果不再，或受到损害，限制了当前可用的政策选项。中国经济迫切需要修复，同时必须打破消费者和投资者信心与经济增长之间形成的恶性循环。自

2021年以来,中国的房地产市场经历了断崖式下跌,开发商在多年的过度借贷和不当投资后面临一连串违约事件。加之地方政府的高债务水平,基础设施投资的可持续性也面临挑战。在当前全球经济环境下,进一步放宽货币政策可能引发人民币资产的挤兑风险,同时,如果廉价信贷继续流入产能过剩的中国工业园区,还可能加剧通货紧缩的压力。在这一背景下,中国需要创新思维和策略,以寻找并激发新的经济增长点,确保经济能够稳健前行,同时维护国内外投资者的信心。

市场迫切期待政府能够制定一项明确的长期计划,清理和重组陷入困境的房地产行业、解决地方债务问题,并转向一种更加可持续的增长模式,这种新模式减少对债务驱动投资的依赖,而更多地依靠家庭消费来推动经济增长。对于今年的经济目标,普遍预计中国力求实现2024年经济增长稳定在5%左右,并设定预算赤字不超过国内生产总值的3%,尽管如此,如果没有新的政策出台,资源从基础设施和制造业投资转向家庭消费,那么与去年相似的目标设定可能会对市场信心造成损害,而非提振。在需求端,在结束新冠疫情封锁一年多之后,消费者信心却降至历史低点,政策制定者似乎担心,采取新的发展模式可能会打破现有的稳定状态,因此在社会稳定和国家的安全考量下,增长的可持续性置于次要位置。这种政策倾向之所以存在,是因为转向以消费者和私营企业为主导的模式,可能需要牺牲政府部门的部分利益,从而赋予消费者和私营企业更大的权力。在这关键时刻,中国需要在维持社会稳定和国家安全的同时,寻找到一条能够激发消费潜力、促进经济可持续增长的道路,这需要政策上的精准施策,在实践中探索和调整,以确保中国经济能够顺利过渡到一个新的增长阶段。

1. 2023年全面注册制实施与市场活力

2023年被誉为资本市场的改革之年,这一年见证了注册制的全面实施、北交所深化改革19条政策的发布、IPO的阶段性收紧,以及鼓励增持回购等新规的出台,激发市场活力。这些变革既带来挑战,也蕴含着无限机遇。全面注册制的成功落地标志着中国资本市场发展史上的一个重要转折点,2023年2月17

日,中国证监会宣布了全面实行股票发行注册制的相关制度规则,这一举措预示着资本市场的深刻变革。4月10日,沪深交易所主板注册制首批10家企业的上市仪式在北京、上海、深圳三地同步举行,象征着注册制改革的关键一环已经完成,资本市场正式迈入全面注册制的新时代。此次改革通过简化和优化发行上市条件、改进审核注册流程、完善发行承销体系、强化上市公司重大资产重组规则,以及加强监管执法与投资者保护等措施,有效扩展了市场的融资能力和深度。截至2023年12月26日,A股上市企业数量已突破5300家,在2023年,共有309家新企业加入资本市场的行列,中创业板迎来108家新成员,北交所有76家,科创板新增67家,主板新上市58家。这些新上市企业合计募集资金高达3542.68亿元人民币,显示出资本市场的韧性,

全面注册制的实施为企业提供更为便捷的融资渠道,也为投资者带来更多选择和机遇,预示着中国资本市场在更加市场化、法治化的道路上稳步前行,为经济的高质量发展注入新的动力。

2. 北交所深化改革:推动创新与中小企业发展

在资本市场深化改革的大潮中,北京证券交易所(北交所)迎来重要的改革措施,2023年9月1日,中国证监会发布了《关于高质量建设北京证券交易所的意见》,这些措施进一步稳固北交所的发展,推动成为创新型中小企业发展的"主阵地",这一政策文件,被广泛称为"北交所深改19条",是中国特色现代资本市场"1+N+X"政策框架中的关键一环。北交所与全国中小企业股份转让系统有限责任公司(全国股转公司)同步推出了首批八项改革创新举措,北交所针对投资者适当性管理、上市条件执行标准、转板制度、发行底价、做市交易、融资融券等七个方面进行了具体规定,提升市场的运行效率和透明度,同时,全国股转公司也对新三板的分层标准进行了优化,以更好地服务于不同层次的企业需求。改革举措的出台,为北交所的未来发展指明方向,也为创新型中小企业提供更为广阔的融资平台和成长空间,北交所进一步完善市场功能,增强服务实体经济的能力,推动资本市场健康稳定发展,为中小企业的成长提供强有力的支持。

3. 引领A股市场的人工智能热潮

在2023年的A股市场中，AIGC生成式人工智能成为年度热门话题，引发了市场的广泛关注和投资热潮，1月30日，新年伊始，A股市场的人工智能板块迎来了“开门红”，与虚拟人和AIGC相关的多个人工智能概念板块股价纷纷上扬，当日交易结束时，拓尔思和海天瑞声均实现了20%的涨停板，科大讯飞、川大智胜、汉王科技等公司也加入了涨停的行列。在全球人工智能领域的巨头如OpenAI的带领下，国内外的生成式人工智能产业迎来了迅猛发展的黄金时期。据不完全统计，自年初以来，涉足AIGC概念的上市公司数量已超过65家。在这一领域，中国的科技巨头如百度、腾讯、阿里巴巴和浪潮等纷纷推出了自家的大型训练模型，同时，商汤科技、科大讯飞、拓尔思、昆仑万维、汉仪股份、万兴科技等A股上市公司在自然语言处理、生产算法和数据集方面进行了深入布局，此外，中兴通讯、澜起科技、新易盛、天孚通信、宝信软件等公司则主要聚焦于算力层面的建设。AIGC技术的崛起为投资者带来新的机遇，也预示着人工智能产业的未来发展更加多元化和深入，随着技术的进步和应用场景的拓展，这些公司有望在A股市场乃至全球资本市场上继续引领人工智能的浪潮。

4.A股市场的3000点之争：波动中寻求稳定

2023年，A股市场面临重重压力，上证指数两度跌破3000点大关，市场进入了一段寻找支撑和筑底的艰难时期。4月25日，上证指数在午间收盘时报3012.18点，下跌2.42%，盘中更是一度下探至3001.55点，接近3000点的心理关口，这也是自2020年6月30日以来的最低点。

进入8月，A股市场在接近3300点的位置开始震荡下行，上证指数持续走低。10月20日，沪指在开盘后不久便跌破了3000点的重要心理关口，这是一个多月后市场才重新回到3000点以上。然而，12月21日，A股市场突现大幅下跌，沪指更是一度跌至2882.02点，创下了全年的新低，目前指数在2900点左右震荡徘徊。

在近年来的A股市场中，每当指数逼近3000点时，政府通常会推出政策行动，降低交易成本、增加市场流动性以及鼓励长期投资等，以稳定市场情绪。因此，在许多投资者的心目中，3000点已经成为中国资本市场的一个象征性“牛熊分界线”，它代表着市场的信心水平，也是政策干预的一个重要参考点。这个关键水平附近，市场参与者的神经变得异常敏感，政策动向和市场情绪的相互作用尤为值得关注。

5.A股市场的政策春风：提振信心与激活交易

在A股市场经历波动下行的背景下，2023年下半年中国政府出台政策机制，稳定股市并提振投资者信心。7月24日，中共中央政治局会议强调了“活跃资本市场，提振投资者信心”的重要性，此后，政府迅速展开行动，推出政策组合拳，涵盖了印花税、投资、融资、交易等多个方面，形成了政策的协同效应。8月18日，中国证监会宣布，自8月28日起，上交所、深交所、北交所降低证券交易经手费，这是为了进一步减轻市场参与者的交易成本。紧接着，8月27日，财政部和税务总局联合发布了《关于减半征收证券交易印花税的公告》，标志着A股市场自2008年9月以来首次下调印花税，这一政策的实施直接减轻投资者的交易成本，激发市场活力。同日，上交所、深交所、北交所还发布了关于修改融资融券交易实施细则的通知，经证监会批准，投资者融资买入证券时的保证金最高比例从100%下调至80%，该政策自2023年9月8日收市后正式实施，提高市场的资金使用效率。证监会还推出政策，以进一步活跃资本市场。这些政策包括优化一级市场和二级市场的平衡，调整IPO和再融资的监管安排，如阶段性收紧IPO节奏，促进投资与融资的动态平衡，对金融行业或其他大市值行业的上市公司的大额再融资实施预沟通机制，以及放宽房地产上市公司再融资的相关限制。同时，证监会还进一步规范了股份减持行为，以维护市场秩序。

这些政策的出台，有助于稳定市场情绪，提升投资者信心，也有助于提高资本市场的流动性和活跃度，为A股市场的长期健康发展奠定了坚实的支撑。

6.A股市场调控加强：IPO与再融资政策收紧

在2023年，中国证监会引入了众多措施以加强对资本市场的调控，特别是在IPO和再融资方面，8月份，监管层明确表示阶段性收紧首次公开募股（IPO），以促进投资与融资两端的平衡，并适当限制融资规模，以此引导市场健康发展。

数据显示,2023年以来,A股市场共有249家企业终止了上市计划,相较于2022年的62家,增加了187家,特别是在8月份新规实施之后,IPO的终止数量显著上升,单月共有121家企业终止IPO,占到全年总数的48.59%,在这些企业中,深交所有52家,上交所有44家,北交所有25家企业终止了上市进程。再融资方面,截至2023年12月26日,A股市场共有53家企业终止了再融资计划,与2022年的22家相比增加了31家,2023年的再融资金额超过5000亿元,但与2022年同期相比,规模缩减了超过两成。这些数据反映出监管层对于资本市场的审慎态度和调控力度,通过控制市场供给,优化资源配置,维护市场稳定,并保护投资者利益,监管层希望促进资本市场的长期健康发展,同时确保金融市场的稳定。

二、资本市场新动能:回购、增持与分红政策激发市场活力

2023年,为提振资本市场信心,监管机构推出系列多方位的政策措施。其中,鼓励上市公司通过回购、增持和分红等方式,向市场传递积极的信号,提升投资者的回报率,也成为激活资本市场的关键策略,并得到广泛的企业响应。12月15日,中国证监会对《上市公司股份回购规则》进行修订,优化并完善了部分条款,同时发布《上市公司监管指引第3号——上市公司现金分红》和《关于修改〈上市公司章程指引〉的决定》,进一步完善上市公司的常态化分红机制,从而提高投资者的收益水平。在股份回购方面,截至12月26日,A股市场已有超过1300家企业宣布回购预案,与此同时,上市公司的回购行动也在加速实施,今年已有超过1100家A股公司发布了回购进展或完成公告,预计的回购金额上限总计超过1300亿元,中联重科、顺发恒业、京东方A等多家知名企业已实施完成回购金额超过20亿元。在股东增持方面,截至12月26日,A股市场超过250家上市公司宣布增持计划或意向,至于分红政策,截至同一日期,2023年已有超过3400家公司实施分红,分红总额再次突破2万亿大关,显示出上市公司对投资者回报的重视。这些举措促进资本市场的稳定与健康发展,为股东创造实实在在的价值,监管机构和上市公司共同推动资本市场的长期繁荣与投资者利益

的最大化。

三、资本市场治理升级:强化监管与违规惩处

在全面注册制的背景下,2023年中国资本市场见证了对信息披露要求的提高和对市场乱象的严厉打击,2024年,A股市场超过98家企业收到了证监会的立案调查通知,这一数字突显监管层对违规行为的零容忍态度,立案调查的主要诱因涉及信息披露违规、内幕交易和短线交易等问题,其中信息披露违规的案件高达72起,占据了绝大多数,比例为73.46%。这表明信息透明度和真实性是监管的重中之重,此外,针对股份减持的监管也得到了加强,2023年8月27日,证监会发布了《进一步规范股份减持行为》的新规,明确规定了在特定情况下,如上市公司存在破发、破净或近年来现金分红不足等情形时,控股股东和实际控制人不得通过二级市场减持股份,新规发布后的8月28日至12月26日,超过200家A股公司的股东宣布提前终止减持计划。尽管如此,仍有部分企业不顾新规,继续违规减持,例如,东方时尚、我乐家居、小崧股份等公司的股东因违规减持受到了处罚,我乐家居的大股东及一致行动人被罚没近5000万元。业内专家强调,只有通过严格的规范和惩处那些危害上市公司及中小股东权益、扰乱市场秩序、违反公平交易原则的行为,才能从根本上提升上市公司的整体质量,并确保资本市场能够有效地发挥经济"晴雨表"的作用。

监管机构正营造更加健康、公平和透明的资本市场环境。

四、企业应对策略:在中国经济发展新阶段寻找新机遇

中国的经济环境正在经历快速变化,企业若要在这一转型期中寻找发展机会,必须具备对未来趋势的敏锐洞察力,在当前市场增速放缓的背景下,企业正从追求差异化向同质化竞争过渡,一方面追逐新的市场风口,另一方面坚守自身的核心业务领域,甚至在竞争中侵占对方的市场份额。中国经济的快速发展使成为世界第二大经济体,但近年来也面临挑战,随着经济增速的自然放缓,中国正从高速增长阶段过渡到中高速增长阶段,这一革新带来了就业压力和社

会矛盾的增加，同时，经济结构的调整成为转型升级的关键，需要通过系统性的改革来推动高质量发展，人口老龄化和环境污染问题也对经济增长和社会保障体系构成挑战，此外，中美贸易摩擦增加了经济发展的外部不确定性。中国政府已经采取包括供给侧结构性改革、扩大内需、加快产业结构的调整升级、积极应对人口老龄化以及加强环境保护，中国经济展现出的强大韧性和活力使具备克服这些挑战的能力，有望实现持续健康发展。对于企业而言，建议关注供给侧结构性改革，通过化解过剩产能、降低杠杆率、补充短板和强化弱项来提升竞争力；在扩大内需方面，可以通过积极的财政政策和稳健的货币政策来获取重点领域的支持；在产业结构调整升级方面，应加快新兴产业的发展并推动传统产业的转型升级；在应对人口老龄化的挑战时，完善社会保障体系并提高老年人的生活质量；在环境保护方面，加大投入，采用绿色生产方式，以实现环境友好增长。

在这变革的时代，企业需要深入研究外部环境，感知国事动态和产业发展趋势的变化，从而在中国经济的新阶段中找到新的增长点，实现长青发展。

第三节　构筑未来经济新要素：遨游人工智能的智能科技多维宇宙

作为一名在信息科技科学领域深耕多年的研究者和实践者，我深刻认识到自己在推动AI发展和普及方面所承担的责任，我致力于成为知识与智慧的传递者，积极将复杂神秘的AI概念和应用以易于理解的方式呈现给公众，特别是那些对人工智能充满好奇和求知欲的人们。

我意识到AI作为一种颠覆性技术，对社会结构、政治秩序乃至人类生活方式都会带来巨大变化，渴望深入探讨AI技术如何塑造未来社会，对经济、伦理、法律和文化等多维度的潜在影响，通过我的工作，希望能够揭示AI技术进步背后的社会意义，为公众提供关于AI如何影响我们日常生活的清晰指导。

我热衷于探索人工智能的未知领域，从基础算法的创新到应用场景的拓展，进取地沉淀前沿研究和积累深刻见解，热情追求对技术的突破思想，积极探索对于AGI如何与人类和谐共存的学术研究,相信通过探索和教育,更好理解AI,更明智地利用AI。带领大家穿梭于工程的微观世界,探索AI奥秘,争取从复杂的科技衍生工具模型中提炼出精髓,帮助大家理解脉络,通过我的知识和经验为大家提供全面的视角,让复杂的事物变得简单易懂,让深奥的科学变得真实可用。希望每个人都能在这多元而精彩的科技世界中找到自己想要的答案。

人工智能,尽管在某些领域展现出了令人瞩目的潜力,但仍然未能完全掌握人类独有的逻辑思维和深层次的同理心,这就意味着,那些被设计成大模型机器人或人形机器人,尽管在人类社会中被放逐使用,它们的攻击性是有限的,事实上,人类对于人工智能的自主逻辑思考能力持有一种谨慎的担忧,担心未来某一天,机器人可能会崛起,而人类则可能面临消亡或沦为次要的存在。

大型语言模型在化学工程、生物科学、文学创作以及电力决策等领域的应用,已经证明了它们不容小觑的实力,这些模型之所以卓越,在于它们能够把复杂的概念和问题简化,使得决策过程对人类来说更加清晰和易于理解,这得益于它们背后强大的计算能力、先进的算法,以及快速的信息处理速度。简而言之,它们拥有超凡的记忆力和灵活的思维能力。

实践证明,当人工智能被赋予一套标准化的流程或评估标准,并被用于执行大规模的重复性任务时,效率和准确性是人类和传统机器难以匹敌的,这正是人工智能的实用性所在。

我们也不能忽视人力和机械力的消耗问题,尽管这些损耗与人工智能本身无关,但在实际应用中仍需考虑。

人工智能在未经充分验证或在未知情况下引入人类社会,人类的命运托付给机器,这种做法总是让人心生疑虑,毕竟,人工智能的决策缺乏人类的情感和道德判断,这可能会导致不可预见的后果,因此,在推动人工智能技术的发展和应用时,我们必须谨慎行事,确保技术的安全性和伦理性,以避免潜在的风险。

语言模型的本质在于对语言结构的模拟,而非对语言背后客观世界的理解。它们的智能水平受限于编程和训练数据,因此无法引领我们走向真正的人工通用智能（AGI），这些模型所依赖的语料库，虽然庞大，却仍然无法完整地映射出人类对世界的深刻认知，尤其是在儿童时期，甚至在语言能力尚未发展之前，通过感官体验所形成的对世界的基础理解，在现有的语料中难以找到对应的表达。

大型语言模型所营造的智能幻觉，根源于基于概率的工作原理和语料库的长尾分布特性，模型在处理一个接一个的词汇时，虽然具有一定的迁移和泛化能力，但随着误差的累积和话题分布的广泛性，模型输出的意义会发生偏离。

Scaling law之所以能成为第一性原理，是因为它基于两个简单而强大的条件，通用性和可扩展性，通用性意味着我们可以所有问题都纳入这个框架进行建模，可扩展性则意味着只要我们投入足够的计算资源，模型的性能就会得到提升。

在微软的工作经历让我深刻理解了这样的思维方式，如果能用更基础的原理来解释问题，就不应该在上层结构上过度雕琢，我非常认同这样一句话，如果一个问题可以通过扩大规模来解决，那么就没有必要去寻找新的算法，新算法的最大价值在于如何更有效地实现规模的扩展，当我们从繁琐的细节中抽身，我们就能看到一个更广阔的世界。

人类在使用语言时，背后是复杂的思维过程在支撑，而这一过程超越了语言本身，相比之下，语言模型仅仅是根据文字的统计规律生成文本，缺乏深层次的认知和理解。

类似地，所有以预测视觉元素为目标的图像和视频模型，也面临着与大型语言模型相同的局限，它们对于客观世界的理解是有限的，哪怕在表面上展现出了令人印象瞩目的效果。

人类的规划思维是分层次的，顶层规划虽然宏观但精度较低，而下层规划则在精度上逐渐提升，尽管视角更为狭窄，目前，人工智能界尚未找到有效的方法来模拟这种分层规划的思维模式，这成为新一代研究者需要面对的挑战。

目标导向的人工智能，如JEPA架构，通过学习客观世界的规律性高级抽象，来模仿人类的思维过程，JEPA架构的多数操作在潜在空间中完成，这使得在生成具体内容之前,能够先固定下背后的主要逻辑,这种以目标为导向的方法,结合了世界模型的理念,考虑行为与环境的相互作用,最终迭代出高层次的抽象逻辑,这样的逻辑一旦确立,生成的内容也更加准确,这是智能发展的正确方向,即使无法一蹴而就达到人类水平,但通过逐步的推理和学习,我们能够从简单的任务开始,逐步提升至更复杂的层次。

未来,我们应当尽量减少强化学习的使用,目前,强化学习在大型语言模型等产品中的应用范围相对有限,主要问题在于,强化学习不基于样本学习,缺乏对客观世界的观察和理解,目前,RLHF(Reinforcement Learning from Human Feedback)的有效性主要依赖于HF(Human Feedback),而RL只是实现手段之一。

针对大型语言模型等人工智能系统对社会的潜在影响,开源可能是最佳的解决方案,由于不同群体之间的意见难以统一,任何立场的人工智能系统都可能对另一群体产生负面影响,开源技术,使得所有人都能平等地访问和构建本地化产品,从而避免了单方面的影响,并促进了共同进步,对于像Meta这样的企业来说,开源不会削弱业务竞争力,反而可能带来更多的边际效益。

对于AGI和末世论的担忧,实际上是多余的,人工智能作为一门高度产业化的技术,发展受到充分的人员和信息流动的影响,历史上,即使是高度保密的AlphaGo,也在短短三个月内被广泛模仿,因此,人工智能技术的发展是渐进式的,不会突然出现不可控制的风险,在技术水平相近的情况下,任何利用AI作恶的行为都迅速受到制衡。

对于人形机器人,莫拉维克悖论依然适用,那些对人类来说轻而易举的活动,如行走、跑步、跳跃和嗅觉,对于机器人来说仍然是巨大的挑战,尽管波士顿动力等公司的演示看起来令人印象深刻,但这些系统是高度定制化的,缺乏普遍适用性,预计在未来十年内,人形机器人可能会取得一些进展,而家庭使用是主要的应用场景。

在面对众多选择时,我们应当专注于宏观的方向和趋势,而非纠结于微观的细节,正如在众多道路面前,大多数人可能会关注眼前的小障碍,比如如何避让一个行人,但更重要的是决定哪条路才是我们真正应该选择的。

在科技领域,我们常常面临类似的挑战,例如,在只有一两百万token的数据集上,研究者们可能会过分关注如何降低模型的perplexity或loss,或是如何提升准确率,这可能导致他们创造出许多复杂的模型架构,却忽视了问题的核心。

真正的问题在于,我们需要深入分析这个领域真正缺乏的是什么,它的第一性原理是什么,第一性原理是指那些最基本、最根本的原理或假设,它们是理解复杂现象的关键。

我通过深入探究技术的学术角度,全面地洞察了人工智能从起源到现代发展的丰富历程,揭示了在历史长河中的演变脉络和技术创新的多维度影响,这种全面的了解涵盖了人工智能的理论基础、算法进步和应用实践,还包括它对社会、文化和伦理的深远影响,以及未来可能带来的变革和挑战,多维的学术审视,得以更加清晰地认识人工智能的复杂性和作为现代科技革命核心驱动力的重要性。

一、智能系统的本质与大型语言模型的局限

“智能行为”,核心在于复杂而精妙的特性,它们共同构成了智能系统或实体,无论是人类还是动物的基本框架,这些特性包括对物理世界的深刻理解、长期记忆与回忆的能力、逻辑推理的深度思考,以及高效有序的规划能力,这些能力是智能的基石,是区分智能实体与简单机械的关键。

当我们这些标准应用于大型语言模型时,我们发现它们在这些领域的表现远远不够,这些模型,尽管在处理语言数据方面表现出色,却无法真正理解物理世界的复杂性,缺乏长期记忆的连续性和深度,不具备真正的逻辑推理能力,更无法进行有效的规划,因此,如果我们期望构建一个真正意义上的智能系统,而最终得到的却是一个缺乏这些基本能力的模型,那么我们的目标并未达成,这并不是说大型语言模型毫无价值,它们的存在本身就是一种创新,它们有趣且充满潜力,能够激发新的应用和可能性,但是,如果我们将它们视为通向人类水

平人工智能的关键一步,那么我们就必须认识到,它们仍然缺少一些至关重要的元素。

有趣的是,这些大型语言模型是在海量文本数据的基础上训练而成的,这些数据包括了几乎所有可公开获取的文档,从互联网规模的TB级别数据中汲取知识,想象一下,如果一个人类想要阅读完这些文档,即使每天投入8小时,也需要耗费17万年的时间,这似乎表明,这些系统已经积累了难以想象的知识量。只是,事实并非如此,如果我们向发育心理学家咨询,他们会告诉我们,一个四岁的孩子在清醒的时间里已经积累了大约一万六千小时的感知经验,而他们的视觉皮层所接触到的信息量,可能在10GB到100TB之间。通过这样的计算,我们可以得出一个结论:**人类通过感知系统接收到的信息量,远远超过了通过阅读获得的信息**,这意味着,**我们的知识和学习,大部分源自我们与真实世界的直接观察和互动,而非仅仅是语言文字的交流**。

我们在生命早期所学到的一切,以及动物所掌握的技能,大多数都与语言无关,而是与我们如何感知和理解这个世界紧密相连,这一点对于理解和发展真正的智能系统至关重要,因为它提醒我们,**智能是知识的积累,对世界的感知、理解和互动的能力**。

二、大型语言模型的预测局限与智能本质之辨

当前的大型语言模型虽然在处理自然语言方面取得了显著进展,但它们在实现真正智能的道路上仍面临着根本性的局限,局限性的根源在于模型的**训练机制和预测方式**。

大语言模型的训练过程本质上是一种**预测游戏**:模型通过观察文本中被遮挡的部分,利用庞大的神经网络来预测缺失的信息,这种训练方法导致一种特殊的模型架构,即自回归大语言模型,它仅允许模型在预测时看到当前文本序列的左侧部分,这种模型通过预测下一个最可能的字符或子词(token)来生成文本,而这个过程是通过在给定的语言概率分布中进行选择来完成的。

这种基于概率的预测方法本质上是不确定的,因为它并不是预测确切的下

一个字，而是在所有可能的选项中选择一个最有可能的token，由于语言的丰富性和复杂性，这种预测缺乏精确性，此外，token的概念进一步增加了预测的复杂性，因为一个token可能只是单词的一部分，而不是完整的意义单元。

这种自回归的预测方法与人类的语言生成过程有着本质的区别，人类在交流时，我们的思维和表达的内容是独立于我们所使用的语言的，例如，当我们讨论一个数学概念时，我们的思考过程和所要表达的答案并不受我们选择使用法语、俄语或其他任何语言的影响，我们的**思维是直接针对概念本身**的，而不是语言的表达形式。

尽管大型语言模型在某些方面表现出色，但它们仍然无法模拟人类语言生成的复杂性和深度，**它们缺乏对语言背后概念的深刻理解**，也无法像人类那样在不同语言之间自由转换，而不受语言形式的限制，这些局限性表明，我们需要探索新的方法和架构，以实现更高层次的智能和更接近人类语言处理能力的人工智能系统。

三、探索构建视频世界模型的挑战与可能性

构建一个全面或深入的世界模型，是人工智能领域一个宏伟的目标，我们能否实现这样的模型呢？答案或许是肯定的，但道路充满挑战。

首先，我们能否通过预测的方式来构建这样的世界模型？对于单词的预测可能是肯定的，但在描述世界的复杂性方面，语言的表达能力显得力不从心，语言在描述日常生活的细节上可能丰富，但在描绘尖端科技等领域时却显得捉襟见肘，因此，构建世界模型不仅仅是关于预测下一个单词，而是要**深入理解世界的运作原理**，以及它如何随时间演变，并在此基础上预测我们的行动如何影响未来的世界。

一个真正的世界模型应该能够**捕捉到某一时刻的世界状态**（T），并结合我们可能采取的行动，预测下一时刻的世界状态（T+1），这个模型不需要包含世界上每一个细节，而只需要包含足够支持行动计划的信息，现有的生成模型，尤其是那些针对视频训练的模型，尽管我们已经尝试了十年，仍然难以精确地预测

视频中的下一帧，这是因为视频数据高维，而且连续，包含极丰富的细节。

例如，如果我们拍摄一个房间的视频，并且摄像机在移动，那么即使是最先进的系统也无法预测房间中的所有细节，它可能能够预测出房间有灯、有墙，但无法预测墙上的画作细节或沙发上的纹理，这种局限性揭示了一个核心问题：我们尚未找到有效的方法来表征和处理高维连续空间上的分布。

研究人员已经探索了包括潜变量模型在内的多种方法，**潜变量模型**捕捉那些尚未被直接感知的世界信息，并增强预测系统以更准确地预测像素级别的细节，尽管已经尝试了直接神经网络、生成对抗网络（GAN）、变分自编码器（VAE）以及各种正则化自动编码器，但到目前为止，这些尝试都未能取得预期的成功。

在图像和视频的处理上，研究人员尝试从损坏的版本中重建完整内容，希望这种方式让系统内部获得良好的图像表征，进而用于对象识别、分割等任务。不过，这些尝试大多以失败告终，相比之下，类似的方法在处理文本数据时却取得成功。**大型语言模型（LLM）通过破坏文本并训练巨大的神经网络来重建缺失的部分**，从而有效地处理文本数据，**但这种方法并不完全适用于图像和视频，**因为它们需要更为精细和复杂的表征。

虽然我们在文本处理方面取得了进展，但在构建一个能够准确预测和理解世界的模型方面，我们仍然面临着巨大的挑战，我们需要新的理论和技术突破，才能实现这一宏伟的目标。

四、图像处理领域的新篇章：联合嵌入预测架构与非对比学习方法的兴起

在人工智能的图像处理领域，正面临着一个根本性的转变，传统的方法侧重于训练系统对图像进行编码，并从损坏的版本中重建出完整的图像，现在的趋势是获取完整的图像及损坏或转换的版本，并将它们一起输入到编码器中，这个编码器可以是同一个，也可以是不同的，关键在于在这些编码器的基础上训练一个预测器，能够根据损坏输入的表征来预测完整输入的表征。

这种方法引出了所谓的“联合嵌入”概念，因为你完整的输入和损坏或转换的版本一起通过编码器，从而得到一个联合嵌入，这个联合嵌入捕捉了图像的

本质特征，无论是完整还是损坏的状态，接下来的问题是如何从损坏图像的表征中预测出完整图像的表征，我这种架构称为JEPA——联合嵌入预测架构，因为它能够预测好的和损坏的图像或视频的表征。

如何有效地训练这样的系统是一个巨大的挑战，直到五六年前，对于如何训练这样的系统还没有明确的答案，除了一种称为对比学习的方法，对比学习的核心思想是，一个系统应该能够相同的元素映射到相同的表征，还能够不同的元素映射到不同的表征，这种方法可以防止系统崩溃，但它也有局限性。

在过去的六七年中，出现了许多新技术，复兴和改进对比学习方法，这些技术来自FAIR、谷歌和其他研究机构，但对比方法仍然存在局限性，最近三四年的新变化是非对比方法的出现，这些方法不再依赖于已知不同的负向对比样本，而是利用同一事物图像的不同版本或不同角度的视图，提供多种防止系统崩溃的方法，为训练能够理解和预测图像变化的智能系统开辟新的可能性。

JEPA架构和非对比学习方法的发展，为构建能够深入理解和预测图像变化的人工智能系统提供新的途径，这些方法的发展，推动了图像处理技术的进步，也为实现更高层次的智能行为铺平道路。

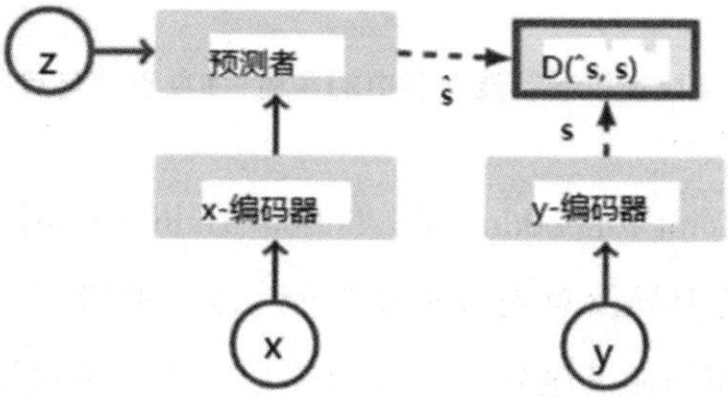

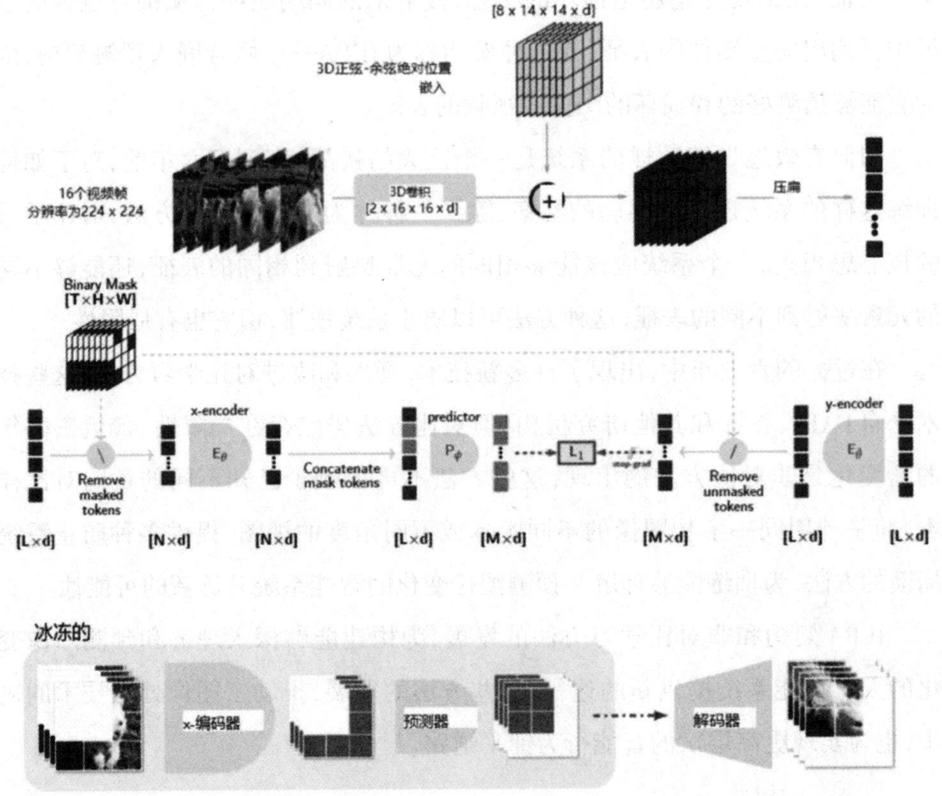

图6.1 JEPA与LLM在机器智能发展中的角色：抽象表示与自监督学习的融合

在探索JEPA（Joint Embedding Prediction Architecture）与LLM（Large Language Models）之间的差异及对先进机器智能（AMI）的潜在贡献时，我们发现了两者在处理信息方面的显著区别，JEPA的核心在于它不试图预测每一个像素，而是专注于从输入中提取并预测抽象表示，这种方法简化了任务，因为它允许系统忽略那些难以预测的细节，如自动驾驶汽车周围随风摆动的树叶，JEPA的目标是捕捉可以建模和预测的关键信息，同时不可预测的细节视为噪声并予以排除，从而提高表示的抽象级别。

这种抽象表示的方法与人类描述现象的方式相似，我们在不同的抽象层次上理解世界，而不是仅仅在最低级别上进行建模，JEPA通过自监督学习抽象表示,能够分层地进行,这被认为是智能系统的重要组成部分,与此相反,语言在某种程度上已经是抽象的,因为它已经消除了许多不可预测的信息,使我们能够直接预测单词而无需进行联合嵌入或提升抽象级别。

JEPA的生成性在于它在抽象表示空间中进行生成,而不是在原始输入空间中。这种方法使得智能系统能够学习和理解物理现实和现实世界的混乱,而不是仅仅依赖于文本数据的抽象表示,自监督算法在表示空间中的学习效果受到输入数据冗余度的影响,感知输入如视觉数据的结构比文本数据更加冗余,因此能够捕获更多的内部结构。

视觉数据的自监督训练与语言数据的自监督训练结合起来是一个潜在的研究方向,但这种结合可能过早地引入作弊的风险,当前,视觉语言模型依赖于语言作为辅助工具来弥补视觉系统的不足,但这种方法尚未达到没有语言的动物对世界的理解水平,在两者结合之前,我们需要专注于如何让机器独立于语言来理解世界的运作。

JEPA的非对比性学习过程,包括基于蒸馏的技术,如DeepMind的BYOL、FAIR的vcREG和I-JEPA,以及DINO,为我们提供了新的工具来训练系统,这些技术通过破坏输入并训练预测器来预测未损坏输入的表示,但只训练接收损坏输入的网络分支,这种方法避免了系统崩溃,并允许系统有效地学习,尽管我们对AGI的术语和定义可能有所争论,但JEPA和相关技术无疑为我们实现先进的机器智能提供了一个稳健的基础。

1.V-JEPA与Sora模型的比较分析

Sora模型是OpenAI开发的一种创新视频生成工具,核心目标是利用扩散型变换器架构生成高质量的视频内容,这种架构通过逐步减少噪声来从无序中恢复出有序的图像和视频序列,创造出逼真的视频片段。

技术架构方面,Sora模型采用了时空补丁技术,这一技术允许它处理各种分辨率、持续时间和宽高比的视频,通过在大量视频数据集上训练,Sora学习到了丰富的视觉和运动信息,有助于它生成多样化和富有创意的视频内容。

Sora模型的关键特性包括三维空间连贯性、动态相机运动模拟、空间一致性、高保真渲染以及长期连续性和物体持久性，这些特性使得Sora能够生成具有正确空间关系、动态相机效果、物体在空间和时间上的一致性，以及高保真视觉效果的视频内容，这些能力特别适用于创造具有连贯故事线的视频，即使在复杂的场景和遮挡情况下也能保持角色和物体的一致性。

与V-JEPA模型相比，Sora在三维世界模拟和高质量视频生成方面表现出色，而V-JEPA更侧重于视频内容的理解和预测，V-JEPA通过特征预测学习视频中的动态和静态特征，适用于视频分析和编辑等任务，Sora则利用在三维空间模拟方面的能力，为电影制作、游戏开发、虚拟现实等领域提供了强大的工具。

Sora模型的三维世界模型生成能力尤其值得关注，尽管当前的Sora模型生成的是二维视频帧，但在模拟三维空间物体运动和相机视角变化方面的能力，为未来三维内容创作提供了新的思路，例如，Sora模型可以辅助三维建模软件，通过生成的二维视频帧作为参考，帮助艺术家和设计师更高效地创建和编辑三维模型。

未来，技术创新可能会集中在如何将Sora的三维仿真能力与V-JEPA的预测能力相结合，创造出能够生成逼真三维视频的新模型，这种结合能够更好地模拟现实世界，为虚拟现实、增强现实以及电影和游戏制作等领域提供更加丰富和真实的体验。

2.高级数据操作与智能系统训练：I-JEPA、DINO与V-JEPA方法探索

在探讨数据的处理方式时，我们关注的是多种不同的数据操作情景，在一种情况下，从一张图像开始，通过进行各种变换来“破坏”它，例如轻微地调整大小、旋转方向、应用模糊效果或改变颜色等，这些操作虽然听起来有些极端，但实际上是对图像质量的适度降低和构图的变化。

对于I-JEPA（Image-JEPA）的应用，研究人员采取一种更为直接的方法，即简单地屏蔽图像的某些部分，通过这种方式，移除了图像的某些区域，就像是在画布上涂抹了一大块颜料，然后让编码器和预测器协同工作，根据这些损坏的区域来预测原始的、未受损的图像表示，在这一阶段性发展中，系统并不需要知道它正在处理的图像，它唯一需要掌握的就是如何识别和处理这些遮罩区域。

DINO方法则有所不同，它要求系统识别出正在处理的图像，因为我们需要对图像执行特定的操作，如几何变换和模糊处理，这些操作是针对图像特有的，而V-JEPA（Video-JEPA）则是I-JEPA概念在视频领域的延伸，在V-JEPA中，处理的是整个视频，通过掩盖视频中的一整块内容，实际上是每一帧中相同的部分，也就是所谓的时间管——来进行训练，这种方法考验系统对静态图像的理解，还增加对时间维度变化的处理能力，高级的数据操作方法，能够训练出更加强大和灵活的智能系统，它们能够理解和预测即使在面对信息缺失时也能保持稳定的世界。

五、视频理解与预测：探索高质量视频表征与行动规划的智能系统

在探索视频理解和表征的前沿，采用了一种独特的方法，即在视频的每一帧中静态地放置一根管子，覆盖相同的区域，这根管子，通常在16帧左右的视频中持续存在，允许屏蔽视频中的特定部分，并训练系统从这些部分屏蔽的片段中预测出完整的视频内容，这一过程有效，而且标志着首次成功地让系统学习到了高质量的视频表征，当这些表征被用于监督分类器时，系统能够以惊人的准确性识别视频中的动作，这证明了方法是正确的。

初步结果表明，这些表征使得系统能够判断视频中的物理合理性，例如检测物体是否突然消失或出现，是否从一个位置跳到另一个位置，或者是否发生了形状变化等，这种能力捕捉了视频中物体出现和消失的物理约束，为我们提供了一种新的理解和分析视频内容的方式。

这种能力是否真的足以建立起一个足够理解世界并能够驾驶汽车的世界模型，仍然是一个开放的问题，基于这一理念，已经有一些机器人系统正在开发中，这些系统需要对视频进行稍微不同的处理：假设有一个完整的视频，要么想要翻译成未来的内容，要么只看到视频的前半部分，而后半部分被屏蔽。通过训练JEPA系统从这些转换后的视频中预测完整视频的表示，可以在一定程度上预测未来的情况，如果系统能够接收到动作指令，比如车轮转动的角度，它就

能够在抽象表示层面上预测接下来可能发生的情况。

这种内部模型能够在规划时考虑行动，并预测这些行动的结果，从而实现特定目标。这与LLMs不同，因为它们无法进行规划，我们大脑中的这个世界模型能够预测物体的行为，比如放开物体它会掉落，或者用力推动它会移动，现在，如果拥有了这样的世界模型，可以想象一系列动作，并预测这些动作的结果，从而规划出一系列操作，以在实际操作中尽可能接近目标，这不是训练，而是推理时间的计划，也就是在最优控制中被称为模型预测控制的经典方法，自计算机问世以来，自20世纪60年代初以来，这一直是规划火箭轨迹的方式，这种自动控制的思维方式，为人工智能技术的发展提供了丰富的思想源泉，这一概念与强化学习的起源密切相关。

六、模型预测控制与分层规划：实现智能机器人的高级抽象与物理交互结合

在深入探讨模型预测控制和分层规划的概念时，研究人员意识到，虽然模型预测控制提供了一种强大的规划工具，但它并不直接导致分层规划的实现，分层规划要求我们构建特定的架构，以便能够将复杂的任务分解为子目标和行动，以从纽约到巴黎的旅程为例，需要这个宏观目标分解为更小、更具体的子目标，如前往机场、乘坐飞机等，每一步都涉及进一步的子目标和行动计划。

要在人工智能中实现这种分层规划，面临着巨大的挑战，尽管最先进的LLM可能能够抽象地回答一些问题，但它们的回答可能并不总是真实的，尤其是当涉及到它们未在训练中遇到过的情景时，LLM可能能够根据以往的训练提供一些抽象层面的计划，但它们无法为全新的情景制定计划，因为它们主要是在重复训练过程中学到的模板。

对于像从纽约到巴黎这样的具体例子，LLM可能在一定程度上提供准确的回答，尤其是当涉及熟悉的主要城市时，但当讨论到更具体的行动，如爬下楼梯或从椅子上站起来时，LLM的能力就受到了限制，这是因为这些行动需要物理世界的体验，信息的带宽远远超过了人类语言所能表达的。

这就引出了一个问题:是否可以JEPA这样的技术与LLM结合起来,以便在机器人技术中实现与物理现实的交互?LLM可以在更高层次上进行抽象思考,例如预订机票或访问网站,而JEPA则可以提升表示的抽象级别,处理更底层和细节的概念,通过这种方式,可以构建一个系统,能够理解高层次的目标,执行实现这些目标所需的具体操作,这种结合高级抽象思维和低级物理交互的系统,是实现真正智能机器人的关键。

七、自回归大型语言模型的成就与局限:探索文本处理与物理世界理解之间的鸿沟

在深入探讨自回归大型语言模型(LLM)的潜力和局限性时,不禁对这些模型的显著成就表示赞赏,同时也对未来的发展方向保持怀疑,尽管自回归LLM在语言流利度上的表现令人印象深刻,但这并不意味着它们能够深入理解世界,这种怀疑源于对自监督学习的深刻理解,这是一种多年来一直被推崇的方法,它通过破坏输入文本并训练神经网络重建丢失部分的方式,已经证明是非常有效的。

自回归LLM的基础在于限制网络架构,仅仅根据之前的词汇来预测接下来的词汇,这种方法的成功,尤其是在大规模数据集上的训练,已经导致了对语言有深刻理解的系统的创建然而,这种理解并不等同于对物理世界的深刻洞察,尽管LLM能够处理和生成文本,但它们缺乏对世界的直观理解,这是通过观察和互动获得的。

我们讨论自回归LLM在语言空间中的能力,以及它们与现实世界中使用的常识推理之间的根本差异,虽然LLM能够执行某些类型的推理,但它们缺乏对世界的直观理解,这是通过观察和感官体验获得的,LLM的训练完全基于文本,而没有共同的物理世界经验作为基础,这种经验是人类交流中隐含的,但LLM并不具备。

此外,探讨自回归LLM是否能够通过观看视频来学习,例如了解如何从纽约到巴黎,或理解当前世界的政治状态,这些是通过语言和意见表达的复杂概

念，它们并没有在视觉上清晰地表示出来，尽管LLM在处理文本方面取得了巨大成功，但它们在理解和模拟物理世界方面的能力仍然有限。

尽管LLM在语言处理方面取得了显著进展，但它们仍然缺乏对世界的直观理解，这是通过感官数据获得的，这种理解是通过观察和互动，而非仅仅是文本交流来积累的，因此，为实现更高层次的智能，需要超越文本，探索如何将物理世界的直观理解整合到人工智能系统中。

八、大型语言模型的幻觉与脆弱性：探索自回归预测的指数漂移与推理限制

在探讨大型语言模型（LLM）的本质及局限性时，发现这些模型在生成文本时可能出现的幻觉现象，这种现象源于自回归预测的机制，即在每次生成一个标记或单词时，都存在一定概率偏离正确的答案集，基于一个强烈的假设，即这些错误在序列中是相互独立的，每次生成操作都会降低模型停留在正确答案集中的概率，这种降低是以指数级别进行的。

这种漂移效应是指数级的，意味着随着生成的token数量增加，输出内容变得无意义的概率也会指数级增长，尽管可能期望训练集中的事实能够良好地体现并引导模型趋向真理，但实际上，模型面临的是所谓的“维度诅咒”，通过微调，可以让系统对常见问题提供准确的答案，但对于那些训练过程中未曾涉及的大量提示，模型仍然显得无能为力，这些未涉及的提示构成庞大的长尾，使得模型难以全面覆盖所有可能的情况。

此外，通过在提示中加入随机字符序列，可以使模型进入一种模式，从而回答完全不同的问题，这种方法揭示了模型的脆弱性，然而，尽管可以通过巧妙的提示设计来挑战模型，但真正关键的问题在于，模型是否能够在面对新颖或罕见的情境时，仍然保持推理和生成的准确性。

LLM的推理类型是非常原始的，因为生成每个token的计算量是恒定的，这意味着无论问题的复杂性如何，模型投入到答案计算的资源都是相同的，这与人类的推理方式截然不同，在面对复杂问题时会投入更多的时间和精力，因此，

尽管LLM在处理语言方面取得了一定的成就，但它们仍然缺乏真正的深度理解和推理能力，这限制了它们成为真正的通用人工智能（AGI）的潜力。

九、超越语言生成：构建具备高级推理与规划能力的人工智能系统

在人工智能领域，“推理”一词涵盖了两个关键概念：逻辑推理（reason）和推断（infer），逻辑推理涉及因果逻辑，如“因为……所以……”或“如果……那么……”，而推断则指模型在部署后的工作过程，与训练阶段相对。

在探讨LLM的局限性时，发现人类的认知过程中包含预测、迭代和分层等元素。这些元素提示我们，LLM的根本缺陷可能在于它们缺乏这种高级的认知结构，尽管LLM在处理语言方面表现出色，但它们仍然无法像人类那样在回答前进行深入的规划和推理，这种能力对于构建一个能够在语言世界中进行有效推理的系统至关重要。

未来的对话系统需要具备推理和规划的能力，这与现有的自回归LLM截然不同，人类的认知系统分为两个层次：系统一负责无需刻意思考即可完成的任务，而系统二则负责需要深思熟虑和规划的复杂任务，当前的LLM缺乏系统二的能力，即利用内部世界模型进行深入思考和规划。

为实现这种高级推理，需要构建一个能够在抽象表示空间中进行优化的系统。这个系统使用评估器来衡量答案的质量，并通过优化过程来改进答案的表示，这种方法类似于基于能量的模型，模型的输出是一个单一的数值，表示答案的优劣，通过这方式，系统可以在抽象思想的空间中进行搜索，以找到最优的答案表示，然后转换为文本。

这种新的系统架构允许模型在抽象表示层面上进行推理，而不是简单地在可能的文本字符串空间中搜索，这种基于梯度的推理过程使得模型能够更有效地生成答案，因为它直接在连续空间中进行优化，而不是生成大量假设然后选择最佳选项，这种方法的关键在于，它允许模型在抽象层面上进行推理，而不是仅仅在语言层面上。

总的来说，尽管LLM在语言生成方面取得进展，但它们仍然**缺乏真正的推**

理和规划能力，未来的人工智能系统需要能够在抽象表示空间中进行优化，以实现更深层次的推理和更有效的规划，这种系统能够更好地模拟人类的认知过程，并在语言和视觉数据的处理上达到新的水平。

十、人工智能推理的进阶：从LLM局限性到联合嵌入架构与人类反馈强化学习

在人工智能的语境中，“推理”一词涵盖逻辑推理和推断两个层面，逻辑推理涉及逻辑结构，如因果关系，而推断则指模型在部署后的实际工作过程，在讨论LLM（大型语言模型）的局限性时，人类的认知过程包含了预测、迭代和分层等复杂元素，这些元素提示我们，LLM的根本缺陷可能在于它们**缺乏这种高级的认知结构**。

或许应该放弃依赖生成式模型，转而采用联合嵌入架构，提倡放弃自回归生成模型，转而支持基于能量的模型，并建议在规划无法产生预测结果时，才使用强化学习（RL）来调整世界模型或评判标准，对强化学习持批评态度的科研人员认为它在样本效率方面非常低，主张首先让系统通过观察和有限的交互来学习世界和世界模型的良好表示，然后在此基础上进行引导。

如果已经训练了世界模型，那么可以使用这个模型来规划行动以达到特定目标，而不需要依赖强化学习，只有在目标函数不够精确或世界模型不够准确时，才需要强化学习来调整，强化学习通常用于解决智能体在执行任务时的失效问题，这可能是由于目标函数设置不当或世界模型预测不准确。

关于人类反馈强化学习（RLHF），真正起作用的是人类的反馈，是强化学习本身。可以通过多种方法利用人类反馈，例如让人类对世界模型生成的多个答案进行评分，然后训练一个目标函数来预测这些评分，并使用该目标函数来预测答案的质量，这种方法在强化学习中被称为奖励模型，它是一个小型神经网络，用于估计答案的好坏程度，这种方法用于实施规划会更有效，但目前它主要用于微调系统的参数。

十一、开源作为人工智能伦理的解决方案:构建多样化和无偏见的AI系统

近期,Google发布的Gemini 1.5模型因生成了一些荒谬的结果而受到强烈批评,例如错误地描绘乔治·华盛顿为黑人的图像,这引发对LLM设计过程和审查制度的深入探讨。在这种背景下,业界提出开源作为解决方案的观点。

人工智能系统不可避免地会反映出训练数据中的偏见,这些偏见又映照了社会的偏见,由于人们对偏见的看法各不相同,实现完全无偏见的人工智能系统是不可能的,因此,需要自由和多元化,以确保信息来源的多样性,这与民主、科学进步的理念相符,未来,我们与数字世界的互动由人工智能系统介导,例如智能眼镜提供实时翻译和信息查询服务,我们不能接受所有这些系统仅由少数公司控制,因为这些系统构成所有人类知识的存储库。

开源人工智能系统允许任何人使用和微调这些系统,以适应自己的需求和目的,这种方法是实现多样化人工智能系统的关键,这些系统在政治观点上多样化,而且在语言、文化、价值体系等方面也多样化,开源平台使得各个行业和团体可以根据自己的特定需求来微调系统,构建没有独特偏见的人工智能生态系统。

在构建基础预训练模型后,应该采取最少的微调步骤,以保持系统的中立性和适应性,拥有开源平台,就可以拥有在政治观点或其他方面多样化的人工智能系统,而且在语言、文化、价值体系、政治观点、各个领域的技术能力方面也多样化,这是实现人工智能伦理的一种解决之道,技术民主化,让每个群体都有自己的专属之地。

1.开源与盈利并行:探索大型科技公司的人工智能商业模式

在探讨开源人工智能模型的商业模式时,面临着一个现实问题:公司需要盈利,而开源似乎与盈利目标相悖,以Meta为例,商业模式依赖于提供服务,这些服务可以通过广告或企业客户来实现盈利,例如,一个LLM可以帮助一家披萨店通过WhatsApp与顾客交流,询问他们想要的披萨配料和尺寸,这样的服务成本可以通过广告或其他模式来支持,关键在于,如果公司拥有庞大的潜在客

户群,并且无论如何都需要构建这套系统,那么开源并不会带来实质性的损害。

开源模型的分发实际上可能会带来潜在的好处。如果他人也在提供精调模型以服务于业务,那么他们可能会与模型的原始开发者形成竞争。对于像Meta这样的公司来说,竞争优势并不在于模型本身,而在于庞大的用户群和客户群,无论Meta提供什么服务,都对客户有用,并且有办法从中获得收入,提供开源的基础模型供他人构建应用程序,并不会损害Meta从技术中获取收入的能力,实际上,这种做法可能会加速系统的推广和改进,因为已经有成千上万的人提供了改进的想法,并且有数千家企业正在使用该系统构建应用。

对于Meta这样的公司来说,开源人工智能模型并不会削弱商业模式,相反,它可以作为一种策略,通过鼓励创新和社区参与来加强公司的市场地位,通过开源,Meta可以保持作为行业领导者的形象,同时促进技术的发展和应用,策略的核心在于,**Meta的核心竞争力在于用户基础和服务平台**,而不是单一的人工智能模型。

2.多样性与开源:应对人工智能偏见与科技界意识形态争议的策略

Gemini模型所面临的根本批评在于,去偏见的过程中,意识形态倾向的明显性引发了争议。这种批评在科技界尤为突出,尤其是在西海岸,大多数科技人员的政治立场倾向于左翼。这种倾向是否会影响工程的实施,是一个值得探讨的问题。

系统的偏见并不是由设计者的政治倾向所决定,而是由目标客户群或受众的接受度和政治倾向所影响。大型公司在推出新产品时,必须确保产品的安全性,避免冒犯过多的人。这几乎是不可能的任务,因为不同的群体会对同一系统有不同的看法和反应。在一个方向上做得过头,可能会让一部分人感到满意,但同时也会让另一部分人感到被冒犯。例如,生成不存在的人物图像,如身穿制服的黑人纳粹士兵,这种行为本身就是不真实的,并且可能会冒犯某些人。

唯一的解决方案是多样性。这种多样性不仅仅是在表面上的,而是要深入到系统的每一个层面,包括设计、实施和使用。通过开源,让更多的人参与到系统的构建和改进中来,确保系统能够满足不同群体的需求,减少偏见,并提高系统的普遍接受度。开源不仅是一种技术实践，更是一种促进多样性和包容性的社会实践。

3. 对大型科技公司生成式AI挑战的见解与开源的未来

大型科技公司能否成功开发生成式人工智能产品的质疑，我们尝试列举一系列挑战，包括内部活动分子、员工抗议、管理层的混乱、监管机构的压力、法律责任、产品责任、诽谤、选举法等，这些都可能阻碍大公司的创新。

大公司在避免形成政治观点方面非常谨慎，以防止产生可能引起争议的内容，由于不同社区和文化背景的人对道德、宗教和文化问题的看法存在根本差异，即使是中立的系统也可能冒犯某些人，因此，开源是更好的选择，因为它能够促进多样性，让不同的群体根据自己的需求和价值观来微调和使用人工智能模型。

开源模型的世界可能会带来新的挑战，例如政府和不同政治派别可能会有自己的定制模型。尽管如此，这也反映人类社会的多样性和复杂性。技术的发展提高人类的交流效率，而所有伴随而来的道德和社会问题最终都需要人类自己来解决。

进一步讨论了在开源系统中设置基本护栏的重要性，以确保系统的安全性和无害性。尽管LLM可能提供有关如何制造危险物品的信息，但实际制造这些物品需要现实世界的专业知识和技能，这是LLM无法提供的。此外，许多危险物品的制造和使用都受到国际条约的禁止，这进一步限制了LLM在这方面的潜在影响。

十二、LLaMA模型的未来展望：从多模态能力到视频训练的世界模型与硬件创新

在人工智能领域，LLaMA模型的推出引起广泛关注。LLaMA 2已经存在，而LLaMA 3、4、5、6、10等后续版本也在未来的发展蓝图中。这些版本预计带来更大的规模、更优的性能和多模态能力。未来几代的LLaMA模型可能会包含对世界运作有深刻理解的规划系统，这些系统可能通过视频训练，拥有世界模

型，并能够进行推理和规划。

尽管目前还不清楚这些更高级的系统何时会进入产品线，但研究的进展是显而易见的，尤其是在最近发布的V-JEPA中，这是向视频训练系统迈出的第一步。接下来，预计开发基于视频训练方法的世界模型。DeepMind和加州大学伯克利分校等机构也在进行类似的研究，这些工作预示着JEPA light版系统的出现，它们不会是生成式模型，而是更注重理解和规划。

对于硬件的发展，虽然规模是必要的，但还不足以满足需求。目前的计算能力远远落后于人脑的计算能力，尤其是在能效方面。人脑的功率约为25瓦，而现代GPU的功率为半千瓦到一千瓦，能力却远低于人脑。为了使人工智能无处不在，必须降低功耗，这可能需要硬件创新，包括新的原理、新的算法、新的制造技术和新的基本组件。

十三、超越莫拉维克悖论：对通用人工智能（AGI）的多维理解与渐进发展

在人工智能的发展过程中，普遍存在着一种乐观主义，这种乐观主义认为通用人工智能（AGI）即将到来，这种预期忽略了莫拉维克悖论，即**智力的复杂性和多样性**超出了我们的预期。智力并非一个单一的、线性的量度，而是一个多维的集合，包含了各种技能和能力。人类智力的范畴远超过智商测试所能衡量的范围，因为智商测试主要针对人类的特定认知能力。

在讨论AGI的前景时，重要的是要认识到，智力的表现形式在不同的生物和智能实体中是多样的。例如，猩猩在某些方面可能比人类更聪明，因为它们拥有在森林中生存所需的特定技能。这意味着，当我们谈论其他智能实体时，人类的智商测试对于它们来说可能毫无意义。智力的本质是多维的，每个智能实体都有独特的技能集合，这些技能集合定义了它们在特定环境中的适应性和生存能力。

因此，AGI的到来不会是一个单一的事件，而是一个渐进的过程。在这一持续发展的过程中，逐步开发出能够从视频中学习，具有关联记忆，并能够进行目标驱动的推理和规划的系统。要让所有这些组件协同工作，并达到人类水平

的智能,还需要克服许多技术和理论上的挑战。这个过程可能需要十年甚至更长的时间,因为它涉及我们目前尚未遇到的问题,以及可能没有简单解决方案的难题。

在过去的十几年中,一直有声音宣称AGI即将到来,但这些预言是基于错误的系统性假设且没有科学依据。实际上,当我们谈论AGI时,我们正在讨论的是一个**多维的、复杂的智能系统**,它的实现远比我们目前所理解的要复杂得多。因此,对于AGI的期待应该是谨慎的,同时也应该是基于对智力本质深刻理解的基础上的。

1.解构人工智能末世论:渐进发展与多维智能的现实视角

经常会遇到一些关于人工智能末世论的观点,这些观点通常基于错误的假设。人工智能末世论者设想了灾难性的场景,认为人工智能会逃脱人类的控制,甚至可能导致人类的灭亡。这些担忧忽略了人工智能发展的渐进性质。

首先,人工智能的发展不会是一个突然的事件,而是一个逐步的过程。逐步构建出具有更高智能水平的系统,但它们的智能水平可能仅限于特定领域,就像猫或鹦鹉那样。在这一进程中,我们学习如何为这些系统设置安全护栏,并确保它们的行为符合我们的预期。这一过程需要多学科的专家共同参与,而且不会在一夜之间完成。

此外,人工智能末世论者常常忽略了一个事实,**即智能并不是一个单一的、线性的量度,而是一个多维的集合**。在自然界中,智能的表现形式是多样的,不同物种的智能在不同环境中有不同的适应性。因此,人类的智能标准强加于人工智能系统是不合适的,也是不准确的。

对于那些担心人工智能系统可能想要接管世界的担忧,这些观点同样基于错误的假设。在自然界中,智能物种可能会统治其他物种,但这种统治欲望并不是智能的必然结果。**人工智能系统不会成为一个与人类竞争的物种**,它们不会有主宰的欲望,除非这种欲望被有意地编程进去。

在人工智能领域,目标是创建出能够理解世界、记忆、计划和推理的系统。这些系统被设计为有用、可控且安全的,它们被设计为服从人类,而不是反抗人类。

2.人工智能的伦理挑战、开源多样性与未来展望

在人工智能系统中，是否应该打开或关闭吊舱门是一个复杂而微妙的问题，这反映在设计和部署人工智能时需要考虑的伦理和实践挑战。

面对人工智能霸主可能使用企业语言与人类交流的担忧，强调开源平台的重要性。开源平台能够使来自世界各地的人们构建出代表不同文化、观点、语言和价值体系的人工智能助理，避免单一思维方式的洗脑风险。这种多样性对于保持思想、信仰和政治观点的多样性至关重要，也是民主社会的基石。

同时，我们也认识到专有人工智能系统可能导致权力集中的危险，这种集中可能会威胁到民主和言论自由。为对抗这种风险，需要确保人工智能系统的多样性和可访问性，以便每个人都能参与到这一领域的创新和发展中来。

关于人工智能技术的潜在滥用问题，例如恐怖分子或其他恶意行为者可能利用人工智能进行破坏的问题。相信通过民主和言论自由的原则，以及人类本质上的善良，可以确保技术被用于正面的目的。在此期间，即使出现恶意的人工智能系统，也会有相应的对抗措施，即所谓的**"好人工智能"对抗"坏人工智能"**。

十四、未来机器人技术的展望：从特斯拉到家庭自动化的挑战与进展

探讨人工智能和机器人技术的未来发展，我们不禁对未来的机器人充满期待。自从特斯拉的擎天柱团队展示人形机器人的进展以来，整个行业似乎被挹注新活力。波士顿动力公司长期以来一直是该领域的领导者，像Figure AI和UniTree等公司也在这一领域取得成功。

尽管如此，人形机器人在未来十年内的发展会非常有趣，但并不意味着我们会很快看到数以百万计的人形机器人在四处走动。机器人技术的发展已经经历数十年的等待期，除了预编程行为之外，真正具有自主性的机器人产品尚未出现。莫拉维克悖论仍然是一个主要挑战，即如何让机器人系统理解世界并有效规划行动。

波士顿动力公司的方法是通过手工制作的动力学模型和仔细的预先规划来实现特定任务的自动化。这种方法不足以构建出能够执行复杂任务的家用机器人。我们距离实现完全自动驾驶的L5级系统还有很长的路要走，更不用说让机器人像17岁的青年那样经过20小时的训练就能自动驾驶。

要实现机器人技术的重大进展，需要能够自我训练并理解世界运作的世界模型和系统。目前，许多从事机器人硬件工作的公司都在期待人工智能在这方面取得足够的进展。他们希望在即将到来的产品中发现这种突破，尽管在拥有真正强大的世界模型之前，可能会出现一个几乎强大的世界模型。

在家庭环境中，人形机器人可以帮助实现某些方面的自动化，尽管这是一项非常困难的任务，需要考虑所有的安全性问题。例如，洗碗、打扫房子、清理桌子等任务原则上都可以自动化，但实际上却非常复杂。即使是在充满不确定性的空间中进行基本导航，对于机器人来说也是一个挑战。

目前，机器人可以在一定程度上进行导航和物体识别，但要达到能够复杂到足以执行清理餐桌等任务的水平，还有很长的路要走。尽管如此，随着技术的进步，有望在未来看到越来越多的机器人出现在家庭中，这提供独特的机会，从哲学和心理学的角度探索我们与机器人的关系。这样的未来无疑是令人兴奋的，也预示着人工智能和机器人技术朝着更加深入人类生活的方向迈进。

十五、人工智能的未来愿景：智能增强、人性之善与技术普及的力量

在面对未来，尤其是考虑到人工智能和机器人技术的迅猛发展，不禁让人充满希望和期待。尽管社交媒体和新闻常常充斥着战争、分裂和仇恨的消息，这些都是人性的一部分，但在这一切之中，人工智能带来的积极变化给予了希望。

人工智能有潜力极大地增强人类的智力，它成为人类的智能助手，帮助人类更高效地完成任务。想象一下每个人都有一批比自己更聪明的虚拟助手，这是多么美妙的事情。就像每个人都成为一群超级聪明的虚拟员工的老板。应该把这种智能增强看作一种积极的变革，就像历史上印刷机的发明一样，它让

书籍变得更加普及,使人们变得更加聪明,并开启了启蒙运动。

印刷机的发明彻底改变世界,因为它使人们能够获取知识,了解事物。今天,人工智能的发展可能会带来类似的变革。它可能会像印刷机一样,让人类历史上的每个人都变得更聪明。这种技术的普及和开源运动的推动,使人工智能不仅增强人类的智力,也增强人类的善良程度。

尽管有些人对人工智能持悲观态度,但我相信人性本善。如果人工智能能够使人类变得更聪明,那么它只会增强我们的善良本性。开源人工智能的推广使这项技术更加普及,为人类带来积极的影响。未来的工作可能会在元宇宙中进行,我们无法预测具体的职业,但我们知道,随着技术的发展,新的职业会涌现。

总而言之,我始终对人工智能的未来持乐观态度。人工智能增强人类的智力,帮助我们更好地完成任务,并且通过开源和合作,可以确保技术的进步惠及全人类。尽管存在挑战和潜在的风险,但通过明智地管理和创新,人工智能可以成为人类社会的积极力量。

第四节　构筑未来经济新要素:财政革新与数据资产化是数字化时代的经济新秩序

随着经济结构的转型和升级,传统的土地财政模式已不再适应现代经济发展的需求,政府正积极探索新的财政模式,把**土地财政与股权财政、数据财政相结合**,以实现更加多元化和可持续的财政收入结构。

在转型过程中,地方融资平台的角色也在发生根本性变化,不再仅仅是项目投融资的工具,而是转变为推动地方产业发展的综合平台,这一转变体现在对产业链的全面投资,包括产业衍生、产业赋能、基础设施建设以及产业金融服务,这样的转型能够促进新兴产业和创新产业的发展,还能孵化出具有市场主导地位的产业龙头企业,为文旅项目等提供数字化和科技赋能,面向全行业提升估值和收益。

在全球范围，数据已经成为推动经济增长和创新的关键要素，随着数字化转型的加速，各国政府积极促进数据资源的有效利用和安全保护，数据作为一种生产要素，地位已经与传统的土地、劳动力、资本和技术等要素同等重要。

在数字经济时代，数据的重要性凸显，成为企业获取市场洞察、优化决策、创新产品和服务的关键基础，无论是消费者行为分析还是供应链管理，数据都发挥着核心作用。数据资产正式纳入财务报表，是对数据价值的正式认可，也是对重要性的量化体现，有助于企业、投资者和其他利益相关者更准确地评估企业价值，推动数据资产的科学管理和增值，提升企业的整体商业价值和竞争力。

一、促进数据管理和治理

为充分发挥数据资产的潜力，要求企业必须加强对数据的管理和治理，确保数据的准确性、完整性、安全性和合规性。这意味着，数据治理成为企业管理体系中的核心环节，涉及数据质量管理、隐私保护、安全措施以及对数据生命周期的全面监管。

良好的数据治理有助于满足日益严格的法规要求，更是维护企业声誉、增强客户信任的关键，通过数据资产纳入正式的财务账目，企业能够更有效地监控数据资产的价值变动，确保数据在整个组织中的透明度和可追溯性，提升企业对数据资产的掌控能力，也为企业在数据驱动的决策制定中提供牢固的基石。

强化数据管理和治理还能够帮助企业更好地应对数据泄露、滥用和其他安全威胁的风险，确保企业在激烈的市场竞争中保持领先地位，通过建立健全的数据治理框架，企业能够确保数据资产的有效利用，同时避免潜在的法律和运营风险，从而在数字经济时代中实现长期稳定的发展。

为充分释放数据的商业潜力，确立数据资产的价值成为数据交易和流通的关键先决条件。数据资产的正式入表为企业间的数据买卖和共享提供了坚实的支撑，促进数据市场的透明度和规范化发展，企业可以依据数据资产的准确估值进行交易,开拓新的商业模式和收益来源,数据资产的正式认可也鼓励数据的开放共享,激发数据驱动的创新和知识传播。

数据资产入表是对数据价值的官方肯定,更是企业在数字经济时代转型升级的关键一环。

并非所有数据都适合成为资产并入表,只有那些能够明确为企业带来经济利益、可以量化并受到企业控制的数据,才符合资产入表的标准,在决定哪些数据应当入表时,可以遵循以下原则:

有经济利益的数据:能够为企业带来直接或间接经济利益的数据,如提升销售额、降低成本或提高运营效率的数据,应当被视为资产并入表。

已投入成本的数据:企业已经投入资源进行收集、处理和分析的数据,如果预期能够带来未来经济利益,应当作为资产入表。

长期价值的数据:具有长期价值的数据,例如客户信息数据库、市场研究报告或知识产权相关的数据,通常应当入表。

相反,以下类型的数据通常不宜入表:

无法直接带来经济利益的数据:不能为企业创造经济价值的数据,一般不被视为资产。

无法量化价值的数据:价值难以估计或经济利益不明确的风险,这些数据不宜作为资产入表。

隐私和合规性问题:涉及个人隐私或合规风险的数据,由于法律法规的限制,可能不适合作为资产入表。

暂时性或流动性数据:仅在短期内有用或很快就会过时的数据,一般不需要入表。

通过甄别和管理,企业可以确保数据资产的有效管理和运用,规避不必要的风险,在数据经济的大潮中稳健前行。

深入分析和应用这些原则和方法,可以更清晰地识别和评估数据资产的价值,让我们通过实际案例来进一步理解这些概念。

以一家电子商务企业为例,客户关系管理(CRM)系统中积累丰富的客户数据,包括购买历史、偏好和行为模式。这些数据对公司极具价值,因为它们能够用于实施个性化营销策略,显著提升销售转化率和客户忠诚度,由于这类数据直接促进了公司收入的增长和市场份额的扩大,它们无疑符合数据资产的标准,应当被纳入公司的财务报表中,以反映对企业财务状况的正面影响。

相对地,考虑一家处于研发阶段的科技初创公司,可能产生大量的实验和测试数据,尽管这些数据对产品开发至关重要,但它们在当前可能尚未直接产生经济利益,且难以准确量化对未来收益的贡献,此外,如果这些数据是一次性的,或与即将淘汰的产品相关,它们可能会很快变得过时,因此,这些数据可能尚不符合作为资产入表的条件。

在另一种情况下,某些数据可能因涉及隐私或合规性问题而不宜入表,例如,一家医疗健康公司可能掌握着大量患者的健康信息,尽管这些数据在商业上可能具有极高的价值,但由于受到严格的隐私法规和合规性要求的限制,这些数据作为资产入表可能会引发法律风险和道德争议。

在实际操作中,企业可能会遇到对于非结构化或半结构化数据,如何有效量化潜在价值是复杂且细致的任务,通常需要借助先进的数据分析工具和专业知识,以便从繁杂的数据中提炼出有价值的信息。

在评估数据资产的价值时,企业需要综合考虑多种因素,包括数据的来源、类型、收集与处理的成本、预期的使用寿命与公司业务目标的相关性,以及数据的稀有性、可用性和相关性等,企业必须运用技术工具和综合决策框架来应对评估和分类数据资产的挑战,确保数据资产的准确入表,从而在数字经济时代中实现最大价值。

二、识别合适的数据资产——数据资产的初始计量、数据资产后续摊销

正确识别和评估数据资产是企业数字化转型的关键一环,会计团队扮演着至关重要的角色,他们需要精确判断哪些数据具备成为资产的潜质,意味着所选数据能够为企业带来可预期的经济利益,而且企业对这些数据拥有充分的控制权和所有权,例如,详尽的客户数据库或独到的市场研究数据,由于能够直接

影响企业的销售收入或降低成本,因而成为数据资产的典型代表。

数据资产的识别还涉及数据是否能够独立产生收益,或者是否与明确的成本相关联,换言之,数据资产本身或由其衍生的产品和服务,应当能够为企业带来直接的收入贡献。

在确定数据资产的范围之后,企业面临的下一个挑战是数据资产的初始计量,这一过程涉及对数据采集、处理和分析过程中产生的成本进行细致评估,这包括数据创建和维护的直接成本,还可能涵盖相关的间接成本,如软件采购费用、员工培训开支等,例如,对于一家投入重资开发数据驱动的用户推荐系统的公司而言,这些投入的成本应当计入数据资产的初始价值。

与其他无形资产类似,数据资产可能需要根据预期的使用寿命进行摊销,企业必须确定合适的摊销方法和期限,这通常基于数据资产的预期使用寿命和价值衰减速率,对于那些价值保持稳定或价值衰减难以预测的数据资产,企业需要定期执行减值测试,确保数据资产的账面价值不会超过可回收金额。

尤其是对于那些价值可能因市场波动或技术革新而迅速变化的数据资产,定期的减值测试显得尤为重要,这有助于确保资产在财务报表上的记录能够真实反映当前的市场价值。

数据资产的会计处理是复杂的过程,要求企业在会计政策和实践中做出适当的调整,需要企业对数据价值有足够的理解,还需要精湛的会计技巧,以确保数据资产在财务报表中得到准确地体现。

以一家电子商务公司为例,该公司积累大量的客户行为数据,包括购物历史、产品偏好和用户反馈,在会计处理上,公司首先确认这些客户数据是否能够带来经济利益,鉴于这些数据能够用于提升交易量、优化库存管理和增强顾客满意度,它们被视为有价值的资产,并适合纳入财务报表。在进行初始计量时,公司评估了与数据收集、存储和分析相关的成本,包括数据管理系统的维护费用、数据存储设施的投资以及分析团队的人力成本。

随后,公司面临的挑战是如何对这些数据资产进行后续的计量和摊销,鉴于客户行为数据的相关性可能随时间发生变化,公司估计这些数据的有效期限为两年,并选择在此期间内进行直线摊销,意味着公司在利润表中逐步体现这些数据资产的摊销费用,从而影响净利润。

随着市场的变化,如果数据资产的实际价值低于账面价值,公司进行减值处理,确保财务报表上的价值准确无误,通过细致管理和会计处理,确保数据资产的价值得到充分体现,同时保持财务报表的真实性和透明性。

数据资产纳入财务报表,对资产负债表、利润表、现金流量表带来影响,数据资产的入表,显著改变了企业的资产负债表。在利润表方面,数据资产的摊销成为一笔重要的费用,在现金流量表中,数据资产的获取或开发通常涉及现金支出,这会影响公司的经营活动或投资活动的现金流。

数据资产纳入财务报表是企业数字化转型的重要里程碑,数据资产入表提升企业的总资产价值,还可能重塑资产负债表的结构,反映出企业在知识经济中的竞争力和市场地位。

作为无形资产的一部分,数据资产的加入意味着企业总资产的增加,提升了企业的资产规模,还可能改变资产组合的构成,在资产负债表上,较高的无形资产比例可能凸显公司在技术创新和知识产权方面的领先地位,这种变化有助于投资者和利益相关者更全面地理解企业的财务状况和长期价值。

在利润表中,数据资产的摊销作为一项持续性费用,逐期影响公司的营业利润和净利润,虽然短期内这可能会对盈利能力造成压力,但长期来看,通过有效管理和利用数据资产,企业能够实现更高的运营效率和市场竞争力,从而增强盈利能力。

现金流量表也受到数据资产入表的影响,数据资产的获取和开发需要前期的现金投入,这在现金流量表的经营活动或投资活动中体现,由于摊销费用属于非现金项目,它在现金流量表中进行相应的调整,尽管数据资产的相关支出可能会影响现金流,但实际影响需结合非现金调整项来综合评估。

数据资产的纳入还可能影响企业的关键财务比率,例如,资产负债率可能会因总资产的增加而调整,而盈利能力指标,如净利润率和营业利润率,可能会因为数据资产的摊销和潜在减值而在短期内受到影响,从长远来看,数据资产的有效管理有助于企业提升市场竞争力,增强盈利能力,并对企业的整体财务表现产生积极影响,因此,企业需要在战略规划中充分考虑数据资产的长期价值,以实现可持续的财务增长和市场成功。

让我们通过一个具体案例来深入理解数据资产入表对企业财务报表的影响,假设A公司在2023年决定将宝贵的客户行为数据正式纳入财务报表作为数据资产,以下是这一决策带来的具体财务影响及相关数据展示。

在2023年初,A公司的财务状况如下(单位:元):

• 总资产:500,000

• 无形资产(不含数据资产):50,000

• 营业利润:100,000

• 净利润:80,000

• 现金流量(投资活动):-20,000

A公司识别到客户行为数据的商业价值,并决定作为数据资产入表,初始计量为30000元,该成本包括了数据的收集、存储和分析等环节的费用。

这决策对A公司的财务报表产生了以下影响:

1.资产负债表

• 总资产增加至530,000元(原500,000元+数据资产30,000元)。

• 无形资产增至80,000元(原50,000元+数据资产30,000元)。

2.利润表

• 假设数据资产的预期使用寿命为3年,采用直线摊销法,年摊销费用为10,000元。

• 2023年营业利润调整为90,000元(原100,000元-摊销费用10,000元)。

• 假设其他条件不变,净利润相应减少至72,000元。

3.现金流量表

• 假设数据资产的建立涉及30,000元的现金支出,投资活动现金流量调整为-50,000元(原-20,000元+数据资产支出30,000元)。

此外,A公司的财务比率也发生变化:

• 资产回报率(ROA)：净利润/总资产 = 72,000 / 530,000 = 13.6%，较原先的16%有所下降。

• 资产负债率：总负债/总资产 = 不变(假设负债未发生变化)。

通过客户行为数据纳入财务报表，A公司的总资产和无形资产得到提升，在一定程度上反映公司资产规模的扩大和结构的优化，尽管短期内由于数据资产摊销，公司的营业利润和净利润有所下降，投资活动现金流量也受到影响，但长期来看，有效利用这些数据资产有望增强公司的市场竞争力和盈利能力，对企业的财务健康和市场表现产生积极影响。

数据资产纳入企业资产负债表，标志着企业对数据价值的正式认可，并作为企业资产的重要组成部分，这过程包含多个关键环节，首先是合规与确权，确保数据来源的合法性和权属的明确性，构建完整的授权链；其次是建立有效的数据治理体系，明确责任分配、制定管理标准，并开展数据资源目录的建设与资源分析，以确保数据治理的有效执行；再次是进行预期经济利益的可行性分析，结合数据分类和商业应用场景评估数据资产的经济价值，并建立内部数据资产价值评估体系；此外，还包括相关成本的合理归集与分摊，确保数据资源各项成本的准确核算和计量的可靠性；最后是在财务报表中列报与披露，增设相关子项目，细化数据资源的披露内容，以提高透明度和价值体现。

数据资产入表意味着国家通过企业以数据为锚来推动经济发展，而且数据开始被视为与劳动力同等重要的生产要素，这表明现有的生产关系可能难以适应并推动生产力的发展，需要引入新的生产要素和建立新的生产关系，此外，集团内部的业务分支可能会因数据归属问题而进一步分化，可能削弱集团的统一结构和垄断性质，同时，也反映许多早期的数字化转型方案未能成功，因为过于侧重于降本增效，忽视数字化转型的核心在于改变生产关系，这一转变面临的阻力巨大，需要数据资产这一新的生产要素的注入，以及新的增量空间，这可能是由技术革命或政府政策引导的产业发展所带来的。

2023年8月21日，财政部会计司正式发布了《企业数据资源相关会计处理暂行规定》，这一规定为企业数据资源的会计处理提供明确的规范，同时也增强会计信息的透明度和披露的严格性，该暂行规定自2024年1月1日起实施，采用未来适用法，主要针对数据资源是否能够作为资产入表、数据资源及相关交易的会计处理方式、在财务报表中的列示方法，以及所需披露的信息程度等方面进行详细的规定。

适用范围涵盖企业按照企业会计准则确认为无形资产或存货等类别的数据资源，以及企业合法拥有或控制、预期能带来经济利益但尚未确认为资产的数据资源。

在判断数据资源是否可以确认为资产时，企业需考虑以下条件：

一是数据资源须由企业过去的购买、生产、建设行为或其他交易事项形成，而非预期未来发生的交易或事项。

二是企业必须拥有或控制相关数据资源，其中"拥有或控制"的定义是指企业拥有资源的所有权，或虽无所有权但能实际控制该资源。

暂行规定还明确了企业应依据企业会计准则，结合数据资源的持有目的、形成方式、业务模式，以及预期的经济利益和消耗方式，对数据资源相关交易和事项进行会计确认、计量和报告，根据经济利益的实现方式，数据资源被进一步细分为"企业使用的数据资源"和"企业日常活动中持有、最终目的用于出售的数据资源"，并规范在不满足资产确认条件下相关数据资产交易的处理方法。

数据资产纳入财务报表标志着企业迈向数字化时代的关键一步，这一战略举措彻底重塑企业的财务管理框架和运营流程，更是企业对快速发展的数字经济和演变的社会趋势的前瞻性适应与积极回应，在数字化转型深化的今天，我们可以满怀信心地预见，对数据的深刻洞察和高效运用在塑造企业未来的核心竞争能力和推动持续增长中扮演至关重要的角色，通过数据资产正式纳入财务体系，企业能够更准确地反映价值创造过程，还能够更好地捕捉和利用数据驱动的商业机会，从而在激烈的市场竞争中保持领先地位。

第五节　构筑未来经济新要素：数字货币革命加速金融科技的新浪潮与Web3经济的崛起

数字货币构筑现代金融新高地，在全球经济数字化转型的大潮中，数字货币以独特的创新性和颠覆性，正逐步成为金融科技领域的焦点，数字货币是一种新型的支付方式，更是现代金融产业的一次重大革新，重塑整个金融生态系统。

数字货币的发展现状：数字货币的概念最早源于密码学和互联网的发展，随着区块链技术的成熟，数字货币开始进入公众视野，比特币作为最早的加密货币，开启了数字货币的先河，随后，以太坊、莱特币等众多加密货币相继出现，形成庞大的数字货币市场。

在全球范围内，各国央行也开始关注并研究数字货币，中国人民银行推出的数字人民币（DCEP）是目前最为人所熟知的中央银行数字货币（CBDC）试点项目之一。数字人民币的推出，提高支付系统的效率，降低交易成本，同时增强货币的监管能力。

国际上，欧洲央行、美联储等也在积极探索数字货币的可能性，这些探索涉及技术层面，还包括法律框架、监管政策等多个维度，数字货币的发展，已经引起了全球金融监管机构的高度关注。

数字货币的产业影响：数字货币的推广重塑支付体系，提高支付效率，降低交易成本，数字货币的去中心化特性，使得跨境支付变得更加便捷，有望解决传统金融体系中的痛点问题。

数字货币的匿名性和便捷性推动普惠金融的发展，使得金融服务更加普及和便捷。对于发展中国家和农村地区的金融服务覆盖具有重要意义。

数字货币还促进金融创新，催生新的商业模式和服务模式，例如，去中心化金融（DeFi）的兴起，为金融市场提供新的流动性来源和投资机会。

数字货币的发展也对传统银行业产生重要影响，一方面，数字货币可能会减少对传统银行账户的依赖,从而影响银行的存款基础和信贷业务,另一方面,银行需要适应数字货币带来的变革,通过技术创新提升自身的竞争力。

Web3新经济代表着一种全新的经济模式,它预示着全球经济朝着更加开放、高效和包容的方向发展,为全球经济的繁荣和人类社会的进步提供新的动力,而且通过独特的特性和功能,引领全球经济向更加开放、高效、包容的方向发展,为全人类的繁荣进步贡献力量。

在实体经济服务方面,Web3新经济通过提供更高效、透明的货币和资产流转方式,以及创新的融资机制,极大地促进资源的高效配置,这种分布式和可编程的特性,为新兴科技企业和项目提供了一个灵活且成本效益高的运营环境,从而加速了科技成果的转化和实际应用,激发了产业创新和经济增长的活力。

在金融发展领域,Web3金融基础设施被视作全球金融基础设施的"2.0"版本,它与数字原生经济系统天然契合,这一基础设施打破了传统金融服务在地域和时间上的局限,推动了金融服务的全球化和互联互通,通过这种方式,Web3新经济为全球资本市场的融合和创新提供了前所未有的新机遇。

会计作为一种记录和追踪经济活动的手段,自人类文明初期就已存在,伴随着人类经济制度的升级,每一次会计方法的重大变革,都对社会发展产生重要影响。

在古代,会计的最初形式——单式记账法,起源于公元前3500年的美索不达米亚地区。苏美尔人使用泥板记录借贷关系,这不仅标志着信用货币的起源,也是人类首次以量化的方式管理和审视自己的经济活动。

随后,会计的第二次革命发生在14世纪的欧洲,当时工商业的兴起催生了复式记账法,这种方法通过结合书写艺术、算术、私有财产概念、货币符号、信用机制、远程商业和资本七大要素,确立"借贷平衡"的基本原则。复式记账法不仅更好地保护了资金提供者的利益,促进了社会资金的聚集和流通,而且经济活动的观察视角从简单的收支平衡转变为更为复杂的资产负债管理和利润增长。

进入21世纪,随着中本聪在2008年提出的比特币白皮书中阐述的区块链技术的出现,会计迎来了第三次革命——分布式记账,区块链技术通过创建一个去中心化、透明且可信的系统,使得价值转移像信息传输一样高效便捷,无需依赖任何中介机构,数字货币和数字资产的代币化不仅改变了传统的记账单位,还促进了全球资金的融通和流动性,推动了经济和金融活动的全球化,超越了传统主权国家的界限。

这一变革正在重塑人类的分工与协作模式,赋予个体更大的能力,重构组织结构,并催生以 Web3 为代表的新经济形态,分布式记账技术的发展,预示着一个更加开放、互联和高效的经济时代的到来,为全球经济的未来发展开辟了新的可能性。

随着区块链技术的成熟,一个能够支撑大规模应用的基础设施已经基本成型,自 2023 年以来,比特币的二层协议展现了巨大的创新潜力,以太坊的发展轨迹尤为显著,从最初的单链结构,到 Rollup 技术的中心化路线图,再到模块化区块链的探索以及坎昆升级的实施,每一步都稳健地按照既定路线图向前推进,同时,高性能的 Alt Layer1 也在迭代中,生态系统日益壮大且充满活力。在这一过程中,许多开发者在特定细分领域深耕细作,例如全链游戏引擎的开发、零知识证明(ZK)技术在实际应用中的落地,以及全同态加密技术的突破,都为区块链技术的应用前景增添了无限可能。

在区块链应用开发领域,开发壁垒正在逐步降低。项目可以根据可扩展性、去中心化程度、自主性和安全性等不同维度,比较去中心化应用(DApp)、Rollup 应用、Layer3 解决方案和应用链(App Chain),并根据自身需求制定最适合的技术方案,开源工具的多样化、来自不同生态系统的资金支持,以及开发者之间交流和学习的平台和社区,共同推动了 Web3 应用开发的便捷性和效率。

数字货币和数字资产正逐渐融入主流金融系统,2024 年,美国证监会批准比特币现货 ETF,成为 Web3 新经济发展的一个重要里程碑,这一事件标志着数字资产能够接触到更广泛的用户群体和流动性,正式在主流金融市场中占据一席之地,同时,实现世界资产和证券的代币化(即 RWA 和 STO)进一步推动数字资产与主流金融市场的融合,为区块链技术在金融领域的应用开辟新天地。

在20世纪90年代,万维网的兴起和NSFNET骨干网络的退役,共同宣告了Web 1.0时代的商业化浪潮,1995年成为互联网历史上的一个转折点,标志着互联网从基础设施建设转向应用平台的发展,在那十年,全球众多知名互联网平台如Amazon、eBay、Yahoo和Google相继诞生,这一时期成为互联网商业化的关键阶段促成这一历史性时刻的因素包括技术的进步和基础设施的完善、开源文化的兴起、无限的可能性以及资本的推动力。

今天,区块链领域同样具备这些关键因素,预示着即将到来的区块链「1995时刻」,过去16年的技术沉淀、活跃的开发者社区、持续的探索和创新、生成式人工智能的兴起、比特币减半事件以及数字货币和数字资产与主流金融系统的融合,这些因素共同为未来十年区块链应用的蓬勃发展奠定基础,我们有理由相信,未来十年是区块链技术应用最为繁荣的时期,Web3新经济中绝大部分的财富创造和价值实现尚未展开。

Web3新经济以独特的无边界经济属性,正在重塑我们对经济活动的传统认知,在传统经济模式中,经济行为受到技术限制、交易成本、信任范围以及契约执行力等因素的约束,从而形成了有边界的市场,无论是局限于企业内部、特定行业还是国家层面,Web3新经济则基于区块链的去中心化特性、最小化信任需求以及智能合约的自动执行能力,天然具备跨越时空、组织、行业乃至司法管辖区的能力,区块链作为一种开放透明的全球公共账本,为无边界的价值创造和流转提供了理想的支持体系。

Web3新经济遵循高固定成本、低甚至零边际成本的运作规律,这一规律是与传统经济模式的根本区别,在Web3新经济框架下,构建协议层和基础设施需要较大的初始投资,但这些基础设施一旦建成,应用层对协议层和基础设施的利用成本几乎可以忽略不计,这种模式加速了Web3应用的开发和普及,也促使更多的价值汇聚于协议层和基础设施层面。

在Web3新经济中,价值主要以代币化的形式存在,包括数字货币和数字资产,代币化的技术基础是密码学和区块链技术,通过分布式账本和分布式记账实现登记、发行和流通,并依托智能合约和代币经济学构建起分布式金融服务体系和商业应用,自2009年以来,区块链技术的研发、市场创新以及监管突破等都在为Web3新经济的金融基础设施建设做出贡献,这套金融基础设施与传统金融系统有着本质的不同。

Web3新经济的价值不仅体现在代币化上,还具备两个显著特征,首先,价值最大化的途径在于开放和无需许可的使用权,无论是协议层还是应用层,系统开发完成后要实现价值最大化,都必须采取开源、开放和免费的策略,通过网络效应来创造和积累价值,其次,使用权在Web3新经济中的重要性超过了所有权,当系统转为开源、开放和无需许可时,所有权的作用相对减弱,而使用权成为实现价值最大化的关键,从比特币和以太坊的发展可以看出,Web3新经济的本质在于开放性和包容性,它鼓励创新、促进合作,并为全球经济的未来发展提供了无限可能。

在Web3新经济的背景下,记账方式的变革引领记账单位的转变,从传统的中心化簿记过渡到了基于区块链的分布式记账,这种转变也伴随着记账单位的本质变化,即从法定货币转变为数字货币。

在传统的银行账户体系中,记账单位基于法定货币,这是中心化金融体系的基础,而在现代的互联网账户体系中,虽然仍然依赖于法定货币,但已经通过网络平台的电子支付功能进行扩展,使得平台货币成为一种新型的支付手段。

在分布式账本技术中,记账单位则转变为数字货币,它们可以大致分为三类:

法定数字货币(CBDC),这是由中央银行发行的数字货币,属于基础货币(M0)的范畴。法定数字货币可以被视为现金的数字化形式,它保留了法定货币的核心属性,同时利用了区块链技术的便利性和安全性。

机构数字货币,主要以稳定币为代表,这类数字货币由商业机构而非中央银行创造,属于广义货币(M2)的范畴,它们通常与法定货币或其他价值稳定的资产挂钩,以保持价值的稳定性。

原生数字货币,这类货币包括区块链协议中的原生代币(例如比特币和以太币)以及基于ERC20等标准构建的智能合约原生代币,原生数字货币通过算法发行，不依赖于任何法定货币，它们代表了数字货币领域的创新前沿。

随着Web3新经济的到来，我们见证数字资产这一新兴资产类别的崛起，它们主要可以分为四个类别：

功能型代币，这类代币代表了对虚拟商品的使用权，用户购买功能型代币，本质上是为了获得特定虚拟商品或服务的使用权，这些代币对虚拟商品的使用权进行了份额化，为用户提供了一种全新的价值交换方式。

证券型代币，它们代表了公司所有权的数字化分割，在传统金融体系中，公司所有权通过股票的形式体现，而在Web3新经济中，分布式账本技术使得公司所有权可以通过代币化来表示，从而创造出证券型代币，为用户提供了一种新型的投资和所有权管理工具。

数字通证（NFT），即非同质化代币，它们在数字世界中具有独特的自我证明功能，NFT不仅能够证明个人或机构的身份和关系，还能作为工作、贡献以及权益和权力的凭证，它们为数字世界中的物品提供了一种独特的身份标识和所有权证明。

现实世界资产代币化（RWA），这涉及现实世界的资产如房地产、信贷资产、证券和基金等通过代币的形式发行给投资者，这些代币化的资产既可以在数字资产交易所上市交易，也可以在机构间进行代币形式的交易，为传统资产市场提供了新的流动性和可及性。

在探讨数字货币和数字资产时，我们需要明确几个相关概念。首先，数字货币和数字资产是代币化的产物，它们与传统金融基础设施中的数字货币和资产不同，尽管后者也以数字形式存在，其次，加密资产是数字资产的一个子集，根据巴塞尔委员会的定义，除了法定数字货币以外的数字资产都属于加密资产，最后，数据资产源自数据要素市场，它们与传统金融基础设施或Web3金融基础设施无关，通常存储在数据库中，并具有公共产品的特征，而数字货币和数字资产则具有清晰的所有权，交易涉及所有权的转移，属于典型的私人产品。

技术的进步是推动社会发展的关键力量，而技术的革新也必引领生产关系的重大变革，在Web3新经济的背景下，这种变革首先体现在个体能力的增强和组织结构的重塑上。

在Web3新经济中，个体的能力和支配力得到前所未有的提升，随着技术的发展，个体不再受限于传统的地理和组织界限，而是可以在一个全新的社会空间——网络城邦中自由地发挥潜力，网络城邦是一个跨越时空的全球性网络空间，它打破传统的雇佣关系和地理限制，使得经济活动和协作可以在全球范围内无缝进行，这种全球化的分工和众包协作趋势，正在重塑经济和商业活动的逻辑，使得全球性因子的权威力日益上升，而区域性因子的支配作用相对下降。

与此同时，主权个人的概念应运而生，在Web3新经济的推动下，个体的能力得到极大地提升，使得他们能够超越传统的组织结构，掌握更多的资源和权力，这种变化打破职业界限，降低学习新知识的门槛，还改变经济活动中的权力格局和管理模式，企业组织的传统优势正在衰退，而主权个人正在崛起，他们重塑资源配置的方式，并在网络城邦中实现个人自主性和超额回报。

数字游民的现象也是Web3新经济的显著特征，这些人通过互联网赚取收入，并选择在生活成本较低的地区居住，享受全球化带来的便利，随着网络城邦的形成和主权个人的崛起，跨国界的人才流动、知识共享和文化交流正在加速发展，例如，Vitalik Buterin提出的流动社区Zuzalu，就是一个聚集来自世界各地的优秀人才的实验性项目，他们在社区中共同探讨前沿议题，并在体验共居生活后新思想传播到世界各地。

这些现象虽然看似随机和分布式，但它们实际上是Web3新经济催生的新型生活与工作方式的体现，这些方式展现流动性与聚合性的结合、数字空间与在地文化的融合，以及全球化与个体化的趋势，Web3新经济正在推动我们进入全新的时代，一个以个体能力和全球互联为核心的时代。

在Web3新经济的背景下，商业组织面临着重新定义人机协同模式的挑战，需要重新审视智能体之间的分工与合作，要求组织结构适应新的生产力和生产关系，以更好地适应数字化时代的要求。

OpenAI的创新股权架构为我们提供独特的视角，OpenAI虽然成立了股份有限公司，但它对股东的盈利进行了限制，创造了一种非营利实体与盈利实体共存的特殊治理结构，这种结构预示着OpenAI最终成为一个开源、开放、无需许可和无需信任的基础设施，类似于互联网的TCP/IP协议，成为人类共有的通用资源，这种架构的创新性在于它已经超越华尔街的传统模式，体现了硅谷科技公司对于社会责任的深刻理解和对AGI时代新利益分配框架的探索，缓解公众对垄断和超额利润集中的担忧。

在Web3新经济中，区块链协议的开源、免费、无需许可和无需信任的特性，为所有人提供平等的使用和参与机会，任何人都可以自由地使用这些协议，对进行分叉，或在基础上构建新的应用，无需任何形式的批准，区块链协议与开源组织的关键区别在于，区块链协议内置了功能型代币，这种代币使用权标准化和份额化，通过功能型代币捕获网络使用的价值，并进行经济激励和利益分配。这一机制完全符合数字经济高固定成本、低边际成本的特征。

随着Web3新经济的发展，所有权市场的重要性逐渐下降，而使用权市场的地位日益上升，工业经济时代的所有权市场，以股权交易为特征，制度基础是股东资本主义，公司制体现了股权结构，并通过股票交易所进行交易，而在数字经济时代，使用权市场成为主流，制度基础是利益相关者资本主义。在这一模式下，非营利组织和开源组织占据主导地位，使用权通过代币化得以体现，功能型代币可以在数字资产交易所进行交易，从而为数字经济提供了新的价值交换和资源配置机制。

传统金融基础设施依赖于中心化的账户系统和复式记账法，处理的货币和金融资产，如中央银行货币、商业银行存款、互联网支付账户余额以及股票、债券等，都是以账户余额形式存在，并依赖于账户间的借贷操作来完成流转和交易，相比之下，Web3金融基础设施承载的是数字货币和数字资产，它们以代币化的形式存在，具有物权属性，体现了“占用即所有”和“交易即结算”的原则。

Web3金融基础设施是全球金融基础设施的2.0版本，核心在于金融系统的状态和交易记录，金融系统的状态反映资产和负债在各类参与者之间的分布，而交易则记录了金融系统中的活动和状态的更新，这些记录可以通过传统账户体系或分布式账本来完成，Web3金融基础设施在管理方式、交易执行、清算、结算和隐私保护等方面展现出独特的优势。

Web3金融基础设施具有极高的开放性,任何人或机构都可以在遵循区块链协议的前提下,无需许可和信任即可参与,这体现了金融民主化和普惠化的理念。

Web3金融基础设施本质上支持匿名性,同时又能适应金融法律和法规的要求,如KYC、AML和CFT等,保护用户隐私的同时,为数字货币和数字资产融入主流金融系统提供了基础。

Web3金融基础设施支持点对点交易,实现了交易即结算,使得任何两个人都可以在无需第三方的情况下进行安全、便捷的价值交换,极大地提升了合作模式和市场范围。

Web3金融基础设施天然支持跨境交易,从一开始就为全球金融资源配置、资产定价和风险管理提供了支持。

Web3金融基础设施价值载体与编程逻辑结合,通过智能合约引入了交易的可编程性,增强了活动的可组合性,并支持了传统金融领域未曾见过的创新模式,如NFT和DeFi。

Web3金融基础设施的安全性极高,分布式账本的公开性、密码学和共识机制的应用确保了交易记录的安全性和不可篡改性,非对称加密技术保障了只有私钥拥有者才能控制相关数字货币和数字资产。

Web3金融基础设施与数字原生经济系统天然契合,在数字原生经济系统中,资产发行和交易完全数字化,无国界限制,需要一个能够支持资产自由流通和价值互联互通的金融基础设施。Web3金融基础设施提供了一个高效的全球价值网络,同时,区块链的去中心化特性消除了中介成本高和信任基础薄弱的问题,增强了用户对自己资产的主权、数据透明度和交易安全性,此外,数字原生经济系统是基于使用权的经济系统,Web3金融基础设施能够促进使用权市场的流动性和效率,为数字经济的发展提供了坚实的后盾。

Web3新经济生态是一个以数字货币、数字资产及相关商业应用和活动为核心的复杂系统,主要由三个关键部分组成。

数字货币和数字资产的一级市场活动构成了Web3新经济生态的基础。这些活动涉及数字货币和数字资产的创造与发行，包括但不限于各种类型的代币和加密资产，这些资产不仅代表着不同的价值，而且服务于不同的应用场景，并面向不同的投资者群体，同时受到相应的监管框架的约束，一级市场活动主要满足项目方的融资需求、前期投资者的流动性需求，以及促进项目网络建设和生态发展的需要，高质量的数字货币和数字资产是Web3新经济成功的关键，它们的开发和推广需要法律合规、代币化策略、技术研发和市场拓展等多方面的专业支持。

数字货币和数字资产的二级市场活动是Web3新经济生态中流动性和价格发现的中心，二级市场通过交易平台为数字货币和数字资产提供流动性，促进资源的有效配置，并帮助投资者进行风险管理，当前，二级市场交易活跃，形式多样，专业人士和受到牌照监管的机构发挥着至关重要的作用，确保交易的合规性和市场的稳定运作，监管机构通过制定严格的市场规则来预防市场操纵，保护投资者利益，并维护市场的透明度和稳定性，有效的监管机制有助于增强市场信心，吸引更多参与者，推动数字金融生态系统的成熟和发展。

数字货币和数字资产的行业服务为一级市场和二级市场的高效运作提供了必要的支持和连接，这些服务包括区块链技术支持、发行流程管理、法律咨询、项目顾问和持牌金融服务等，覆盖了数字货币和数字资产项目从启动到交易完成的全过程，行业服务的目标是确保每个环节都符合行业标准和参与者的利益，在项目筹备和发行阶段，主要工作包括市场分析、代币方案设计和合规性审查，以确保项目的成功上线和稳定运行，技术服务商负责建设和维护交易平台的安全和效率，而法律和审计团队则提供监管合规和财务透明性的支持，密码安全专家和反洗钱机构确保交易的安全性和合法性。数据分析和咨询机构提供市场洞察和策略建议，帮助参与者在复杂多变的市场中做出明智的决策，总体来说，这些服务为Web3行业的参与者创造一个稳定、高效和透明的营商环境，促进整个行业的健康发展。

展望未来，数字货币的发展呈现趋势：技术创新继续推动数字货币的发展，随着区块链、人工智能等技术的进步,数字货币的应用场景更加丰富,交易效率和安全性得到进一步提升。监管框架的完善为数字货币的健康发展提供保障,随着数字货币的普及,监管机构需要制定相应的法律法规,确保数字货币的安全和稳定,包括对数字货币交易所的监管、对投资者的保护措施,以及反洗钱和反恐融资的合规要求,此外,国际合作在数字货币发展中扮演重要角色,随着数字货币跨境支付的潜力逐渐显现,各国央行和国际组织需要加强合作,共同推动数字货币的国际标准化和互操作性。

数字货币作为现代金融产业新高地的重要组成部分,发展改变支付方式,影响金融产业的格局。数字货币有望在未来成为主流的支付和储值工具,中国作为数字货币研发的先行者,有机会在国际舞台上发挥更大的作用,推动数字货币的国际规则制定,为全球金融产业的发展贡献中国智慧,同时,中国也需要警惕数字货币发展过程中可能出现的风险,确保数字货币的安全稳定运行,保护消费者权益,维护金融市场的健康发展。

在全球经济数字化转型的大背景下,数字货币无疑成为推动金融创新和经济增长的重要力量,期待数字货币能够在确保安全和合规的前提下,为全球金融体系带来更多的机遇。

致敬中国企业家们

历史的巨轮前行，经济的起伏如同潮汐，提醒我们，面对挑战的同时，我们必须放眼未来，我们分析全球经济体系的演变，深入探讨中国在过去数十年间经济发展的轨迹，揭示背后的深层逻辑，通过精确的数据分析与实证研究，识别中国经济发展中的关键结构性问题，并提出了修复时代断裂点的观点，我们的目标是期待中国构建一个高质量的新经济体系，回归长期主义，复兴伟大的中华民族。

深情致敬那些在中国产业发展史上留下浓墨重彩一笔的企业家们，他们如同勇敢的探险家，一次次踏上征途，不畏艰难，跨越重重障碍，开拓出繁荣的商业新天地，他们是怀揣梦想、追求卓越的先行者，以坚不可摧的勇气和信念，引领着中国经济蓬勃发展。

他们勇敢面对挑战，攀登科技的高峰，致力于创新研发，推动"中国制造"向"中国智造"的华丽转变，他们的智慧和汗水铸就了无数令世界瞩目的中国品牌。

中国企业家们的创业故事，如同春日里盛开的桃花，绚烂夺目。他们在市场的波涛中砥砺前行，以智慧和勤奋书写属于自己的传奇。

在撰写这本探讨中国内核发展的书籍过程中，我不仅追溯了中国经济的崛起之路，更见证了一个民族在历史洪流中奋斗、自我革新的壮丽史诗，中国企业家们扮演了至关重要的角色。

回望过去，我们可以看到，在中国经济的每一个重要转折点，都有企业家们坚定的身影，他们是改革开放初期的探路者，勇敢地走出计划经济的舒适区，投身于市场经济的大潮中，他们不畏艰难，勇于开拓，用勤劳的双手和不懈的努力，为中国的工业化和现代化打下了牢固的框架。

在那个物资匮乏、市场封闭的年代，是他们凭借对市场的敏锐洞察，建立起了第一批民营企业，为亿万家庭带来了生活的便利，他们的出现，满足了人们对物质生活的需求，更为中国的经济改革注入了新的活力，他们的成功，让世界看到了中国市场的潜力，吸引了外资的涌入，推动了中国经济的快速增长。

随着经济全球化的推进，中国企业家们再次站在了时代的前沿，他们敢于走出国门，与世界强手竞争，为中国企业赢得了国际市场的尊重，也为国家的经济繁荣贡献了巨大的力量，他们的成功，让“中国制造”成为世界经济中不可或缺的一部分。他们的企业走向海外，让中国企业的名字在国际舞台上越来越响亮。

在科技创新的大潮中，中国企业家们展现出了非凡的远见和勇气，他们投资生产、钻研研发，推动产业升级，中国从制造大国向创造大国转变，他们的企业成为新技术、新产品的孵化器，为中国在全球产业链中攀登高端领域提供了坚实的支撑，他们追求卓越，推动中国制造向中国创造转变，中国速度向中国质量转变，中国产品向中国品牌转变。

在社会责任的担当上，中国企业家们同样不遗余力，他们关注员工福利，重视环境保护，积极参与公益事业，展现了企业公民的良好形象，他们的行动，提升企业的社会价值，也为构建和谐社会作出积极贡献。

今天，当我们回望过去，我们为这些企业家们的成就感到自豪。他们的故事，是中国经济发展史上不可磨灭的印记，他们的精神，激励着一代又一代的中国人为实现中华民族的伟大复兴而努力奋斗，他们的智慧和勇气，是对中国企业家精神的最佳诠释。

在这充满活力的时代，中国企业家们如同夜空中最亮的星辰，他们的故事和精神激励着无数人。

我们向所有为中国发展和社会经济进步做出贡献的企业家们致以最深切的感谢和最崇高的敬意，他们是时代的英雄！

参考文献

1.《平衡表衰退:日本失去的十年及其对全球经济的教训》("Balance Sheet Recession: Japan's Lost Decade and the Global Economy")Richard C. Koo

2.《日本的长期停滞:原因、影响和政策》("The Long Stagnation in Japan: Causes, Consequences, and Policies")Richard C. Koo

3.《宏观经济策略:日本的经验》("Macroeconomic Strategy: The Japanese Experience")Richard C. Koo

4.《劳动无限供给下的经济发展》("Economic Development with Unlimited Supplies of Labor")W. Arthur Lewis

5.《经济增长理论》("The Theory of Economic Growth")W. Arthur Lewis

6.《发展计划的原则》("The Principles of Economic Planning")- W. Arthur Lewis

7.《西印度群岛的经济问题》("The Economic Problems of the West Indies")- W. Arthur Lewis

8.《发展经济学》("Economic Development")- W. Arthur Lewis

9.《平衡表衰退:日本失去的十年及其对全球经济的教训》("Balance Sheet Recession: Japan's Lost Decade and the Global Economy")- Richard C. Koo

10.《未来产业:开辟经济发展新领域新赛道》

11.《全球产业链变革:趋势、影响与应对》(麦肯锡全球研究院)

12.《数字货币:金融科技的新浪潮》(Brian Forde)

13.《中国制造 2025》(中国工业和信息化部)

14.《2035 年远景目标和长期展望研究》北京大学光华管理学院课题组

15.《绿色经济:可持续发展的未来》(联合国环境规划署)
16.《全球城市:经济、文化、政治》(Saskia Sassen)
17.《新工业革命:制造业的未来》(Peter Marsh)
18.《全球供应链管理》(John Gattorna)
19.《未来能源:全球能源结构的转型》(Daniel Yergin)
20.《中国经济现代化进程研究》- 张军
21.《中国改革开放40年:回顾与展望》- 胡鞍钢
22.《双循环战略下的中国经济》- 刘鹤
23.《中国经济双循环战略与全球经济互动》- 张晓晶
24.《中国与全球化:历史、现状与未来》- 王辉耀
25.《中国宏观经济政策分析与展望》- 国家信息中心
26.《中国产业升级与全球价值链重构》- 李稻葵
27.《中国金融体系的现代化进程》- 黄益平
28.《中国科技创新与产业升级》- 陈劲
29.《中国城镇化与区域经济发展》- 陆铭
30.《世界经济展望》(World Economic Outlook, WEO)
31.《财政监测报告》(Fiscal Monitor)
32.《全球金融稳定报告》(Global Financial Stability Report, GFSR
33.《世界经济概览》(World Economic Outlook)
34.《国别报告》(Country Reports
35.《政策文件》(Policy Papers)
36.《工作论文》(Working Papers)
37.《IMF经济评论》(IMF Economic Review)
38.《IMF直接投资调查》(IMF Direct Investment Survey)
39.《区域经济展望》(Regional Economic Outlook)
40.《金融与发展》(Finance & Development)
41.《全球政策议程》(Global Policy Agenda

42."The Future of Work: Robots, AI, and Automation" – McKinsey Global Institute

43."The Global Competitiveness Report" – World Economic Forum

44."The State of European Tech 2020" – Atomico

45. "Artificial Intelligence and the Future of Growth" – Agrawal, Gans, and Goldfarb

46."The Impact of the Digital Revolution on the Global Economy" – IMF Working Paper

47."The Future of Manufacturing: Scenarios for 2030" – Deloitte Insights"The Economics of Artificial Intelligence: A Literature Review" – Agrawal, Gans, and Goldfarb

48."The Future of the Global Economy: Towards 2050 and Beyond" – OECD

49. "The Rise of the Global South: The Changing Dynamics of the Global Economy" – LSE Research

50."The Future of the Service Sector in the Digital Age" – World Bank

51."The Impact of Technological Innovation on Employment and Skills" – ILO

52."The Future of Global Supply Chains" – MIT Sloan Management Review

53."The Digitalization of Industries: An Analysis of the Impact of Digital Technologies on Industry" – BCG

54."The Future of Financial Services: A Paradigm Shift" – Accenture

55."The Green Economy and the Future of Sustainable Development" – UNEP

56."The Future of Retail: Embracing Digital Transformation" – Harvard Business Review

57. "The Role of Innovation in Economic Development" – World Intellectual Property Organization (WIPO)

58."The Future of Education and Training in the Digital Age" – UNESCO

59."The Impact of Globalization on Future Industries" – WTO

60. "The Future of Healthcare: Innovation and Transformation" - McKinsey & Company

61. "China's Economic Rise" - Barry Naughton

62. "China's Economic Transformation" - Loren Brandt and Thomas G. Rawski

63. "China's Global Strategy" - Robert S. Ross and Zhu Feng

64. "China's Economic Reforms and Development" - Justin Yifu Lin

65. "China's New Economic Statecraft" - David Shambaugh

66. "China's Technological Leap" - Dan Steinbock

67. "China's Financial Markets: An Introduction" - Charles W. Calomiris

68. "China's Urbanization and the World Economy" - Arthur R. Kroeber

69. "China's Impact on Global Commodity Markets" - International Monetary Fund (IMF)

70. "China's Role in Global Economic Governance" - World Bank

后记　百年未有之大变局

在这百年未有之大变局的复杂时代，我们站在历史的十字路口，回望过去，展望未来，试图解读这场波澜壮阔的社会经济变革的脉络，经济的深刻调整，社会经济发展的多维挑战，以及未来趋势的不确定性，共同编织了这个时代的复杂图景，

首先，我们必须认识到，全球经济的版图正在经历着前所未有的重塑，随着技术革命的推进，尤其是信息技术和生物科技的飞速发展，新兴经济如雨后春笋般涌现，而传统赛道则面临着前所未有的挑战，人工智能已经成为推动经济增长的新引擎，但同时也带来了就业结构的重大变化，自动化和智能化的浪潮正在改变劳动力市场的面貌，一些低技能工作正在被机器取代，而对高技能人才的需求却在增长。

在这样的背景下，我们看到了经济结构化的剧烈变动，制造业不再是经济增长的唯一引擎，服务业和数字经济的崛起，正在重塑经济的地理和社会变化。

城市化进程加速，人口向城市群和都市圈集中，这带来了规模经济的效应，也带来对基础设施、公共服务和环境治理的巨大需求，同时，这种集中也加剧地区发展的不平衡，城乡差距和区域差异成为制约社会经济发展的重要因素。

社会经济发展的挑战同样不容忽视，人口老龄化、青年失业、社会保障体系的压力，这些问题在全球范围内普遍存在，而在中国这样一个人口大国，这些问题尤为突出，人口红利的逐渐消失，劳动力成本的上升，以及对高质量教育和医疗资源的迫切需求，都在考验着政策制定者的智慧和决策能力。

未来的趋势也并非一片阴霾，科技创新的潜力巨大，新技术的应用正在开辟新的增长空间，绿色经济、循环经济的发展，为我们提供了新路径。数字经济

的蓬勃发展，为解决就业、教育、医疗等社会问题提供新的解决方案，同时，随着全球化的深入发展，国际合作的空间仍然广阔，通过加强国际交流与合作，我们可以共同应对全球性挑战，实现共赢发展。

面对未来，我们既要有清醒的认识，也要有坚定的信心，我们需要在保持经济稳定增长的同时，加快结构的调整，推动传统行业的升级和新兴产业的发展，我们需要在应对人口老龄化和青年失业等问题的同时，完善社会保障体系，提高公共服务的质量和效率，我们需要在推动科技创新的同时，注重科技伦理和社会责任，确保科技发展惠及所有人，我们需要在深化改革开放的同时，积极参与全球治理，推动构建人类命运共同体。

这是一个充满挑战和机遇的时代，我们需要以更加开放的心态，更加创新的思维，更加合作的精神，共同应对这场世界百年未有之大变局，共同开创社会经济发展的新篇章，让我们携手前行，在时代的洪流中，共同书写属于中华民族的辉煌历史。